“十二五”国家重点图书

本丛书受浙江师范大学国际与比较教育研究院及省级重点研究基地经费资助

本专著是教育部2010年人文社科青年基金项目“‘金砖四国’高等教育经费多元化改革比较研究”（项目批准编号：10YJC880080）的研究成果

大国教育战略研究丛书

总主编 徐 辉

俄罗斯教育战略研究

ELUOSI JIAOYU ZHANLÜE YANJIU

刘淑华——著

浙江出版联合集团
浙江教育出版社

图书在版编目（CIP）数据

俄罗斯教育战略研究 / 刘淑华著. -- 杭州 : 浙江教育出版社, 2013.10
（大国教育战略研究丛书）
ISBN 978-7-5536-1242-3

Ⅰ. ①俄… Ⅱ. ①刘… Ⅲ. ①教育研究—俄罗斯 Ⅳ. ①G551.2

中国版本图书馆CIP数据核字(2013)第236174号

大国教育战略研究丛书
俄罗斯教育战略研究
刘淑华　著

责任编辑　王　强　金燕峰
责任校对　雷　坚
封面设计　曾国兴
责任印务　温劲风
出版发行　浙江教育出版社
（杭州市天目山路40号　邮编310013）
激光照排　杭州兴邦电子印务有限公司
印　　刷　杭州富春印务有限公司
开　　本　710×1000　1/16
印　　张　21.5
插　　页　1
字　　数　330 000
版　　次　2013年10月第1版
印　　次　2013年10月第1次印刷
标准书号　ISBN 978-7-5536-1242-3
定　　价　38.00元
联系电话　0571-85170300-80928
电子邮箱　zjjy@zjcb.com
网　　址　www.zjeph.com

总序

尽管人类从事教育活动的历史几乎与自身历史一样悠久和漫长,但是将“教育”与“战略”相互联系还是不久前的事。“教育战略”理念的出现有一个前提,即国家和社会广泛认识到“教育先行”或“教育优先发展”是国家提升综合实力、能够立于国际社会不败之林的一个基本条件,而这一现象——根据联合国教科文组织所发布的《学会生存》的说法——是直到20世纪才出现的。不仅如此,教育战略作为政府行为,还与公共教育大规模发展和国民教育体系的建立有关。在教育活动主要表现为家庭教育、民间活动和慈善行为时——如同20世纪之前世界上绝大多数国家的情况那样,教育战略的理念与行为无从产生。只有到了国家主要承担起发展公共教育的义务,建立起以法律为基础的国民教育体系时,“教育先行”或“教育优先发展”等教育战略理念和国家行为才有可能产生——而这一现象同样也是到了20世纪才出现的。

第二次世界大战结束之后,在世界范围内,教育发展迎来了一个“黄金时期”。人们对教育的社会功能有了全新的认识:教育是一项基本人权,是一种社会公器,它不应该是少数人享有的特权,也不应该是社会等级的“复印机”;教育是一种投资性活动,而不只是一种消费型行为,国家可以通过投资国民教育促进经济增长;教育是国家安全的第一道防线,国民素质的高低最终决定了国防实力的高低和国家安全的水平;教育是促进国际和平的一种重要手段和途径,通过加强国际教育交流,能够增进国际社会的相互了解和友谊,有利于促进世界和平……经济合作与发展组织说得好:“社会最重要的投资是国民教育的投资。我们因缺少良好的国民教育而遭受苦难;我们也因有良好的国民教育而繁荣富强。”基于上述种种认识,“教育战略”理念也悄然萌芽。

20世纪80年代以来,世界教育出现了两个重要趋势。一是加强对本国教育体制的整体性反思力度,对本国教育水平和质量进行全面、深刻的反思。这方面最有代表性的是美国高质量教育委员会1983年发表的重要报告《国家处于危机之中:教育改革势在必行》。这篇报告吹响了美国教育改革的号角,它在全面分析美国教育问题与困境的基础上,正确地指出了改善美国教育与保持强国地位的必然联系。二是强调对本国教育发展进行综合规划,并以此为基础大幅度增加财政性教育支出,大力推进教育结构改革,调整中央与地方的教育权力分配,重画学制图,力图全面提高各级各类教育水平,加大教育开放力度,提升教育综合竞争能力,不断推进教育公平。正是在这一背景下,“教育战略”理念的重要性日益凸显,教育作为一项国家综合实力基础工程,在国家发展的大战略中,越来越成为一种必不可少的战略要素。

进入 21 世纪以来, 世界主要大国纷纷加大了教育战略构思与布局的力度。与军事战略含义不同,教育战略只能从最广泛的意义上进行理解,其基本内涵指的是国家层面的教育谋划,内容包括教育法律、法规、纲要、中长期综合规划,各级各类教育发展计划、宏观教育政策等。我们的研究表明,尽管世界主要大国的发展水平、历史传统、民族特性、治理方式和教育基础等很不相同,但教育战略的重点仍有许多共同之处。

第一, 更加重视教育事业在国家发展中的战略地位,切实落实教育优先发展的各项措施。当前,各国深刻认识到教育兴则国家强,教育衰则国家败。欧美主要大国得益于先发优势,切实感受到教育发展与国家命运之间的深刻关系,制定了较为全面、稳定的教育优先发展战略与政策机制。

第二, 更加注重教育发展与经济发展之间的密切联系。近代工业革命以来, 教育发展与经济发展分道扬镳的局面,已经得到了全面纠正。教育既要传承文化、维系历史,更要面向社会、面向未来,这已经成为各国政府的主要共识。为此,除了大力发展职业技术教育,培养各级各类现代产业所需人才外, 各国政府也都加强课程体系及内容的改革与引导,促使学校教育和课程内容更多地体现活生生的现代经济要素与需求。

第三，更加注重推进教育公平。“自由教育”与“职业培训”、“长期教育”与“短期教育”、“学术教育”与“技术教育”的对立，在欧美大国已经有数百年的历史，其根源不在教育而在社会。教育不平等、不公正，本质是社会不平等、不公正的反映，而要消除社会不平等、不公正，重要途径之一就是要大力推进教育均衡发展，制定和落实教育公平政策。第二次世界大战以来，在世界主要大国中可以观察到的一个普遍现象是，落后地区和弱势群体的教育需求得到更多的重视与关照，一些国家甚至通过立法来推动教育资源分配向弱势群体倾斜。还有一些国家则制定了特殊教育政策，以确保遥远的农村边远地区仍能享受到优质的教育资源，同时为弱势群体保留平等的受教育机会。

第四，由于现代科学技术在国家发展和社会生活中的重要性日益凸显，加上科学思维方式、注重创新和求真的科学精神在人的全面发展中所具有的突出作用，现代科学技术知识在学校课程体系中的地位进一步提升。在基础教育阶段，现代科学技术知识甚至获得了与读、写、算三大基本技能同等重要的地位。在高等教育阶段，古典知识大幅度让位于现代科技知识。许多国家拨出专款，支持科技类院校和专业的发展。

第五，经济合作与发展组织开展的国际学生成绩评定项目表明，国家发展水平与学校教育质量之间存在着某种重要的内在联系。因此，世界主要大国越来越关注本国学校教育的质量与水平，其重要迹象就是越来越关注学校教师的培训、投入更多的资源用以改善公共学校的基础条件（尤其是教育信息化基础设施）。与此同时，各国开始重视建立或加强教育质量保障体系，包括完善各种资格认证制度和考试制度，设立可比较的国家基本教育标准，以全面提升国家的基本教育水平。

第六，更加注重提升教育效率与活力。许多国家认为，教育质量与特色是学校教育的生命，提升教育质量与办出学校特色的基本途径是加大学校办学自主权，引入办学竞争机制和绩效考核机制，优胜劣汰。近几十年中，欧美国家在这一领域的改革力度相当大，竞争和绩效考核机制不仅被引入公共学校的管理之中，也被引入地方政府的管理之中。

第七，极大地增加了教育开放的力度，教育国际化的洪流以前所未有的规模和力度滚滚向前。一些国家以产业化理念推动教育开放，通过向国际学生高价出售教育“服务”来推动本国服务业增长；有的国家或者出于本国适龄学龄人口大幅度减少的原因，或者出于教育多元化发展的原因，或者出于增强本国文化吸引力的原因，也都纷纷推出了教育开放政策。对发展中大国来说，推进教育开放的重点有所不同，它们更为重视引进优质教育资源，注重与教育服务输出大国建立资源和利益共享合作机制。

鉴于大国教育战略主题的重要性，我们组织了以浙江大学和浙江师范大学比较教育学科青年学者为主的团队，通过三年时间的努力，分别对 21 世纪以来美国、英国、法国、德国、日本、意大利、俄罗斯、印度、巴西、南非等国的教育战略进行了比较全面和深入的跟踪研究。在课题研究过程中，课题组成员克服时间紧、任务重等种种困难，有的课题组成员虽身患重病，却始终不渝坚守岗位，高质量地完成课题研究，表现出了很强的团队精神和较高的专业素养，令人敬佩，令人感动。浙江教育出版社自始至终高度重视本丛书的选题策划与编写工作，为丛书研究工作提供了高效有力的帮助与支持，在此深表谢意！

由于课题研究难度大，加上研究团队中的许多青年学者首次参加重大课题研究，本丛书肯定存在许多不足之处，恳请读者批评指正。

徐辉

2013 年 3 月

目 录

第一章

社会全面转型：教育战略制定的现实背景

纵观俄罗斯的发展历史，不难发现这一独特民族的历史中绵延着这样的发展轨迹：强盛与羸弱集于一身，威猛与悲壮并于一体，大开大阖，起伏跌宕，常常在极强中迅速衰弱，在灾难之后又重新崛起。或许，这一历史变迁轨迹到今天仍没有结束。

1991 年 12 月 21 日，随着《阿拉木图宣言》发表，苏联解体。从那时到现在，20 多个年头已悄然逝去。在这 20 多年里，俄罗斯发生了翻天覆地的全方位转型，政治领域、经济领域和意识形态领域都发生了巨大变化。在政治体制上，从高度集权的政治模式向带有俄罗斯特色的西方民主化模式转变；在经济体制上，从高度集中的指令性计划经济体制向现代市场经济转变；在意识形态领域，从单一的共产主义意识形态向多元化的意识形态转变。

然而，俄罗斯社会全面转型之路并非是风平浪静、一帆风顺的坦途，在传统与现代之间、理想与现实之间、本土与外域之间的对垒与交错中，各项改革既承受了难以承受之重，同时也演绎了脱胎换骨的创新，呈现出波澜壮阔、曲折变幻的变革图景。20 多年的发展路径，似乎再次印证了俄罗斯千年来似曾相识的历史轨迹——大开大阖、跌宕起伏。头一个十年，即叶利钦时代，破“旧”太急，而立“新”乏术，社会各个领域乱象丛生，国家处于深刻的危机之中。后一个十年，随着普京执政，俄罗斯从动荡变革时期向稳健建设性阶段过渡，国家出现由“乱”到“治”，由“治”到“兴”的转变。

中国教育专家劳凯声教授指出，“在每一次大的社会变迁之时，教育似乎都曾面临着如何进行社会定位的问题"①。在俄罗斯暴风骤雨般的社会剧变之下,处在十字路口的教育又将作出怎样的应景性调整与主动性回应?在危机与转机的纵横交错中,它将如何处理迎合外部环境与维护自身发展逻辑的关系?又将在国家渴望扮演的角色中如何调整自己的发展战略?

第一节 危机与困境:第一个十年教育的面对与承受

苏联解体后的头十年,也就是20世纪90年代,十余年的转型历程动荡而又曲折。国家政局混乱、经济滑坡、社会迷茫,民族矛盾丛生,陷入窘境。同时,俄罗斯的综合国力和国际地位从苏联时期登峰造极的状态迅速跌落,俄罗斯的教育事业也处于危机的旋涡之中,面临着严峻的挑战和考验。

一、混乱的政治生态

1. 政治转型剧烈

从20世纪90年代到21世纪初,无论就广度还是深度而言,俄罗斯都经历了堪与1917年社会主义革命相比拟的大变革。具体说来,就是从苏联时期的政治模式向西方式的多党制、议会民主、权力制衡和自由选举的政治模式转变。然而,我们仍然不能简单地用"民主体制"这一术语来界定俄罗斯政治体制的现状,俄罗斯还远远不是西方意义上的民主政体。

从国家结构来看,实现由中央集权的单一制向现代宪政联邦制改革是俄罗斯政治体制改革的最基本目标之一。以现代宪法为基础的联邦模式已经初步形成,联邦主体的数量比苏联时期的加盟共和国多出数倍,甚至大大超过沙俄时期的行省数量,位居当今世界第一。但是,中央与地区的管辖范围和权限划分很不清晰。更为严重的是,自治导致了解体惯性,20世纪90年代,俄罗斯面临着进一步分裂的危险。叶利钦在与戈尔巴

① 劳凯声.社会转型与教育的重新定位[J].教育研究,2002(2):3.

乔夫争权时有句名言:“(地方)能(从苏联)拿走多少主权就拿走多少——只要你能吞得下。”地方政权纷纷仿效当初的叶利钦,向中央争权、要权。它们一方面要求经济独立,拒绝向中央纳税;另一方面制定与联邦宪法冲突的法律。为制衡地方分裂势力,安抚地方精英,叶利钦采取联邦中央与联邦主体签订条约的方式化解矛盾。然而,每一次中央与地方的单独妥协都会导致其他地区的攀比仿效。最终,俄罗斯联邦由一个立宪联邦演化为“宪法—条约”式联邦。到 1998 年,中央与地方签订的 42 个分权协议中,绝大多数都与联邦宪法和法律存在冲突。苏联解体后,俄罗斯解体余震此起彼伏,西方媒体甚至称当时的俄罗斯“将成为苏联第二”。

从国家权力结构来看,从党政不分、议行合一的苏维埃体制向三权分立的国家权力体制转变是其基本改革走向。1993 年宪法的生效正式宣告了苏维埃体制的终结,以总统制为核心的三权分立的国家政权结构建立。然而,现行宪法确立的是一个严重失衡的权力分立机制,学术界称其为“超级总统制”的“强总统、弱议会、小政府”的格局。在这一机制中,议会权力很小,政府缺乏独立性,联邦法院的制约力较以前也大大减弱,而总统的权力却极为强大。

从政党制度来看,俄罗斯结束了苏联时期一党制统治的格局,逐渐形成了多党制的格局,一个多党政治的形态正在形成过程中。叶利钦主动设计的所谓的“单一选区制”和“代表比例制”各半的混合选举制度使俄罗斯国家杜马(议会下院)多党林立,但限制一个执政党出现,权力执掌者是以超党派的身份出现的。国内学者称这一政党制度为“无执政党的多党制”。随着政治、精神文化领域矛盾的日益尖锐,社会上涌现出无数的政党派别和社会组织,形成多种多样甚至彼此相互对立的行动纲领。

总而言之,过度激进的改革导致了国家权力迅速解构,同时也加速了国家能力的衰竭,以至于俄罗斯最终退化为一个典型的“走向失败的国家”,而没有能够为俄罗斯带来一个真正的民主制度。在这种制度下,俄罗斯府院之争不断,政府政策摇摆不定,政治极度缺乏稳定性。仅 1998 年至 1999 年两年间叶利钦四易总理,就是这种混乱的最好证明。

2. 民族纷争凸显

民族矛盾是俄罗斯从苏联那里继承来的最复杂、最棘手的遗产。后苏联空间成为一个“失控的暴力竞技场”。苏联解体之初的俄罗斯，拥有170多个民族，非俄罗斯民族占到人口的一半，各民族发展很不平衡。复杂而敏感的民族问题解决得如何，将直接影响国家政局的稳定。然而，20世纪90年代，民族问题就像一把达摩克利斯之剑，悬挂在问题重重的俄罗斯头上。有学者甚至认为，那时俄罗斯的民族问题的复杂程度超过世界上任何一个国家。

俄罗斯的民族问题由来已久，最早可以追溯到17世纪的领土扩张时期。历史上二十多代沙皇的不断武力扩张，成就了沙俄幅员辽阔和民族众多的特征，但是，在无限制的扩张过程中，沙俄并没有采取及时、正确的民族政策来融合被征服的领土和原始居民，以至于造成民族隔阂深这一问题的延续。沙俄被形容为“各民族的牢笼”，民族政策的偏激和对少数民族的迫害导致历史上民族问题不断，民族之间的压迫与反压迫斗争此起彼伏。苏联时期，尽管历届领导人都在强调“旧社会遗留下来的民族问题已经完全解决了，已经彻底地和一劳永逸地解决了”，但是实际上，苏联各少数民族同中央政权的矛盾日益尖锐，苏联当局像沙皇政府一样，“无法走出民族问题的死胡同”。

俄罗斯是在没有做好“收缩”准备的情况下就面临族裔关系的巨大挑战的。当苏联控制的“铁幕”轰然崩溃时，俄罗斯拿不出任何应对积怨很深的民族问题的有效理论武器和策略。苏联的解体使得原本由国家意识形态支撑的许多政治化观念被情绪化的民族主义诉求所取代，进而导致旧有的俄罗斯民族主义情绪自然复活。加上经济衰退、政治剧变等复杂问题的纵横交织，民族问题变得比苏联时期更加棘手，民族关系的复杂性和各种民族矛盾一度不断升级。无论是主体民族和非主体民族之间，还是非主体民族之间，矛盾和争斗都日趋尖锐，日趋恶化。俄罗斯继承了苏联按民族划分行政区域的办法，仍然保留了民族自治共和国、自治州、自治区，在80几个联邦主体中有21个是按民族划分的，仍以主体民族冠名，其行政首脑也称总统。俄罗斯联邦各主体的地方民族主义运动也此起彼伏，从而使得俄罗斯民族国家的价值观念遭遇到不同地域的民族主义的消解。再加上转型过程中所谓的“民主化”的推行，导致了苏联时期中央与地方之间强制性关系的解体,地方民族主义和分离主义运动在民族主义浪潮的影响下酿成了许多重大的社会事件,威胁到了俄罗斯国家的领土完整。①

1996年,叶利钦签署了《俄罗斯联邦民族政策构想》和《俄罗斯联邦民族文化自治法》,此后还通过了《关于保护人数较少民族的协定》《关于俄罗斯国家语言法》等,为解决民族问题提供了纲领和原则。尽管叶利钦在民族关系理论和政策上一再进行调整和修正,但颁布的有关民族问题的法令和政策难以完全贯彻,民族矛盾和冲突并未得到根本缓和,民族分离主义势力活动依然十分猖獗。其中一个极端的例子就是车臣分离主义运动,其结果导致了两次车臣战争的爆发,这成为俄罗斯独立10余年来经历的最大劫难。1991年苏联解体之后,车臣的分离主义势力趁着政局动荡、联邦中央政府鞭长莫及之际,开始谋求独立。车臣问题逐渐由最初的民族矛盾上升为民族分离主义与国家间的战争对抗。虽然在1999年的第二次车臣战争中俄罗斯取得了全面的胜利,然而两次车臣战争使俄罗斯付出了惨重的代价。而且,从目前来看,车臣境内的形势依然严峻:恐怖主义、宗教极端主义和民族分离主义三股势力十分猖獗,同情和暗中支持非法武装的仍大有人在。

除此之外,俄联邦各主体内部的民族问题也日益彰显,这主要表现在俄罗斯联邦各共和国政府与非命名民族群体(即其他民族群体)的关系也日趋紧张。苏联解体后,在继承了苏联联邦体制的俄罗斯,一些新成立的民族共和国的命名民族与非命名民族群体加紧了对权力的争夺。与西方国家的民族主义社会运动一样,俄罗斯联邦民族共和国的非命名民族群体也必须利用现有的组织和社会网络来扩大民众对运动的参与,寻求物资和后勤资源,以使群众运动成为可能,并形成、维持和捍卫自身的合法性认同——这种认同能吸引潜在的支持者,使目标更有可能实现。②

总而言之,历史上积淀已久的民族问题已经威胁到俄罗斯作为一个整体国家继续存在的基础。

---

① 袁新华.转型以来俄罗斯联邦的民族问题[J].世界民族,2004(5):11.

② 袁新华.转型以来俄罗斯联邦的民族问题[J].世界民族,2004(5):17.

3. 身份认同受挫

苏联解体后，世界政治格局发生了非常深刻的变化。作为曾经盛极一时的苏联的继承者——俄罗斯，国家实力无论是有形构成还是无形构成均大幅萎缩，其在世界坐标体系中的位置、作用和影响一落千丈。数个世纪以来根深蒂固的、源自伟大帝国和强盛国家的民族自豪感受到严重的挫折。对俄罗斯而言，苏联解体已经成了一种文化、政治和经济创伤，它给俄罗斯的认同和国家的发展带来的严重后果怎么估计都不算过分。①

纵观俄罗斯一千多年来的发展历史，它一直是一个有着严重"安全焦虑症"的国家，地缘政治安全一直被俄罗斯看作是高于其他一切的保障。冷兵器时代，国土屡遭侵犯以及蒙古人长达240年的高压统治，使俄罗斯人产生了"屏障缺乏感"和"安全忧虑意识"。久而久之，这种基因沉淀下来，变成了一种整个民族对"安全需求度"的紧张感，它总希望把国土的疆界扩大到"相对安全"的地带。这种只站在本国立场上的思维模式根深蒂固，俄罗斯对外侵略在国内从来都被认为是天经地义的，少有清醒者对这种越界的民族主义发出过质疑。② 因此，对外侵略扩张成为俄罗斯民族历史上长期奉行的传统。正如俄罗斯历史学家柳切斯基所说："一部俄国史，就是一部不断对外殖民、进行扩张的历史。"

在长期对外扩张的征程中，俄罗斯人特有的大俄罗斯主义思想逐渐积淀下来。它作为一种影响深远的思想文化或者说是意识形态，在俄罗斯历史上一直扮演着极其重要的角色。这一思想鼓吹俄罗斯民族救世主义和"帝国转移"理论，声称基于安全和意识形态对抗进行的地理扩张具有防御性和正义性。这一思想的基础是强势国家和优势民族的心理。它强调俄罗斯是一个绝不示弱于其他国家的强国。

19世纪俄国著名的思想家陀思妥耶夫斯基在他的小说《群魔》中说过："真正伟大的民族永远不屑于在人类当中扮演一个次要角色，甚至也不屑于扮演头等角色，而一定要扮演独一无二的角色。"这正是俄罗斯长久以来对自己定位的写照。苏联时期的辉煌将这种政治文化推进到了极

---

① 杨威. "第二次转型"与俄罗斯的重新崛起[D]. 华东师范大学,2008,183.

② 金雁. 龙熊同窗：俄罗斯为什么不高兴？[N]. 南方都市报,2009—12—15.

点。苏联成为可以在世界范围内发号施令的超级大国,是国际格局中的重要一极。勃列日涅夫的“社会主义大家庭”理论和戈尔巴乔夫“全人类利益高于一切”的“新思维”,无不体现了这种政治文化。苏联时代的俄罗斯人认为,他们已经一劳永逸地解决了历史定位、发展方向和民族认同问题。

然而,苏联解体的残酷现实击碎了俄罗斯人长久以来的强国梦。一个令俄罗斯人难以接受的现实是:苏联解体后的俄罗斯已蜕变为地区性的大国,这种状况在可预见的将来可能很难改变。而且,俄罗斯国内艰巨和复杂的培育新社会的任务决定了俄罗斯立足于整个世界的“弥赛亚意识”必须进行收缩,国内的发展将是其首要的和主要的任务,俄罗斯在一段时间内已经不可能再承载“拯救世界”的积极任务。世界和地区新的权力结构以及自己国家在迅速变化的世界中的位置,拷问着每一个具有强国意识的俄罗斯人的心灵,成为只适应“俄罗斯光荣”的俄罗斯民众挥之不去的心理之痛。从炮轰“白宫”的“十月事件”到总理的走马灯,从卢布的大幅度贬值与换版到1999年的金融危机,从科济列夫对西方经济援助的奢望到奥尔布赖特对俄罗斯国家实力的轻视,从总统的频频入院到飞扬跋扈的暴发户干政,俄罗斯给世人展现了一副黯淡的景象,甚至被某西方政治家描绘成“一个没有未来的国家”。①

解体之初,俄罗斯选择了一边倒的亲西方战略,出乎意料的是,欧洲国家对此反应极为冷淡。俄罗斯陷入数百年来最困难的时期,被很多国家认为是“已经沦为二流或者三流的国家”。美国的布热津斯基认为,俄罗斯应该回落到一个类似于法国、英国那样的“正常国家”或者像“奥斯曼帝国灭亡后的土耳其一样”,“把自己纯粹限定在一种切合的环境内”。有些人甚至把俄罗斯与印度、巴基斯坦、南非等国并列。这种国家降级、民族“矮化”的局面让俄罗斯人愤愤不平。“世界只尊重强国”的思想让俄罗斯人在国家地位沉沦的严酷现实下,饱尝了人间冷暖和世态炎凉。

① 李立风.俄罗斯软实力的复苏[J].毛泽东邓小平理论研究,2008(9):80.

二、颓废的经济状况

1. “休克疗法”严重失灵

苏联解体之初,俄罗斯经济改革的目标是从高度集中统一的计划经济体制转变为以私有制为基础的自由市场经济体制。叶利钦政府试图通过把西方“最先进的”自由市场经济体制全面移植到俄罗斯,来打破现有的已陈旧过时的高度集中的计划经济体制。从 1992 年 1 月起,俄宣布实行一步到位的“休克疗法”,向自由市场经济过渡。叶利钦和盖达尔等从国外和经济学教科书上舶来“休克疗法”的改革方案,在激进的自由主义思想的导引下,想象着通过“100 天计划”“500 天计划”,在极短暂的时间内能够完成国家天翻地覆的“革命”。他们声称,只有私有制和自由竞争才能保证经济的最大效率,必须同过去的体制彻底决裂,建立自由市场经济。

“休克疗法”主要包括五个方面的内容:第一,一次性全面放开价格。根据叶利钦总统的命令和俄罗斯政府的决定,1992 年 1 月 2 日放开 90% 的消费品价格、80% 的生产资料价格;到 3 月底消费品价格全部放开(房租、公共服务、公共交通除外);4 月中旬放开燃料价格(天然气和电力仍使用调节价)。第二,实行紧缩的财政政策。在预算收入方面财政紧缩主要表现为提高税率;财政紧缩还要求压缩预算支出,主要是削减价格补贴、企业亏损补贴、国家投资、军费开支和管理机关的经费。第三,实行紧缩的货币政策。控制货币发行,平衡预算,控制财政透支;紧缩银行信贷,控制信贷投放量,防止信用膨胀。第四,对外经贸自由化。在商品进出口管理方面,取消非关税限制,以关税调节代替各种限额;在货币方面,实行卢布的内部可兑换;在经常项目下实行统一浮动汇率制,实现卢布可兑换,在资本项目下实行个别固定汇率制。第五,以行政手段强制推行大规模私有化。在缺乏原始资本的条件下,为了快速私有化,政府采取有偿私有化与无偿私有化相结合的方式。①

以自由化、私有化和市场化为主要内容的狂飙突进的“休克疗法”,为俄罗斯带来的却不是高歌猛进,而是明显的水土不服。它建立的充其

① 潘德礼. 俄罗斯十年(下卷)[M]. 北京:世界知识出版社,2003,406—409.

量是一个畸形而又低效的市场经济体制,使国家丧失了对必要经济资源的控制和汲取能力,并给俄罗斯经济带来了灾难性的后果。这一经济转轨改革,造成国家经济形势严重恶化和俄罗斯国力的急剧衰退:社会生产全面大幅度下降,通货膨胀恶性发展,国家财政赤字急速上升,企业三角债纠缠不清,卢布汇率狂跌不止,人民生活水平急剧下降。从历史比较角度看,这一衰退甚至超过了1929—1933年大危机时代的美国或1941—1945年卫国战争时期苏联所遭受的损失。① 事实雄辩地证明,“休克疗法”在俄罗斯的实践归于彻底失败。

2. 前期经济持续低迷

20世纪90年代,由于经济转轨过程中的政策失败所带来的破坏性后果,以及俄罗斯经济结构和经济运行机制中深层次的矛盾难以解决,俄罗斯大规模的激进的经济体制变革不仅没有引发经济的预期增长,反而引发了近十年的史无前例的经济大衰退,出现了大幅度的经济波动和严重的金融危机。

在这十年里,俄罗斯经济总量平均每年下降13%,成了全球有史以来和平时期最严重的经济灾难。国内生产总值、工业产值等综合性指标连年大幅度持续下滑。1990—1997年,俄罗斯国内总产值下跌了一半以上,平均每年的降幅为9%,超过美国在1929—1933年世界性经济危机中降幅的38%,也超过苏联在卫国战争时期降幅的36%。② 国际货币基金组织的统计资料显示,俄罗斯的实际国内生产总值变化情况是:1991年为-5.0%,1992年为-14.5%,1993年为-8.7%,1994年为-12.6%,1995年为-4.0%,1996年为-2.8%,都是负增长,只有1997年增长了0.4%。③ 从生产来看,同样呈现大滑坡的态势,整个社会经济生活出现疲态,工作效率很低。1990—1997年工业产值减少70%,农业产值减少50%。1993年底,生产比危机前水平下降了40%以上。同1990年相比,

---

① 黄永鹏,程家明.俄罗斯经济转轨调整及对转型国家的启迪[J].汕头大学学报(人文科学版),2005(6):66.

② 孟伟等编著.演变后的俄罗斯[M].深圳:海天出版社,2010,121.

③ 国际货币基金组织.世界经济展望(1998年5月)[R].北京:中国金融出版社,1998,147.

工业在 1991 年下降了 8%，1992 年下降了 19%，1993 年下降了 32%。①“休克疗法”导致的价格自由化使得物价失控，通货急剧膨胀，人民生活水平骤降。

国内政策的失败使俄罗斯在面对外部负面影响时显得异常脆弱，亚洲金融危机余波中的石油和原材料价格下跌，很快就在俄罗斯经常项目的逆差中得到反映。1997 年底到 1998 年 8 月连续 5 次的金融危机给俄罗斯留下了一个支离破碎的经济，也使经济持续增长的希望变得相当渺茫。据估计，1998 年，俄罗斯产出水平下降 4.6%，总的预算赤字达到国内生产总值的 6%，外汇储备大约为 1997 年的 50%。② 从财政状况来看，1999 年俄罗斯外债总额为 1500 亿美元，其中 700 多亿是新增的，内债 580 亿美元，而黄金外汇储备到 2000 年 1 月只有 124 亿美元。俄罗斯内外债务总计为 2300 亿美元，已超过了国民生产总值（2240 亿美元），是一个经济上面临破产的国家。③

而且，这十年的俄罗斯正处在内忧外患加剧的关键时期：地方上各自为政；1994—1996 年的第一次车臣战争后遗症未消，第二次战争已经开始；国家债台高筑，与一些邻国的边界问题悬而未决；市场被寡头和走私者操纵；联邦收入比纽约市的财政收入还少，三分之一以上的俄罗斯人收入低于最低生活水平。就如普京在 21 世纪初就职演讲中所指出的，20 世纪 90 年代俄罗斯国内生产总值几乎下降了 50%，仅相当于美国的十分之一，中国的五分之一。④

三、严重的社会问题

1. 意识形态真空

伴随着政治、经济等领域的急剧变革，俄罗斯的意识形态领域也发生了很大的变化。从 1991 年至 2000 年的十年间，俄罗斯国内的意识形态主要经历了新自由主义思潮短时间泛滥和国家意识形态的“真空”两个

① 孟伟等. 演变后的俄罗斯[M]. 深圳：海天出版社，2010，121.

② 希尔瓦娜·马勒. 转轨十年后的俄罗斯经济：经济失败和目前的政策选择[J]. 东欧中亚研究，2002(1)：91.

③ 杨威.“第二次转型”与俄罗斯的重新崛起[D]. 华东师范大学，2008，93.

④ Путин В. В. Россия на рубеже тысячелетия[N]. Независимая газета, 1999—12—30.

阶段。

20 世纪 90 年代初,叶利钦邀请一大批西方政治经济学家,如瓦西里・里昂惕夫、米尔顿・弗里德曼、格雷厄姆・里森、罗伯特・布莱克韦尔等来莫斯科为俄罗斯"把脉"。在西方样板的引诱下,加上西方某些政治和经济势力的推动,一股激进的新自由主义思潮迅速在俄罗斯社会蔓延开来。

"自由改革派"表现出一种强烈的使命感:彻底埋葬共产主义,防止社会主义"复辟"。彻底粉碎共产主义的"神话",彻底清除共产主义意识形态的遗产,是新自由主义的最初要旨。"自由改革派"对私有化和资本主义的美化在对未来新生活充满憧憬的俄罗斯社会中不失新鲜与蛊惑力,因而迅速弥漫开来。叶利钦的破"旧"技术迅即成功实施,凝固而统一的苏联共产党的意识形态体系很快土崩瓦解。1991 年,叶利钦在纽约大学的演讲中曾说:"俄罗斯已经作出了自己最终的选择。俄罗斯不会走社会主义道路,不会走共产主义道路,它将走美利坚合众国及其他西方国家走过的那条文明之路。"①对社会主义的彻底否定导致了对西方样板的无限接纳,俄罗斯社会向西方新自由主义张开双臂。然而,残酷的现实生活无情地击碎了俄罗斯人心中的自由民主之梦。1992 年全面改革后,俄罗斯政治、经济生活全面失控,国家危机四伏,社会陷入严重的失序状态。面对大量错综复杂的社会问题,"自由改革派"却表现得越来越束手无策。新自由主义迅速失去了影响力。

在共产主义的信仰被摧毁、西方新自由主义又遭受严重挫折的时候,各种社会思潮纷纷登场,俄罗斯政治分化和社会思潮演变的进程大大加快。

当时涌现的主要社会思潮包括:左翼社会主义思潮、西化思潮、民族主义思潮、欧亚主义思潮、激进主义思潮、新保守主义思潮、政治权威主义

---

① Выступление Ельцина в Нью – Иорском Университете[N]. Правда. 1991—7—9.

思潮、平民主义思潮、国家主义和强国思想以及经济实用主义思潮等。① 在这些杂乱纷繁的思想中,存在着传统与现代、社会主义与资本主义、西方与东方、自由与专制、浪漫与现实、激进与保守的剧烈碰撞与冲突。然而,在各种思潮竞相比高的多姿多彩的表面情景下,国家实际处于意识形态的"真空"状态——没有一种思想最终上升为国家观念,即国家意识形态。面对此种情景,当时的俄罗斯社会出现了两种截然不同的反应:一种意见认为,这符合西方开放社会的标准,是自由的结晶,值得庆贺,因而高呼"意识形态的终结";另外一种意见认为,各种思潮的滋生蔓延会使得民族精神趋于分裂,而且思想领域的危机比政治经济危机更严重,因为在信仰和意识形态的选择上,大多数社会成员表现得茫然不知所从。"面包

---

① 这些思潮的划分并不是遵循统一的标准的,它们之间的观点和思想是纵横交叉的。左翼社会主义思潮宣布,马列主义和社会主义思想并未被埋葬,应该遵循唯物主义和辩证法,以社会主义为目标,谴责当局的"野蛮资本主义"政策;强调维护居民的社会利益,反对掠夺式的私有化政策;弘扬爱国主义,维护俄罗斯利益,反对向西方"一边倒"的外交政策;反对民族分裂,主张恢复苏联。西化思潮与新自由主义思潮一脉相承,推行"欧洲—大西洋主义",认为俄罗斯应摆脱"东方的野蛮和专制",走追赶西方文明之路;"世代培育起来的私有观点是欧洲文明的基本点",国家在经济生活中只能充当"守夜人";外交政策上推行向西方"一边倒"。民族主义思潮反对西化,认为改革践踏了俄罗斯的历史传统、民族文化和民族精神;俄罗斯负有特殊的历史使命,要走出一条区别于西欧的独特的发展道路;强调保持俄罗斯的传统和特点,维护俄罗斯的利益和尊严。欧亚主义的思潮以介于西方派和斯拉夫派之间的面貌出现,他们主张世界文明的多极性,认为俄罗斯可以横跨欧亚大陆的历史和地理空间,吸收世界各民族文明中的积极因素,创造出欧亚文明,成为世界文明中的一极,并提出"精神主义、人民政权和大国思想"的新的三位一体。激进主义思潮具有强烈的革命性,主张以最极端的手段打碎旧的秩序,抛弃过去的"包袱",期望一步跨越到美好的明天,在行动上倾向于"泛改革主义",常常忽视社会现实,为改革而改革。新保守主义思潮在社会价值观方面的核心是"放弃对理想的追求,力图保留现有的价值观——稳定"。他们悲观地认为,今天虽然不好,但与可能发生灾难的明天相比,也许要好一些;反对以改革或复仇面目出现的激进主义,认为国家是社会的保护神。政治权威主义宣传强权思想,提出实行"权威政治",他们认为从西方移植的多党制、三权分立、自由选举在俄罗斯并未开花结果。平民主义思潮指的是那些迎合民众心理,放弃原则,任意许诺,借以达到某些目的的一种政治作风。他们通常打着"人民"的旗号,通过舆论宣传或实际行动,赢得人们的信赖和支持。国家主义和强国思想与威权主义思潮不谋而合,鼓吹"强国",要求加强国家对经济的控制。经济实用主义思潮强调务实,不否认改革,但拒绝为改革而改革,认为社会不应为革命而付出沉重的代价;不承认经济学中的教条主义,拒绝改革的唯一模式。参见海运主编的《叶利钦时代的俄罗斯·政治卷》,人民出版社 2001 年版,第 336—344 页。

时代”①成为暗喻当时人们精神状态的黑色幽默。俄罗斯思想理论界甚至提出了“史学危机”“哲学贫困”“精神真空”和“思想荒芜”等命题。有的报刊舆论甚至发出“我们是谁? 从何处来? 向何处去”的惊呼。② 这种各种思潮泛滥、国家意识形态出现真空的状况一直持续到叶利钦统治结束。

2. 社会秩序混乱

苏联解体之初的经济转轨使得所有制结构、产业结构大幅调整,加上随之而来的灾难性的经济危机,使得广大居民生活日益贫困,社会两极分化愈加严重,失业人口急剧增加。同时,由于新旧制度交替过程中出现的法制真空,使得社会治安恶化,犯罪案件不断增加,黑社会活动猖獗,整个社会呈现混乱无序状态。

在“休克疗法”改革实施过程中,国家鼓励个人发财致富,个人收入任由市场自由调节。这种改革举措导致居民收入状况发生急剧变化,少数人暴富,而多数人日益贫困,贫富差距迅速拉大。俄罗斯国家统计局资料显示,俄罗斯居民个人收入差距 1991 年为 4. 4 倍,到 1997 年扩大到 13 倍。如果考虑到为逃税而少报和隐瞒个人收入的因素,居民个人收入差距则扩大到 20—25 倍。在莫斯科地区,这种差距甚至高达 40—45 倍。俄罗斯官方公布的材料显示,1991 年,俄罗斯贫困人口只有 610 万,占居民总数的 4. 1% 。1998 年金融危机带来的通货膨胀和工资、养老金的拖欠,使得俄罗斯居民收入大幅下降,1998 年居民实际现金收入比 1997 年下降 18% ,很多人生活在贫困线之下。贫困线人口数量从危机前的 3000 万增加到危机爆发后的 4000 多万。1998 年俄罗斯最高收入阶层和最低收入阶层之比增加到 14. 5:1,已大大超过 10:1 的社会安全警戒线。③ 同时,失业人口大幅增加,1992—1998 年,俄罗斯失业总人数逐年增加,1996 年初,俄罗斯失业人口总数超过 1200 万,占经济自立人口的 13%

① 俄罗斯知识分子私下里用“面包时代”指“面包”超越了人类所有其他目标,成为人们唯一的追求对象的精神状态。

② 海运主编. 叶利钦时代的俄罗斯 · 政治卷[M]. 北京:人民出版社,2001,352.

③ 何学仁. 暴富群体与乞丐阶层——俄罗斯贫富两极分化及其原因[J]. 国际贸易,1999(10):22.

以上。①

经济转轨还带来犯罪率急剧上升,社会紧张局势加剧。一方面,靠经济犯罪活动聚敛财富成为俄罗斯暴富群体快速致富的一个重要手段,因而经济犯罪活动如同瘟疫一样在全国迅速蔓延开来。20 世纪 90 年代,经济犯罪率直线上升,每年的经济犯罪案以 12% 的高速增长。有组织的集团犯罪成为发展最快最容易赚钱的一个新兴"行业"。俄罗斯科学院分析中心的资料显示,1999 年有 50% 的资本和 80% 的私有股票被黑手党控制。据俄罗斯内务部的资料,俄罗斯 40% 的私人企业和 60% 的国有企业,以及 50%—80% 的银行已经被黑手党成员渗入并加以控制。② 另一方面,由于俄罗斯社会贫富两极急剧分化,社会心理变得失衡,社会观念被扭曲,拜金主义价值观滋长,造成了道德沦丧、品行堕落和行为越轨,由此进一步促使犯罪率上升,社会不安定因素随之增加。

3. 人口危机严重

俄罗斯社会目前正经历着一场旷日持久的非战争性人口危机。按俄罗斯人口学家的说法,这一危机是比经济危机和政治危机更严重的危机,而且呈现愈演愈烈的态势。俄罗斯当局认为,这一危机是事关国家前途和民族命运的重大政治问题和经济,是俄罗斯面临的最严峻挑战之一,事关国家安全。普京总统在 2000 年 3 月的首次国情咨文中,把俄罗斯的人口危机视为本国面临的最大威胁。这一危机表现在以下这些方面:

(1) 人口总量持续减少

俄罗斯幅员辽阔,但是地广人稀,每平方公里大约只有 8 人。1990 年俄罗斯人口总数为 1.48 亿,居世界 6 位,但到 1997 年初,已减少为 1.47 亿,6 年减少 120 万人,即按照大约每年 20 万—40 万的数量逐年下降。俄罗斯成为 20 世纪 90 年代世界人口数量下降幅度最大的国家③。更为严峻的是,俄罗斯人口数量急剧减少的趋势仍在继续,仅 2005 年一年就减少 74 万,几乎等于每天减少 2000 人。俄罗斯国家统计局预测,到

① 孟伟等编著. 演变后的俄罗斯[M]. 深圳:海天出版社,2010,124.

② 何学仁. 暴富群体与乞丐阶层——俄罗斯贫富两极分化及其原因[J]. 国际贸易,1999(10):24.

③ 雷丽平. 令人堪忧的俄罗斯人口问题[J]. 俄罗斯研究,2001(3):62.

2050 年,俄罗斯人口数量将减少三分之一,减少到大约 1 亿。① 有人形容,俄罗斯人口的缩减幅度相当于“每几天就打一次车臣战争”。俄罗斯学者们发出了“俄罗斯正在死亡”的忧虑呼吁。

(2) 出现出生率走低和死亡率上升“双向运动”

俄罗斯的出生率总系数(每千人出生的人数)几乎是苏联时期的二分之一,苏联 1989 年的出生率系数为 17.6,而俄罗斯 1996 年降为 8.9。苏联时期每个妇女平均生育 2.2 个孩子(其中俄罗斯联邦是 2.0 个),而 1996 年俄罗斯已降为 1.3 个以下。② 与出生率走低形成对比的是,俄罗斯人口的死亡率却直线上升。由于生活水平下降和社会福利体制不健全等诸多原因,俄罗斯居民身心健康每况愈下,人均寿命缩短。1991—1994 年俄罗斯居民的人均寿命缩短了 5 岁,由 69 岁缩短到 64 岁。1994—1996 年俄罗斯死亡人数与出生人数的比例为 1.63:1,导致人口绝对数量下降。③

(3) 人口地区分布、年龄结构严重不合理

俄罗斯人口分布不均,东部亚洲部分人口稀少,西伯利亚占据了俄罗斯大约四分之三的国土,却仅居住着不到四分之一的人口。而西部的欧洲部分,人口十分稠密,全国将近有五分之一的居民和超过三分之一的城市人口聚集在莫斯科、圣彼得堡、新西伯利亚和伏尔加格勒等 13 座大城市里。

(4) 人口老龄化程度严重,男女比例失调

随着幼、青、壮年龄段的人口死亡率增加,俄罗斯人口老龄化程度迅速提高,其年龄金字塔比日本和其他不少欧洲国家的情况更为极端。截至 2005 年 1 月,俄罗斯 60 岁以上人口已占总人口的 17.33%,65 岁以上人口占总人口的 13.72%。因此,俄罗斯已经是名副其实的老龄化国家。另外,女多男寡、性别结构失衡是俄罗斯人口的又一特点。男女性别比例为 1000:1147,女性比男性整整多 1000 万。④

---

① [美]安德鲁·库钦斯主编,沈建译.俄罗斯在崛起吗?[M].北京:新华出版社,2004,182.

② 雷丽平.令人堪忧的俄罗斯人口问题[J].俄罗斯研究,2001(3):63.

③ 孟伟等编著.演变后的俄罗斯[M].深圳:海天出版社,2010,125.

④ 贾长平.困扰俄罗斯的人口危机[J].世界知识,2011(11):56.

第二节 振兴与崛起：第二个十年教育的检醒与再出发

对于一个伟大的民族来说，挫折意味着重新出发。在经历了十年衰落苦痛之后，差不多以2000年为界，21世纪的俄罗斯呈现出与20世纪90年代截然不同的改革面貌。在经历了十余年的退步之后，随着普京出任总统，俄罗斯又一次雄姿勃发地向前进发，进入了现代化发展的新阶段。在政治上，国内逐步趋向稳定，并在国际层面谋求大国地位，恢复大国自信；在经济上，加快向创新经济模式的转变，奋力追赶，重新崛起势头强劲；在思想领域，强调回归传统，发扬俄罗斯精神，重拾"俄罗斯思想"。总之，在经历了十年的退步之后，一个崭新的俄罗斯呈现在世人面前。随着政治、经济和思想等领域的外部环境逐步好转，教育成为俄罗斯谋求大国复兴和重振大国雄威的法宝，得到了政府和社会前所未有的重视。

一、昂然的政治生态

1. 民主制度可控

对于俄罗斯现代史而言，2000年无疑是当今俄罗斯和过去俄罗斯的分水岭，由此，俄罗斯告别了以政治动荡、激烈斗争为主要特征的叶利钦时代而进入新的普京时代。① 在政治上，普京时代的俄罗斯力图克服叶利钦时代"过分美好"的民主改革而导致的混乱动荡局面，努力探索一条适合俄罗斯国情的、保持政治稳定的民主之路。普京多次强调，俄罗斯不可能成为一个西方模式的民主国家，他说："俄罗斯短期内不会，也可能永远不会成为美国和英国的翻版。"但是他又承认，"只有民主制度才能保持长久。尽管民主制度也存在着种种不足，但人类还没有想出比这更好的制度"②。如果说叶利钦时代俄罗斯建立的民主是"自由民主"的话，那么普京时代建立的民主则是"可控民主"。

所谓的"可控民主"，就是保留民主制这一基本制度，但是扬弃叶利

① 杨威."第二次转型"与俄罗斯的重新崛起[D].华东师范大学,2008,33.

② Путин В. В. Россия на рубеже тысячелетия[N]. Независимая газета, 1999—12—30.

钦时代的民主制度遗产,改变20世纪90年代“自由民主”不切实际的改革举措,大力强化国家政权,维护和巩固克里姆林宫权威。治理混乱的政治局面,建立国家的基本秩序,强调国家的重要性,是普京当选后的重大政治任务和政治理念。为此,普京政府采取了一系列强化国家权力体系的改革举措:①在国家结构上,实行联邦制改革,设立七大联邦区,实行总统驻联邦区全权代表制度,形成中央对地方机构的有效监督,同时,废除地方行政长官直选制,收回地方上那些应“属于联邦主体的权限”,构筑起国家垂直权力体系。解决寡头干政问题,强化国家对经济的控制力。②在政党制度上,建立一种“两头小、中间大”的政治力量格局,以左、中、右三大政治派别的平等竞争为基础,奠定俄罗斯的“真正”多党制,并在条件成熟时实行按“政党原则”组织政府,也就是最终塑造一个执政党。[①] 排除小党和地方性政党对国家政治生活的干扰,确立起支持普京及其政权的“政权党”的地位。③在行政制度方面,开启以提高政府管理效率、反腐败为目标的行政体制改革。首先是转变政府职能,减少行政壁垒,实行权力执行机构的角色转换,使政府成为执行经济政策的高效工具,变“社会为政权服务”为“政权为社会服务”[②];其次,推行公务员制度改革,打击贪污腐败,提高行政效率,建立职业公务员制度,遏制官僚化管理趋势,提高政府的廉洁程度与效能。

从以上举措可以看出,“可控民主”政治体制的建立过程就是不断加强中央威权、强化总统权力的过程。通过这些举措,俄罗斯逐步形成了以总统集权为核心的执政模式,形成了总统权力、强力部门和行政系统的整体性强势地位,重新提高了国家能力,加强了国家对社会经济生活的干预和控制,保证了政局的稳定和社会的有效整合。

虽然俄罗斯的“民主捍卫者”们不断地批评普京时代政治体制日益集权化、专制化,在民主问题上出现了倒退。但是,有理由认为,正是这样一种制度符合了俄罗斯现代国家政治制度的实践,适应了俄罗斯社会发

---

① 唐贤兴.俄罗斯政党制度的演变[A].冯绍雷,相兰欣.转型理论与俄罗斯政治改革[C].上海:上海人民出版社,2005,106—107.

② Дмитрьев М.Э. Административная реформа: от служения государству к обслужению общества[EB/OL]. http//: umnyi. narod. ru/TEXT10/080—10. html,2002. 8. 10/2003—10—4.

展实际。经过普京十多年励精图治的改革，俄罗斯在政治上已经从动荡的变革阶段过渡到稳健的建设阶段。普京强硬有力的改革手段，打击了分裂主义，使分散而混乱的国家政治权力体系在宪法规定范围内得到合理而有效的集中。

2. 强国之梦复燃

强国的梦想是历代俄罗斯政治家和民众心中挥之不去、难以释怀的情结。这一梦想在20世纪最后十年遭受到严重的创伤，几近破灭。但是，就在人们对俄罗斯发展前景不再看好，认为它的强国之梦只是一个遥不可及的白日梦的时候，俄罗斯这只千疮百孔的“北极熊”却在千年之交再次苏醒，以崭新的姿态向世人宣告了“俄罗斯正在崛起”这一事实。美国前总统尼克松曾经这样说过：“如果经济和政治改革成功，俄罗斯有可能在一代人的时间里再次崛起为一个世界性的大国，因为俄罗斯拥有再次成为大国的潜力，它有丰富的文化、骄傲的历史、深厚的学术传统、丰富的自然资源以及能够忍受艰难困苦和作出巨大牺牲的坚强的人民——二战期间他们曾极为明显地表现出这个特点。”①

从2000年普京接过叶利钦政权的接力棒开始，他就把“复兴俄罗斯、重振大国雄风、实现强国之梦”作为自己的目标。正如他在《千年之交的俄罗斯》就职宣言中所宣告的：“俄罗斯唯一现实的选择是选择做强国、做强大而自信的国家”，“俄罗斯应当在世界上真正强大的、经济先进的和有影响力的国家中占有一席之地”，“所有的行动都只能服从这一点”②。从2000年起，普京以其稳健务实的气魄和励精图治的果敢作风，换来了俄罗斯的崛起与进步。在短短十几年的时间里，俄罗斯悄然实现了从政治混乱、经济衰退、社会混乱，到政治可控、经济发展、社会稳定的令人难以置信的转变。“无论是从共时还是历时的视角看，俄罗斯目前的相对实力和绝对实力与苏联解体之初相比都有了长足的进步”③，它已经从苏联解体后元气大伤的状态中恢复过来。

在国家实力逐步增强的基础上，俄罗斯不断强化在世界政治体系中

---

① [美]理查德·尼克松著. 超越和平[M]. 北京：世界知识出版社，1995，30.

② Путин В. В. Россия на рубеже тысячелетия[N]. Независимая газета, 1999—12—30.

③ 杨威. “第二次转型”与俄罗斯的重新崛起[D]. 华东师范大学，2008，Ⅰ.

国家形象的重新定位。在世界新秩序的建构过程中，俄罗斯努力从四个方面重塑自己的国家形象和国家身份：国际政治多极化的一极；经济全球化的新兴力量；全球战略稳定的重要力量；国际关系民主化的倡议者。① 近年来，俄罗斯的国际地位呈现上升趋势，大国地位逐步恢复，对外开始显示出大国的自信，在国际舞台上更是日趋活跃。作为潜力巨大的世界大国，俄罗斯正日益成为牵动国际关系格局与大国关系变迁的重要因素，主要表现为：第一，在国际战略格局问题上，俄罗斯和其他新兴大国的快速发展，正在改变美国一超独霸、国际战略力量对比严重失衡的危险局面；第二，在大国关系问题上，俄罗斯的作用日益突出；第三，在地区热点问题上，俄罗斯成为不可或缺的重要因素。② 在第二次转型刺激重新崛起的大背景下，俄罗斯外交策略日益强势，出现了由被动到主动、由韬光守拙到"以牙还牙、以眼还眼"的重大转变。西方国家也不得不承认俄罗斯正处在复兴的路途上，"俄罗斯沦落为二流抑或是三流国家"的论调不驱自散，这个十几年前屈身于泥潭的"北极熊"如今令世界刮目相看。

随着俄罗斯的重新崛起，俄罗斯骨子里的帝国意识再度活跃起来，新帝国的一些特征开始浮现，为了维护国内政治和经济体制，俄罗斯越来越重视对外延伸本国发展模式的"超越帝国"外交。③ 如俄罗斯自由民主党领袖日里诺夫斯基所认为的"俄罗斯几次拯救了人类"，"俄罗斯每过百年便履行一次历史使命"④，强势的俄罗斯重新屹立在国际舞台上。

二、奋起的经济态势

1. 经济模式不断优化

经济的振兴是俄罗斯重新崛起的一个非常重要的方面。普京当选总统后首次发表的国情咨文《俄罗斯国家：强国之路》里，重点强调了俄罗斯经济利益，认为稳定的经济是民主社会的主要保障，是世界上受尊敬强国的基础。新时期普京提出的经济追赶战略的基本思路是：不再搞照搬西方模式的激进式改革，而是立足于一条务实主义路线，以俄罗斯现实为

① 谭德峰. 俄罗斯独联体政策研究[D]. 吉林大学，2009，2.
② 杨威. "第二次转型"与俄罗斯的重新崛起[D]. 华东师范大学，2008，227.
③ 杨威. "第二次转型"与俄罗斯的重新崛起[D]. 华东师范大学，2008，175.
④ [俄]日里诺夫斯基著. 李惠生等译. 俄罗斯的命运[M]. 北京：新华出版社，1995，190.

坐标，随着经济形势向着有利方面的变化和有益经验的积累，不断调整和完善经济追赶战略的内容。

普京从叶利钦手中接过的是一个初步具备市场经济制度框架但经济局面混乱不堪的烂摊子。对于叶利钦时代的经济模式，普京选择的策略不是完全抛弃，而是有扬有弃，努力实现从“新自由主义”的自由市场经济转型为强化国家作用的社会市场经济。这一新的市场经济模式被俄罗斯学者称为“第三条道路”“普京的新资本主义道路”或“混合市场经济模式”，这一模式并不改变市场经济的基本取向，而是大力加强国家对经济的控制能力，实现政府对经济的强势控制。在2000年的国情咨文中，普京明确规定了俄罗斯经济领域的国家职能：第一，国家要对制定总的游戏规则负责，成为规定并遵守游戏规则的保障者；第二，国家要在统一的规章制度范围内开展经济活动；第三，国家要提出社会目标并表达社会利益。此外，国家还是法律的维护者和执行者。① 普京一方面极力改变经济领域“软政府”和失控的局面，注重强化政府职能，提高行政效率，加强政府的宏观调控作用；另一方面全面加强国家对战略资源的控制，从私人寡头的“掠夺之手”中重新掌控能源资源的主动权。针对大能源公司在20世纪90年代基本被私有化，西方国家借此向俄能源行业渗透并企图予以控制的不利局面，普京当局以整治、肢解“尤科斯”公司为突破口，使大能源公司相继臣服于中央政府。

在经济战略方面，普京上任伊始充分抓住全球资源产品需求旺盛的历史机遇，利用俄罗斯的资源禀赋及其比较优势②，推行“能源强国”战略，积极促进能源产业的大发展。能源产业，尤其是油气工业的快速发展，成为拉动新一轮经济高速增长的重要因素，成为俄罗斯经济增长的重

① Путин В. В. Россия на рубеже тысячелетия[N]. Независимая газета, 1999—12—30.

② 俄罗斯是世界上唯一一个自然资源几乎能够完全自给的国家。作为世界资源大国，俄罗斯已经探明的资源储量约占世界资源总量的21%，居世界首位。从石油、煤、铁到农畜、海产，从林木、水、电到稀有金属，俄罗斯都是当今世界上数一数二的资源大国。俄罗斯科学院经济研究所估计，俄罗斯目前已经探明的大型矿产储量估价为30万亿美元左右，其中石油占15.7%，天然气占32.2%，煤和油页岩占23.3%，非矿物原料占6.8%，黑色金属占6.8%，有色金属和稀有金属占6.3%，黄金、白金、银和钻石占1%。预测潜力则更为惊人，总量可能高达140.2万亿美元。参见杨威《“第二次转型”与俄罗斯的重新崛起》，华东师范大学2008年学位论文，第26—27页。

要引擎。俄罗斯利用石油和天然气这两大王牌,不仅在世界经济领域,而且在外交层面迅速赢得了主动。对于俄罗斯来说,“世界能源领导者”不仅仅是一项经济计划,更是一项意在恢复俄罗斯在国际舞台上应有地位的地缘政治设计。

自2008年以来,俄罗斯加速向创新经济新模式转变。2008年金融危机再次暴露出俄罗斯经济结构的不合理——过度依赖能源和资源。俄罗斯由此痛定思痛,决定摒弃国家对能源过度依赖的经济增长模式。如果说普京在前两个任期内主要是依靠石油资源实现经济复苏和复兴的话,那么普京的第三个任期则面临更加复杂的任务——依靠发展创新经济来提高国家经济实力。俄罗斯越来越清醒地认识到,在21世纪各国之间的综合国力竞争中,资源力和军事力等“硬”要素的影响呈下降趋势,而政治力和科技力等“软”要素将发挥日益重要的作用。为解决经济发展对资源过度依赖、产业结构初级化等深层次问题,2008年俄罗斯提出了创新经济发展方案。在继续发挥资源比较优势和进一步加大能源产业发展的同时,强调充分利用能源、人才和科技等优势促进经济全面发展,特别强调创新经济发展,即把科技创新作为基本战略,大幅提高科技创新能力,形成日益强大的竞争优势;调整产业结构,建立最先进的生产部门,实现工业和农业现代化;把科技进步和创新作为经济社会发展的首要推动力量;把提高自主创新能力作为调整经济结构、转变增长方式、提高国家竞争力的中心环节。除经济领域之外,俄罗斯强调在国家生活各个领域推广创新精神,把建设创新型国家作为国家可持续发展的重大战略。“创新”成为俄罗斯目前的主流词汇和核心术语。

2. 经济振兴势不可挡

关于经济追赶这一点,俄罗斯一千多年的历史中不乏例证。1861年俄国农奴制改革以后,资本主义迅速发展,只用数十年的时间就完成了欧洲某些国家整整几个世纪才完成的向近代工业体系的转变。1917年之后,社会主义工业化运动再现奇迹,苏联以令人难以置信的速度,走完了欧美国家通常需要几十年甚至上百年才走完的工业化路程。历史仿佛在进行着轨迹的重演,从1999年底至今,俄罗斯经济在经历“叶利钦之殇”之后触底反弹,迎来了它的又一个奋力赶超时期,实现了积极的经济振兴,而且其积极发展的势头还将继续。

普京的市场经济理念是“市场经济 + 国家调控”,或者还要加上“速度”。在任代总统期间他就表示,为了保证俄罗斯在国际竞争中不落后,至少要有5%的经济增长率,希望达到7%或8%,最好是达到10%的水平。① 为此,俄罗斯政府于2000年6月通过了《俄罗斯社会经济长期发展基本方针》。2003年5月的国情咨文中又提出了“十年内至少将国内生产总值翻一番”的宏伟目标。普京符合国情的社会市场经济模式,为俄罗斯带来了良好的经济产出效应。在普京执政的头几年,俄罗斯经济就从20世纪90年代的混乱状态中逐步走出来,经济稳中有升。2000年,俄经济增长率为7.6%,其中工业产值增长率为9.5%,农业增长率为3%。这是苏联解体十年来的第一次。十年来首次出现无赤字预算,通货膨胀率也控制在21%以内。2001年,俄罗斯经济继续保持良好的发展势头,国内生产总值比上年增长5.5%,工业生产增长5.2%。随着国家财政状况好转,居民人均收入水平也开始增长,增长幅度为6.5%,平均工资增加20%—21%,全国失业人口比例从上年的11.1%减少到8.9%。② 与叶利钦时代长期的经济危机使俄罗斯经济潜力几乎丧失一半相比,普京在第一任期内就弥补了转型以来40%的经济损失。俄罗斯经济开始向好的方向发展,这也使得社会逐步走向稳定。

2003年之后,“能源强国”战略使得俄罗斯经济在向好的基础上,趁着国际能源价格大涨的形势继续攀升,创造了十年来经济持续快速增长的奇迹。1999—2007年,俄罗斯国内生产总值累计增长了62.6%,年平均增长6.9%,大大超过了世界经济4.7%的增长速度。2005年,俄罗斯经济增长6.4%,国内生产总值达7600亿美元,进入世界十大经济体。1999年,俄罗斯人均国内生产总值只有1210美元,2005年达到5232美元,恢复到苏联末期的水平。2006年8月,俄罗斯提前还清发达国家政府的债务,进入世界八强行列。2007年俄罗斯的国内生产总值已相当于苏联1990年的水平,成为世界第七大经济体。尽管受到国际金融危机的

---

① [俄]普京著. 张树华,李俊升,许华译. 普京文集(2002—2008)[M],北京:中国社会科学出版社,2002,31.

② 转引自同尚文. “俄罗斯思想”与俄罗斯社会转型[J]. 当代世界与社会主义,2002(4):82.

影响，2008 年俄罗斯国内生产总值增长幅度仍达到 7.8%。① 从 1991—1998 年连续七年的经济衰退到 1999 年以来连续十年的经济高速增长，可以说是令世人刮目相看的一个奇迹。由此，俄罗斯总体经济实力大为增强，在世界经济中的地位相应提高，走上了重新崛起的复兴之路。

而且，俄罗斯"创新经济"发展战略促进了俄罗斯经济的新一轮追赶，为其经济的持续恢复性增长提供稳固基础。俄外汇储备继续增加，2000—2010 年经济高速增长期间累积了近 6000 亿美元外汇储备，并建立了 2000 多亿美元的储备基金和国家福利基金，经济增长的"安全气囊"形成。卢布贬值的现象也得到了遏制，卢布兑美元汇率基本稳定在 1:30 左右②。人们越来越多地承认俄罗斯正在重新崛起这一事实，对俄罗斯经济持续发展持乐观态度。据美国高盛银行预测，到 2017 年，俄罗斯的国内生产总值按照购买力平价计算将超过意大利，2050 年，俄罗斯的国内生产总值总量将跃居欧洲第一，人均国内生产总值届时也将超过欧洲平均水平。③

三、稳定的社会场域

1. 主体意识形态确立

在放弃了马列主义世界观和社会主义制度以后，俄罗斯一直在寻找新的意识形态支撑点。叶利钦时代破旧有余而立新不足，意识形态领域的"真空"对社会的分裂和无序状态起了推波助澜的作用。俄罗斯思想理论界一些有识之士大声疾呼，俄罗斯若没有自己的意识形态是不可能存在的。在这种情形下，重建一种将俄罗斯人民凝聚起来的意识形态，成为世纪之交俄罗斯各民族、各阶层人民强烈的诉求。

普京上台后，一方面主张俄罗斯意识形态应该是多元的，"反对在俄罗斯恢复任何形式的国家的官方意识形态"；但是另一方面，又尽力寻找用以凝聚俄罗斯各民族的精神家园，因为"我们国家迫切需要进行富有成

---

① 李中海主编. 普京八年：俄罗斯复兴之路（2000—2008）· 经济卷[M]. 北京：经济管理出版社，2008，21.

② 俄罗斯战略评估课题组. 俄罗斯在危机中调整战略[J]. 现代国际关系，2010(3)：39.

③ Дмитрий Тренин. Интеграция и идентичность——Россия как "Новый Запад"[M]. М.：Европа，368.

效的建设性的工作,然而,在一个四分五裂、一盘散沙似的社会是不可能进行的,在一个基本阶层和主要政治力量信奉不同的价值观和不同的思想倾向的社会里也是不可能进行的"①。与叶利钦全面抛弃传统、刻意创造新文化不同,普京选择的是适应已经存在的文化;与叶利钦的向西方"一边倒"的政策不同,他采取东西文化兼容并蓄的策略,主张从俄罗斯历史文化传统和现实社会中去寻找当今的"俄罗斯新思想"。经过一段时间的努力,普京抛出"俄罗斯新思想"。这一新思想可概括为爱国主义、强国意识、国家作用和社会团结四个方面,强调这四个方面应该成为全民族的意识形态,是团结俄罗斯社会、复兴俄罗斯的精神良方。普京在2007年致俄罗斯联邦会议的咨文中指出,"正是这一国家财富才是强化国家统一和国家主权的基础,是我们日常生活的根本,也是经济和政治关系的根基"②。"俄罗斯新思想"实质是带有浓厚俄罗斯民族主义色彩的爱国主义,其核心是"国家"的概念,即突出国家的地位,恢复俄罗斯的大国地位和强国作用。③ 这一思想实际上是把20世纪90年代全盘向西方靠拢的钟摆慢慢向传统拨回。这也顺应了俄罗斯思想史上"向后看——就是向前进"的思想精髓。④ 从被抛弃的意识形态中挖掘出"往昔的光荣",从传统的价值观中生发出苏联遗产的动力,成为"俄罗斯新思想"的主旨之一。毋庸置疑,这一思想不是恢复共产主义意识形态。在这一点上,普京坦陈:"谁要是不为苏联的解体感到遗憾,他就没有良心;而谁要是希望恢复苏联,他就没有头脑。"⑤这一思想是"把全人类共同的价值观与经过时间考验的俄罗斯传统价值观,尤其是与经过20世纪波澜壮阔的一百年考验的价值观有机地结合在一起"⑥,"自由、民主"等西方推崇的理念在新的社会条件下同样是俄罗斯人备受推崇的价值观。

---

① [俄]普京. 普京文集[M]. 北京:中国社会科学出版社,2002,31.

② Путин. Ежегодное послание Президента России Федеральному Собранию Российской Федерации 26 апреля 2007 года [EB/OL]. http://base. consultant. ru/cons/cgi. htm, 2007—4—28/2012—5—12.

③ 陆南泉. 普京的治国理念与俄罗斯的未来[J]. 当代世界与社会主义,2005(2):97.

④ 普列汉诺夫. 俄国社会思想史(第1卷)[M]. 北京:商务印书馆,1988,355.

⑤ 周尚文. 俄罗斯思想与俄罗斯社会转型[J]. 当代世界与社会主义,2002(4):83.

⑥ 冯绍雷,胡键. 转型时期俄罗斯意识形态的演变[A]. 冯少雷,相蓝欣. 转型理论与俄罗斯政治改革[C]. 上海:上海人民出版社,2005,309—310.

从策略上说,普京的这种折中主义的意识形态安排无论是对于现政权的左翼还是右翼的反对派来说,都起到了一种安抚作用。正如普京所期望的:“尽管存在着各种各样的观点和意见,党派纲领也各不相同,但我们过去和现在都有共同的价值观。共同的价值观把我们团结在一起,使我们能够称之为团结的人民。”①这种集自由主义与保守主义于一身的新的意识形态适应了俄罗斯的现实,满足了人民的需求,因而获得了越来越多的人的赞同与认可,逐渐上升为一种主流意识形态。俄罗斯人从转型的失落、彷徨与无助之中,重新找到了精神家园。

2. 社会秩序走向有序

20 世纪头十年的改革给俄罗斯社会带来了难以弥合的创伤,而进入新世纪的俄罗斯,则是采取了以全体国民的利益为重心的治国方略。普京的第一、二个任期相比于叶利钦政府而言,更加强调人民群众的利益,关注民生,将社会政策置于国家经济发展的优先方向,使经济发展与居民利益得以平衡。普京第三个任期则保持这一政策的连续性,把经济增长的成果转化为民生福利的政策视为工作的重点。

以全体国民的利益为重心的方略使得俄罗斯逐步由混乱无序转入有序稳定状态。普京执政以后,对原有社会保障制度进行完善和落实,实施了一系列以改善公共医疗、教育、住房和农业境况为宗旨的惠民政策,同时建立与多元化所有制结构相适应的收入分配体系,积极探索促进再就业的措施,采取多项措施稳定劳动力市场。譬如:多次调整了困扰执政当局和颇受社会关注的退休金问题,使大量沦为贫困群体的退休人员摆脱了贫困;对生活在贫困线以下的家庭实施有针对性的帮助,设立中央级的社会保障补偿基金;对一直处于社会低水平的农业、教育、医疗保健等部门的收入也进行了大幅调整。普京还实行了递减式计税政策,这种征税办法不是按人头收税,而是按劳动工资的总支出来计税。这种税制的主旨在于刺激用人单位实行高工资,使高工资合法化。② 2005 年 9 月,普京确定了四项“国家重点工程”,分别是教育工程、医疗工程、住宅工程和农

① 杨威.“第二次转型”与俄罗斯的重新崛起[D].华东师范大学,2008,171.

② Под ред. Джудит Л. Твигг и Кэйт Шектер. Социальный капитал и социальное расслоение в современной России[М]. М.: Альпина Паблишер, 2003,39.

业工程。国家重点工程的目标是高质量教育、现代化医疗、买得起的住房和高效农业。俄罗斯政府通过决议，从2006年起，每年增拨几十亿美元用于医疗、教育、农村和住房等方面的建设，即从不断增加的石油稳定基金中拿出部分保障退休基金、各项社会补贴等的按时足额发放，以及改善社会福利设施等。这些措施均对提高居民收入水平、平衡各阶层利益起到了积极作用。

另外，普京和梅德韦杰夫政府始终把消除贫困作为自己工作的重中之重，把提高人民生活水平作为工作的终极目标。为此，《俄罗斯2005—2008年社会经济发展中期纲要》提出，到2010年要使贫困线以下的人口减少50%，降到人口总数的10%，2015年进一步降到人口总数的5%。不仅如此，俄罗斯每个季度都要依据经济增长情况调整国家最低生活保障标准，从2000年的月均1210卢布提高到2010年的5688卢布(相当于186.7美元，日均6.22美元)，远远高于联合国规定的贫困线(日均1.25美元)。随着各项政策的落实，居民实际可支配货币收入大幅度提高，从1999年的月均1658卢布提高到2005年的8111卢布，到2010年达到约18500卢布(如果计算名义月工资则更高一些)，到2011年8月超过23000卢布，12年间提高了10倍多。无论是恢复阶段还是增长阶段，居民实际可支配货币收入的增速都超过GDP的增速。①

尽管普京时代所实行的社会政策调整还留有许多有待解决的问题，但这些政策确实真正促进了社会民生的发展。普京执政以来的惠民政策和措施受到了民众的赞同和支持，也使俄罗斯民众对自身和国家的未来充满了热切的期望。资料显示，从2001年开始，超过半数的俄罗斯人不再感到失落，2006年民众的悲观情绪降到了改革以来的最低点(5%)，而乐观的情绪则达到了改革以来的最高点。有43%的人认为生活能稳定，有三分之一的人认为生活会改善，最贫穷的人中也只有13%的人认为生活会恶化。最有保障的阶层则完全相信，他们的生活是不可能恶化的。②

① 徐向梅.苏联解体后的二十年:俄罗斯的经济、社会与民生[J].探索与争鸣,2011(12):28.

② Беляева Л. А. И вновь о среднем классе россии[M]. Социс: социол. исслед, 2007, 5.

本章结语

“教育更可以被比作放大镜,因为教育能在一个极大的范围内反映和表现出社会发展的矛盾过程,以及这一过程的积极和消极方面,使其变得一目了然。”①随着俄罗斯社会的全面转型以及政治、经济和意识形态领域雷霆万钧式的剧烈变革,受政治、经济和意识形态等领域影响的教育领域,必然也发生着根本性的制度变迁和脱胎换骨式的变革。

苏联解体的头十年,由于社会各个领域乱象丛生,国家处于深刻的危机之中,教育经历了多种叠加的转型任务与自身承受能力的激烈冲突。叶利钦政府企图打破“千疮百孔”的旧教育制度,从而建立一个全新的迥异于苏联时期的教育制度。原先的教育目标、教育结构、教育内容、教育体制,似乎在这一宗旨下都要进行彻头彻尾的改革。然而,由于外部不利环境的制约,这场来势凶猛的教育改革注定要陷入朝令夕改或者自相矛盾的境地,教育失序和教育冲突时有发生。当然,这一变革对于苏联时期教育的弊病,有着鲜明的矫正作用,为下个时期教育制度的真正创新创造了条件。

普京时代不同的外部环境和不同的发展战略使得这一时期的教育改革呈现出与叶利钦时代迥然不同的特征。如果说叶利钦时代主导俄罗斯教育的思想是彻底改变教育旧体系,那么普京时代主导俄罗斯教育的思想是对已有的持续变革进行检醒,既避免“革命性的行动”,同时又要进行稳定的制度重建和扎实的教育发展。政治、经济和意识形态趋利向好的外部环境,使得俄罗斯有机会、有条件重新审视智力和知识资源的价值,教育的地位和作用得到了大幅度的提升与前所未有的强调。教育既是实现国家政治稳定、保证国家经济腾飞的最重要因素,甚至被当作保障国家安全的重要工具之一,同时又是保证实现个人福利和价值的最重要

---

① [俄]В. П. 鲍利辛柯夫,Н. Е. 鲍列夫斯卡娅. 俄罗斯教育战略改革[A]. 朱小蔓,Н. Е. 鲍列夫斯卡娅,В. П. 鲍利辛柯夫. 20—21 世纪之交中俄教育改革比较[C]. 北京:教育科学出版社,2006,11.

手段。教育对于社会和人的双重价值前所未有地被同时强调。教育优先发展不再流于一纸空文,而成为国家和个人发展的一项迫切任务,叶利钦时代被放逐了的国家发展教育的责任得到了真正意义上的回归。俄罗斯正处于奔向教育现代化的新的征程上。

第二章

教育战略的核心内涵之一：实施教育分权[①]

苏联时期的教育管理体制被学者普遍认为是高度集权型的典型代表。在美国著名教育专家伯顿·克拉克的三角协调图里，苏联独居一隅，其高等教育权力模式表现为国家权力笼罩一切，市场、社会和学术权威力量近乎虚无。

苏联解体以后政治体制的"民主化"、经济体制的市场化和意识形态的多元化，从根本上销蚀和瓦解了高度集权的教育管理体制赖以存在的政治、经济和思想基础。民主的发展使得"以前被排除在外的团体参与公共决策的热情呼啸而来"，教育分权的"政治动机"顿然彰显。[②] 从经济基础来看，市场经济本身就是一个天然分散化的决策系统，在这一体制下不可能由一个主体统一进行具体的管理决策。与市场经济相匹配的教育体制，本质上倾向于分权和自治。除此之外，"文化改革使人们逐渐丧失了对高度集权体制的心理认同"[③]。"从教育系统内部打破现状"的力量强大而不可忽视。起源于沙俄时期、强化于苏联时期的高度集权的教育管理体制到了后苏联时期，其自身先天的消极因子日益显露。正是这些消

---

① 刘淑华. 俄罗斯高等教育分权改革研究[M]. 光明日报出版社，2009，52—214.

② 联合国教科文组织在《教育分权：原因、时机、因素和方法》(*Decentralization of Education: Why, When, What and How*)中将教育分权的动机分为三种：政治动机(political motives)——在世界的大多数地方，由以前被排除在外的团体参与公共决策的热情呼啸而来；资金动机(level of funding motives)——中央政府不再或不能为适应教育需求提供财政资金；效率动机(efficiency motives)——这主要由"地方更多地作出决策会降低每一份产出的损耗"这种论调促成。

③ 薄贵利. 集权分权与国家兴衰[M]. 北京：经济科学出版社，2001，75.

极的、反作用的东西的存在,使得这一体制的合法性基础受到威胁,以至于变革这种管理体制的条件和动力逐步累积起来,演变成为教育分权变革的强劲的内在动力。在外部环境和内部环境两者的强大合力作用下,苏联时期教育领域金字塔式的权力大厦被分权式的权力结构所取代已是大势所趋。

正如2000年的《俄罗斯联邦教育白皮书》中所下的结论:分权是近年来俄罗斯教育管理领域的基本趋势之一。这种变革不是在原有基础上的细枝末节的修补,跟俄罗斯政治、经济和意识形态领域的转轨一样,它是一种根本性的制度创新。无论是在中央政府和地方政府之间,还是在政府和社会之间,以及政府和学校之间,都发生了迥异于苏联时期的教育权力变迁。

俄罗斯在伯顿·克拉克的三角协调图中的相对位置和绝对位置有了怎样的位移?曾经高度集权的公共教育体制进行了怎样的重构和再造?曾经过于集中的公共教育权力在不同权力主体——中央政府、地方政府、社会、市场和学校之间发生了怎样的分化、转移与重组?

第一节 中央和地方共营——教育的地方化①

重构中央和地方之间的关系,是教育分权改革的一个重要方面,它是政府体制内部的垂直分权,实质上是中央政府和地方政府之间的权力分配及统属关系的变化。教育地方化,就是中央和地方关系在教育领域的权力向着有利于地方一极的变迁,也就是教育管理权限由中央政府下移或下放到地方政府。

在政府间的权力分配模式上,苏联的教育管理体制被一致认为是中央集权型的典型代表,政府之间呈现出严格的层级隶属关系。在对教育管理方面,中央政府拥有至高无上的权力,地方政府实际上成为中央政府的派出机关和附属物,成为中央计划的执行者。苏联时期的教育空间是

① 刘淑华. 俄罗斯高等教育分权改革研究[M]. 光明日报出版社,2009,65—112.

高度统一的,教育体系在其所属空间的任何一个点上都是同质的。① 地方完全从属于中央,是对苏联时期中央和地方之间教育管理权限划分上的简要描述。

从20世纪80年代中后期开始,在俄罗斯教育领域,克服苏联时期中央和地方之间权力天平过分失衡的弊端,明确划分联邦中央、联邦主体和市级地方自治机构的边界,重新配置中央和地方的教育管理权限,成为教育管理体制改革的主要任务之一。因而,近20年来,俄罗斯教育地方化的实践取向非常明显,教育管理的重心则发生了由联邦中央教育管理机构向较低层次的教育管理机构规模较大、范围较广的转移。一场俄罗斯历史上史无前例的教育领域中央与地方政府之间的权力再分配和重塑运动轰轰烈烈展开。

美国政治学家普特南指出,影响地方自治的主要因素是“法律(laws)、规章(rules)和经费(money)”,“法律构成了地方自治的法律和宪法框架;规章构成了诸如行政控制、委任职能和人事模式的行政框架;经费为实施地方确定的政策提供了资源”②。按照普特南的观点,我们可以从法律保障、管理结构调整、财权和事权划分这几个方面来考察俄罗斯教育地方化的改革实践。

一、相关法律文本的制定

转型时期的俄罗斯在各个领域特别强调法制的作用,力图建立法律管理下的政府,减少政治在政府中的作用。教育领域的管理也不例外。截至1999年,联邦解决教育问题的法律文本就达462个。③ 而且各联邦主体也制定了自己的文件,其数量更是惊人。为解决教育发展问题,俄罗斯还通过了一系列的联邦总统令和联邦政府决议。这些文本的数量也多

① [俄]В. К. 巴钦,Т. Л. 克里亚奇科. 俄罗斯区域教育改革[A]. 朱小蔓,Н. Е. 鲍列夫斯卡娅,В. П. 鲍利辛柯夫. 20—21世纪之交中俄教育改革比较[C]. 北京:教育科学出版社,2006,149.

② Putnam, R. D. Making Democracy Work: Civic Traditions in Modern Italy[M]. Princeton, NJ: Princeton University Press, 1993,97.

③ Адриан, Э. Бентабет, А. Винокур. Белая книга российского образования [M]. Москва: Изд-во МЭСИ, 2000,66.

如牛毛。另外,还有一些法律文本,跟教育活动并不直接相关,但是对教育管理间接地发挥了作用,比如《俄罗斯联邦税收法》和《俄罗斯联邦公民法》等。联邦教育管理机构和各联邦主体政府之间缔结契约,协调两者之间的权能与责任,是转型期高等教育管理领域新出现的现象。截至1999年1月,已有57个联邦主体同教育部签订过这样的契约。

早在苏联解体之前的戈尔巴乔夫时期,1988年2月,苏共中央全会就通过了《关于教育体制改革的决定》。该决定的核心思想是教育的民主化,强调教育民主化不仅仅是学校管理制度的变化,而应贯穿于学校的方方面面,包括学校的内在结构和精神方面的变化。1988年8月,苏联教育传媒发布了《两个普通中等教育构想》。该构想强调,教育管理民主化最重要的、居于首位的方针就是教育管理的分权制。教育管理的分权制是在中央、地区和地方之间重新分配职能和权力。这就扩大了地区、地方机关和学校本身的权力,提高了他们对受托事项的责任心。打破管理体制的单一模式和"垄断性",而坚持以地方条件为转移的管理体制上的灵活性、多样性和区分化。① 对地方教育需求的重视、对地方不同特点的关注以及对地方权力的关照,开始提上改革日程。1988年12月在全国苏维埃人民教育职工代表大会上最终确定了国家教育系统改革的两条基本原则:一是教育民主化,主张管理的分权化和教育的市级管理,给予教育机构自治的权利;二是教育地方化,主张赋予每一个联邦主体实现自己教育计划的权利。至此,实现中央、地区和地方三级管理的教育分权改革拉开序幕,它为20世纪90年代俄罗斯的教育改革起了导引作用。

苏联解体后,1992年7月,《俄罗斯联邦教育法》首次颁布。该法第一次确立了"教育领域的自由和多元化"与"教育管理的民主性和国家—社会性质、教育机构自治"等为国家教育政策的基本原则。1996年1月23日,俄罗斯颁布了经修改补充后的《俄罗斯联邦教育法》。新教育法是对1992年原教育法的增补和完善,内容略有改动。该法第3条明确指出,"本法的主要职能是划分联邦国家权力机构和各联邦主体国家权力机构在教育领域的权限与职责。根据各联邦主体所属权限确立共同的法定

① 肖甦,王义高编译.俄罗斯转型时期重要教育法规文献汇编[M].北京:人民教育出版社,2009,60.

标准,由各联邦主体依照此法自行实施教育方面的法律调节"①。第三章"教育体系的管理"的第28、29、30、31条,对俄罗斯联邦、俄罗斯联邦各主体、国家权力机构与教育管理机构以及地方自治机构在教育领域的权限分别作出了详细的规定。这是俄罗斯历史上首次对不同层级政府在教育领域的权力作如此细致的划分。第30条有这样一项规定:"联邦和联邦国家教育管理机构无权独立自行审议由本法划归联邦主体教育管理机构及地方教育管理机构权限内的问题,但由俄罗斯联邦法令规定涉及国家和社会安全保障、居民健康和卫生防疫安全保护及公民权利的问题除外。"第31条规定:"地方(市立)教育管理机构无权独立对划归国家教育管理机构权限范围内的问题自行进行审议。"②这两条规定实际上指出了联邦中央政府和地方政府之间权限的互不侵犯。该法律对于中央和地方在教育领域的权力划分提供了重要的标准。此后,1997年、2000年、2001—2007年俄罗斯曾多次对《俄罗斯联邦教育法》的某些条文进行了修改,但是限制联邦教育管理机构对地区教育系统的活动进行直接调整、缩小联邦中央教育管理机构职能范围的基本方向不变。

1996年8月,俄联邦委员会批准并颁布了《俄罗斯联邦高等及大学后职业教育法》。该法律是根据1996年新修订的《俄罗斯联邦教育法》的基本精神和原则制定的,是新修订的《俄罗斯联邦教育法》在高等教育领域的细化和具体化。它是高等教育领域内唯一一部专门法律,是实施高等教育改革的具体依据。该法第一章"总则"的第2条规定,"俄罗斯联邦各主体在决定自己的高等及大学后职业教育政策(包括国家教育标准的民族地区部分)时享有自主权"。③ 这对实施高等教育地方分权作出了明确的规定。第四章"高等及大学后职业教育的管理"中,对俄罗斯联邦,即俄罗斯联邦会议、联邦政府、联邦高等教育管理机关和国家评审局在高等教育领域的权限作了详细规定。而对联邦主体的管理权限则一言

---

① Закон об Образовании Российской Федерации [Z]. Учительская Газета, 1996,(5)—(6).

② Закон РФ"Об образовании"[EB/OL]. http://www.edu.ru/index.php? page-id = 122, 2007 1 9/2007—3—20.

③ Федеральный Закон"О высшем и послевузовском профессиональном образовании"[EB/OL]. http://www.edu.ru/index.php? page-id = 122,2005—7—23/2007—3—20.

以蔽之:“在高等及大学后职业教育的一般问题方面,俄罗斯联邦各主体拥有除本法规定的俄罗斯联邦在高等及大学后职业教育合法权限之外的充分的国家权力。”这一规定或许过于笼统,但是,由于新修订的《俄罗斯联邦教育法》对联邦主体和地方自治机构的在教育领域的权限已作了详细陈述,其权限的构成可以大体界定,而且,“充分”一词也显示出俄罗斯联邦政府实施高等教育领域地方化政策的决心。

纵观整个20世纪90年代,俄罗斯教育领域制定的法律对中央、地区和地方在教育领域的权限已经形成相对明确的法律划分。但是,需要指出的是,尽管权力来源的合法性依据已经存在,但在实际的操作中,由于政治方面很多因素的影响,中央与地方实际权力的大小,很大程度上不是基于制度化的权力分享,而是中央和地方领导人之间讨价还价和谈判的结果,有法不依、违法不究的现象很是严重。

普京就任总统后,面对“弱中央、强地方”的松散格局,制止国家非一体化趋势、改革联邦中央与地方的关系,是普京执政的第一项重大举措,改革的实质是与过度的自治权作斗争。他在第一任期内就采取了很多措施,恢复国家的完整性。2000年4月颁布的新版《俄罗斯联邦教育发展纲要》(以下简称《纲要》)是普京上台后签署的第一份比较正规的法律文件,是俄罗斯独立以后有关教育的各种法律、法令、法规的集大成物,它对俄罗斯教育领域发展的现状、存在的基本问题及发展的方向和预期结果作了明确阐述。《纲要》的前言中写道:“《纲要》的基本目的和任务是通过各地区的相应计划予以阐发,各地区计划应考虑具体地区的民族、社会、经济、生态、文化、人口及其他特点,并瞄准解决由俄罗斯联邦教育领域的法律划归俄罗斯联邦各主体权限内的问题。”①由此可见政府实施教育地方化政策的决心和信心。在列举教育领域存在的问题时,针对教育领域有法不依、执行力差强人意的情况,《纲要》指出,“建立对法规执行情况的有效监督机制,建立捍卫教育过程各主体的权利和遵守教育领域的国家保障制度的有效机制,这是一个有待解决的特殊问题”,为此,提出了“应通过划分管辖对象和权力界限的合同及协议来支持各级教育管理

① Министерство образования РФ. Федеральная Программа Развития Российского Образования[R]. 2000—4—10.

机构之间的纵向关系,加强合同条件下的所有构成教育系统各个级别的纵向管理,亦即联邦级、联邦主体级、联邦与市地级、联邦各主体与市地级之间的纵向管理”。这为进一步规范教育在中央、地区和地方的分级管理提出了切实可行的建议。耐人寻味的是,《纲要》同时又提出教育系统发展的基本方向之一是“保持俄罗斯联邦教育空间的统一”,这似乎是与教育地方化政策背道而驰,而实际上是对20世纪80年代中后期至2000年教育过度地方分权现象的矫正。国家教育空间的统一性和完整性、国家在教育领域的宏观调控作用开始受到联邦中央政府的重视。

2000年10月,《俄罗斯联邦国民教育要义》(以下简称《要义》)被批准通过,实施期为2000—2025年。《要义》的使命是促进国家教育政策方向的转变,显示出俄罗斯联邦政府拨乱反正的决心。《要义》的第三部分,用了接近整个法律文本一半的篇幅列举了“国家在教育领域中的基本任务”,指出“教育是国家的责任,也是其利益所在”,国家在教育领域的43个方面负有不可推脱的责任,①而对于联邦主体及其下属地方政府机构的权利,却只字未提。这显示出国家纠正教育地方化过程中过度地方分权的弊病,重振国家在教育领域权威和影响的决心。

除此之外,2004年,随着俄罗斯国内推行的行政改革的逐步展开,俄罗斯对《对于俄罗斯各联邦主体立法机构和国家权力执行机构的一般组织原则法》和《关于俄罗斯联邦地方自我管理的一般组织原则法》等联邦法律做了修改和补充。这些经过修改的法律对中央管理机构和地区、地方管理机构间权力的划分产生了实质性的影响,教育领域也不例外。

通过几年的调整,地方过度分权的现象得到一定的扭转,中央和地方在教育领域的关系得到了一定的调整。教育管理的基本方向是扩大地方的教育管理自主权,使地方真正成为教育领域的行为主体,适应建立创新经济的要求,优质高效地为经济主体和社会主体提供公共产品和公共服务,以便为经济、社会发展创造良好的环境。在2006年3月召开的国务会议上,俄罗斯通过了《教育的创新发展——提高俄罗斯竞争力的基础》的报告,其中就设专门条款对“提高地方在教育创新中的作用,强化地方

---

① Министерство образования РФ. Нацианальная Доктрина Образования Российской Федерации[R]. 2000—10—4.

的教育自主性”作出了规定。这一报告指出：“俄罗斯因地方力量的强大而强大。最近 15 年的经验证明，国家的教育发展已经得到了大多数地方的支持。地方应该继续在教育的创新发展中发挥中坚作用。今天，联邦和地方在所有社会生活领域的法律基础达成了一致，地方的教育法律用来解决三个基本任务：一是填补联邦法律在满足地方教育需求的空白点；二是对地方的教育系统和具体的教育机构进行经济支持和社会支持；三是加快速度指导和解决地方教育创新发展问题。最后，重要的是需要明白，国家在任何改革中不应再犯本位主义错误。国家、各部门和地方的利益是一致的、统一的。在教育发展和教育管理的具体实践中，实现部门和地方原则的有机融合，教育管理要体现国家—社会管理，最终把教育变成地方社会文化发展中的强大力量，把地方变成教育发展的强有力推动因素。”①

二、分级化教育管理结构的建立

苏联解体以后，纵向的高等教育管理模式保留了下来，但是，与苏联时期不同的是，俄罗斯建立了真正的分级化的高等教育管理结构模式，即联邦中央、联邦主体（地区）和市级（地方）三级彼此独立、各负其责的新模式。

苏联时期，尽管也实行纵向的高等教育管理结构，在加盟共和国和民族自治地方也设立教育部和国民教育局，但是根据苏联宪法，苏联最高苏维埃在高等教育范围内对加盟共和国拥有全权，部长会议实施对全国高等教育的总领导，因而实际上，地方并不拥有管理高等教育的真正权力，地方的主要职责是推动并监督中央有关政策的执行。高等教育管理权限只是集中在联邦这一层次，联邦管理机构制定教育的目标、任务和政策，并就这些目标、任务和政策的执行情况实施严格的监督。

随着社会的全面转型，俄罗斯尝试瓦解高度一体化的中央政府管理体制，并力图建立真正的多层次高等教育管理结构，赋予每一层次实际的管理职能，进而改变不同层次管理主体间的相互关系，实现管理权限的分

---

① Государственный Совет. Инновационное развитие образования-основа повышения конкурентоспособности России[R]. 2006—3—24.

级化和非集中化。具体说来，就是将过去中央集权的统一管理改为联邦、联邦主体和地方自治机构三级管理。《俄罗斯联邦教育法》和《俄罗斯联邦高等及大学后职业教育法》都对此作出了详细规定。1996 年《俄罗斯联邦教育法》第 37 条第 1 款就规定，俄罗斯联邦的国家教育管理机关分为联邦国家教育管理机构、联邦各部门教育管理机构、各联邦主体教育管理机构三个部分。至于地方自治机构，法律条文中并没有规定设立专门的管理机构。但是在最近几年，一些区、市、镇和乡也开始出现专门的教育管理机构，即区、市教育局（处）。关于俄罗斯联邦、联邦各主体和地方自治机关的管理权限，1996 年《俄罗斯联邦教育法》第 28 条、29 条和 31 条分别作出了明确的划分。1996 年的《俄罗斯联邦高等及大学后职业教育法》对俄罗斯联邦（包括联邦会议、联邦政府、联邦高等职业教育管理机关和国家评审局）和俄罗斯联邦主体的具体权限作出了相应规定。2004 年，俄罗斯联邦教育科学部成立后，俄罗斯联邦主体设教育厅（局、委员会），所行使的教育职权与教科部的职权基本一致，只是职权范围为地区级教育机构，负责制定国家教育标准的地区性条款，并对地区教育系统进行日常管理。

同时，变革的过程中还有一个基本趋势，就是逐步弱化苏联时期的行业部门管理方式。中央业务部门所属的院校，除关系到国家发展全局及行业性很强、需由国家有关部门直接管理的高等院校外，将部分行业部门管理的高校交给地方，通过水平方向（地区层面）上的整合和竞争达到削弱高等教育部门分割的目的。从这一点来说，“高等教育地方化政策的实质是，从主要由部门发展职业教育系统逐步转变为主要由地方发展职业教育系统，相应地，从联邦的部门管理高等职业教育逐步转变为由联邦和地方共同管理高等职业教育系统”①。

俄罗斯现行的分级化的教育管理结构如图 2—1 所示。

2000 年 5 月，根据总统令，普京向俄罗斯 7 大联邦区派驻全权代表，这些全权代表在教育管理中的权力很大。他们监督地区和地方遵守现行联邦教育法令和国家首脑命令的情况，要求各联邦主体通报相关地区实

① Г. Ф. Шафранов-Куцев, Регионализация высшей школы: проблемы и решения [J]. Университетское управление, 1997(3): 16.

施联邦教育计划的情况，作为成员参加俄罗斯联邦教育与科学部工作委员会的工作等。

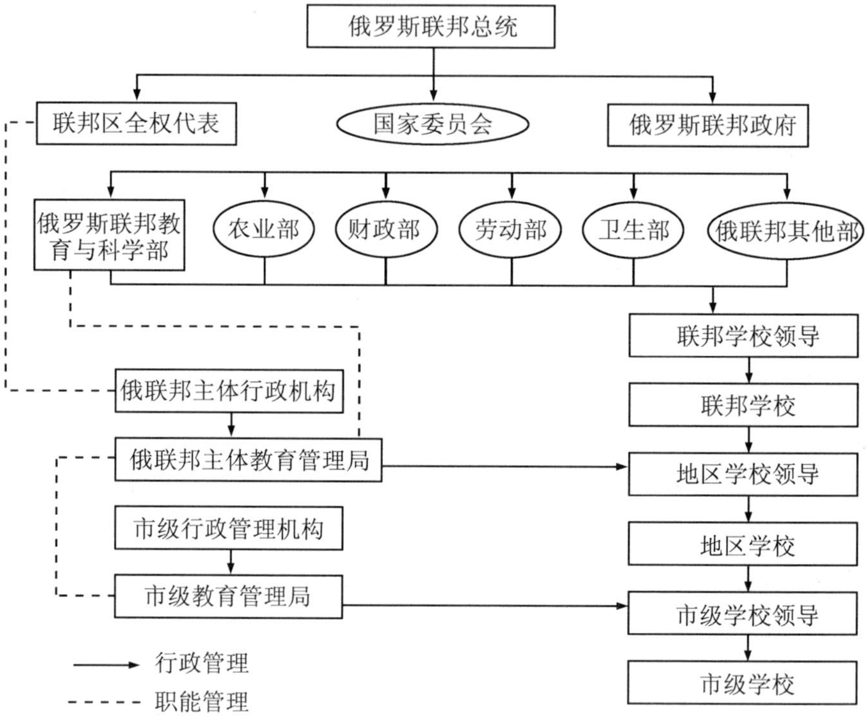

图 2—1 俄罗斯联邦现行教育管理结构

资料来源：В. И. 伊万尼维奇. 俄罗斯教育管理改革[A]. 朱小蔓，Н. Е. 鲍列夫斯卡娅，В. П. 鲍利辛柯夫. 20—21 世纪之交中俄教育改革比较[C]. 北京：教育科学出版社，2006，66.

在联邦层次，俄罗斯联邦教育与科学部是高等教育管理的主要机构，行使着联邦层次的大多数的管理职能。该部就其管辖范围内的问题向联邦政府提供联邦法律、总统法令和政府决议的草案，并履行法律赋予它的职责。

联邦一级的教育管理机构在苏联解体后几经变更。俄罗斯独立后，苏联国家教育委员会随之解体，成立了两个联邦（中央）级的领导和管理机构：一是俄联邦教育部，二是俄联邦科学、高等学校和技术政策部。这同苏联相比，显然机构上精简了，职能上也作了调整。与苏联时期的教育部相比，俄罗斯教育部的管理范围有所扩大。苏联时期的教育部主管学前教育、普通教育、师范教育和校外教育;俄罗斯的教育部除主管上述教育外,还主管初、中等职业教育。成立俄联邦科学、高等学校和技术政策部的目的在于把科研和高教统一起来,从而从根本上克服苏联长期存在的教育与科研脱节的弊端。该部的职能是领导并管理综合性大学和师范院校以外的其他高校,亦即《俄罗斯联邦教育法》中所说的高等职业教育机构(包括各类高等学校)。该部管理高等教育的具体机构为其所辖的高等学校委员会,1993 年后亦称俄联邦国家高等教育委员会。1993 年起,科学、高等学校和技术政策部改称科学和政策部。1996 年 8 月 15 日,经过改组的俄罗斯联邦新政府将俄罗斯联邦教育部和俄罗斯联邦国家高等教育委员会合并成为俄罗斯联邦普通和职业教育部。该机构管理俄罗斯联邦所有的教育机构,包括小学、中学和高等院校。这样,俄罗斯的教育管理机构又进一步精简,职能范围进一步扩大。2000 年 3 月,该机构更名为俄罗斯联邦教育部。2004 年,随着国家行政管理体制的改革,俄罗斯对教育管理机构进行了重组,俄罗斯联邦教育部和科学部合并成俄罗斯联邦教育与科学部,这是当前俄罗斯的教育主管部门。

在联邦主体层次,俄罗斯联邦主体的教育管理部门是其主要的教育管理机构,它接受俄罗斯联邦主体政府的行政领导和俄罗斯联邦教育与科学部以及联邦全权代表的职能管理。俄罗斯联邦教育管理机构的名称在不同地区有不同的称谓,例如“教育部”“教育委员会”“教育局”“管理总局”或“教育管理局”等。联邦主体教育管理部门的职能由俄罗斯联邦法律和隶属的联邦主体制定的法律来确定,因而各联邦主体教育管理的职能差别很大。

市级教育管理部门是市一级的教育管理机构,接受市级政府的行政领导和联邦主体层次教育管理机构的职能管理。俄罗斯市级教育管理机构的名称在不同地方也有不同的称谓,例如“教育管理局”或“教育局”等,其职能范围在不同地方差别也很大。

联邦主体和市一级的教育管理的权能,很大一部分是从中央教育管理机构的权限中派生出来的,目的是要贯彻中央的政策,其他权能则是对中央的规范和标准的补充和具体化。①

需要补充说明的是,在联邦主体一级,由于政治因素的作用,不同的联邦主体所享受的权力是不同的。1990—1991 年,俄罗斯教育部中设立了专门的地区教育机构领导委员会和民族地区政策管理局,其目的就是希望通过开展联邦中央和联邦主体之间的公开的和直接的对话来决定未来教育发展的方向,制定民族地区教育发展的相关政策和决议。1992 年《俄罗斯联邦教育法》的第 37 条第 1 款将俄罗斯联邦的国家教育管理机关分为四个部分:联邦国家教育管理机构、联邦各部门教育管理机构、各共和国教育管理机构和各边疆区(州、市、自治区)教育管理机构。其中,联邦国家教育管理机构和联邦各部门教育管理机构同属于联邦级教育管理机构,各共和国教育管理机构是各共和国教育部,各边疆区(州、市、自治区)教育管理机构是边疆区(州、市、自治区)教育局(总局、委员会和司)。可以看出,共和国享有比其他联邦主体(边疆区、州、市、自治区)更高一级的权力。这与 20 世纪 90 年代初的俄罗斯政治背景紧密相关,即共和国在与叶利钦的讨价还价中,在各个领域享有比其他联邦主体更高的权力。1993 年 12 月 12 日通过的《俄罗斯联邦宪法》赋予民族共和国更高的地位。后来,由于其他联邦主体对此不平等待遇的反抗,叶利钦不得不将共和国和其他联邦主体放在同一个层次上。

显然,比起苏联时期,法律赋予了地区和地方层次更多的实际权力,分级化的高等教育管理结构已经形成。这种分级管理结构对权限进行了重新分配,使各级管理机构都有了一定的自主空间和积极性。

三、中央和地方教育事权的划分

衡量教育管理体制是否是分权体制的基本标准,是地方性的“公共事务”是否由地方政府作出最终决策。

苏联解体以来,俄罗斯中央和地方之间在教育管理事权的划分方面进行了重大改革,以前地方完全从属于联邦中央的状况有所改变。这一

① [俄]Н. Е. 鲍列夫斯卡娅. 俄中两国教育改革比较[A]. 朱小蔓,Н. Е. 鲍列夫斯卡娅,В. П. 鲍利辛柯夫. 20—21 世纪之交中俄教育改革比较[C]. 北京:教育科学出版社,2006,481.

改革是从 1992 年颁布《俄罗斯联邦教育法》开始的。改革重新规定了不同层次,即联邦中央、联邦主体和市级教育管理机构的管辖范围,大大缩减了联邦中央管理机构对教育直接管理的权限,大大限制了联邦中央直接干预教育系统活动的可能性,明显增强了地区和地方管理部门的教育事权。特别是联邦主体的权限有了很大提升,法律已经赋予其独立解决教育领域问题的权力。

俄罗斯中央和地方的权限划分,主要是依据《俄罗斯联邦教育法》和《俄罗斯联邦高等及大学后职业教育法》这两部法律。本文根据这两部法律,将俄罗斯联邦、联邦主体、地方自治机关的高等教育事权划分情况制成了表格。(见表 2—1)

表 2—1 有关法律对于俄罗斯联邦中央和地方高等教育事权的划分

项目	联邦中央	联邦主体	地方自治机关
法律制定	进行全国范围内的教育立法	进行联邦主体的教育立法	
政策纲要	制定与贯彻联邦教育政策、制定和实施联邦的和国际的教育发展纲要	制定并贯彻不与联邦教育政策相抵触的联邦主体教育政策和联邦主体教育发展纲要	
人事管理	组建、领导联邦和各部门的国家教育管理机关并任命其负责人	经与联邦教育管理机构磋商同意后任命辖区内教育机构领导人员	与国家教育管理机构磋商决定地方教育管理机构领导人员的任免
高校的设置与撤销	制定教育机构创建、改建和撤销的程序	开办、改组和撤销俄罗斯联邦主体管理之下的教育机构	开办、改组和撤销市属教育机构
专业设置	拟定高等教育专业目录		
教育标准的制定	规定国家高等教育标准中的联邦部分	制定国家教育标准的民族—区域部分	
学位授予	解决教育证书的相互对等和承认的问题		
教育机构的许可、鉴定和委任	为教育机构办理许可、鉴定和委任等手续		

续表

项目	联邦中央	联邦主体	地方自治机关
质量检查和评估	建立高等教育评估和监测系统,对高等院校进行检查和评估		

制表依据:Федеральный Закон"О высшем и послевузовском профессиональном образовании"[EB/OL]. http://www.edu.ru/index.php? page-id = 122,1996—7—23/2005—7—20;Закон об Образовании Российской Федерации [Z]. Учительская Газета, 1996,(5)—(6).

具体来说,俄罗斯联邦通过联邦各国家权力机关和教育管理机关发挥以下权限:制定和贯彻联邦教育政策;依法调节教育领域内的各种关系;制定并贯彻联邦的和国际的教育发展纲要;组建、领导联邦国家教育管理机关及各主管部门的教育管理机构并任命其负责人;磋商任命联邦直属教育机构的领导人;制定教育机构创建、改组和撤销的程序;创建、改组和撤销联邦直属教育机构;制定进行职业培训和职业教育的职业目录和专业目录;制定和审批教育机构标准条例;制定对教育机构许可、鉴定和认证的程序;规定国立和市立教育机构教学人员和教育管理机关工作人员的鉴定程序;调节教育机构内的劳动关系;规定教育机构的工作量和联邦工资标准;制定联邦部分的国家教育标准;组建教育工作人员培养和再培训的联邦体系;监督联邦教育法令及国家教育标准联邦部分的执行;为教育工作者设立、颁发国家奖励和荣誉称号;建立高等教育机构评估程序并颁发许可证;建立联邦统一的教育信息系统等。

俄罗斯联邦主体在教育领域的权限包括:制定与实施与国家教育政策不相抵触的联邦主体教育政策;制定俄罗斯联邦主体的教育法令;根据本地区特点制定并实施各联邦主体教育发展纲要;经与联邦教育管理机构磋商同意后任命辖区内教育机构领导人员;创建、改组或取缔俄罗斯联邦主体一级的教育机构,为教育机构办理许可手续(高等学校除外);建立自己的教育管理机构;制定国家教育标准的民族—区域部分;在自身权限范围内保证为教育机构提供信息,安排教学书籍的出版,制定示范教学计划、教程和科目大纲;组织教育工作人员的培养、再培训和业务进修;保障联邦教育法令的执行等。

市级地方自治机构在教育领域内的权限包括:贯彻国家教育政策;规划、组织、协调和监督市一级教育管理机关和教育机构的工作;开办、改组和撤销市属教育机构;与国家教育管理机构磋商决定地方教育管理机构领导人员的任免;保证对地方教育机构的教学楼和其他设施进行维护,安装附属设施;审查教育机构租用房屋、建筑物和其他财产的条件;发挥国立和市立教育机构及文化、体育设施的教育效益;补充设立可促进教育发展的捐税和优惠项目等。①

总的来说,在联邦中央、联邦主体和市级三个层级上,教育管理权限已经形成相对明确的划分,联邦主体和市级政府已经拥有了相对于苏联时期大大扩张的教育管理权力,教育事权出现了由高端向中间和基层转移的趋势。联邦中央主要是对全国教育实施宏观管理,制定国家教育法律,制定国家教育标准,实施教育监督、监控,并对自身所属教育机构进行直接管理。联邦主体的任务是实施并贯彻中央教育政策,制定辖区内的教育法律、法规,教育纲要和教育标准,并发展辖区内所属教育机构。而地方自治机构主要是贯彻国家教育政策,制定地方教育标准,统筹和协调地方教育的发展等。

同时,教育的决策过程也发生了很大变化,决策过程出现了一定的反转趋向。苏联教育的决策过程完全是自上而下,而独立以后的俄罗斯,地方在高等教育的一些实际问题上能够从自身具体情况出发,制定解决办法。中央政府将一定的自主决策权交给地方政府,使地方政府能够根据地方特点安排自身的事务,进行自己辖区范围内的教育协调与发展。

四、中央和地方教育财权的划分

苏联时期,地方预算完全从属于中央预算,联邦主体和地方缺乏对教育预算收入和预算支出的自主权。

经过十多年讨价还价式的艰难改革,俄罗斯重塑了中央和地方之间的经济关系,形成了与苏联时期地方预算完全隶属于中央预算明显不同

---

① Федеральный Закон"О высшем и послевузовском профессиональном образовании"[EB/OL]. http://www.edu.ru/index.php? page-id = 122, 1996—7—23/2005—7—20; Закон об Образовании Российской Федерации [Z]. Учительская Газета, 1996,(5)—(6).

的财政联邦制模式。与政府结构相适应,国家财政体制也分为三级:第一级是联邦预算,第二级是联邦主体预算,第三级是地方预算。这样,俄罗斯国家统一预算便由联邦预算、地方预算和预算外基金构成,共有 49289 个预算单位。①

随着国家分级预算体制的建立,俄罗斯教育领域的预算体制也发生了重要变化,确立了新的分级预算财政体制。每一级国家政权都构成一级预算主体,具体说来,教育财政体制也分为三级:第一级是联邦预算;第二级是联邦主体预算,即共和国、边疆区、州、犹太自治州、联邦直辖市和自治专区的预算;第三级是地方预算,即区、市、镇和乡的预算。国家不再作统收统支,苏联时期中央包揽全部教育拨款的形式发生变化,教育拨款由中央、地区和地方共同进行。

与分级预算体制相适应,俄罗斯对中央和地方的事权进行了粗略和简单的划分。1993 年的《俄罗斯联邦宪法》第 71 和 72 条对联邦政府和地区政府的职权范围进行了第一次划分。中央政府主要负责国防、外交、立法、货币政策等全国范围内的事务,联邦主体和地方政府主要负责地方基础设施、经济建设、教育等方面的事务。按照 1995 年的《俄罗斯联邦地方自治政府基本原则法》,不同层次教育的责任在不同层次政府间的分配是这样的:联邦政府负责大部分高等院校和研究性机构;地区政府负责学前教育、初等学校和中等学校。

经过修改的 1996 年《俄罗斯联邦教育法》对俄罗斯联邦、俄罗斯联邦主体和地方自治机构在预算方面的权限分别作出了规定。第 28 条规定,联邦中央在教育财政方面的权限有:"每年确定教育拨款在联邦收入中的份额;编制联邦教育预算,筹集联邦教育发展基金;规定促进教育发展的税收减免办法;规定对学生教育拨款的联邦指标;规定教育机构经费拨付制度;规定联邦境内教育机构工作人员、相应职业专业人员和国家教育管理机关工作人员工资和职务薪金的最低限额;规定对教育机构的各类学生、国立和市立教育机构教师的优惠办法,以及对他们的物质保障项目和标准;规定对公民提供个人教育贷款和偿还贷款的条例;对教育机构在建筑标准、卫生标准、卫生保健、教学过程的最低限装备及教学房舍设施等

① 张男星. 俄罗斯高等教育体制变革[M]. 长春:吉林教育出版社,2003,30.

诸方面的联邦要求;向联邦直属教育机构直接调拨经费;为教育系统提供信息及科学和教法方面的保障。"第 29 条规定了俄罗斯联邦主体享有"编制俄罗斯联邦主体在教育支出部分及相应的教育发展基金部分的预算;规定地方教育捐税和教育捐款;规定共和国、地区教育经费拨款指标;安排地方教育管理机关和教育机构的经费拨款,在物质技术保障方面向它们提供中介服务;补充联邦对教育机构在建筑标准、卫生标准、卫生保健、教学过程的最低限装备及教学房舍设施等诸方面的要求"等权限。第 31 条规定,地方自治机构享有"编制地方教育经费项目的预算和相应的教育发展基金,制定并推行地方教育体系的经费指标;保证居住在相应地区的公民有选择普通教育机构的可能性;在本身权限范围内调整教育体系的财产关系;修建地方教育机构的房屋和设施,整修其周边地段;监督教育机构租用房屋、建筑物和其他财产的条件;将国立和市立教育机构及文化、体育设施用来发挥教育效益;补充设立可促进教育发展的捐税和优惠项目"等权限。①

从以上《俄罗斯联邦教育法》的权限划分中,一方面可以看出地区和地方政府拥有了苏联时期不曾享有的预算自主权,在教育预算收入方面享有一定的权利,并有权决定教育支出的范围和方向。在中央和地方教育预算收入的划分方面,俄罗斯进行了分税制改革,新税法将全部税种划分为联邦税、地区税和地方税,对各级预算收入的来源进行适当的划分,至少在理论上使各级政府均拥有了与其事权相对应的财权,并允许地区和地方政府拥有建立自己预算外资金的权利。教育专项税属于联邦主体税。按照规定,凡在边疆区、州、自治州和自治区领土上的包括外资企业在内的所有法律形式的企业、机构和组织,都是这种税款的缴纳人。但是,不从事企业经营活动的、依靠联邦预算得以维持的教育机构不在征税的范围之列。当时规定教育税的税率为年度工资基金的 1%。而且,当时规定教育税必须专款专用,必须用作教育机构的补充经费。在获得教育预算收入自主权以后,克麦罗沃政府首先引入了地区教育税,并很快得到了其他地区的响应,到 20 世纪末期,俄罗斯联邦所有的地区都已征收

① Министерство образования РФ. Закон об Образовании Российской Федерации [Z]. Учительская Газета, 1996,(5)—(6).

这项专项税。各联邦主体在征收了教育专项税之后，很少在教育机构之间分配，这一税款的专款专用原则被无端地破坏。这一方面是由于地区政府收入的捉襟见肘情况所致，另一方面是由于地区政府资助教育的“剩余原则”所致。这实际上违背了当初给予联邦主体征收这项税款权利的初衷，因而在2002年的税费改革中，给予联邦政府的这一权利被废止。2005年1月1日，俄罗斯联邦政府在新的《俄罗斯联邦教育法》中，将俄罗斯联邦主体1996年开始享有的规定地方教育捐税和教育捐款的权利在法律上明确取消。

而从另一方面讲，与其说俄罗斯实施高等教育地方化的改革实践削弱了中央的作用，不如说这一改革实践减轻了中央的财政负担，俄罗斯联邦中央把教育的预算支出责任转嫁到了地区和地方政府身上，使地区和地方成为高等教育经费来源的支柱。在实际操作中，地方政府不仅承担了地方高校的财政拨款和当地初等和中等教育机构的财政拨款，而且国立高校的一部分拨款责任也转移到了地区和地方政府身上。① 苏联解体后的十几年里，俄罗斯联邦政府并没有兑现它在教育领域的法律承诺，法律规定更多的是一种口惠而实不至的空头支票。特别是20世纪90年代，由于俄罗斯经济的持续衰退和政府政策的偏差，教育支出比例一直偏低，1994年和1997年支出比例最高，也仅占国内生产总值的4.5%，2003年，这一比例在经历下降后又有所回升，占到了3.6%。法律中规定的定额拨款虽然在联邦主体和地方层次得以实施，而在俄罗斯联邦层次却始终未得到实现。从高等教育这一层次来说，联邦预算支出总额远不能满足国立高校发展所需。1992年，国家对高等教育的拨款只是实际需要的30%，连支付教职工的工资都不够。1996年的《俄罗斯高等和大学后职业教育法》中，联邦政府确定了高校工作人员的工资水平，要求教师工资都要有所增长，但是实际上并没有提供匹配的资金，而将责任交给了地区和地方政府。这是“中央办宴，地方埋单”的典型事例。在实行多渠道筹集教育经费的情况下，中央政府几乎很快摆脱了一些发展教育的责任，而把更多的财政资源和精力投向产业的发展。这种责任转嫁确实在实际操作中减轻了联邦中央的财政负担，同时又拓展了教育经费来源的渠道，一

① Образование в РФ. Статистический ежегодник[R]. Москва: ГУ ВШЭ, 2005,60.

定程度上缓解了教育经费匮缺的状况。虽然教育经费匮缺问题迄今依然是困扰俄罗斯教育发展的主要因素,但与实施高等教育地方化之前相比,情况已有很大的好转。

值得肯定的是,这种中央和地方教育支出责任不对称的状况已引起联邦政府的重视。进入21世纪,两者比例严重失调的情况稍稍有所缓和。2003年颁布的《俄罗斯联邦地方自治的共同组织原则》《对〈俄罗斯联邦主体国家政权的立法和执行机关的共同组织原则〉的修改和补充》以及2004年颁布的《关于俄罗斯联邦法令若干修订和批准某些法令的废止》等法律,明确要求按教育层次重新分配教育经费的责任。按照这些法律,联邦和联邦主体在为学校提供经费方面的责任划分更加明确了。

第二节　政府和市场共管——教育的市场化[①]

教育市场化改革是在横向维度和向体制外方向上分权改革的一个重要方面。它反映的是政府与市场之间的力量博弈倾向于市场一边的运作。政府的退却和市场价值的回归成为新时期俄罗斯确立政府和市场在教育领域关系,特别是高等教育领域关系的基本路径选择。

在教育领域政府和市场的关系的处理上,存在着两个极端:政府神话与市场乌托邦。苏联时期乃至沙俄时期的高等教育,是奉行政府神话这一极端的典型代表——将政府视为一个无所不能的仁慈的君主,认为政府能完全弥补市场缺陷,解决好教育的所有问题,主张国家全面干预教育,严格限制市场机制对教育的作用。在政府的干预和社会政治经济环境的限制下,市场力量在教育领域虽然依旧存在,但终究是极其微弱的。

苏联解体以后,政府与市场之间的博弈与力量对比发生了明显倾向于市场一边的深刻变化。教育市场化成为这一时期教育分权改革颇为引人注目的一种路径选择。使教育系统由高度集权的行政命令性系统转化为市场导向的社会组织,是这一时期教育变革的基本策略,这一策略在

---

① 刘淑华.俄罗斯高等教育分权改革研究[M].光明日报出版社,2009,113—159.

俄罗斯被命名为“从政治向市场的动力”。① 苏联时期长期被压抑的市场力量开始渗入俄罗斯教育领域，政府垄断教育的局面被打破，竞争机制、效益观念、企业化经营方式、考虑消费者的愿望和需求等市场因素在教育改革中的作用日益明显。

在俄罗斯长期的计划经济体制下，政府成为学校与社会之间相互作用的过滤器和减震阀，社会对学校的要求和影响都要通过政府这个中介传送到学校。因而，那时的教育系统对社会反应极不敏感。在市场力量介入教育后，社会对学校的要求不再需要通过政府这个中介就能直接对学校产生影响。学校与社会之间联系的途径由“政府中介”转向了直接面对面的方式，市场成了大学和社会之间的“桥梁”。学校的管理、生源、专业设置、毕业生就业、经费来源、科技成果的转化甚至高等院校的设置等方面都受到了市场需求的影响。教育改革与发展中确定方向和重点的基本取向，已由“资源约束”发展模式转为“需求约束”发展模式。学校的管理、课程设置、毕业生就业以及高等教育系统再造等方面呈现出与苏联时期截然不同的改革风貌。

一、国家—社会管理新模式的出现

随着中央政府对高等教育资助能力的缩减和高等教育市场性质的加强，市场经济条件下，国家高等教育运行的一个必然走向，就是面向社会市场，扩大社会参与。② 市场机制对于减少国家对公共政策和社会服务的直接提供，改由其他非政府团体，甚至动员个人和家庭投入社会服务及公营部门管理的行列有着重要的作用。这是因为“交换”是和有权威的命令相反的相互作用的基本形式，它可以看作是组织人们合作的一种方法。③ 俄罗斯教育领域中市场力量的进入，打破了学校管理的官僚模式，促进了教育管理的民主化。

---

① Bain, Olga B. University Autonomy in the Russian Federation Since Perestroika[M]. New York & London: Routledge Falmer, 2003,20.

② 陈列. 市场经济与高等教育——一个世界性的课题[M]. 北京：人民教育出版社，1998，51.

③ [美]伯顿·克拉克著，王承绪等译. 高等教育系统——学术组织的跨国研究[M]. 杭州：杭州大学出版社，1994，178.

从国家管理学校向国家和社会共管学校的转变,是俄罗斯教育领域管理方面的显著变化之一。20 世纪 90 年代中期以前,教育管理在国家性质、国家—社会性质、社会—国家性质、社会性质四个维度上,一直存在很大的争议。1996 年修改后的《俄罗斯联邦教育法》第一章第 2 条明确规定,“教育领域国家政策的原则”之一是“教育管理的民主性质、国家—社会性质和教育机构自治”。《俄罗斯联邦教育法》的明确规定最终为这一问题定音。吸引社会力量参与学校管理,增强学校的开放性,把学校从一个部门机构改造成一个不仅受国家,而且受社会监督的国家—社会机构,是俄罗斯教育管理的主要方向之一。1997 年,俄罗斯教育科学院(PAO)在《教育改革的基本趋势、问题和对教育改革结果的评价》的报告中指出,教育要面向社会发展,必须消除国家在教育领域的垄断地位,把学校从国家机构变为社会的大学,变为对个人、社会和国家的利益和需求都能兼顾的学校。① 进入 21 世纪,俄罗斯把在联邦一级、地区一级和地方一级等所有层次上建立国家—社会管理机构作为高等教育发展的最迫切任务之一。② 为了落实国家—社会共管体制,2000 年通过的《联邦教育发展纲要》涉及扩大社会参与和严格监督管理的内容中有 10 条措施,其中 3 条最突出:①确保职业团体、教育机构协会、其他社会组织、教学和科研人员、家长(其法律代表)均参与教育领域的国家政策的落实;完善这种参与的形式并建立使之积极发挥作用的机制。②确立相应的机制,以完善俄联邦国家政权机关、联邦各主体国家政权机关、教育系统各团体、各社会组织在发展作为统一综合体的教育统一事业上的相互作用并协调它们之间的活动。③进一步发展和确保教育系统管理上的民主性质、国家—社会共管性质,包括加强各级(联邦级、联邦各主体级、市地级)之间的纵向管理与联系。③ 教育系统成功发展的一个重要因素是企业主、社

---

① Бочкарев В. И. Государственно-общественное управление образованием: каким ему быть? [J]. Педагогика, 2001(2):10.

② Ахтамзян Н. А. Система государственно-общественного управления образования в Германии[J]. Педагогика, 2004(6):85.

③ Министерство образования РФ. Федеральная Программа Развития Российского Образования[R]. 2000—4—10.

会团体、教育共同体、民众对这一过程的广泛参与。①

目前,俄罗斯已经广泛吸收社会团体和个人参与到教育管理的过程中,这相对于苏联时期严格的纯粹的国家管理是质的进步。社会管理机构实际参与教育管理,甚至参与教育质量控制,不仅在学校层面,而且在市级和地区层面,社会管理机构的作用都愈益明显。俄罗斯高校内部设立了督学委员会、学校委员会、大学学术委员会和其他的学生自治组织等社会机构。这些机构参与学校发展计划的制订、涉及学校功能发挥的各种规章制度的拟订、教师激励性薪酬的发放、其他财政问题的解决等。教育与科学部的统计资料显示,目前,60%以上的大学建立了有企业主参与的管理机构。在20%多的高校里,已经引入个别教育大纲的社会职业鉴定。为了使社会机构有效参与学校管理,俄罗斯各级政府强调教育系统的公开性,定期公示教育机构的教育活动和经营活动报告。在市立层面,社会机构参与市级教育网络发展计划的制订和实施、对学校领导的奖励和激励、市级政府在学校大楼的维修和对外服务的支出预算等方面的工作。在联邦主体层面,专家委员会参与制定和修改教育标准的联邦部分、确定教育机构的人头定额拨款标准、讨论与完善国家教育政策的实施机制、挑选创新性教育机构进行资助等活动。目前,俄罗斯设立了大学校长委员会、非国立高校联合会、各专业的教学—方法协会以及许多著名高校毕业生联合会等社会机构。2006年6月,俄罗斯大学校长联合会与俄罗斯工业企业联合会、工商协会和其他联合组织签署了有关战略伙伴的协议,为企业和社会组织参与教育发展提供了保障机制。这些社会机构由国家倡议并授权,它们的参与使得俄罗斯的教育系统更加透明,更加适应社会需求。俄罗斯学者鲍利辛柯夫和武尔松在总结十几年来的教育改革与苏联时期的教育改革的最大不同时指出,"以前的教育改革通常是静悄悄地发生在教育部的办公室里,并由圈子很窄的一群高级官员拟订方案。现在的教育改革却吸收了许多研究机构的参与,并邀请知名学者、经济学

① Федеральная служба по надзору в сфере образования и науки. Концепция общероссийской системы оценки качества образования (2 редакция) [R]. Москва. 2008, 152.

家、社会学家、心理学家、教育学家去为改革做理论准备”①。

向完全的社会管理发展，是未来俄罗斯教育管理改革的一个重要目标。正如2011年3月19日俄罗斯前教育与科学部部长富尔先科在总结2010年的工作时所指出的：“教育全面现代化成功的一个关键条件和因素是教育机构的完全社会参与，以及地方和地区层面上形成教育政策过程中的完全社会参与。吸引社会机构参与教育管理，重要的是赋予这些机构一系列的管理权限。”②

二、消费者至上的专业和课程设置

市场与非市场之间的基本区别在于，市场组织的基本收入来自于市场上出售产品的价格。在那里购买者决定他们要买什么或者什么时候要买。而非市场组织的收入则主要来自于税收、捐赠或其他非价格性的来源。③ 苏联时期，政府综合性地把握社会需求，通过提供资源并有计划地设置高等教育机构和高等教育专业来满足这种需求。换言之，社会的需求由大学的设置者解释并予以提供。与此相对照，市场化改革中的大学，其宗旨是满足业已存在的各方面需求，提供更加符合社会需求的教育服务和科研产品。消费者至上和用户第一主义成为教育政策的主流观念，适应和满足消费者的需求成为教育领域的服务宗旨。

在俄罗斯逐步走向市场经济的过程中，企业机构和产业结构发生变化，经济结构的转换对各类人才的需求发生了变化。市场需求的变化通过消费者反映到高等学校的专业变化上。

首先，高校的科类结构构成发生了很大变化，一些市场需求较大的专业所占比重大幅度提升。苏联时期的高等教育科类结构是典型的重工轻文理型结构。文理科加起来占全部科类的比重也不到10%，这在世界上

---

① ［俄］В. П. 鲍利辛柯夫，Б. Л. 武尔松. 导言［A］. 朱小蔓，Н. Е. 鲍列夫斯卡娅，В. П. 鲍利辛柯夫. 20—21世纪之交中俄教育改革比较［C］. 北京：教育科学出版社，2006，13.

② Материалы к выступлению Министра образования и науки Российской Федерации А. Фурсенко на заседании итоговой коллегии Минобрнауки России 19 марта 2011 года ［EB/OL］ http://www.edu.ru/，2011—3—23/2013—1—20.

③ ［美］查尔斯·沃尔夫著. 谢旭，译. 市场或政府——权衡两种不完善的选择［M］. 北京：中国发展出版社，1994，3.

是少有的。而且在工科中,又是重重工、轻轻工。如果说这种结构在工业化时期曾经发挥过积极作用,那么在新的时代背景下则显得过于失衡,不利于经济和社会的发展。苏联解体以来的俄罗斯,在科类结构上进行了很大的调整。从总的趋势来看,传统的专业,如自然科学技术、工科教育所占比重大大降低,而文理科专业以及社会科学专业比重有所上升,而当前社会急需的专业,如经济、外语、法律等专业增长迅猛,成为炙手可热的时髦专业。在一些内部专业市场需求不大的院校,例如一些工科院校,由于招生困难,不得不开设一些与其基础学科毫不相关的专业课程,如外语、经济和贸易等,以吸引学生维持自己的生存。到 2002 年,工科专业招生人数占招生总数的比例为 29.5%,文科专业招生人数占招生总数的比例为 20.1%,文科加上理科的招生人数占招生总数的比例几乎与工科持平。① 以 2003 年为例,各专业详细的招生情况参见表 2—2。

表 2—2 2003 年俄罗斯高等教育各专业的招生情况

专业类别	国立高校招生数(千人)	非国立高校招生数(千人)	总计(千人)	占招生总数比例(%)
自然科学专业	52.1	0.3	52.4	3.45%
人文—社会科学专业	275.8	64.3	340.1	22.42%
教育	83.7	2.0	85.7	5.65%
卫生保健	38.4	0.7	39.1	2.58%
文化和艺术	25.4	4.2	29.6	1.95%
经济与管理	436.6	99.1	535.7	35.31%
跨学科自然技术专业	38.9	3.1	42	2.77%
地质学和有用矿藏勘察	3.2	–	3.2	0.21%
有用矿藏加工	11.6	0.1	11.7	0.77%
动力学和动力机械制造	20.1	0.05	20.15	1.33%
冶金	5.3	–	5.3	0.35%
机械制造和材料加工	22.5	0.04	22.54	1.49%

① Государственный Комитет Российской Федерации По Высшему Образованию, Научно-исследовательский Институт Высшего Образования. Высшая Школа в 2002 г. [R]. Москва: НИИВО, 2003, 11.

续表

专业类别	国立高校招生数(千人)	非国立高校招生数(千人)	总计(千人)	占招生总数比例(%)
航空和航空火箭技术	5.2	–	5.2	0.34%
海洋技术	2.2	0.01	2.21	0.15%
陆地交通工具	17.8	0.06	17.86	1.18%
工艺机械和设备	18.7	0.006	18.706	1.23%
电力技术	10.9	–	10.9	0.72%
仪表制造	5.8	0.02	5.82	0.38%
电子技术、无线电和通信	21.3	0.04	21.34	1.41%
自动化技术和操作	17.7	0.1	17.8	1.17%
信息技术和计算技术	25.0	1.3	26.3	1.73%
运务	17.1	0.3	17.4	1.15%
化学工艺	9.0	–	9	0.59%
森林资源的再生产和加工	9.5	–	9.5	0.63%
食品工艺	14.9	0.2	15.1	1.00%
日用品工艺	7.3	0.3	7.6	0.50%
施工和建筑	47.7	0.2	47.9	3.16%
测量学和制图	1.1	–	1.1	0.07%
农业和渔业	48.8	–	48.8	3.22%
服务业	20.1	3.3	23.4	1.54%
生态学和自然资源利用	9.9	0.2	10.1	0.67%
生命活动安全	10.5	0.06	10.56	0.70%
质量监控	1.8	0.2	2	0.13%
跨学科专业	0.9	0.01	0.91	0.06%
总计	1336.8	180.2	1516.996	100%

制表依据:Государственный Комитет Российской Федерации По Высшему Образованию, Научно-исследовательский Институт Высшего Образования. Высшая Школа в 2003 г[R]. Москва: НИИВО, 2004,198—199.

由上表可以看出,经济与管理专业成为招生量最大的专业,占全部专业招生比例的三分之一强,人文—社会科学专业成为紧俏专业,招生比例比苏联时期有了大幅度提高，工科各分支专业招生比例相对较小，都仅占0.5%—2%。

其次，在教育内容的安排上，增强教育内容的基础性和适应性。教学计划逐渐由窄专业向宽专业过渡，人才培养由“专门人才”向“通才”方向转变，以适应市场条件下生产上不断变化的要求。在自然科学方面，不仅要在教学中介绍世界自然科学的具体知识，而且要介绍学科的方法论，保证学生获得人文和社会科学等方面的知识。人文教育体系的改革是俄罗斯高等教育科类改革的一个重要方面。教育内容的客观性、全面性和非意识形态化是其改革的主要趋势，强调教育教学的目的在于使学生掌握俄罗斯和世界社会科学的人文价值和主要成就。俄罗斯成立了高等学校委员会下属的人文教育中心来负责这方面的工作。

三、面向市场的毕业生就业

根据国民经济发展计划对专门人才的需求，通过指令性计划统一招生、统一分配，是苏联时期计划经济体制下高等教育活动的一个显著特色。20世纪80年代，苏联开始将计划培养与国家定向（合同）培养结合起来。俄罗斯独立之初，政府改变了苏联时期对毕业生统包分配的做法，采取将毕业生全部交由劳动力市场自由配置的做法。毕业生根据劳动力市场供求关系和报酬机制自由谋职。俄罗斯的毕业生劳动力市场经历了由政府配置高级劳动力资源变为市场自由配置劳动力资源的巨大变化。

在市场机制的调节作用下，俄罗斯高校毕业生在各行业的分配情况较苏联时期发生了很大的变化。从表2—3可以看出，国立高校的毕业生总数在十几年里几乎增加了一倍。而从各行业就业人数所占比重来看，当前毕业生就业的主要行业仍是工业和教育部门，在这两大行业就业的毕业生占所有毕业生的60%以上。其中，工业领域所占比例近十几年来有大幅下降趋势。而比重上升的行业有法律和经济行业，特别是经济行业，从最初的7.2%上升到14.2%，上升趋势比较明显。这主要是受劳动力市场对这两大行业需求旺盛的影响。

但是，由于高校的招生不是建立在对劳动力需求长期趋势的把握和预测上，而是建立在市场的短期信号上，俄罗斯毕业生劳动力市场出现了很多问题。

表 2－3　俄罗斯国立高校毕业生在各行业的分配情况

年份 行业	1992 年		1999 年		2003 年	
	毕业生数（千人）	占总毕业生数的比例(%)	毕业生数（千人）	占总毕业生数的比例(%)	毕业生数（千人）	占总毕业生数的比例(%)
工业	140.8	33.1	154.3	30.0	247.5	28.7
建筑	13.9	3.2	13.5	2.6	22.6	2.6
交通	17.5	4.1	20.6	4.0	31.6	3.6
通信	4.9	1.2	3.7	0.7	6.3	0.7
农业	36.8	8.7	41.6	8.1	63.2	7.3
经济	30.7	7.2	52.4	10.2	122.2	14.2
法律	4.2	1.0	6.6	1.3	31.1	3.6
医疗	28.0	6.6	23.1	4.5	24.0	2.7
体育	5.7	1.3	5.0	1.0	6.6	0.7
教育	139.3	32.8	188.3	36.5	295.8	34.3
艺术和电影	3.6	0.8	5.5	1.1	9.3	1.0
总计	425.3	100	514.6	100	860.2	100

制表依据:①Государственный Комитет Российской Федерации По Высшему Образованию, Научно-исследовательский Институт Высшего Образования. Высшая Школа в 1992 г[R]. Москва: НИИВО, 1993, 223. ②Государственный Комитет Российской Федерации По Высшему Образованию, Научно-исследовательский Институт Высшего Образования. Высшая Школа в 1999 г[R]. Москва: НИИВО, 2000, 215. ③Государственный Комитет Российской Федерации По Высшему Образованию, Научно-исследовательский Институт Высшего Образования. Высшая Школа в 2003 г[R]. Москва: НИИВО, 2004, 203.

第一,毕业生失业或就业不充分现象严重。2001 年以前的十年里,俄罗斯 80% 的毕业生或者失业,或者从事的工作与本专业无关。[①] 俄罗斯联邦国家统计委员会曾在全国范围内做过一个专门调查,俄罗斯失业

① Колесников В. Н., Кучер И. В., Турченко В. И. Коммерциализация высшего образования-угроза национальной безопасности России[J]. Педагогика, 2004(6): 100.

者中有十分之一接受过高等或高等以上教育。① 以集中了国家85%的财政资源、就业状况较好的莫斯科为例，1997年，高校毕业生的就业率为53%，到了1999年，这一数字下降为35%。② 其他地区的状况可想而知。尽管有大量的失业高级知识分子存在，某些行业的劳动力短缺现象却很是严重。俄罗斯教育研究专家认为，这种现象是由劳动力市场的信息不对称造成的。另外，这与俄罗斯教育结构的改革有一定关系。从层次结构上来看，尽管实行了学士—硕士—博士的三级学位制度，但是由于学士学位的学制明显短于俄罗斯的“专家”培养时间，因此在俄罗斯社会的认可程度很低。比起“专家”和硕士来说，学士在劳动力市场频频受到冷遇。

第二，高校毕业生学非所用的现象严重，很多毕业生从事着与本专业无关的工作。据统计，1998—2000年32个专业和毕业生劳动安排的动态相关系数仅为0.51，这是一个相当低的数字。③ 图2—2反映了俄罗斯各专业组毕业人数与招生人数的比例关系。从图中可以发现，只有人文和社会经济科学的相关程度较高，教育学科次之，技术科学出现严重的人才过剩，而自然科学与数学科学人才奇缺。国立阿尔泰技术大学的毕业生状况就是典型代表，除了劳动市场需求较大的信息工艺系和商学系有35%的学生愿意毕业后从事与本专业相关的工作外，其他系所一、二年级的学生仅有20%的学生希望毕业后从事与本专业相关的工作，三、四年级的学生只有10%愿意在毕业后从事与本专业相关的工作。④ 针对这种状况，俄罗斯一些学者认为，这种学非所用现象将严重影响高等教育的质量。国立毕斯克大学校长科尔塔克夫写道：“这不仅仅是一种离奇的现象，而且是对高校活动与国家和社会利益不相协调现状的一种疾呼。”⑤

---

① Бушмарин В. Аномалин: Российского рынка труда. МЭМО, 1998(2):54.

② Колесников В. Н., Кучер И. В., Турченко В. И. Коммерциализация высшего образования-угроза национальной безопасности России[J]. Педагогика, 2004(6): 100.

③ Адриан Ж., Бентабет Э.. Белая книга российского образования[R]. серия “Проект Тасис”. Москва: Изд-во МЭСИ, 2000,102.

④ Колесников В. Н., Кучер И. В., Турченко В. И. Коммерциализация высшего образования-угроза национальной безопасности России [J]. Педагогика, 2004(6):100.

⑤ Колтаков К. Г. О проблемах образования языком диссертации[M]. Бийск, 2002,127.

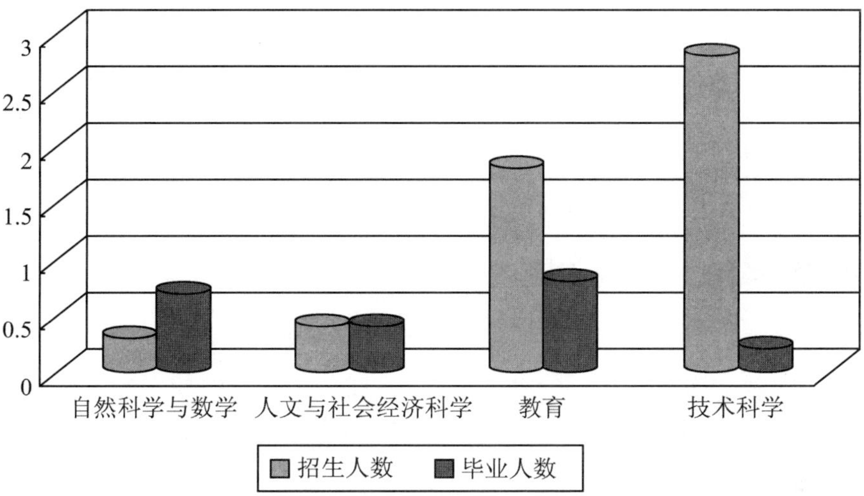

图 2—2　俄罗斯高校各专业毕业人数和招生人数关系

资料来源：Центр исследований и статистики науки. Высшее образование в России [R]. статистический ежегодн и к. Москва，1999，145.

第三，一些时髦专业招生人数近年来增长过猛，出现了毕业生过分饱和的现象。经济、法律等专业是近年来备受国立高校和非国立高校青睐的专业，这几个专业招生增长迅猛，一时间造成了经济、法律专业毕业在劳动力市场的相对过剩现象。而实际上，消费者市场和劳动力市场的需求并不一致，两者之间有一个时间差。学生选择专业的变化反映的很可能是一种虚假需求，并不能真实反映劳动力市场的需要。当时，据俄罗斯劳动和社会发展局预测，资源、工艺和机械专业的高等和中等毕业生将占需求量的 70%—90%，而对取得学位的经济学和法学的"专家"的需求仅占 10%—15%，事实也基本印证了这一点。①

如何保证专业目录和学生的质量符合劳动力市场的要求并与经济和社会领域的发展前景相一致，这是俄罗斯高等学校所面临的一个严重问题。② 为了克服完全由市场调节导致的无序发展的弊端，2002 年，俄罗斯

---

① Лукашенко М. А.. Образование в Условиях Рынка：Концепция Учебного Заведения [M]. Москва：Высшая Школа，2002，142.

② [俄]B. M. 茹拉科夫斯基. 俄罗斯高等教育改革[A]，朱小蔓，H. E. 鲍列夫斯卡娅，B. П. 鲍利辛柯夫. 20—21 世纪之交中俄教育改革比较[C]. 北京：教育科学出版社，2006，240.

政府采取部分毕业生由国家安排就业，多数由学生“自主择业”的就业制度，并计划通过政策、经济和法律手段在一定范围内进行干预和调控。俄罗斯联邦政府还制定法律，规定雇主联合会必须参与国家对劳动力市场的预测和跟踪调查，参与高校专业目录的制定；并建立劳动力市场的跨学校中心，协调用人单位、高校和学生之间的关系，促进学生就业。

四、基于竞争的院校系统再造

苏联解体以后的20余年来，俄罗斯的高等教育系统经历了明显的再造过程。无论在大学部门与非大学部门之间，还是在国立高校与非国立高校之间，都形成了百舸争流的局面，既相互竞争又相互融合的院校市场在俄罗斯已经初步形成。两个看似矛盾的过程正在同时出现：一方面是高等教育系统高校形式的进一步多样化，“提高高等教育系统的多样性成为俄罗斯在教育领域政策的主要目标之一”①；另一方面，在多样性的背后，又有着一致化的潮流，即大学部门与非大学部门之间、国立部门与非国立部门之间的界线逐渐模糊。

1. 大学部门与非大学部门

根据学校的专业层次和专业方向，俄罗斯现有的高校类型可以分为四种：综合大学（университет）、专业大学（академия）、专业学院（институт）和高等专科学校（колледжи）。其中，前三种是苏联时期就已存在的类型，高等专科学校是苏联解体以后才产生的高校类型。按照1996年《俄罗斯联邦高等和大学后职业教育法》第二章第9条规定，综合大学是指按照科学、技术、人文等广泛的专业培养包括硕士、博士在内的高层次人才并进行广泛的科学研究的高校；专业大学是在某一学科领域培养各层次人才并对此学科进行相关研究的高校；专业学院是指为某一学科领域培养专门人才并进行一定的科学研究的高校。高等专科学校是20世纪90年代初在部分师资、设备等办学条件较好的中等专业学校和中等职业技术学校的基础上升格组建而来的，这一类型虽然在1996年前就已经存在，但是在1996年的《俄罗斯联邦高等和大学后职业教育法》中

① Налетова И. Диверсификация Высшего Образования: Вызов Университетам [J]. Высшее образование в России, 2005(5): 40.

未被列入。高等专科学校的学生毕业后若想继续深造，不需经过考试就可升入专业大学或专业学院的三年级。高等专科学校的建立弥补了苏联时期缺乏初级高等教育及大专层次的缺陷，增强了高等教育系统的灵活性，实现了与世界其他国家的接轨。

通过将不同层次教育相衔接以及将教育机构与其他类型组织组合在一起，俄罗斯建立了中学—大学综合体和大学综合体。中学—大学综合体是由普通中等教育或中等职业教育合并到高校里去，或者中学跟高校建立长期的合同关系而形成的一种结构。大学综合体是实施不同层次的教育大纲的教育机构组合以及同非商业性组织或从这些组织分离出来的分支机构组合起来的一种结合体。这些综合体机构在俄罗斯被看作是高等教育的新类型。中学—大学综合体，一方面保证了高校可以获得稳定的生源，同时还能充分利用自身的剩余教师资源；另一方面中学—大学综合体也成为市场对中等职业教育专家兴趣减少的情况下，中等教育机构提高自身教育服务能力的一种手段。关于大学综合体的设立，在俄罗斯政府2001 年颁布的《俄罗斯联邦高等学校标准条例》中作出了详细规定。大学综合体也被看作是统一的法人组织，其设立的目的是为提高教育过程的效率和质量，利用智力、物质和信息资源培养专家，并从事教育、科学、文化、技术等领域国家优先发展方面的科学研究。

值得注意的是，俄罗斯高等教育出现了综合大学化的浪潮。通过跻身于大学行列来提高自己的地位，已成为高等学校进行资源竞争的适应性战略之一。苏联时期的高等教育，与美国的高等教育正好相反，在高等教育的形式结构上，以多科大学和多科学院为主，以综合性大学为辅。综合性大学的数量在苏联解体前一直是比较稳定的，到 20 世纪 80 年代只有 40 所。而在 90 年代，这一指标有了飞跃式的发展。很多学院通过增加专业，扩展服务项目，变为综合性大学。仅仅在 1996—1997 年，就组建了 6 所这样的综合性大学。例如，著名的鲍曼高等技术学校原是一所军事工业学院，现已发展成一所以工科为主，兼及其他的综合性大学。1997—1998学年国家鉴定的结果显示，44. 1% 的国立高校取得了大学的地位。① 这主要是受高等教育精英主义观的影响，政府对高等院校的分类被高校看作是攀登的阶梯。② 1996 年《俄罗斯联邦高等和大学后职业教育法》第二章第 9 条规定，“高等学校的地位，依据其类型、组织形式与法律地位是否经过国家鉴定认可而决定。高等学校的地位应在其名称中体现出来”。③ 通过国家鉴定，说明了政府对这些高校的综合性大学地位的确认。

高等教育系统的多样化以及非大学部门的综合大学化，激活了高等教育系统内部院校之间的竞争。如果说以前高等院校的等级是由政府分配给各院校和高等教育各部门的职能、权利、特权和资源决定的，那么现在则是通过在市场上各个院校竞争获得有助于提高学术声望的条件，如学术声誉、优秀教师、高质量的生源、研究经费和捐赠等决定的。在资源分配的过程中，各种类型的高校间以及同一类型的不同高校间产生了更多的利益冲突和对资源的竞争。大多数高校利用新获得的自主权，在新的市场经济环境中重塑自我，以期在高等教育系统中获得更有利的地位。因而，整个俄罗斯高等教育系统面临着重新洗牌和组合的状况。从整个发展脉络上来看，原先在高等教育系统中处于上层和下层的院校在高等教育系统中的位置变化不大，而处于两者之间的院校的位置则有了很大的变化。如莫斯科大学和圣彼得堡大学，利用它们的传统文化资源和教师的声望，继续保持自己的领先地位；有的大学利用市场经济条件下出现的新契机，大幅度提升自己的地位，典型的例子如新西伯利亚技术大学，它从一所专业门类狭窄的电力工程学院转变为一所现代的、多学科的、发展极其迅速的旗舰高校。也有些大学由于不适应新的环境而陷入地位下降的境地。

高等教育系统的多样化以及非大学部门的综合大学化也使高等教育系统呈现内部向下均质化趋同的趋势。正如克拉克·克尔所言，“总体上

---

① Адриан Ж. Бентабет Э.. Белая книга российского образования [R]. серия “Проект Тасис ”. Москва: Изд-во МЭСИ, 2000,109.

② Bain, Olga B. University Autonomy in the Russian Federation Since Perestroika[M]. New York & London: Routledge Falmer, 2003,122.

③ Федеральный Закон“О высшем и послевузовском профессиональном образовании” [EB/OL]. http://www.edu.ru/index.php? page-id = 122,2005—7—23/2007—3—20.

可以说,精英高等教育,历史地看,现在正位于但丁的'七重天'的第五重和第六重。无论如何,运动的方向新近已经从伟大的黄金时代的第七重天堂下降"。① 俄罗斯高校综合化的过程,是一个条件并不完全具备而仓促上马的过程,比如说,没有必需的教师资源储备和物质技术保障,就开设了新专业和新方向,特别是社会科学。而综合性大学相对于专业学院的优势,不是一朝一夕就能形成的,它需要的是时间和各种资源的积淀。而且,从总体上来看,"以学术价值和学校成就作为立校基础的院校的名望下降了,而那些可以为毕业生提供更好的就业机会的院校的声誉却大大提高了"。② 不同素质的院校拥挤于大学的行列,必然导致"精英部门的衰退"。正如一些俄罗斯学者指出的,高等教育综合化过程在很大程度上降低了大学的声誉。

2. 国立部门和非国立部门

苏联时期,高等教育被看作是国家的事情,不允许私人或其他组织设立高校,因而那时的高校是清一色的国立高等院校。苏联解体以后,当国立高等教育系统不断受到要求"更多、更好"的教育的压力时,在一种任务结构简单的高教系统中就有可能产生分化,私立高等院校在提供教育机会方面就会获得一个很大的剩余市场。③ 非国立高等教育系统从无到有、从小到大、从少到多逐步发展,成为独立十几年来俄罗斯高等教育的一个新亮点。它逐步成长为一支可与国立高等院校并驾齐驱的生力军。

1992 年及 1996 年的《俄罗斯联邦教育法》均规定,教育机构的创办者可以是"中央和地方政府、不同所有制形式的本国及外国组织(协会和联盟)、本国和外国的社会和私人基金会、在俄罗斯注册的社会和宗教团体、俄罗斯及外国公民,也可以合作创办教育机构"。这为非国立高等教育的建立提供了法律保障,同时也为私立高校创办主体的多样性预设了前提。

---

① [美]克拉克·克尔著,王承绪译. 高等教育不能回避历史——21 世纪的问题[M]. 杭州:浙江教育出版社,2001,78.

② [美]伯顿·克拉克主编,王承绪等译. 高等教育新论——多学科的研究[C]. 杭州:浙江教育出版社,2001,143.

③ [美]伯顿·克拉克主编,王承绪等译. 高等教育新论——多学科的研究[C]. 杭州:浙江教育出版社,2001,121.

从数量上来看,俄罗斯非国立高等院校的数量增长迅猛,而国立高校增长幅度却很小。图 2—3 显示了俄罗斯国立和非国立高等教育系统 1992—2002 年间的发展情况。

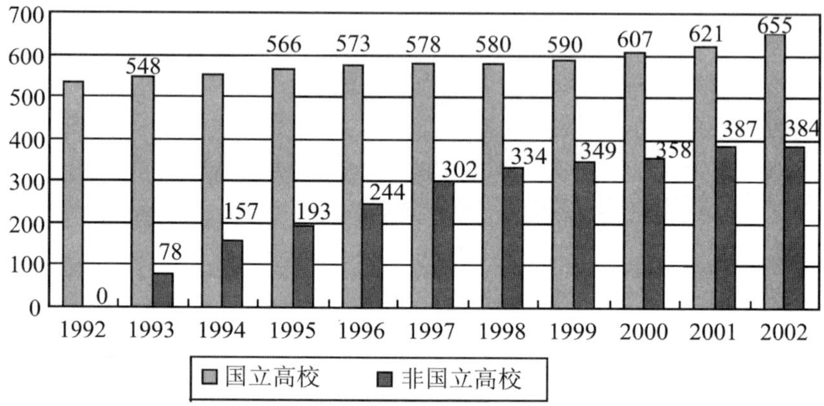

图 2—3 俄罗斯 1992—2000 年国立高校和非国立高校的数量(所)

数据来源:① Министерство Образования Российской Федерации, Научно-Исследовательский Институт Высшего Образования, Центр Образовательной Статистики. Высшее и Среднее Профессиональное ОбразованиеРоссийской Федерации[R]. Москва. ЦОС НИИВО, 2001, 8. ②Адриан Ж., Бентабет Э. Белая книга российского образования [M]. серия " Проект Тасис " Управление образованием. Москва: Изд-во МЭСИ, 2000, 107.

从图中可以看出,每年国立高校数量的增长都不到五分之一。到 2002 年,国立高校在高校总数所占的比重由百分之百迅速缩减到不足三分之二。而非国立高校在短时间内就建立了 400 多所。从 1991—1997 年,俄罗斯私立高校数从零起步,呈快速发展势头,而 1997—2002 年,平稳发展,保持稳中有升的势头。原因主要在于,1991—1997 年是俄罗斯经济私有化的旺盛时期,而 1998 年的金融危机降低了人们对非国立高校服务的需求。

从非国立高校的专业设置来看,绝大多数非国立高校以文科为主。2002 年,在全国非国立高校 53.86 万学生中,学人文社科和经济管理的学生就有 50 万,占学生总量的 92%,学自然科学及其他专业的少得可怜。究其原因,一方面是非国立高校希望走投资少、见效快的路子,文科教学并不需要太多的实验设备的投入;另一方面,这种专业分布情况既是俄罗斯高校改革为市场化经济体制改革服务、扩大人文社科比例的需要,也是同发达国家接轨的要求。其实,上述人文社科和经济、管理专业学生数的增长同样是俄罗斯国立学校改革的趋势。

经过十几年的发展,俄罗斯非国立高校同国立高校之间的界线逐渐模糊。首先,应该指出的是,大多数非国立高校是在国立高校的参与下建成的。目前,俄罗斯近一半的非国立学校的创办者为国立高校,这些非国立学校有的设在国立高校内,也有的设在俄罗斯科学院和教科院内。非国立高校与现有国立高校系统资源共享,分工协作,形成一个有机结合的整体。非国立高校网络的发展,不仅同非国立高校满足居民教育服务的需求有关,而且与大型国立高校要求建立自由吸收资金和支配资金的结构有关。其次,在地理分布上,非国立高教系统已经与国立高教系统形成杂居共处、交错融合状态。非国立高校绝大部分分布在原来国立高等教育比较发达的地区,如莫斯科所在的中央区、圣彼得堡所在的西北区分布着全国47%—48%的非国立学校,上述两区以及北高加索区、伏尔加沿岸区、乌拉尔区、中央黑土区、远东区这7大经济区聚集了85%以上的非国立高校,这7大经济区同时也是国立高等教育较发达的地区。① 这说明,非国立高校从一开始就依托国立高校天然的师资及所在地区生源较充足、交通较便利的优势。再次,两者的资金来源也有些趋同。根据1996年《俄罗斯联邦高等和大学后职业教育法》第28条第2款"非国立高等学校经费由其创办者依据双方所签订合同拨款。根据合同,高等学校的教学活动可以在部分或完全自筹资金的条件下进行"的规定,最初,非国立高校的办学费用主要由办学主体自行筹措,其主要来源是学生所交学费。后来,在非国立高校的要求下,2004年俄罗斯政府通过新的规定,只要是通过国家鉴定的高校,无论是国立高校,还是非国立高校,都可以领取国家和地方的拨款,非国立高校的拨款标准不得低于所在地区同类国立或地方高校的拨款标准。正如俄罗斯前教育部部长菲利波夫所言,"在经费的分配上,俄罗斯高校只分已通过鉴定的学校和未通过鉴定

---

① Государственный Комитет Российской Федерации По Высшему Образованию, Научно-исследовательский Институт Высшего Образования. Высшая Школа в 2002 г [R]. Москва: НИИВО, 2003,193.

的学校"。有权获得政府拨款,这实际上从根本上提高了非国立高校系统的合法地位,模糊了非国立高校与国立高校之间的界线。

总体来看,非国立高校作为"教育创新过程的一部分……相对于划一的、发展迟钝的国立高校而言从一开始就具有非传统性"①,它已经与国立高校形成了激烈竞争的态势。国立高校部门已经将非国立高校看作是自身发展的潜在威胁。无论在生源、师资,还是声望和资源分配等方面,非国立高校系统都已经成长为参与院校市场竞争的一支强大力量。例如,非国立高校尽量避免行贿受贿现象在校内发生,而国立高校在这方面的问题较为严重。基于此,一些家长把学生从国立高校转移到了非国立高校。这些家长公开表示:"他们(国立高校)的免费教育比你们(非国立高校)的收费教育还要贵。"又如,非国立高校善于把资金用于提高教师工资、改善学校的物质基础等方面,而国立高校在这方面表现得动作迟缓;非国立高校对国际上推崇的先进教学方法非常关注,并很快地将其运用于教学过程中,例如在许多非国立高校就采用蒙台梭利教学方法,而国立高校对此不屑一顾,这就有可能提高非国立高校在教育与科学部和百姓心中的形象。正如俄罗斯学者别鲁拉娃所言:"市场改革和优胜劣汰机制以其客观的发展规律会导致这样一种状况:国立高校将变得声望不如曾经那么高了。"②

当然,相对于国立高校而言,非国立高校还有很多发展的劣势。例如,在学生数量上,非国立高校的学生总量和校均学生数均偏少。2002年,俄罗斯非国立高校在校生数只有国立学校的14%,校均学生数只有国立高校的23.44%;③在学习形式上,非国立高校业余制多,全日制少。2002年,全日制学生只占非国立高校学生总数的17.5%;在教师结构上,非国立高校兼职教师多,专职教师少。2002年,国立学校专职教师占其

---

① Днепров Э. Д. Школьная реформа между "вчер" и "завтра" [М]. Москва: МАРИОС, 1996,173.

② Берулава М. Н. Высшее образование России в свете рыночных реформ [J]. Педагогика, 2004(8): 97.

③ Государственный Комитет Российской Федерации По Высшему Образованию, Научно-исследовательский Институт Высшего Образования. Высшая Школа в 2002 г [R]. Москва: НИИВО, 2003,234.

教师总数的86.8%,而私立高校专职教师只占其教师总数的40.6%。

第三节　政府和学校共治——大学自治权扩大[①]

扩大高校自主权的改革是俄罗斯高等教育分权策略在政府与大学关系这一维度的推进和演绎。[②] 教育分权改革最终体现在学校的变化上,正如挪威高等教育研究专家波·达林对世界分权改革前景所作出的判断一样,"除非各个学校的文化发生变革,否则,可以肯定,分权永远不会成为一种有效的力量……分权要取得成功并充分开发它的潜能,每所学校必须以独特的方式进行分权改革"。[③] 苏联解体以来,俄罗斯政府放松对学校的管制,重新界定其与学校的关系,扩大学校自主权,成为新时期教育改革的总趋势和关键问题。对于俄罗斯学校自治权的研究,本书侧重关注其扩大高等学校自主权的改革。

俄罗斯扩大高等学校自主权问题的提出,是对此前70多年乃至更远的200多年政府对大学的集权管理以及大学因此沦为政府的附属机构而失去办学的主动性和创造性状况的反思和回应。无论是在沙俄时期,还是在苏联时期,在政府和大学之间,政府的利益始终是被优先考虑的一方,在角色定位时,两者的关系处于严重失衡的状态:政府的作用强大,而大学的作用则极度微弱;从政府对大学的运作机制看,主要采用的是强制机制,依靠权力来运作,"命令—服从"成为政府与大学作用关系的基本模式。特别是在苏联时期,集权式的高等教育管理体制,又得到了同质的政治制度和经济制度的强化,政府权力几乎全面进入大学,造成高等教育的本体缺位、主体虚位,大学几乎完全变成了政府的附属机构,行政原则、行政逻辑取代了大学本真的学术逻辑。

20世纪90年代以来,伴随着社会的全面转型,俄罗斯大学与政府之

---

① 刘淑华.俄罗斯高等教育分权改革研究[M].光明日报出版社,2009,160—214.

② 刘淑华.论大学自治的限度及其张力[J].石油大学学报(社会科学版),2005,21(3):92—96.

③ [挪]波·达林著.范国睿,译.理论与战略:国际视野中的学校发展[M].北京:教育科学出版社,2002,25.

间的从属与依附关系发生了前所未有的改观,大学受政府过多控制的窘境发生了重大的转变。大学争取自治的历史基因在新的条件下得以反弹与生长,即几百年来大学一直处于压抑状态的自主愿望在适宜的外部环境下得以重新活跃。大学自治问题作为国家的一项基本政治原则被置于重要的位置。在政府与大学两者的连续体上,出现了从政府向大学一边滑动的权力位移。扩大了自主权的俄罗斯高等学校,与改革之前相比确实有了相当程度的改观:大学的独立法人地位得到了法律的保障,大学作为利益主体的自我意识在觉醒,大学在学术、行政和财政等领域的自主权范围在扩大。高校在课程的设置、学生的评价、招生、学位的授予、校长的选举、学校内部分支机构的设立、教师的招聘与解聘、教师工资薪酬的发放、学校经费的筹集与使用等方面,都获得了一定的自主权。复原大学在旧体制下被人为违反了的规律性活动权益,使大学由"政府的"变为"自己的",是新时期俄罗斯政府与大学关系的发展方向。

一、相关法律文本的创建

在法律层面上,高等学校自主权问题集中体现在高等教育的政策法规中。[①] 基于此,有必要对俄罗斯影响高等学校自主权的教育法律及政策文本进行梳理。

苏联解体以前,扩大高等学校自主权的改革就已经开始,当时通过的法律文本中大多涉及扩大高等学校自主权的问题。例如:

1987 年苏共中央公布的《关于高等和中等专业教育改革的基本方针》,提出了大学自主权问题。

1988 年苏共中央二月全会通过的《关于教育体制改革的决定》,把"国民教育大力民主化,提高学校集体的自主性和责任感"作为教育改革的宗旨之一。

1988 年国家国民教育委员会发布了一系列政策法令,扩大高等学校的自主权,如:下放制订教学计划和教学大纲的权力,由高等学校大学法联合委员会和各大学自行制订,高等学校校长由民主选举产生等。

1989 年 7 月国家教委批准的《苏联高等学校暂行条例》首次将高等

① 周光礼. 学术自由与社会干预[M]. 武汉:华中科技大学出版社,2003,149.

学校当作法人看待，并详细规定了高等学校的自主权利和民主管理方式。

1990 年 10 月，苏联赋予国家高等学校以自治机构的地位，正式确立了苏联高等学校的自治性质。

1991 年 2 月，俄罗斯联邦部长会议公布《国立高等学校暂行条例》，确立高等学校"是具有法人权利的独立主体"，"在条款所规定的范围内可自主作出决定和付诸实施"，国家管理机关只有在高等学校违法的情况下，"才能对高等学校的教学、科研、经济及其他活动进行干预"。

苏联解体以后，俄罗斯通过的几个主要法律文本——1992 年的《俄罗斯联邦教育法》和 1996 年新修订的《俄罗斯联邦教育法》、1996 年通过的《俄罗斯联邦高等和大学后职业教育法》、2001 年颁布的政府令《俄罗斯联邦高等职业院校的标准条例》等，都用相当的篇幅对大学自主权问题作出了规定。

1992 年的《俄罗斯联邦教育法》和 1996 年新修订的《俄罗斯联邦教育法》中的第 2 条规定了国家教育政策的六条总原则，其中第 5 条和第 6 条原则分别是"教育的自由和多元化"和"教育管理的民主性质和国家—社会性质、教育机构的自治"。第三章"教育体系的管理"中在对俄罗斯联邦、俄罗斯各联邦主体、地方自治机构在教育领域的权限和责任作出规定后，第 32 条又专门对教育机构的权限和责任分别作出了详细规定。第 32 条的第 1 款是这样规定的："教育机构在俄罗斯联邦法律、相应类型教育机构的标准条例和教育机构的章程范围内独立实施教育过程、选拔和配备干部以及开展学术研究、财务、经营及其他方面的工作。"①这实际上规定了高等教育机构享有学术自主权、人事自主权和财政自主权。第 32 条的第 2 款详细列举了教育机构的学术自主权、人事自主权和财务自主权。教育机构的责任在第 32 条的第 3 款和第 33 条"教育机构在学术、人事和财务等方面应承担的责任"，也作出了规定。总之，1992 年的《俄罗斯联邦教育法》和 1996 年修订的《俄罗斯联邦教育法》首次以法律的形式肯定了包括高等学校在内的教育机构在学术、人事和财务方面的权责，这既是对解体前教育民主改革政策的继承，也为随后的十几年中俄罗斯

---

① Министерство образования РФ. Закон об Образовании Российской Федерации［Z］. Учительская Газета, 1996,(5)—(6).

高等学校自主权问题定下了基调。

1996年的《俄罗斯联邦高等和大学后职业教育法》的第3条对"高等学校的自治和学术自由"作出了原则性的专门规定。其中第1款是这样界定大学自治的:"所谓大学自治,是指高等学校根据法律和依法制定的高等学校章程在选择和配备干部、教学、科研、财政活动、经营活动以及其他方面的活动中享有自主权。"很明显,这一规定是对《俄罗斯联邦教育法》第32条的扩充。第2款规定了大学的责任:"高等学校以自己的活动对个人、社会和国家承担责任。由高等学校的创办者或者发给该校许可证的国家教育管理机构监督高等学校的活动是否符合学校的章程。"第二章第8条规定:"高等学校是在《俄罗斯联邦教育法》基础上设立并运行的教育机构,它具有法人地位并按照其许可证实施高等职业教育教学大纲。高等学校在设立自己的机构时享有除成立分校以外的自主权。"第3条的第3款界定了学术自由和学术责任:"教授—教师群体中的教育工作者、科研工作者和大学生享有学术自由,包括教学工作者根据自己的理解讲授教学科目,选择科研主题并按自己的方式从事科学研究活动的自由以及学生根据自己的兴趣和需要获取知识的自由。""学术自由的背后,是创造优异条件自由探求真理、自由阐述与自由传播真理的学术责任。"①《俄罗斯联邦高等和大学后职业教育法》以高等教育领域专门法律的形式进一步规定了大学的独立法人地位和高等学校的自主权,这为大学自主权的扩大提供了有益的保障。但需要指出的是,该法律对于大学自主权仅仅是作了原则性的规定,对高等学校各方面的权利界定并未细化。

1993年颁布以及2001年修改的政府令《俄罗斯联邦高等职业院校的标准条例》是俄罗斯高等学校制定各自章程的范本。该法令由总则、高等学校的招生、高等学校的教学活动、高等学校的科研活动、高等学校的管理、高等学校的教师和学生、高等学校的干部培训和技能提高、高等学校的经济、高等学校的国际和对外经济活动共九个部分103条组成,既对大学自治作出了原则性的规定,又对高等学校在各方面的自主权作出了

---

① Федеральный Закон "О высшем и послевузовском профессиональном образовании" [EB/OL]. http://www.edu.ru/index.php?page-id=122, 1996—7—23/2005—7—20.

非常详细的阐述,这对俄罗斯高等学校自主权的落实具有非常重要的意义。其中涉及高等学校自主权的原则性规定有以下条款:

第5条　高等学校章程中未涉及的创办者和高等学校之间的关系,由创办者和高等学校根据俄罗斯联邦法律签署的协议确定。允许高等学校的多个创办者存在。

第7条　从获得国家登记注册之日起,高等学校享有法人的权利。

第8条　从国家授予其许可证起,高等学校有权从事教育活动,享有俄罗斯联邦法律给予的特权。

第9条　高等学校学校活动的许可、鉴定和国家认证按照俄罗斯联邦法律确定的程序实施。

第10条　高等学校在自身的活动中需要遵循联邦法、俄罗斯联邦总统令、俄罗斯联邦政府令、俄罗斯联邦教育管理机构的指令、国家和俄罗斯联邦主体权力机构、地方自我管理机构的法令以及本标准条例和高等学校自己的章程。

第11条　高等学校的基本任务如下:

(1) 满足个人通过获得高等和大学后职业教育的手段在智力、文化和精神方面的多方面需求;

(2) 满足社会和国家对高技能高等教育专家和高技能学术教学干部的需求;

(3) 组织和进行基础科学研究和应用科学研究以及跟教育问题相关的其他科学技术、实践性工作;

(4) 培训、再培训专家,并提高专家和行政人员的技能;

(5) 积累、保持和增加社会的精神、文化和科学价值;

(6) 在居民中传播知识,提高居民的教育和文化水平。

第50条　高等学校享有自主权,并以自己的活动对每一位学生、社会和国家承担责任。

所谓的自主权,就是高等学校在法定活动领域有效采取决策所必需的自我管理的程度。

根据俄罗斯联邦法律、本标准条例、高等学校章程和同创办者签订的协约在一长制和集体制相结合的原则基础上对高等学校实施管理。①

以上这些法律使高等学校的法律地位发生了改变，已由国家机构转变为拥有一定学术、行政和财政自主权的自主机构。

需要指出的是，在这一转型时期，高等教育最重要的特征是，办学者（国家）和国立高校的关系是由契约来确定的，此契约由双方根据俄罗斯联邦法律来缔结。此契约并不是立宪性的，它是办学者和由其创办的机构之间就相互责任、权利和义务划分以及审查和解决有争议问题程序的协议。② 教育部和高等教育机构之间开始签订协议，界定法律和高等学校章程的未尽事宜，这是俄罗斯独立以来在政府和大学关系方面出现的新现象。

二、学术自主权的扩大

大学办学自主权的核心是学术自主权，离开学术自主权谈大学的办学自主权没有任何意义。而学术自主权之所以有意义，也只是因为大学是学术创新的事业（这是大学的本质要求），需要有独立思考、自由讨论的氛围和环境。③ 学术自主权主要表现为教学自主权、科研自主权和学习自主权三个方面。独立以来的俄罗斯的高等学校在教学、科研和学习方面都拥有了较大的自主权。

1. 教学自主权

在教学自主权方面，俄罗斯改变了苏联时期由政府教育主管部门对高等学校课程和教学实行严格控制的做法，在教学内容的选择、教学计划的安排、教学方法的运用、教学过程的组织、学生成绩的评定等方面，俄罗斯高等学校拥有自行决定的权利。1996 年《俄罗斯联邦教育法》第 32 条规定教育机构在以下方面享有自主权："组织和完善教学过程的方法保障问题；制定和核准教学大纲和教学计划；制定和核准教学科目和课程的工

---

① Типовое положение об образовательном учреждении высшего профессионального образования[EB/OL]. http://www.tspu.edu.ru/docs/tipov-pol-ob-un.doc, 2004—3—7/2006—10—2.

② Ж. Адриан, Э. Бентабет, А. Винокур. Белая книга российского образования. Москва: Изд-во МЭСИ, 2000, 68.

③ 周光礼. 学术自由与社会干预[M]. 武汉：华中科技大学出版社，2003，169.

作纲要;经与地方自治机构协商制定和核准年度教学进程表;根据教育机构章程、许可证和国家委任书,独立组织教学过程;根据高等学校的章程和该法律的要求,对本教育机构的学生进行学习成绩的日常检查和中期鉴定;协助教师组织方法协会的活动"①等。1996 年的《俄罗斯联邦高等和大学后职业教育法》规定"教师有根据自己的理解讲授教学科目"的权利。② 2001 年《俄罗斯联邦高等职业院校的标准条例》对高等学校在教学方面的自主权作出了全面而详尽的规定,主要条款有以下这些:

第 30 条　允许把不同的接受教育的形式结合起来,包括将面授形式和在企业、机构和组织中工作结合起来。

第 35 条　高等学校按照教育大纲组织教学过程,教学过程受各培养方向的教学计划和每种学习形式课程表的调整,课程表是由高等学校在联邦教育管理机构批准的国家高等职业教育标准、示范性教育大纲、各培养方向教学计划和课程大纲的基础上独立制定的。

第 37 条　高等学校的教学以课堂教学、答疑、课堂讨论、实践课、实验课、测验课、口试、自学、科学研究、实习、课程设计(课堂作业)的形式进行,也可以以完成技能课(授予学位的设计或作业、硕士答辩)的形式进行。高等学校可以确定上课的其他形式。

第 38 条　高等学校有计划地组织教学过程,选择教学形式、方法和手段,利用远程教学来创造条件使学生掌握某一层次和方向的教育大纲。禁止使用非人性化的、对学生的生活和健康有害的教学方法。

第 40 条　高等学校通过实时测验学生、对学生中期考核和对毕业生总结性考评的方法评估教育大纲的质量。

第 41 条　对学生实施期中考核的评价制度、形式和程序在高等学校的章程中规定。

第 42 条　高等学校必须对毕业生进行总结性考评,在学生全部掌握了教育大纲后进行考评。

第 43 条　通过国家认证的实施普通教育大纲和职业教育大纲的高

① Министерство образования РФ. Закон об Образовании Российской Федерации [Z]. Учительская Газета, 1996, (5)—(6).

② Федеральный Закон "О высшем и послевузовском профессиональном образовании" [EB/OL]. http://www. edu. ru/index. php? page-id = 122, 1996—7—23/2005—7—20.

等学校,给予已通过总结性鉴定的学生授予国家样式的相应教育水平和技能的证书。①

同时,该条例也对高等学校教学过程的组织作出了一些限制性规定,如:

第 30 条　对所有的教育形式来说,包括在具体的教学大纲中把它们结合起来时,统一的国家教育标准都发挥作用。

相应层次日授—函授(夜授)、函授形式以及实习生的培养职业、方向(专业)不允许学校自行制定,必须由俄罗斯联邦政府确定。

第 34 条　高等学校按照不同层次的教育大纲组织教育过程的总要求由俄罗斯联邦教育领域的法律确定。

在教育大纲方面通过了国家认证的高等学校,对毕业生的总结性考评由国家鉴定委员会根据获得国家教育管理机关批准的俄罗斯联邦对高等学校毕业生总结性鉴定的条例实施。②

这就是说,高等学校的教学自主权并不是无限制的,俄罗斯联邦法律、国家教育标准以及国家鉴定和认证程序需要高等学校严格遵守。这样做的目的是为了保证高等教育的质量,并使全国高等学校的课程和颁发的学位具有一个最低的标准,并能在有所统一的基础上进行比较。需要指出的是,目前学位授予的具体事务已交给高等学校,但是学位证书的样式由国家统一制作,获得学位的学生必须通过国家相应层次的总结性鉴定。

2. 科研自主权

在科研自主权方面,高等学校的教学和科研人员在研究领域的确定、研究课题的选择、研究活动的开展等方面拥有较大的自主权益,而对学术成果的发表等方面的权益,法律文本中未作出相应的规定。苏联时期,国家科学院承担着国家大部分高水平的基础研究,中央各部委科研机构和

① Типовое положение об образовательном учреждении высшего профессионального образования[EB/OL]. http://www.tspu.edu.ru/docs/tipov-pol-ob-un.doc, 2004—3—7/2006—10—2.

② Типовое положение об образовательном учреждении высшего профессионального образования[EB/OL]. http://www.tspu.edu.ru/docs/tipov-pol-ob-un.doc, 2004—3—7/2006—10—2.

企业科研机构集中进行应用、开发研究,而高等学校的科研工作在全国的科研工作中所占比重较小,而且主要强调高等学校科研为教学服务,为人才培养服务。独立以后,俄罗斯改变苏联时期高等学校科研不受重视的做法,鼓励高等学校与科学院、中央各部委科研机构及企业科研机构平等竞争科研经费,加大了高等学校科研在全国科研工作中的比重与分量。《俄罗斯联邦高等和大学后职业教育法》第 28 条规定:“国立高等学校实施的科学研究经费,由联邦权力执行机构和该校所在的联邦主体权力执行机构拨款,不管其教学活动的经费筹措方式如何。”①2001 年《俄罗斯联邦高等职业院校的标准条例》第 77 条规定:“为了鼓励教学工作者(包括跟教学过程有关的领导人员)出版作品和定期出版物的发表,每个月发给他们资金补偿,其数量由俄罗斯联邦法律确定。”②在高等学校教师科研工作的自主权方面,《俄罗斯联邦高等和大学后职业教育法》第 3 条指出:“教师有选择科研主题并按自己的方式从事科学研究活动的自由。”第 12 条规定:“高等学校科研工作人员有权选择符合安全措施、更适应个人特点,并能保障在科研过程中高质量地从事科研工作的方法和手段。”为了保障高等学校科研工作的质量,《俄罗斯联邦高等职业院校的标准条例》规定:“由高等学校隶属的执行权力机构对高等学校的科学活动、科学—技术活动及其与教学过程的关系实施评价;高等学校的科学活动、科学—技术活动的要求以及对它们的评价程序由联邦教育管理机构同拟定和实施国家科学技术政策的联邦执行机构协商确定;高等学校的科学活动和科学—技术活动的评价结果是国家认证时对高等学校活动总评价的组成部分,也是联邦教育管理机构确定(批准)高等学校类别的依据标准之一。”

3. 学习自主权

在学习自主权方面,《俄罗斯联邦高等和大学后职业教育法》第 3 条

---

① Федеральный Зако “О высшем и послевузовском профессиональном образовании”[EB/OL]. http://www.edu.ru/index.php? page-id = 122, 1996—7—23/2005—7—20

② Типовое положение об образовательном учреждении высшего профессионального образования[EB/OL]. http://www.tspu.edu.ru/docs/tipov-pol-ob-un.doc, 2004—3—7/2006—10—2 .

规定“学生有根据自己的兴趣和需要获取知识的自由”。① 根据重要的法律文本，俄罗斯高等学校的学生在入学、选择专业、转学、修习课程和确定学习方法等学习活动方面拥有较大的自主权。《俄罗斯联邦教育法》第50条规定学生的学习自主权包括：按照国家教育标准接受教育；选择教育机构和受教育形式；在国家教育标准范围内按个别教学计划进行学习；自由参加教学计划外活动；在速成班学习；免费使用图书馆的图书信息资源；接受补充教育服务（包括收费的）；本身人格受到尊重；享有信仰自由和信息自由；能自由表达个人意见和观点。②《俄罗斯联邦高等和大学后职业教育法》第16条对学生享有的《俄罗斯联邦教育法》规定之外的各方面权益作了具体的规定，其中涉及学习自主权的内容有：选择选修课（培养方向或专业的非必修课程）以及本系或本教研室开设的从必修课中选出的选择性课程；在遵守高等职业教育国家教育标准的条件下，参与制订自己所受教育的内容；除了培养专业或培养方向的所学科目外，还可学习在本校开设的任何课程，以及经两校领导同意后学习其他学校开设的课程；在国立高等学校免费使用图书馆、信息库、教学辅助设备、医疗和高等学校的其他设施；参加各种科学研究工作、会议以及学术会议；发表自己的作品，包括在校内出版作品；按照高等学校章程的规定，由付费学习改为免费学习；根据联邦教育管理机关的规定，从甲校转学至乙校的自由，转学后的学校为学生保留首次进入该级高等职业教育机构时的相同权利；根据自己的意愿或正当理由保留学籍的退学大学生，有权在五年内复学；从校方获得关于俄罗斯联邦居民就业情况的信息；经国家评审合格的非国立高等学校的学生，享有的学术权利和学术自由均与国立高等学校的学生相同。③

在学生的入学方面，《俄罗斯联邦高等和大学后职业教育法》和《俄罗斯联邦高等职业院校的标准条例》也都有相关规定。首先，从学生这方

① Федеральный Закон “О высшем и послевузовском профессиональном образовании” [EB/OL]. http://www.edu.ru/index.php? page-id = 122, 1996—7—23/2005—7—20.

② Закон об Образовании Российской Федерации[Z]. Учительская Газета, 1996,(5)—(6).

③ Федеральный Закон “О высшем и послевузовском профессиональном образовании” [EB/OL]. http://www.edu.ru/index.php? page-id = 122, 1996—7—23/2005—7—20.

面来说,学生必须事先提出申请,并参加国家组织的全国性统一考试,成绩合格者方能入学,孤儿、失去双亲者以及一、二等残疾人除外;入学的学生有权以俄语或高等学校所在的联邦主体的语种参加入学考试,如果这一项由创办者和(或)高等学校章程加以确定的话。其次,从学校这方面来说,高等学校有权独立制定和批准与俄罗斯联邦法律和联邦教育管理机构或创办者制定的招生程序不相抵触的部分招生规则;国立高等学校招收的靠联邦预算和联邦主体预算就学的一年级学生的数量、招生结构的限额(控制数字),每年由该校隶属的执行权力机构与联邦教育管理机构协商后确定,高等学校有权根据俄罗斯联邦教育领域的法律实施已确定限额(控制数字)之外的招生,招收的缴费学生缴纳学费,与学校签订协议,高等学校学生的总数不超过许可证规定的高等学校实施教育活动的学生数量;高等学校应该在与国立和市立机构签订协议的基础上,预留限额(控制数字)范围的专门招生数,并为这些学生组织独立的竞争。① 这就是说,联邦政府提供预算的统招生总人数仍由教育部根据经费的承受能力来确定,但自费生的招生数则由各高等学校根据具体情况决定。很明显,高等学校在招生方面的自主权限比苏联时期大大提高。众所周知,苏联时期高等学校的招生程序、规则以及总入学人数都是由教育部为每所大学、每门课程严格规定好的。俄罗斯高等学校自费生数量的迅速增长,也印证了俄罗斯高等学校招生自主权的扩大。

三、行政自主权的扩大

苏联解体以来,俄罗斯高等学校在行政方面获得了很大的自主权。校长的产生程序及其职责和权力范围、会议和委员会的权责以及教师的聘用与晋升都较苏联时期发生了很大的变化。

1. 校长产生的程序

苏联时期的校长负责制属于由政府任命的校长负责制。校长对高等

① Федеральный Закон “О высшем и послевузовском профессиональном образовании” [EB/OL]. http://www.edu.ru/index.php? page-id = 122, 1996—7—23/2005—7—20. Типовое положение об образовательном учреждении высшего профессионального образования [EB/OL]. http://www.tspu.edu.ru/docs/tipov-pol-ob-un.doc, 2004—3—7/2006—10—2.

学校的全部工作负完全责任，校长主持和领导高等学校的全面工作。那时的高等学校内部管理体制是典型的一长负责制。俄罗斯独立以来，高等学校内部管理体制的基本原则发生了根本性的变化。根据《俄罗斯联邦高等和大学后职业教育法》第 12 条规定，“高等学校的管理根据俄罗斯联邦法律、高等职业教育机构(高等学校)的特殊条例和高等学校的章程以一长制和集体制相结合的原则进行”。大学校长的产生开始向选举制转变。

1996 年的《俄罗斯联邦高等教育法》规定，由校长对高等学校实施直接管理。国立或市立高等学校校长依照高等学校章程规定在全体会议上以无记名投票的方式选举产生，并报经该校隶属的教育管理机关批准，任期不超过五年。[①] 根据此法律，全体会议的成员，包括高等学校的教学人员、科研人员、其他工作人员以及学生代表等学校内部各层次各方面人员的代表。全体会议代表校内各方意志，充分体现了民主制原则。需要指出的是，校长选举过程中，教育管理机关也起着一定的作用，但是总的来说，教育管理机关尊重高等学校全体会议的选举意见。“如果学校隶属的教育管理机关有充分的理由不批准国立或市立高等学校选出的拟任校长职务的候选人，则须进行新的选举。再次选举时如果全体会议出席者有三分之二以上人员同意，则该校隶属的教育管理机关必须批准。”显然，这是校长负责制由苏联时期的任命制转向选举制的重要变化，这一变化成为扩大高校自主权的重要举措之一。

然而，事隔 10 年之后，即 2006 年 7 月 18 日，俄罗斯联邦通过了普京签署的法律——《对〈俄罗斯联邦高等和大学后职业教育法〉第 12 条和第 20 条的修改》。此法律对原高等教育法作了两处明显的修改，其中之一是对校长产生的程序进行了更改，尽管校长还是在学校的全体会议上选举产生，但是，“国立和市立高等学校根据学校章程推选出的校长职位候选人交由现行的具有社会基础的鉴定委员会进行审核。校长候选人的

① Федеральный Закон “О высшем и послевузовском профессиональном образовании” [EB/OL]. http://www.edu.ru/index.php? page-id=122, 1996—7—23/2005—7—20.

推荐程序中不排除自我推荐的可能性"①。这一修改旨在使鉴定委员会取代高等学校的全体会议在校长产生过程中的主要作用。而对于鉴定委员会的性质,法律中是这样规定的:"鉴定委员会是国家执行权力的全权机构,或者是市级的执行—管理机构。鉴定委员会的章程及其成员构成由相应的国家执行权力的全权机构或市级执行—管理机构确定。"鉴定委员会的成员构成因高等学校的隶属关系不同而有不同的要求:①在选举属于俄罗斯联邦职权范围内的高等学校校长时,50%的成员是联邦国家权力机构的代表,其余50%的代表是高等和大学后职业教育机构内的社会组织和国家—社会协会的代表、高等学校所在的俄罗斯联邦主体国家权力机构的代表。②在选举属于俄罗斯联邦主体职权范围内的校长时,50%的代表是俄罗斯联邦主体国家权力机构的代表,另外50%的代表是高等和大学后职业教育机构的社会组织和国家—社会协会的代表。③在选举市一级高等学校校长的时候,50%的代表是市级地方自我管理机构的代表,另外50%的代表是高等和大学后职业教育机构的社会组织和国家—社会协会的代表。

当选后的校长和该校隶属的国家执行权力的全权机构或市级的执行—管理机构之间签订劳动合同,任期不超过五年。

从上述对校长选举程序的修改可以看出,尽管校长的产生采用的还是选举制,但是决定校长候选人能否当选的将不再是高等学校的全体会议,而是国家权力机构。这实际上已经不再是改革之初的代表校内各方意志的选举制,而是选举制与任命制杂糅的产物。而俄罗斯许多学者认为,2006年新法律对校长产生程序的修改,实质上是校长选举制度的终结,将会对俄罗斯高等学校刚刚获得的自主权产生实质性的损害作用。②

2. 会议和委员会作用的提高

苏联时期就存在会议制,会议制度在校一级主要是通过校务会议制度来体现的。各种会议和委员会形成了高等学校管理中的协商性机构体

---

① Федеральный Закон Российской Федерации от 18 Июля 2006 г. N113-ФЗ О внесении изменений в статьи 12 и 20 Федеральный Закон "О высшем и послевузовском профессиональном образовании"[Z]. Русская Газета. 2006—7—20.

② Колосов Александр. Автономию вузов похоронили[EB/OL]. http://diplom. chel. ru/news/36. html. 2006—6—26 /2007—3—10.

系，它们在校长的领导下开展工作，发挥参谋作用。

根据 1996 年的《俄罗斯联邦高等教育法》，由学术委员会（ученный совет）①对国立或市立高等学校实施总的领导，而校长对高等学校实施直接管理。学术委员会是选举产生的代表机关。学术委员会的组成、权利、选举程序以及活动，由高等学校根据《俄罗斯联邦高等职业院校的标准条例》在章程中加以规定。学术委员会由各种类型的工作人员、学生和社会组织成员组成。其中，校长和副校长是学术委员会的常设性成员，校长是学术委员会的主席。学术委员会的其他成员在全体会议上以无记名投票的方式选举产生。校长可以推荐其中三分之一的候选人。② 学术委员会每届任期五年。学术委员会成员任职期满，遵照高等学校章程的规定重新进行选举。学术委员会一般是每个月召开一次会议。在全体会议召开时，学术委员会的成员不应少于全体会议代表总数的 50%。

为了解决学校发展的各种问题，学术委员会下设以下的常设委员会：教学委员会（учебный совет）、方法委员会（методический совет）、科学技术委员会（научно-технический совет）、社会经济委员会（социально-экономический совет）、国际事务委员会（совет по международной деятельности）、补充教育和终身教育委员会（совет по дополнительному и безотрывному обучению）、图书馆委员会（библиотечный совет）、研究生和博士生委员会（комиссия по аттестации аспирантов и докторантов）、校史委员会（комиссия по истории университета）等。

学术委员会的主要职责有以下几个方面：解决高等学校活动和发展的具体问题；确认或修改高等学校的组织架构、管理架构以及校长的职责权限；决定学校是否加入协会、团体和联合会；呈请授予学校职员国家级奖励和荣誉；解决大学生奖学金的发放问题；批准校长推荐的第一副校长的候选人；决定学校荣誉博士的授予问题；审核校长、副校长和分支机构负责人的总结性报告和前瞻性报告；选择学校财政资源、物质资源、人力资源和其他重要资源的使用方向；批准各专业的教学计划；必要时决定暂

---

① 学术委员会（ученный совет）有时又称为校务会议（совет вуза）。

② Федеральный Закон "О высшем и послевузовском профессиональном образовании" [EB/OL]. http://www.edu.ru/index.php? page-id=122, 1996—7—23/2005—7—20

时终止校长和其他负责人指令的运行;确认学校的招生规则;批准各专业的构成以及招生时各专业的人数分配;组织投票选举教授、系主任等等。① 由此可见,学术委员会的权限是很大的,不仅对于高等学校的具体事务享有指导权,而且对学校发展的长远性宏观性事务都具有决定权;不仅在教学方面具有决定权,而且在学校的人事和财务方面也具有相当的权力。

2006 年对《俄罗斯联邦高等教育法》的修改,尽管没有对学术委员会的职责和权限作出修改,但是实际上,校长选举程序的变化,使得学术委员会的作用较修改前有所下降。但是比起改革之前的参谋作用,其作用仍然有很大的提升。

3. 教师聘用与晋升程序的变化

根据 1996 年的《俄罗斯高等和大学后职业教育法》第 20 条和 2001 年的《俄罗斯联邦高等职业院校的标准条例》的规定,高等学校的工作人员包括科学—教学工作者(教授—教师成员、科研工作人员)、工程技术人员、行政经营人员、生产人员和教学辅助人员等。属于教授—教师成员的有校长、副校长、分校校长、系主任、教研室主任、教授、副教授、高级教师、教师和助教。② 根据 2003 年的数据,在教授—教师成员的总人数中,领导岗位的工作人员,包括校长、副校长、分校校长所占比例为 1.6%,系主任占 1.9%,教研室主任占 7.4%,教授占 8.8%,副教授占 38.7%,高级教师占 24.1%,教师和助教占 17.6%。③

苏联时期实行的是高等学校教师终身教职制度,高等学校教师属于国家工作人员,高等学校自己无权决定是否使用教职工。从 20 世纪 90

---

① Васильев Ю. С., Глухов В. В., Федоров М. П. Экономика и Организация Управления Вузом[M]. СПб: Издательство "Лань", 2004, 205—206.

② Федеральный Закон "О высшем и послевузовском профессиональном образовании" [EB/OL]. http://www.edu.ru/index.php? page-id = 122, 1996—7—23/2005—7—20; Типовое положение об образовательном учреждении высшего профессионального образования[EB/OL]. http://www.tspu.edu.ru/docs/tipov-pol-ob-un.doc, 2004—3—7/2006—10—2. 本部分研究的教师群体涵盖所有类别的高等学校工作人员。

③ Государственный Комитет Российской Федерации По Высшему Образованию, Научно-исследовательский Институт Высшего Образования. Высшая Школа в 2003 г [R]. Москва: НИИВО, 2004, 140.

年代初期开始，俄罗斯高等学校全面推行合同聘任制，教职工失去了国家工作人员的身份，高等学校有权决定高校教师的聘用、解聘和晋升等事宜。高等学校在人事管理方面的自主权有了较大提高。

高等学校科学—教学工作者的任用，除了系主任和教研室主任以外，其余人员皆需签订劳动协议(或合同)。科学—教学工作人员的人选通过竞争选拔的方式产生。① 教授—教师成员根据其薪酬来源的不同采取稍有不同的聘用程序：一种是薪酬来源于预算内资金的教师，另一种是薪酬来源于预算外资金的教师。

薪酬来源于预算内资金的教师的聘用程序如下：学年结束后，以学校指示的形式宣布下一学年劳动合同就要到期的教师的名字和职位。学校行政人员宣布人员编制的变化情况，高等学校学术委员会以通告的形式宣布竞聘岗位的名称、教研室和对参与竞聘者的详细要求。竞争教授职位的人一般要求必须具有科学博士学位，是本学科教科书的著者以及本知识领域的知名学者，具有一定的教学经验。竞争副教授职位的人一般应具有副博士学位，有教学—方法或学术方面的著作，具有一定的教学经验。高级教师应具有丰富的教学经验，出版过教学方法论辅助教材。助教一般是执教不久的教师。通告公布后的一个月内开始竞争性选拔，竞争性选拔要求在一个半月之内结束。第一轮筛选在教研室教授—教师集体会议上进行。每一位候选人的聘用与否由参与教研室教授—教师集体会议的教师以记名或不记名投票的方式决定。副教授、高级教师和助教的选举在系的学术委员会上进行，教授职位的选举在高等学校的学术委员会上进行。教研室关于教授以下职位的推荐结果送达系学术委员会成员，教授职位的推荐结果由教研室和系学术委员会送达学校学术委员会成员。参加竞聘者有权参加审核其申请书的系或学校学术委员会的会议。系或学校学术委员会以无记名投票的方式决定竞聘教师职位的人选。在以上所有阶段，只有 50% 以上的参会人员投票赞成选举结果，本

---

① Федеральный Закон “О высшем и послевузовском профессиональном образовании” [EB/OL]. http://www.edu.ru/index.php? page-id = 122, 1996—7—23/2005—7—20; Типовое положение об образовательном учреждении высшего профессионального образования[EB/OL]. http://www.tspu.edu.ru/docs/tipov-pol-ob-un.doc, 2004—3—7/2006—10—2.

选举结果才被认为是有效的。被聘用的教师与学校行政领导签订有期限书面劳动协议(或合同),一式两份,双方各执一份,合同期限一般不超过五年。劳动合同中规定被聘用教师的权利与义务以及学校行政领导的责任。被聘用教师享受五年内至少一次的技能再培训机会。教师的劳动薪酬来源也在合同中加以规定,即通过联邦国库拨发给高等学校的专项资金。合同条件可以根据法律或经双方达成一致后变更或补充。没有正当的理由双方都不能提前终止劳动合同。学校领导可以因为以下原因要求提前终止劳动合同:在缩编时;在确认教师因为技能不足不能胜任职位时;教师破坏合同条件时;劳动法中其他终止劳动合同的依据等。签订合同的教师也可以因为以下原因要求提前终止劳动合同:自身疾病缠身或残疾;学校行政领导破坏了合同条件或劳动法律;其他正当理由等。合同到期,双方的劳动合同终止。合同到期的教师若想继续工作,需要再一次通过上述竞争选拔,重新签订劳动合同。①

薪酬来源于预算外资金的教师的聘用程序要比薪酬来源于预算内资金教师的聘用程序简单一些,大致如下:无需经过上述竞争性选拔的程序,只需通过对其学术著作的评估考核即可被聘用,或者经过分支机构的领导同意后就可被聘用。被聘用的教师,由校长经与教研室主任(或教学大纲主席)、系主任以及负责教学工作的副校长协商后与其签订劳动合同。合同期限一般不超过一年。劳动合同中规定就任教师的权利与义务以及学校行政领导的责任。合同条件可以根据法律或经双方达成一致后变更或补充。签订的劳动合同中必须注明所在的具体教研室或实施的具体教学大纲。教师的劳动薪酬来源也在合同中加以规定,即来源于学校的预算外资金。教师在完成补充性教育服务的时候有权从预算外资金中获取报酬。报酬的数额根据补充性教育服务的类别和数量由学校加以规定。严禁使用预算内资金发放此类薪酬。签订合同后,学校必须以学校文件的形式加以公告。没有正当的理由双方都不能提前终止劳动合同。合同到期,双方的劳动合同终止。合同到期的教师若想继续工作,需要重

---

① Положение о порядке замещения должностей преподавательского состава. Васильев Ю. С. , Глухов В. В. , Федоров М. П. Экономика и Организация Управления Вузом [М]. СПб: Издательство“Лань”, 2004,287—292.

新签订劳动合同。①

2001 年的《俄罗斯联邦高等职业院校的标准条例》第 77 条对教师的教学负担作了详细规定,将从事教学活动的高等学校工作者的工作时间缩减为一周不多于 36 个小时,带薪假的时间延长为一年 56 天。高等学校教师的教学任务根据其技能和专业确定为一学年不多于 900 个小时。教学工作者至多在 10 年连续从事教学工作后有权休假 1 年,休假的程序和条件由创办者和(或)高等学校章程确定。②

需要指出的是,2003 年 3 月 31 日,俄罗斯联邦对 2001 年的《俄罗斯联邦高等职业院校的标准条例》作了一条补充性规定,即只有接受过高等职业教育的人才允许从事教学活动。教授—教师集体的教育资格由国家在表示相关层次教育和技能的证件中加以确认。高等学校教授—教师成员和学术工作者的聘用需要得到联邦教育管理机关的批准。

高等学校工程技术人员、行政—经营人员、生产人员、教学辅助人员和其他人员的权利和责任由俄罗斯联邦劳动法、高等学校章程以及高等学校内部的规章制度和职位说明确定,这些类别的工作人员和校长签订劳动协议,确定劳动关系。

并且,改革后教职工空缺名额的确定也开始采用新的方法。1987 年起,苏联根据不同的教学形式确定了不同的师生比,其中本科生日授形式的师生比为 1:8,夜授形式为 1:15,函授形式为 1:35;研究生日授形式的师生比为 1:9,函授形式为 1:12。教职工的空缺名额就由以上的师生比来确定。③ 进入 20 世纪 90 年代,上述师生比作为高等学校确定教师空缺名额的参照指标,而不需要像以前那样作为指令性计划指标严格执行,各学校获得了决定教师雇用数量的自主权。

---

① Положение о порядке замещения должностей преподавательского состава, оплачиваемых из внебюжедных средств. Васильев Ю. С. , Глухов В. В. , Федоров М. П. Экономика и Организация Управления Вузом[М]. СПб: Издательство“Лань”, 2004, 292—294.

② Типовое положение об образовательном учреждении высшего профессионального образования[EB/OL]. http://www.tspu.edu.ru/docs/tipov-pol-ob-un.doc, 2004—3—7/2006—10—2.

③ Васильев Ю. С. , Глухов В. В. , Федоров М. П. Экономика и Организация Управления Вузом [М]. СПб: Издательство“Лань”, 2004, 414.

尽管高等学校在 20 世纪 90 年代早期以后就获得教师的聘任和解雇权,但是直到现在这一机制并没有被所有学校接受,因为很多学者担心,这一过程会造成校长权力滥用。另外,解雇教职工的自主权并未实现。因为这一程序受制于国家劳动法的规定。虽然高等学校在一些院系通过严格的同行评议也解雇了一些不合格教师,但是教师离校的主要原因在于高龄教师的退休和人才的大量外流。而且,许多专家担忧,在一所大学内部和不同大学之间进行的同行评议缺乏严格的程序,会造成学术的近亲繁殖,人事政策能否有助于高等学校有效执行院校目标尚待论证。①

四、财政自主权的扩大

在俄罗斯扩大高校自主权的过程中,财政自主权的扩大特别引人注目。高校财政自主权的扩大是市场化因素作用增强的结果之一。

1. 收入自主权的扩大

收入自主权的扩大表现在俄罗斯高等教育具有筹集高等教育经费,即独立经营业务的权利。收入自主权的扩大主要是由于政府支付的经费在高校经费中所占比例的下降和高校自筹经费所占比例上升所导致。收入自主权的实质是,由于国立和地方政府不能为国立高等学校提供必需的资源,那么必然允许高等学校开发其他的经费来源渠道,即从第二渠道和第三渠道获得经费,获得的经费不应该被征税,也不应该附带任何其他限制性条件。② 很多国家的财政策略实际上显示出这样一种趋势:无论是公立高校,还是私立高校,都远离某一种极端解决模式,而趋向于使用不同来源的混合财政策略。③ 经费来源多样化被看作是衡量院校自治得以加强的一个重要指标。④

教育领域市场关系形成的初期,其特征之一是预算资金的严重短缺,

---

① Bain, Olga B. University Autonomy in the Russian Federation Since Perestroika [M]. New York & London: Routledge Falmer, 2003,100.

② Bain, Olga B. University Autonomy in the Russian Federation Since Perestroika [M]. New York & London: Routledge Falmer. 2003,28.

③ Eicher J. C. & Chevaillier T. Rethinking the Financing of Post-Compulsory Education [J]. Higher Education in Europe, 1992,17(1): 6—32.

④ Bain, Olga B. University Autonomy in the Russian Federation Since Perestroika [M]. New York & London: Routledge Falmer. 2003,29.

这使得国立高等学校必须通过提供有偿性教育服务来保障预算外资金收入来源。① 从20世纪90年代初开始,教育经费的严重短缺成为俄罗斯高等教育发展的最严重问题,为了弥补预算内资金的不足,俄罗斯改变高教经费单纯依靠中央政府拨款的办法,努力促使经费来源的多样化,并给予高校在筹集经费方面必要的权力。根据1996年的《俄罗斯联邦教育法》第41条第8款规定:"教育机构,无论其组织—法律形式如何,均有权吸收俄罗斯联邦法令规定的补充资金。其中包括以提供有偿的补充教育服务和教育机构章程规定的其他服务项目所获资金,以及自然人、法人包括外国公民和(或)外国法人的自愿捐赠和专项资金(包括外汇资金)。"②

2001年《俄罗斯联邦高等职业院校的标准条例》第92条规定高等学校的收入来源包括以下几个方面:①不同层次政府的预算拨款;②一位或多位创办者的物质和资金的资助;③高等学校依照俄罗斯联邦法律实施收费教育、企业性活动和其他活动获得的资金;④自然人和法人,包括外国人的自愿捐赠和专项资助;⑤符合俄罗斯联邦法律的其他渠道的资金。

对于银行贷款,该条例第93条指出:"高等学校只有在创办者同意的情况下才能使用银行贷款。"③

为获得预算外资金,高等学校有权从事以下几方面的活动:④

(1) 教育服务

2001年《俄罗斯联邦高等职业院校的标准条例》第97条规定,高等学校有权根据俄罗斯联邦法律对限额(控制数字)以外学生的招收和相应层次专家的培养实施收费教育,通过跟自然人和(或)法人签订协议的方式提供与相应教学大纲和国家教育标准不冲突的有偿性教育服务。学

---

① Лукашенко М. А. Рынок Образовательных Услуг: Десять Лет Спустя [J]. Высшее образование в России, 2003(1): 40.

② Министерство образования РФ. Закон об Образовании Российской Федерации [Z]. Учительская Газета, 1996,(5)—(6).

③ Типовое положение об образовательном учреждении высшего профессионального образования[EB/OL]. http://www.tspu.edu.ru/docs/tipov-pol-ob-un.doc, 2004—3—7/2006—10—2.

④ Васильев Ю. С. ,Глухов В. В. ,Федоров М. П. Экономика и Организация Управления Вузом[M]. СПб: Издательство "Лань", 2004,384—386.

费和有偿教育服务的收费标准由高等学校校长根据已确定的支出预算来确定。收费教育和有偿性教育服务不应取代相应预算资金资助的教育活动。①

（2）学术活动

1996年《俄罗斯联邦高等教育法》第27条规定，高等学校有权拥有货币、财产的所有权以及其他的实物所有权，它们或者是自然人和法人以馈赠、捐献或遗嘱形式转让给高等学校的，或者是高等学校的智力活动成果和创作劳动成果，或是本校的活动创收以及用收入获取的实物所有权。②

（3）保障教学和科研过程正常进行的活动

根据有关法律规定，财产所有者（享有所有者权利的机构）确认高等学校对楼房、建筑、财产综合体、设备以及具有消费性、社会性、文化性等目的的其他财产进行业务管理。国立和市立高等学校享有长期（永久）使用按法定程序划给它使用的地块。③

（4）其他活动

1996年《俄罗斯联邦高等教育法》规定，高等学校有权充当财产承租者和（或）出租者的身份。当国立和市立高等学校将属于本校的财产以及地产出租时，经本校学术委员会以本地区的最低价格办理业务，并且无赎回权。高等学校有权根据俄罗斯联邦法律从事对外经济活动。④

而且，在法律条文中，也对政府向高等教育拨款的责任作出了相关规

---

① Типовое положение об образовательном учреждении высшего профессионального образования[EB/OL]. http://www.tspu.edu.ru/docs/tipov-pol-ob-un.doc, 2004—3—7/2006—10—2.

② Федеральный Закон "О высшем и послевузовском профессиональном образовании"[EB/OL]. http://www.edu.ru/index.php? page-id = 122, 1996—7—23/2005—7—20.

③ Федеральный Закон Российской Федерации от 18 Июля 2006 г. N113-Ф3 О внесении изменений в статьи 12 и 20 Федеральный Закон "О высшем и послевузовском профессиональном образовании"[Z]. Русская Газета. 2006—7—20. Типовое положение об образовательном учреждении высшего профессионального образования[EB/OL]. http://www.tspu.edu.ru/docs/tipov-pol-ob-un.doc, 2004—3—7/2006—10—2.

④ Федеральный Закон "О высшем и послевузовском профессиональном образовании"[EB/OL]. http://www.edu.ru/index.php? page-id = 122, 1996—7—23/2005—7—20.

定:高等学校吸引补充性资金,不应导致国家和地方相应预算的拨款标准和(或)拨款数额的减少。高等学校对划归其使用的资金和单独核算的财产负有责任。在这些资金和财产不足时,创办者负有按照俄罗斯联邦法律对它进行资助的义务。① 政府向高等学校拨发经费的规则与程序受《俄罗斯联邦预算法》的约束。国家向高校划拨预算资金的基础是国家对专家培养的预定数量。据此,教育部每月向高校划拨预算资金。②

但是,在实践中,高等学校的财政自主原则受到教育领域以外其他法令的很大限制,特别是受到《俄罗斯联邦预算法》《俄罗斯联邦税法》以及俄罗斯财政部许多指令的限制。例如,俄罗斯财政部 2001 年 6 月 21 日通过 46H 号文,指出开设私人账户的程序和条件,使得高等学校吸引补充性财政资金和物质性资源来获取收入的权利受到限制。③ 实施新的税法之后,那些收入多样化的高校税收实践也遭到破坏,因为企业和个人的捐赠要征收 20% 的附加值税和 35% 的利润税。而且,税收机构并未在营利性教育机构和非营利性教育机构之间划清界限。2005 年 1 月 1 日起,为了使教育法律与税法一致,教育机构的税收优惠被取消了。

2. 支出自主权的扩大

广泛的经费来源和充足的资金是院校财政自治的一个必要条件,但是并不是一个充分条件。院校需要对资源的分配和再分配享有决定权,并对资金什么时候花、怎样花,以及花在何处具有决策权。④ 关于这一观点,克拉克·克尔提出过一个经典的论断,他认为院校自治"与其说是谁投资的职能,不如说是怎样支出经费的职能"。⑤ 俄罗斯独立以后的最初

---

① Типовое положение об образовательном учреждении высшего профессионального образования[EB/OL]. http://www.tspu.edu.ru/docs/tipov-pol-ob-un.doc, 2004—3—7/2006—10—2.

② Васильев Ю. С., Глухов В. В., Федоров М. П. Экономика и Организация Управления Вузом[M]. СПб: Издательство"Лань", 2004,324.

③ Государственный Комитет Российской Федерации По Высшему Образованию, Научно-исследовательский Институт Высшего Образования. Высшая Школа в 2003 г[R]. Москва: НИИВО, 2004,105.

④ Bain, Olga B. University Autonomy in the Russian Federation Since Perestroika[M]. New York & London: Routledge Falmer, 2003: 29.

⑤ Kerr, Clark. The American Mixture of Higher Education in Perspective: Four Dimensions[J]. Higher Education, 1990,(19): 1—19.

几年,伴随着自筹经费比重的提高和经费来源的多样化,在法律方面,俄罗斯高等学校享有了再分配资源的高度自主权。

第一,苏联解体以来,高等学校开始享有独立使用经费的权利,这一权利是苏联时期的高等学校所没有的。首先,预算确定的方式方法发生了变化。苏联时期实行的是线性项目预算,预算由中央确定,跟单位消费标准系数相关,拨款数额是与空缺的学术职位有关的;而苏联解体以后,国家实行一次性拨款方式,拨款数额和经教育管理机构与高等学校商讨后确定的计划招生数有关。1996 年《俄罗斯联邦教育法》第 43 条规定:"教育机构独立实施财务—经济活动,在银行和其他信贷机构拥有独立的收支平衡表和分户账;凡属于教育机构使用的财政资金和物质资源,在俄罗斯联邦法令无其他规定的时候,均由教育机构依据其章程自行使用,不得剥夺没收;教育机构有权在征得所有者同意的情况下将后者划归它使用的资金和其他财产用于获取收入的活动。这时所有者即获得从教育机构利用其资产的所得中获得部分收入的权利,其额度由双方签订合同确定。"该法律的第 45 条规定,国立或市立教育机构从有偿性教育服务中获得的收入,除去创办者(所有者)应得部分外,均可作为该教育机构的再投资,包括增加工资开支和由教育机构斟酌用作其他开销。这样的活动不属于企业性行为。[①]《俄罗斯联邦高等职业院校的标准条例》的相关规定有:高等学校以依靠法律允许的行为获取的资金购取的财产,在资产负债表上单独核算,由高等学校自由支配(第 89 条);高等学校根据俄罗斯联邦法律使用预算资金和其他渠道的资金(第 95 条)。[②] 另外,从财政年的浮动与否来看,也有很多的变化。苏联时期,财政年之间无浮动。而苏联解体以后,财政年之间的浮动是允许的,只是政府明文禁止高等学校在主要的计划预算项目(工资、学生津贴和学生补贴)之间进行重新分配。1996 年《俄罗斯联邦教育法》第 43 条规定:"教育机构当年(当季、当月)未用完的拨款不得没收或由创办者转入该教育机构下一年度(下一季度、

---

① Министерство образования РФ. Закон об Образовании Российской Федерации[Z]. Учительская Газета, 1996,(5)—(6).

② Типовое положение об образовательном учреждении высшего профессионального образования[EB/OL]. http://www.tspu.edu.ru/docs/tipov-pol-ob-un.doc, 2004—3—7/2006—10—2.

下一月份)的拨款额度内。"①这一规定实际上允许高等学校经费的使用跨越财政年度。

然而必须指出,最近几年,俄罗斯的教育系统正在经历着新的"财政革命",政府新赋予高等学校的经费使用自主权被逐步剥夺。② 2000 年 1 月 1 日起,《俄罗斯联邦预算法》付诸实施,所有的预算外资金被看作是预算内资金,余额与支出账户都划归联邦国库。2004 年 8 月 22 日通过的第 122—Ф3 号法令以及对《俄罗斯联邦教育法》的修改确定了这样一种规则:虽然教育机构仍具有独立进行经济活动的权利,但是高等教育机构的所有资金——预算内和预算外资金,都必须在联邦国库中开设账户,开支受到联邦国库的监督。高等学校自由使用经费的权利实际上受到了很大限制。而且,2004 年通过的第 122—Ф3 号法律也取消了教育机构对以下形式的资金和物资的自主使用权:自然人和法人以馈赠、捐助或遗嘱形式转让给高等学校的资金、财产和其他设施;作为其工作成果的知识产品和创造性劳动产品以及本身工作所得和利用工作设施所获得的收入。2004 年,俄罗斯联邦通过了《对参与教育活动的国家团体实施管理的构想》。该构想规定,自治机构的财产仍然属于俄罗斯联邦、联邦主体或市立教育机构,自治机构只负责对其进行自主管理。

第二,苏联解体以来,高等学校开始享有自主决定教职员工工资薪酬的权利,这一权利也是苏联时期的高等学校所没有的。苏联时期,教师属于国家公务人员,工资由国家来确定。苏联解体以后,在 2005 年俄罗斯联邦政府修改《俄罗斯联邦教育法》中有关教育机构工作人员劳动薪酬的相关规定之前,教师的基本工资由国家确定,并受《俄罗斯联邦劳动法》保护;在基本工作以外完成任务的劳动薪酬由高等学校自己确定,并由高等学校利用自身的收入为员工支付劳动薪酬。1996 年的《俄罗斯联邦高等和大学后职业教育法》第 30 条规定:"国立高等学校可利用用于高等学校办学的预算拨款和俄罗斯联邦法律不禁止的其他来源的资金独立建立工资基金;高等学校在其所有的用以支付工作人员的资金范围内

---

① закон об Образовании Российской Федерации[Z]. Учительская Газета, 1996,(5)—(6).

② Адриан Ж., Бентабет Э.. Белая книга российского образования[M]. серия "Проект Тасис "Управление образованием. Москва: Изд-во МЭСИ, 2000,79.

独立确定劳动薪酬的形式和制度以及补助、津贴、奖金和其他物质激励报酬的额度,乃至各类工作人员的职务薪酬(未规定职务工资的上限)。"① 2001 年《俄罗斯联邦高等职业院校的标准条例》第 99 条规定,高等学校按照俄罗斯联邦法律确定的程序,根据学术委员会的建议在用于支付劳动薪酬的资金范围内独立决定高等学校工作人员的补助、津贴、奖金和其他薪酬标准。②

本章结语

处在社会全面转型时期的俄罗斯,教育权力无论在中央政府和地方政府之间,还是在政府和市场之间,以及在政府和大学之间,都在发生着明显倾向于后者的动态变革,教育地方化、教育市场化以及大学自主权扩大的实践取向非常明显。

首先,在中央政府和地方政府的关系上,联邦中央原本具有的强有力的集权能力大大削弱,它已不能垄断全部权力而发号施令,而地区政府和地方政府,从过去金字塔结构中的权力传送带,逐步演变成为具有自身特殊利益和具有自主行为的决策主体,不再完全听命于中央政府的意志,它们在教育事权和财权方面拥有一定的自主权。几乎以普京当选总统为界,俄罗斯高等教育地方化改革经历了由中央高度集权到地方过度分权,再由地方过度分权到加强中央权威两个起伏阶段。

其次,在政府和市场的关系上,政府淡出和市场进入的现象开始在教育领域浮现。教育,特别是高等教育与市场的快速"联姻",触动了俄罗斯教育领域传统中的某些保守倾向,使得俄罗斯教育显现出从未有过的活力和生机。但是,市场力量过于迅速、过于猛烈地侵入,也带来了教育公平受损、质量下降和大学传统精神失落等新的问题。

---

① Федеральный Закон "О высшем и послевузовском профессиональном образовании" [EB/OL]. http://www.edu.ru/index.php? page-id = 122, 1996—7—23/2005—7—20.

② Типовое положение об образовательном учреждении высшего профессионального образования[EB/OL]. http://www.tspu.edu.ru/docs/tipov-pol-ob un.doc, 2001—3—7/2006—10—2.

再次，在政府与大学两者的连续体上，俄罗斯史无前例地出现了从政府一边向大学一边滑动的权力位移。政府开始放松对大学的管制，重构大学与政府之间的关系，大学受政府严格控制的窘境发生了重大转变。大学自治问题作为国家的一项基本政治原则被置于重要的位置。随着政府对大学放松管制和市场经济所提供的自由发展空间的增大，大学在回归本真状态、提高自主创新能力、改变政府管理方式和提升高等教育效率方面，都迈出了重要的步伐。

经过 20 余年的分权改革，在俄罗斯教育领域，以中央政府为唯一权力中心的格局基本被打破，在中央政府与地方政府、政府与市场、政府和大学之间开始显现出一条界线。尽管这条界线当前还比较模糊，在外部环境的影响下还会发生游移，但是它的出现毕竟是从无到有的一次真正超越，具有划时代的历史意义。从另一方面讲，由于俄罗斯政治、经济、社会等外部环境的影响，以及教育改革者认识和政策上的偏差，俄罗斯教育分权改革远未设计出一种相对稳定的权力运行机制，在某些环节的运作上还遭遇很多困境，改革的结果呈现出得与失并存、积极效应和消极效应共生的局面。

第三章

教育战略的核心内涵之二：多元教育投入

苏联时期，政府实行单一的国家财政拨款，国家对高等教育经费统包统筹，中央政府拨款几乎是教育经费来源的唯一渠道，中央政府也是教育经费分配的唯一主角。近20年来，俄罗斯在教育财政方面经历了一系列深刻变革，其中，多渠道筹措教育经费是最引人注目的一项变革。自20世纪90年代初开始，保障教育领域生产者和消费者之间经济利益关系的教育服务市场，开始在俄罗斯悄然形成。①

一方面，教育投入格局的变化取决于国家经济体制的改变。随着俄罗斯统一的计划经济向市场经济的转变，教育领域的资源配置方式和权力运作形式发生了根本改变。在原有计划配置的框架中已不可能使教育资源再扩大，在原有的体制里也不可能保证资源配置的有效性。为实现教育资源的高效配置，政府行政力量的部分退出和市场力量的介入是俄罗斯政府迫不得已的选择。另一方面，教育投入格局的变化源于国家本身的经济状况。苏联解体以后，特别是20世纪最后10年，俄罗斯国家经济陷入窘境，教育资源的总体供给极为不足，已经无法满足教育优先发展的需要，甚至某些正常的办学经费都无法保证，原来的以国家为主体的单一投入机制受到严重挑战。改变教育经费单纯依靠中央政府拨款，促使“所有与教育质量和教育利益有关的个人、组织、企业、社会和国家都要分

① Акулинин Ф. В., Пономарев М. А. Высшее образование как инструмент инновационного развития экономики России[J]. Экономика образования. 2010(6): 5—21.

担教育资金的投入"①,努力推动经费来源的多样化,成为俄罗斯现实经济状况下的无奈选择。经过20多年的努力,俄罗斯教育逐步形成了中央政府、地方政府、学生家长、学校和社会共同筹集教育经费的局面。根据亚当·斯密的经费模式分类,可以认为,俄罗斯的教育经费模式正从纯粹的官僚模式向官僚模式、学院模式和市场模式三种模式的混合形式发展。

第一节 联邦政府拨款改革

一、拨款的三个阶段

总的来看,20年来,俄罗斯教育经费短缺的矛盾一直比较突出,但是相对于以中央政府为教育领域的唯一投资主体的苏联时期,俄罗斯联邦政府在教育领域的投资责任大大降低。我们可以以1999年和2004年为界将这20年划分为三个阶段,联邦中央教育预算经费呈现出先下降,而后调整,然后又稳步上升的轨迹。

整个20世纪90年代,由于经济的持续低迷和独立之初的混乱不堪,俄罗斯联邦政府在教育领域的投入十分微薄。尽管1992年的《俄罗斯联邦教育法》中规定:国家优先发展教育并保证教育拨款,教育经费不少于国民生产总值的10%,②然而,联邦政府由于财政收入多年捉襟见肘,保障教育预算拨款的承诺并未兑现。从教育预算在联邦预算所占的比例来看,1992—1999年,除了1992年曾经达到5.86%外,其余年份始终在3.1%—3.9%之间浮动,而联邦教育支出在国民生产总值中所占的比例仅维持在0.6%—1.2%,如表3—1所示。更为严重的是,教育预算在联邦预算中所占的比例偏低仅是问题的一方面,由于俄罗斯这一时期严峻的经济形势,国民生产总值的绝对量非常单薄,因而教育经费的绝对量就

---

① Министерство образования РФ. Концепция модернизации российского образования на период до 2010 года [EB/OL]. http://www.edu.ru/db/mo/Data/d-02/393.htm, 2002—1—2/2006—9—16.

② Министерство образования РФ. Закон об Образовании Российской Федерации [Z]. Учительская Газета, 1996, (5)—(6).

异常小。以1994年为例,在国民生产总值比1989年缩减了一半的情况下,当年投入教育的资金仅为1989年的三分之一,国家仅能保证投入培养一名技术专业大学生每年所需经费的四分之一。从总额上来看,1994年俄罗斯国家教育的投资仅为美国教育投资的一百六十五分之一。[①] 这个时期的俄罗斯联邦政府被认为是放弃了对教育的责任,甚至是退出教育领域。即使是在第二次世界大战时期苏联最困难的1942年,当时的苏联政府依然从非常拮据的预算中拿出5.7%用以发展教育。1950年,苏联政府的教育预算占预算总额的比例更是达到14%。而从1994年起,俄罗斯联邦政府的财政拨款却急剧缩减。

表3—1　1992—2003年俄罗斯联邦政府教育资金投入情况

	1992	1993	1994	1995	1996	1997	1998	1999	2000	2001	2002	2003
A	1.26	0.81	1.16	0.70	0.66	0.68	0.61	0.61	–	–	0.75	0.74
B	5.86	3.87	3.84	3.86	3.49	3.49	3.45	3.1	3.7	4.11	4.2	4.16

A:联邦教育支出在国民生产总值中的比例　B:教育预算在联邦预算中的比例

资料来源:Государственный Комитет Российской Федерации По Высшему Образованию, Научно-исследовательский Институт Высшего Образования. Высшая Школа в 2003 г[R]. Москва: НИИВО, 2004,72.

1999年,普京就任总统以后,强调教育体制的改革,并亲自督办教育领域的投入。2001年9月1日,刚上任不久的普京视察国立莫斯科大学,明确表示,国家将对俄罗斯的教育体制进行彻底改革,大幅度提高教育工作者的收入水平,力争全面提高俄罗斯的国民素质,重塑俄罗斯教育强国的地位。因此,1999—2003年俄罗斯的教育预算在联邦预算中的比例有所上升。2002年联邦政府财政预算草案中,政府用于教育经费的投资比例打破了近10年来国家财政预算的常规,其增长速度首次超过军费预算开支。普京下令,从2001年12月1日起,把教育工作者的工资和退休金在原有的基础上增加1倍。2003年的教育预算在联邦政府预算中所占比例为4.16%,相对于国防(14.59%)、执法活动和国家安全保障

① Болотин И. С., Джамалудинов Г. М. Социалогия высшей школы[M]. Москва: академический проект, 2003,34.

(8.93%)、社会政策(22.10%)、国家和城市职责服务(14.64%)而言①,教育预算所占比例比以往有大幅度提升。事实上,从 1999 年至 2002 年,俄罗斯政府的教育拨款分别为 102 亿、171 亿、344.7 亿、750 亿卢布。② 当然,尽管 1999—2003 年教育经费的绝对数量在增长,但是这一时期教育经费的需求也急剧增长,因此预算拨款不足的现象依然非常严重。如表 3—2 中统计,2000 年教育实际经费占教育经费需求的 66%,2001 年占 53.1%,2002 年占 51.2%,2003 年占 50%。③ 在此种情况下,财政投入的严重不足成为俄罗斯教育发展的最大掣肘,影响了俄罗斯教育系统功能的正常发挥:大量儿童失学,人才培养质量下降,教师队伍中优秀人才流失,地区社会和经济竞争力下降。一些贫困地区更是处于困境之中:教师工资长期拖欠;学生学习条件恶化;教学用房、教学设备和教学器材等教学物质资源供应不足;学校的伙食、照明和采暖费得不到保证;学生的助学金减少。在北高加索、西西伯利亚和远东等边远地区,由于学校经费不足,开班上课都非常困难。

表 3—2 2000—2003 年教育实际经费与教育需求的对比(单位:10 亿卢布)

年份	教育经费	教育经费的需求	经费缺口
2000	38.128	114.05	75.917
2001	54.499	116.25	61.751
2002	80.088	164.25	84.162
2003	97.627	195.75	98.123

资料来源:Роденкова Т. Н. Актуальные проблемы управления финансовыми потоками в Российском образовании. Экономика образования. 2003(3):16.

严峻的形势使俄罗斯政府开始认识到,按照"剩余原则"发展教育,面临着葬送已有教育系统,并把国家抛至世界文明边缘的危险。因而,从 2004 年起,俄罗斯联邦政府对教育领域的投入大幅增加,教育预算在联

① Государственный Комитет Российской Федерации По Высшему Образованию, Научно-исследовательский Институт Высшего Образования. Высшая Школа в 2003 г [R]. Москва: НИИВО, 2004:73—74.

② 高凤兰,曲志坚. 建立现代化的教育体系——谈现阶段俄罗斯的教育改革[J]. 外国教育研究,2003(10):23.

③ Роденкова Т. Н. Актуальные проблемы управления финансовыми потоками в Российском образовании. Экономика образования. 2003(3):34.

邦预算中所占比例不断攀升,如表 3—3 所示。2004 年,联邦教育资金投入总额为 1216 亿卢布,比 2001 年(545 亿卢布)增加了 1.2 倍。此后每年大幅度攀升,到 2008 年已增加到 3550 亿卢布,是 2004 年投入额的近 3 倍。① 2010 年,俄罗斯财政部公布了俄罗斯联邦政府 2011—2013 年的预算。俄罗斯联邦教育领域的预算计划拨款数量为 2011 年 4925 亿卢布,2012 年 4923 亿卢布,2013 年 4922 亿卢布。其中,相比于 2010 年,2011 年联邦的教育预算增长比例为 13.7%。② 这种高比例的增长,是同期世界上其他国家难以比拟的。从教育预算在联邦政府预算支出中所占比例来看,2010 年为 4.20%,而国防、执法活动和国家安全保障同期所占比例为 7.37%、8.57%,教育与这些领域的预算差距大大缩减。由此可见,俄罗斯教育已逐步成为真正意义上的国家优先发展领域。

表 3—3　2004—2008 年俄罗斯联邦政府教育资金投入情况

年份	2004	2005	2006	2007	2008
投入总额(亿卢布)	1216	1621	2124	2946	3550
在联邦预算支出中所占比例(%)	4.5	4.6	5.0	4.9	4.7

资料来源:Министерство образования и науки Российской Федерации, Федеральная служба государственной статистики, Государствернный университет——Высшая школа экономики. Образование в Российской Федерации: 2010: статистический сборник [R]. Москва: государственный университет——Высшая школа экономики, 2010,67.

2004 年至今教育预算拨款的大量增加,一方面得益于俄罗斯经济的逐步好转,联邦政府财力大大增强,同时也得益于普京政府"强国精神"指导下的教育政策,教育的价值更加得到重视,联邦政府意欲重返教育领域,大幅度增加对教育的投入。1992 年《俄罗斯联邦教育法》第 40 条所规定的"优先发展教育的国家保障"的理念开始真正兑现。《俄罗斯联邦

① Министерство образования и науки Российской Федерации, Федеральная служба государственной статистики, Государствернный университет——Высшая школа экономики. Образование в Российской Федерации: 2010: статистический сборник [R]. Москва: государственный университет——Высшая школа экономики, 2010,67.

② Основные направления бюджетной политики на 2011 год и плановый период 2012 и 2013 годов[EB/OL]. http://www.minfin.ru/ru/, 2010—8—5/2011—1—16.

宪法》第43条规定,俄罗斯联邦保障每一个公民获得普及性的免费的学前教育、基础普通教育和中等职业教育,以及保障每一个公民在竞争基础上在国立和市立教育机构免费获得高等教育。① 2010年,普京再次指出:"公民接受免费教育的权利受所有层次预算拨款的保障,现在仍然是国家政策最优先发展领域。"②

二、拨款的主要方向

采用经济手段达成联邦政府的教育目标成为俄罗斯联邦政府现实而有效的选择。从20年来俄罗斯联邦政府的拨款实践来看,其教育拨款的倾向性非常明显,针对性很强。联邦政府拨款的优先方向主要体现在以下几个方面:

1. 向职业教育领域倾斜

俄罗斯联邦政府对各个层次的教育都有拨款,但是拨款在各级教育上的分配却有很大差别,拨款的倾向性非常明显。从2000—2003年联邦政府预算在各级教育中支出总额的多寡来看,投资额由多到少依次为:高等职业教育、初等职业教育、中等职业教育、职业进修与提高、普通教育和学前教育(参见表3—4)。联邦预算主要投向职业教育,特别是向高等职业教育倾斜③,而其他层次教育的经费,包括普通教育、职业进修与提高以及学前教育,则由联邦主体和地方承担。

国家支持高等教育发展成为教育优先发展战略中的一个重要方向。俄罗斯联邦政府非常注重高等教育领域的投入,以便为国家经济的发展培养高技能专家。为了促进高等教育现代化的早日实现,俄罗斯逐步制定并完善教育计划,协调教学与科学的关系,在高等学校建立新的财政和管理机制。不过,这一过程也不是一帆风顺的,虽然1992年的《俄罗斯联

① Правительство РФ. Конституция Российской Федерации[M]. Новосибирск: Сибирское университетское издательство, 2010,12.

② Министерство науки и образования РФ. Информационное сообщение по вопросу о гарантиях бесплатности образования[EB/OL]. http://mon. gov. ru/press/reliz/7181/, 2010—4—28/2011—4—2.

③ 俄罗斯教育主要包括初等普通教育、基础普通教育、中等(完全)普通教育、初等和中等职业教育、高等职业教育和补充职业教育等层次。

表 3—4　2000—2008 年联邦教育预算分配情况

		2000 年	2001 年	2002 年	2003 年	2004 年	2005 年	2006 年	2007 年	2008 年
总计（百万卢布）		38. 1	54. 5	81. 7	99. 8	121. 6	162. 1	212. 4	294. 6	355. 0
学前教育	数额（百万卢布）	0. 5	0. 5	0. 6	0. 8	0. 4	1. 9	2. 2	2. 6	3. 6
	所占比例（%）	1. 3	0. 9	0. 7	0. 8	0. 3	1. 2	1. 0	0. 9	1. 0
普通教育	数额（百万卢布）	0. 7	0. 9	1. 4	1. 5	1. 3	1. 8	2. 7	3. 4	4. 1
	所占比例（%）	1. 8	1. 7	1. 7	1. 5	1. 1	1. 1	1. 3	1. 2	1. 2
初等职业教育	数额（百万卢布）	8. 1	11. 2	18. 6	21. 5	24. 3	5. 0	6. 9	8. 8	11. 5
	所占比例（%）	21. 3	20. 6	22. 8	21. 5	20. 0	3. 1	3. 2	3. 0	3. 2
中等职业教育	数额（百万卢布）	5. 4	7. 4	10. 5	13. 0	15. 8	18. 7	22. 4	26. 6	34. 0
	所占比例（%）	14. 2	13. 6	12. 9	13. 0	13. 0	11. 5	10. 5	9. 0	9. 6
高等和大学后职业教育	数额（百万卢布）	22. 5	31. 3	44. 9	56. 8	71. 8	119. 2	161. 7	228. 3	280. 0
	所占比例（%）	59. 1	57. 4	55. 0	56. 8	59. 0	73. 5	76. 1	77. 5	78. 9
职业培训、再培训和提高技能	数额（百万卢布）	0. 6	0. 7	1. 2	1. 4	1. 7	2. 7	4. 4	4. 9	4. 0
	所占比例（%）	1. 6	1. 3	1. 5	1. 4	1. 4	1. 7	2. 1	1. 7	1. 1

续表

		2000年	2001年	2002年	2003年	2004年	2005年	2006年	2007年	2008年
青年政策和儿童健康	数额（百万卢布）	–	–	–	–	–	0.4	0.5	0.3	0.6
	所占比例（%）	–	–	–	–	–	0.2	0.2	0.1	0.2
教育领域应用科学研究	数额（百万卢布）	–	–	–	–	–	1.8	0.9	2.0	2.0
	所占比例（%）	–	–	–	–	–	1.1	0.4	0.7	0.6
其他教育领域的问题	数额（百万卢布）	0.3	2.5	4.5	4.7	6.2	10.6	10.7	17.8	15.2
	所占比例（%）	0.8	4.6	5.5	4.7	5.1	6.5	5.0	6.0	4.2

资料来源：Министерство образования и науки Российской Федерации, Федеральная служба государственной статистики, Государствернный университет——Высшая школа экономики. Образование в Российской Федерации: 2010: статистический сборник [R]. Москва: государственный университет——Высшая школа экономики, 2010,69.

邦教育法》就规定，基于联邦预算资金进入国立高等学校学习的人数，每10000居民不得少于170人（俄罗斯当时约有240万大学生）；1996年《高等和大学后职业教育法》规定，国家在教育方面的财政支出不得少于国民收入的10%，高等教育的经费不得少于联邦预算支出的3%①，但是，由于严峻的经济形势，在2004年以前这一承诺并未兑现。随着俄罗斯经济形势的好转和经济实力的增强，从2004年起，国家开始履行对高等教育投资的责任。2005年高等教育预算占联邦教育预算的比例为70%，2006—2009年分别占77.0%、77.3%、77.4%、77.6%，2011年超过85%。2004年生均预算经费为1.8万卢布，2005年增长到2.56万卢布，

① Федеральный Закон "О высшем и послевузовском профессиональном образовании" [EB/OL]. http://www.edu.ru/index.php? page-id=122, 1996—7—23/2005—7—20.

2006 年增长到 3.75 万卢布,而 2007 年达到 5.16 万卢布①。2011 年俄罗斯联邦高等教育预算总额达到 3900 亿卢布,是 2005 年(1150 亿卢布)的 3 倍多。另外,从高等教育资金来源类别来看,2007 年联邦高等教育预算为 1883.9 亿卢布,占高等教育所有来源资金总额(4078.3 亿卢布)的 46.2%②。

由于联邦政府拨款的快速增长,最近 20 多年俄罗斯高等教育实现了快速发展,如表 3—5 所示。无论是高等学校的数量、在校大学生人数,还是每万人中大学生数量等方面,俄罗斯高等教育都取得了长足的发展。同时,在持续的联邦政府拨款的资助下,高等学校自身不断优化管理体制和经费利用效能,努力提升自身的竞争力和创新能力。正如普京 2011 年指出的,“我们之所以向高等教育集中投入资源,其逻辑在于,要在高等学校形成强有力的核心。我相信,每所高校都应该有将自身提高到更高水平的愿景”③。

表 3—5 俄罗斯 1980—2008 年高等教育的快速发展情况

指标 \ 年份	1980	1990	2000	2002	2003	2004	2005	2006	2007	2008
高校数量	494	514	965	1039	1044	1071	1068	1090	1108	1134
高校大学生数量(千人)	3046	2825	4742	5948	6456	6884	7064	7310	7461	7513
1 万人大学生人数	219	190	324	410	448	480	495	514	525	529

资料来源:Акулинин Ф. В., Пономарев М. А. Высшее образование как инструмент инновационного развития экономики России [J]. Экономика образования. 2010(6):16.

另外,从最近几年来看,俄罗斯联邦还加强了对初等和中等职业教育

① ГУ-ВШЭ. Образование в Российской Федерации 2008. Стат. сб. Москва: ГУ-ВШЭ, 2008,161.

② Министерство образования и науки Российской Федерации, Федеральная служба государственной статистики, Государствернный университет——Высшая школа экономики. Образование в Российской Федерации: 2010: статистический сборник[R]. Москва: государственный университет——Высшая школа экономики, 2010,102.

③ Министерство образования и науки РФ. Главные события в современном образовании 2004—2011[R]. Москва: медиалайн. 2012,107.

的支持力度。《国家教育优先发展规划》框架下实施的另一个重要方案是“对初等职业教育和中等教育的支持”。2006 年 12 月 30 日，俄罗斯政府通过了第 N850 号决议——《关于国家在 2007 年支持在国立初等和中等职业教育机构培养高科技生产劳动力和专家的举措》。这一方案规划的战略目标是为满足新经济不同部门中有竞争能力企业的需求，逐步提高和优化高技能工人和专家培养的结构、规模与质量。国家将对引入创新教育大纲的国家初等和中等职业教育机构的发展提供资助与保障。竞争获胜者所获得的资金，用于完善创新性教育大纲，改进教育机构与企业主的合作关系。这是俄罗斯历史上第一次如此大规模促进初等和中等职业教育机构劳动力培养。

获得资助的初等和中等职业教育机构是在竞争选拔的基础上产生。参加评选的标准是该教育机构要有企业主资金、俄罗斯联邦主体预算和教育机构的非预算资金对教育大纲的联合支持。在 2007 年的第一次评选中，有 266 家机构递交申请，包括 162 家中等职业教育机构，104 家初等职业教育机构。最终以不记名投票的方式选出了 76 个教育机构，包括 45 家中等职业教育机构和 31 家初等职业教育机构。这些教育机构覆盖了俄罗斯所有联邦区的 40 个联邦主体。2007 年俄罗斯联邦共拨付了 18 亿卢布的拨款。在 2008 年的第二次评选中，59 个联邦主体的 221 家教育机构参加申请，包括 84 家初等职业教育机构和 137 家中等职业教育机构。最终分两轮共评选出了 170 家教育机构。其中第一轮 72 家，第二轮 98 家。联邦预算共提供 48.8 亿卢布的拨款。而相应地，这些机构因此而获得的非预算资金、联邦主体预算资金和企业主资金共计 42 亿多卢布①。联邦对初等和中等职业教育机构的支持，使得所有胜出的初等和中等职业教育机构都毫无例外地引入了生产技术和设备，更新了现代教学形式和方法，形成了新的教育机构和企业主的合作伙伴关系。

2. 实施联邦专项教育计划

为发展国家教育优先发展的领域，俄罗斯联邦政府设立激励性、择优性专项基金，通过联邦政府设立项目、向教育机构招标的方式，达到政府

---

① Министерство науки и образования РФ. инновационные школы [EB/OL]. http://mon.gov.ru/pro/pnpo/. 2004—4—23/2011—4—6.

财政投向和教育机构经费所需之间的优化匹配。联邦专项教育计划的实施，是俄罗斯联邦政府预算内拨款的一个重要方向。

苏联解体以后，俄罗斯联邦政府通过了一系列联邦专项教育计划，用于实施某个特定阶段的教育目标，譬如：2000 年通过的《俄罗斯联邦教育发展计划》、2001 年底颁布的《2010 年前俄罗斯教育现代化构想》、2005 年颁布的《2006—2010 年俄罗斯联邦专项教育发展计划》、2005 年制定的《国家教育优先发展规划》等。根据《俄罗斯联邦教育法》第 1 条，联邦教育发展计划是教育领域国家政策的组织基础。这些专项教育计划规定了纲要实施的目的、任务、详细举措等。而且，更加引人注意的是，俄罗斯联邦政府在政策文本中都详细规定了实施这些举措的财政来源，特别是对联邦政府专项资金作出了承诺，真正体现了教育优先发展的战略思想与理念。

普京上台之初通过的《俄罗斯联邦教育发展计划》中就有一节"对计划的财政保障"的详细阐述和规定，指出："通过各级预算逐步增加财政拨款，既为教育系统的日常运转增加拨款，同时也为落实《联邦教育发展计划》予以专项拨款，并在 2005 年前达到预估的拨款数额。"其具体明细如表 3—6 所示。

表 3—6　2000 年《俄罗斯联邦教育发展计划》中联邦专项拨款承诺

（单位：百万卢布）

拨款方向	2000 年	2001 年	2002 年	2002 年	2004 年	2005 年	总计
基本建设投资	167. 7	233. 1	324. 0	450. 4	626. 1	864. 0	2665. 3
科学研究与实验设计工作	9. 0	18. 0	50. 0	80. 0	100. 0	150. 0	407. 0
其他项目支出	1500. 0	1748. 9	1826. 0	1969. 6	2273. 9	2486. 0	11804. 4
总计	1676. 7	2000. 0	2200. 0	2500. 0	3000. 0	3500. 0	14876. 7

资料来源：Министерство образования и науки Российской Федерациию. Федеральная программа развития образования [EB/OL]. http://www. rg. ru/ofical/doc/federal_zak/51_fz_pril. htm.

《2010 年前俄罗斯教育现代化构想》的实施分三个阶段进行，2001—2004 年的主要任务是恢复国家在教育领域中的教育责任，并进行各方面新举措的试验。在这个阶段，俄罗斯联邦政府为实施各项教育现代化构想和举措投入了大量资金，如表3—7所示。

表3—7　2001—2004年俄罗斯实施《2010年前俄罗斯教育现代化构想》的实际经费投入

（单位：百万卢布）

投资项目	2001年	2002年	2003年	2004年
2000—2005年联邦教育发展专项计划	580.1	869.3	1663.7	1280.2
“俄罗斯儿童”计划、“孤儿”分计划	221.6	252.7	340.1	420.6
发展俄罗斯“雏鹰”和“大洋”全俄儿童中心	56.8	35.4	–	–
2002—2006年统一科学和高等教育	6.5	5.0	12.5	25.0
研究与制定2002—2006年科学技术发展的优先方向	5.0	6.2	6.2	6.2
住房	14.7	47.5	634.6	675.3
其中保障青年家庭住房	–	–	500.0	500.0
2002—2010年“电子俄罗斯”	–	50.9	87.0	58.5
非规划中的项目	–	192.4	546.6	854.7
总计	884.7	1459.4	3290.7	3320.5

资料来源：Государственный Комитет Российской Федерации По Высшему Образованию, Научно-исследовательский Институт Высшего Образования. Высшая Школа в 2003 г.[R]. Москва: НИИВО, 2004,68.

2005年颁布的《2006—2010年俄罗斯联邦专项教育发展计划》指明了2006—2010年俄罗斯教育发展的主要任务以及联邦在各方面的财政拨款数额，如表3—8所示。

表3—8　《2006—2010年俄罗斯联邦专项教育发展计划》规定的联邦拨款

（单位：百万卢布）

教育发展主要任务	财政来源	拨款数额				
		2006年	2007年	2008年	2009年	2010年
完善教育内容和教育技术	联邦拨款	1134.06	1871.48	2186.34	2442.20	3831.97
	其他来源	660.86	858.14	1126.66	1251.91	1491.97
完善提高教育服务质量的制度	联邦拨款	1206.75	2215.73	4203.21	3450.01	3318.88
	其他来源	285.10	664.70	1260.99	1035.02	995.65

续表

教育发展主要任务	财政来源	拨款数额				
		2006 年	2007 年	2008 年	2009 年	2010 年
提高教育管理效率	联邦拨款	837.70	966.84	376.43	1223.95	1394.74
	其他来源	280.37	290.04	112.92	367.19	418.43
完善教育领域的经济体制	联邦拨款	621.49	544.02	507.50	647.92	518.80
	其他来源	160.32	163.19	152.30	194.35	155.66
总计	联邦拨款	3800.00	5598.07	7273.48	7764.08	9064.39
	其他来源	1386.65	1976.07	2652.87	2828.47	3061.71

资料来源：Чеботаревский Ю. В. Финансирование системы высшего образования：опыт，состояние，направление совершенствования［M］. Саратов：Саратовский гос. Тех. Университет. 2006,107.

2005 年颁布《国家教育优先发展规划》的目标是加快实现俄罗斯教育现代化,提高俄罗斯教育的质量,使之适应俄罗斯的社会需求和社会经济条件。它主要包括 5 个方面的内容:“支持和发展国内最好的教育”“采用现代教育技术”“创建国家大学和世界水平的商业学校”“提高学校的德育工作水平”“发展军队职业培养体系”。该规划还提出了扩大教育机会、改善教育管理、提高教育质量、引入创新教育等一系列分支方案。已经完成的方案包括:“创新性学校”(Инновационные школы)“对初等职业教育和中等教育的支持”(Поддержка учреждений НПО и СПО)“大学的创新计划”(Инновационные программы вузов)“教育网络化”(Интернетизация образования)“教学设备”(Учебное оборудование)“农村校车”(Сельский школьный автобус)“教育地方系统现代化”(Модернизация региональных систем образования);正在实施的方案有:“班主任”(Классное руководство)“优秀教师”(Лучшие учителя)“天才青年”(Талантливая молодёжь)“联邦大学”(Федеральные университеты)“商业学校”(Бизнес-школы мирового уровня)“学校伙食”(Школьное питание)“针对签合同军人的教育”(Образование военнослужащих-контрактников)。

俄罗斯前教育与科学部部长富尔先科指出:“国家教育优先发展规划不是一次性举动,……这是那些早就成熟的系统变革的催化剂,社会上最终会对此做好准备。现在需要从资源上做好准备。”①俄罗斯联邦政府对各项举措和方案的实施提供了大量的预算拨款和补充性专项资金。其中,在“创新型学校”方案中,2006 至 2008 年,联邦政府每年选拔出 3000 所引入创新性教育计划的联邦和市立普通教育机构,获选的学校获得 100 万卢布的联邦拨款。这样,俄罗斯联邦三年用于该方面的拨款总额为 90 亿卢布。联邦主体的配套资金由联邦主体自主决定。这些拨款用于普通学校实验设备的购买、教学方法保障、教学物质技术基地现代化、教师技能的提高和再培训等方面。在“大学的创新计划”方案实施过程中,那些在竞争中获胜的高等学校将从联邦预算中获得数额为 2 亿至 10 亿卢布不等的经费支持。根据俄罗斯联邦教育与科学部的数据,2006 年,联邦政府向胜出的 17 所大学提供总计 100 亿卢布的拨款;2007 年,联邦向胜出的 40 所大学提供总计 200 亿卢布的拨款。在“优秀教师”方案框架下,2006—2009 年,每年在教师节前,国家都要向 10000 名优秀教师各发放 10 万卢布的奖励。根据 2010 年 1 月 28 日第 N117 号总统令,从 2010 年起,俄联邦政府每年向 1000 名优秀教师各发放 20 万卢布的奖励,即俄罗斯联邦政府每年出资 2 亿卢布对优秀教师进行奖励。“天才青年”方案的目的是创造条件激发俄罗斯青年的创新潜能。参与这一计划的有才华的青年被看作是将来社会发展的重要推动因素和潜在资源。国家计划每年从俄罗斯所有地区共选拔出 5350 名有才华青年。根据俄罗斯总统令,其中 1250 名是国家级胜出者和世界奥林匹克竞赛获奖者,每人获得 6 万卢布,而另外 4100 名是地方胜出者和俄罗斯奥林匹克竞赛获奖者,每人获得 3 万卢布。“教育网络化”是将俄罗斯所有的普通教育机构接入网络的大规模计划,通过研制新一代电子教育资源扩大实施个性化教育大纲的机会。从 2006 年起,俄罗斯联邦政府每年用于这一方向的资金总额为 30 亿卢布。“教学设备”方案的目的是在俄罗斯所有地区的学校里配备现代化教学设备和直观教学设备。2006—2008 年,俄罗斯联邦政府预算划拨了 69 亿卢布购置了 2.48 万套这样的设备,改善了 1.5 万多所学校的教学条件。“农村校车”方案提出为农村地区的普通教育

① Министерство науки и образования РФ. приоритетный национальный проект “Образование”[EB/OL]. http://mon.gov.ru/pro. 2004—4—23/2011—4—6.

机构配备校车。2006—2008 年，俄罗斯联邦政府划拨 30 亿卢布的资金，为农村地区配备了 4800 多辆校车，保障农村偏远地区的中小学生获得免费乘车往返学校的机会。“地方教育系统现代化”旨在实行对普通教育机构按人头定额拨款的制度，提高教师薪酬，同时扩大社会对教育管理的参与面，发展教育质量的地方评价系统，进而发展地方普通教育机构网络。联邦政府 2007 年拿出 40.5 亿卢布、2008 年拿出 59 亿卢布为通过竞争获胜的 21 个联邦主体拨付了支持资金。在完成方案的联邦主体，教师的工资平均增长了不少于 25%，在完全符合现代要求条件下学习的学生比例达到了 70%。

2008 年 8 月，俄罗斯教育科学院讨论通过了一项四年国家规划《教育与发展创新经济：2009—2012 年现代教育模式实施方案》。国家计划为该项规划拨款 10000 亿卢布，此外还将按照创新活动成果积极实施竞争拨款，鼓励大学与科学、生产机构进行合作，实行教育、科研、生产一体化。根据俄罗斯教育科学部的数据，联邦政府为每一项方案拨款 5000 万卢布到 1.5 亿卢布，联邦拨款总额为 50 亿卢布。俄财政部同时颁布了 2009 年的联邦预算和 2010、2011 的计划预算，这也是俄罗斯历史上第二次由国家杜马审查三年预算。根据文件规定，联邦专项计划拨款总额为 10540 亿卢布。另外，用于科学研究的预算拨款三年来将大幅度增加：2009 年为 182 亿卢布，2010 年增加 26%，2011 年再增加 27%。①

在专项拨款框架下，俄罗斯联邦政府的拨款方式从“政府—学校”单线、单向性的方式转为双向互动方式，充分发挥了财政资金的政策导向和宏观调控作用，引导高等教育朝着政府设定的目标发展。

3. 对地区实行教育财政援助

俄罗斯联邦的财政安排实施的是以收定支的政策，这跟很多国家的以支定收有很大不同。以前，国民总收入的三分之二留在地区层次，现在只有三分之一的国民收入纳入地区的长期预算。俄罗斯联邦政府常常以教育补助金（субсидия）、津贴（субвенция）、补贴（дотация）和财政转移支付（финансовые трансферты）等形式对下级教育机构进行财政援助，

---

① 樊英波，李雅君. 延续与创新——梅德韦杰夫的教育思想解读［J］. 俄罗斯文艺，2009（4）：111.

这也是其拨款的另一个方向。

由于俄罗斯各地区之间教育水平参差不齐，在原有的经费拨款体系下，各地区之间获得的教育预算经费差异很大。以联邦中央向联邦主体拨付的高等教育预算经费为例，联邦中央对联邦主体的高等教育拨款是按照大学生数量来计算的：

$$B = (V/N) \times Ni \tag{1}$$

其中，B 为中央向联邦主体拨付的高等教育预算经费，V 指中央高等教育预算资金总量，N 指俄罗斯在国立高校就读的学生数量，Ni 是指在某一联邦主体内国立高校就读的学生数量。

按照这种计算方式，2005 年应获得高等教育经费最多的是莫斯科，达到 184.2 亿卢布，而最少的是马加丹州，只有 2780 万卢布。而实际上，莫斯科取得的资金比既定数字还要多 112.7 亿卢布，而马加丹州比既定数字还少 230 万卢布①。这种拨款方式进一步拉大了地区之间教育发展的差距。

自 1994 年起，俄罗斯对财政援助制度不断进行调整，以"拉平各地区的预算条件"。为此，联邦政府将需要财政援助的地区划分为接受"一般援助"的地区和接受"特别援助"的地区，并确定两类地区所需的两种规模不同的财政援助数额。尽管如此，当时用于转移支付的财政援助基金仍远远不能满足需要。而且，这种转移支付制度对各受援地区的经济发展和各级地方政府的经济行为产生的刺激作用，远不像联邦中央政府所期待的那样明显。实际上，如何确定需要接受援助地区的类别和其所需的财政援助数额是一个在操作层面上比较难以把握的问题。如果没有仔细的甄别和针对性的措施，很容易造成地区间的不均衡，从而进一步加剧地区之间教育水平的差距。在联邦预算高度超支的情况下，绝大多数地区都将成为补贴（包括教育支出补贴）越来越多的地区。实际上，三分之二的联邦主体在某种程度上成为接受补助的地区。俄罗斯有 30 个联邦主体的中央补贴不少于其预算总额的 80%。② 在现实条件下，"重新分

---

① Ислакаева Г. Р. О региональной политике в области высшего образования [J]. Проблемы современной экономики, 2006(2): 47.

② А. Б. 维弗列耶夫斯基，М. Л. 列维茨基. 俄罗斯教育财政改革[A]. 朱小蔓，Н. Е. 鲍列夫斯卡娅，В. П. 鲍利辛柯夫. 20—21 世纪之交中俄教育改革比较[C]. 北京：教育科学出版社，2006，104.

配”模式成了主导模式。

面对地区教育发展的不均衡,俄罗斯联邦政府近年来通过积极的财政改革来扶持欠发达地区教育的发展,改善由财政收入差异而引发的教育不平等问题。俄罗斯注重建立生均经费的平衡机制,不断缩小地区间生均经费的差距,以保证教育的公平。同时,还利用教育补助金、津贴、补贴和财政转移支付等制度减轻因教育经费过重而给地方财政带来的压力,调整教育事业的受益者,特别是联邦、联邦主体和地方之间的责任关系。补助金是指联邦提供给下级预算的业务资助支出;津贴是指无偿提供给下级预算的专项支出,可以无偿使用,无需偿还;补贴是指无偿提供给下级预算用于弥补经常性支出不足的支出。

补助金、津贴、补贴的具体金额最初通常都由地方政府与联邦中央通过单独协商达成,是人为因素占主导地位的一家一户的讨价还价。最近几年,俄罗斯开始按照联邦财政部制定的统一方法,通过专门的公式进行分配,从而变得相对公平、客观。例如,为了帮助联邦主体实施学前教育机构发展综合方案,2011 年 5 月 20 日,俄罗斯联邦发布第 N404 号决议,决定向各联邦主体发放补助金,用于安置增加的学前儿童(不包括基本建设)。俄罗斯联邦教育与科学部与各联邦主体权力执行机构签订协议,要求联邦主体必须保证专款专用,联邦主体要在预算中详细说明。补助金的数额是按下列公式计算的:

$$C_y б_i = S \times \frac{K_i}{\sum_{i=1}^{n} K_i} \tag{2}$$

其中,$C_y б_i$ 是某个联邦主体当年获得的补助金,S 是联邦预算中准备用作补助金的总数额,K_i 是该联邦主体当年实施综合方案措施中增加的学前儿童数量,$\sum K_i$ 是俄罗斯联邦当年实施综合方案措施中增加的学前儿童数量。

再如,为了解决地方登记在册的 9 万孤儿的住所问题,2007 年联邦预算拿出 5 亿卢布补助金,2008—2010 年每年拿出 10 亿多卢布补助金支持地方。2009 年,联邦政府为了防止国立和市立普通教育机构大楼中事故的发生,决定向各联邦主体发放补助金。各联邦主体获得的补助金金额按以下公式计算:

$$C_i = \frac{n_i \times \frac{1}{U_i}}{\sum_{i=1}^{m} n_i \times \frac{1}{U_i}} \times F \tag{3}$$

其中，C_i 是某一联邦主体获得的补助金金额，m 是获得此补助金的联邦主体的数量，n_i 是某一联邦主体内大楼处于危险状态、亟待重修的学校数量，U_i 是根据拉平预算保障水平分配补贴的办法，某一联邦主体在当前财政年获得的预算保障水平，F 是联邦预算用于预防事故拨发的总金额。

在《俄罗斯联邦教育发展专项计划》框架下，为了促进各地区教育现代化的发展，2007—2009 年联邦决定对引入综合性教育现代化发展方案的联邦主体进行扶持，鼓励联邦主体实施新的薪酬制度和新的教育质量评价系统，优化教育机构网络，扩大社会力量对教育的管理。这项举措在竞争的基础上进行。那些农村学校数量多的联邦主体，具有获胜的优先权。补助金的金额取决于农村学生和城市学生的数量，农村学生获得的资助最高甚至可以达到城市学生的两倍。2007 年，有 20 个联邦主体通过竞争获得援助，联邦拿出 35 亿卢布对其进行资助，这样，每个联邦主体平均获得 1.75 亿卢布的援助。其中又规定，为了取得平衡，每个联邦主体获得的数额不能多于 3 亿卢布。2008 年和 2009 年联邦政府又分别选出了 10 个联邦主体。

为支持学前教育的发展，2011 年 4 月 20 日，俄罗斯总理普京在国家杜马总结 2010 年政府活动时指出，目前，俄罗斯有 170 万儿童没能上幼儿园。这虽然是个地方问题，地方应该把教育作为自己的优先发展方向之一，但是，联邦政府还是准备拨付 10 亿卢布支持地方发展学前教育。

三、拨款模式与程序

苏联解体以后，俄罗斯联邦政府在教育拨款模式上进行了大胆的改革与创新。在一般性经费拨款方面，摒弃苏联时期“基数 + 发展”的增量拨款法，采用定额拨款法；在专项拨款方面，从计划性平均分配转向绩效拨款；改变大学生助学金的发放方法，而实名制财政券（ГИФО）则是高等教育领域对学费拨款法的新尝试。

1. 一般性经费拨款从增量拨款法转向定额拨款法

从增量拨款法转向定额拨款法,是教育领域一般性经费拨款方法的一个重要创新。苏联时期,政府根据前一年的开支情况对大学的日常经费进行预算。20 世纪 90 年代初,俄罗斯把定额看作是一种制止按照剩余原则划拨教育经费实践的机制,逐步采用西方国家普遍使用的定额拨款法,即按生均培养成本计算拨款总额,按照学校类型、学校级别等分配权重。学生人数是为学校拨款时考虑的一个重要因素。

1990 年 4 月 10 日,俄罗斯联邦教育部颁布的《关于把经济体制的基本原理引进国民教育》指出,教育经费预算拨款的主要方向为"从按单项支出预算过渡到标准定额预算"。1990 年,联邦教育部按教育机构基本经费预算支出条文制定并批准了经费定额(除去劳动报酬)。然而,随之而来的价格自由化使得这个定额无法实施。①

1992 年的《俄罗斯联邦教育法》第四章第 41 条对此作出了详细规定:"教育机构的经费按照国家(包括主管部门)和地方经费标准拨给。此项标准按每个类型和级别的教育机构用于每名学生的费用计算。"②标准定额包含三个部分:联邦标准定额、区域标准定额和地方标准定额。其中,联邦标准定额是指面向完成国家教育大纲部分的数额,根据学校机构的性质和类别接受国家教育大纲部分的一年生均标准数额,它是执行所有层次教育预算的最小数额。

1996 年 1 月 13 日修改后的《俄罗斯联邦教育法》确定了在俄罗斯所有区域确定教育预算资金的统一原则,那就是在国家经济标准的基础上根据学生定额标准确定,而且每年由联邦法律和预算法确定,每个季度根据通货膨胀的速度确定指数。

2001 年 12 月通过的《2010 年前教育现代化构想》发展了《俄罗斯联邦教育法》和《俄罗斯联邦高等教育和大学后教育法》中教育政策的基本

---

① А. Б. 维弗列耶夫斯基,М. Л. 列维茨基. 俄罗斯教育财政改革[A]. 朱小蔓,Н. Е. 鲍列夫斯卡娅,В. П. 鲍利辛柯夫. 20—21 世纪之交中俄教育改革比较[C]. 北京:教育科学出版社,2006,106.

② Закон РФ "Об образовании"[EB/OL]. http://www.edu.ru/index.php? page-id = 122, 2007—1—9/2007—3—20.

原则,并指出了教育领域经济体制现代化改革的主要方向①:①将普通教育机构工作人员的劳动薪酬支持和教育过程的保证等责任转到联邦主体层次,赋予市立普通教育机构以国家教育机构的地位;②根据国家教育标准和教育过程的必需条件,对中等普通教育和初等职业教育机构实施定额预算拨款(норматиное бюджетное финансирование);③根据教育大纲的不同特点,对高等教育机构实施差别性定额预算拨款(диференцированнный норматив бюджетного финансирования),将来在中等职业教育机构中也引入这种拨款方式;④建立对贫困家庭和偏远地区公民的国家教育贷款和资助制度。

2004 年 12 月 9 日通过的《俄罗斯联邦教育系统发展的优先方向》中指出,俄罗斯教育发展的五大优先方向之一是“转入实施按人头定额拨款(нормативное подушевое финансирование)和形成有效教育服务市场的原则”。其中,关于实施定额拨款的内容表述如下:“必须在所有的层次转入实施按人头定额拨款的原则,也就是按照生均培养成本计算拨款总额。在学前教育阶段,意味着由联邦主体向市级划拨预算,按照学前教育大纲组织对儿童的教育。在普通教育阶段,建议实施按人头定额拨款。不仅应该制定出联邦主体向地方预算拨款划拨财政津贴的机制,同时应保证划拨数量足以实施基础性普通教育大纲,而且应该制定向每所普通教育机构实施按人头拨款的机制。在职业教育阶段,预算定额应该按照职业教育大纲的类别保持多样化。在高等教育阶段,应该根据学校的类别、职业教育大纲的类别和职业教育的层次(是培养学士、专家、硕士,还是研究生)确定定额。”②以普通教育机构为例,2004 年学生助学金的发放,以一个学生在不同地区完成国家普通教育大纲一年所需的最低费用为标准,城市地区学生为 5550 卢布(合 200 美元),规模大的农村地区的

---

① Министерство образования РФ. Концепция модернизации российского образования на период до 2010 года[EB/OL]. http://www.edu.ru/db/mo/Data/d-02/393.htm, 2002—1—2/2004—9—16.

② Приоритетные направления развития образовательной системы Российской Федерации [EB/OL]. http://www.websib.ru/develop/page.php? article = 14, 2005—1—10/2012—4—8.

学生为 6550 卢布(合 235 美元),其他农村地区为 9940 卢布(350 美元)。①

2005 年起,俄罗斯联邦确定定额的程序出现了一些变动。联邦预算标准定额中不包括以下支出:①经常性费用(公用事业费、取暖费、照明费、水费、排水等),②长期支出(基建费用)。新的俄罗斯联邦教育预算定额是按以下公式计算的:

$$ФНбф = ФОТ + ФМО \tag{4}$$

其中,ФНбф 是联邦预算定额;ФОТ 包括支付工资(包含等级工资和等级工资之外的薪酬部分)、工资附加额、图书出版产品的补偿资金、提高教师业务技能等级的费用和鉴定费用,ФМО 包括教学支出、办公费和运营费、获取软资产的费用和制服费、其他支出。

2006 年起,俄罗斯正式启用"钱跟着学生进入学校"(деньги в школу шли за учеником)的定额拨款方式。在实施这种拨款方式时,非常注重普通教育和职业教育拨款原则的差异。对于普通教育,注重全面受益和社会保障的原则,市场因素退居次位,注重向农村学校和设施差的学校倾斜;而对于职业教育机构,则在竞争基础上分配培养人才的国家任务,保障国家投资和教育收费的理性平衡。

目前,俄罗斯按人头定额拨款的探索又有了新的变化——从向教育机构拨款转变为向教学大纲拨款。2004 年的《2010 年前俄罗斯联邦教育发展战略》中提到要"从向教育机构拨款转变为向教学大纲拨款",并以此作为教育改革的出路。从向教育机构拨款转变为向教学大纲拨款,实际上是将按消费的拨款原则转为对终端产品的拨款原则。按照俄罗斯的法律,2011 年 1 月 1 日起,所有的教育预算机构应该改变自己的法律地位,都将变成权利和责任扩大了的教育机构。教育机构的新地位预示着要从对教育内容进行拨款转变为对这些教育服务机构的活动进行拨款。教育预算机构将在竞争基础上参与国家教育任务的分配,然后按照按人

① А. Б. 维弗列耶夫斯基,М. Л. 列维茨基. 俄罗斯教育财政改革[A]. 朱小蔓,Н. Е. 鲍列夫斯卡娅,В. П. 鲍利辛柯夫. 20—21 世纪之交中俄教育改革比较[C]. 北京:教育科学出版社,2006,106.

头定额拨款的原则获取相应财政拨款。①

正是由于实行定额预算拨款，普京确定的“提高教师群体的劳动报酬”的任务得以实现，教师的工资得到了很大提高。2004 年俄罗斯教师平均工资大约为4000 卢布，比经济领域工作者的平均工资低60%，而到了2011 年，教师的平均工资已经与经济领域工作者的平均工资持平。

2. 专项拨款从计划性平均分配转向绩效拨款

俄罗斯联邦教育拨款的另外一个重要改革走向是，改变以计划性分配为特征的投入拨款模式，加大绩效拨款的权重。俄罗斯前教育与科学部部长富尔先科2009 年在总结五年来教育发展变革时指出：“在过去的五年里，高度的开放性、排除平均主义和新的财政方法是教育系统改革的最主要成就。”②

高等教育绩效问题是伴随着政府财政拮据以及高等教育产出的低效而产生的。1992 年的《俄罗斯联邦教育法》反映出在市场经济改革初期俄罗斯教育财政改革的基本方向：向新的、更有效的、与不断发展的经济相适应的教育经费拨款方式过渡；提高教育领域的经费使用效率，保证经费的专款专用。③ 在国家财政赤字的情况下，俄罗斯联邦政府除了关注按需拨款的改革以外，更加关注经费的使用效率，改变以往基于历史、政治等因素对学校平均分配经费的拨款原则，日益强调以学校的运作绩效为依据进行拨款，根据学校的产出指标来分配资源。

首先，引入竞争机制，以教育质量作为向学校拨款的依据，增强教育拨款的选择性。在经济大环境的影响下，市场机制开始成为教育领域资源配置和结构调整的主导力量，市场选择成为教育改革的基本价值体现。尤其在高等教育领域，由于教育经费的不足，俄罗斯高等教育拨款体现出更强的选择性和竞争性，反映了俄罗斯政府对高等教育发展的定位——

---

① Гарифуллина И. Ю. Гуртов В. А. Финансовое обеспечение деятельности бюджетных образовательных учреждений по оказанию образовательной услуги[J]. Экономика образования, 2011(1): 5.

② Фурсенко А. Отчётный доклад на 2009 год[EB/OL]. http://mon.gov.ru/ruk/ministr/int/6461/,2009—12—10/2011—7—16.

③ Министерство образования РФ. Закон об Образовании Российской Федерации [Z]. Учительская Газета, 1996, (5)—(6).

高水平的教学质量、对经济和社会发展作出重要贡献。俄罗斯教育与科学部制定的《2006—2010 年教育发展纲要》中指出："为了国家、社会和个人的利益，把高等职业教育系统划分为全国性的高等学校和系统性的高等学校，以提高利用高校智力潜力的效率，把物质技术和财政资源集中用于俄罗斯教育的关键领域。"俄罗斯联邦政府根据规定标准和指标的竞争筛选的结果，结合国家的和国际的排行标准，以决议的形式把高等学校划入上述分类中。这样，高校通过竞争获取国家任务，那些具有良好的物质保证、教学科研保证和师资保证的高等学校，得到更多数量的招生数额，国家的预算也将更多地倾向于那些高校。正如富尔先科指出的："今天更多的资金是在竞争基础上划拨的。必须保证资金与责任的对等。"① 2011 年，俄罗斯第一次确定了获得国家定额拨款应完成的相应国家任务的数量、学校的教育质量和教学条件。通过高校竞争，资金流向教学质量好、潜力大、效率高、对经济和社会贡献大的高校。

在不同所有制的高校的经费分配问题上，俄罗斯供给学派官员与学者认为，将资金完全投到公立高等教育不符合公平原则，应该引入竞争机制，让所有公立和私立高等院校在平等基础上通过竞争获得联邦资助。富尔先科指出，"所有通过认证的高校，不受所有制形式的限制竞争获取联邦预算拨款——教育质量是绝对准则"②。从表 3—9 中可以清楚地看出各种类型高校获得联邦预算拨款比例发生的巨大变化。2010 年，俄罗斯国家杜马通过了国家教育财政改革方案，确定了对辖区内所有学校实行统一的财政规则，加强对非国立学校的支持力度。2010 年，莫斯科对非国立学校的财政拨款增加了 8.6 亿卢布。2010 年 11 月，俄罗斯首都教育司宣布，2011 年对非国立学校的支出达到 11.6 亿卢布。③ 一些特色学校的拨款取决于学校的类型，如非国立体育类学校的拨款将与国立体育类学校相同，均根据体育类学校的标准进行拨款。

---

① Фурсенко А. Отчётный доклад на 2009 год[EB/OL]. http://mon. gov. ru/ruk/ministr/int/6461/, 2009—12—10/2011—7—16.

② Мария Агранович. Частные школы получают новые права, а вузы меняют статус [N]. Российская Газета, 2009—11—25.

③ Фурсенко А. Отчётный доклад на 2010 год[EB/OL]. http://mon. gov. ru/ruk/ministr, 2011—3—10/2012—2—16.

表 3—9 各类高校获得联邦预算拨款比例变化

高校的类别	1995—1996 年	2004—2005 年
依靠国家预算的国立和市立高校	86.9%	43.6%
收费的国立和市立高校	8.2%	41.5%
非国立高校	4.9%	14.9%

资料来源：Мониторинг экономики образования. Экономика образования в зеркале статистики: новые данные[M]. M.: ГУ-ВШЭ, 2005.

俄罗斯政府力图通过竞争选拔的方式，激励大学将教学科研目标统一到国家创新发展战略上来，从而提高经费的使用效益和效率。教育经费的竞争性与选择性，一方面使政府有限的财政发挥更大效用，另一方面增强了高等学校竞争发展的主动性。

其次，采取专项拨款方式，实施重点发展战略，集中财力重点投入。国家不再将经费平均分配给每所大学，而是“有所侧重，保证成效显著的获得特别资助”①。在这方面，实施的计划有两所最大大学发展计划、国家研究性大学（национальные исследовательские университеты）发展计划、联邦大学（федеральные университеты）发展计划、重点大学（ведущие вузы）发展计划等。对不同类型高校的明确划分体现了政府高等教育拨款的政策重点。联邦政府采用招标—投标的方式，组织由社会人员参与的评价，为竞争胜出的学校提供教育经费，同时强调经费的使用效益，保障财政拨款的最优配置和高效实用。截至 2010 年底，俄罗斯联邦已经批准了两所最大的国家大学——国立莫斯科大学和国立圣彼得堡大学、29 所国家研究性大学和 8 所联邦大学的发展规划。为支持这些规划的实施，2011—2012 年俄罗斯联邦的预算拨款为 690 亿卢布。莫斯科大学和圣彼得堡大学是在高校体系中占有特殊位置的研究型重点高校，在很多方面获得国家的大力支持，2010—2012 年这两所巨型大学获得 100 亿卢布。② 2009 年 12 月，俄罗斯评选出国立高级经济学院、莫斯科理工大学、喀山理工大学等 12 所高校作为国家研究性大学，这些大学 2009—2018

① Филиппов В. М.. Доклад на Коллегии Минстерства образования РФ 25 Февраля 2004 г [EB/OL]. http://modern.ed.gov.ru/Themes/basic/, 2004—5—16/2004—9—18.

② 杜岩岩. 俄罗斯创新型大学发展战略及其保障机制[J]. 教育科学，2011(5)：93—96.

年每年从联邦预算中获得 18 亿卢布的拨款。2004 年,俄罗斯评选出 15—20 所"俄罗斯重点大学"(ведущие Вузы России)和 65—70 所"俄罗斯某专业的重点大学"(ведущие Вузы России по Специальности)。评价的标准主要采用国家对高校进行认证时的指标。对于这些评选出的重点大学,从 2005 年起,俄罗斯联邦政府给予特殊的财政资助。2010—2012 年三年,俄罗斯联邦拨出 900 亿卢布用于支持重点大学的发展,平均每年为 300 亿卢布。从 2013 年起,根据大学取得的成就和预期目标重新调整支持对象和支持额度。这些巨额资金用于重点大学研究基地和实验基地的更新、学术交流计划的实施和优秀学者的引入。例如,在优秀学者的引入方面,俄罗斯联邦 2010 年拨付 30 亿卢布,2011 年拨付 50 亿卢布,2012 年拨付 40 亿卢布。这些资金在竞争基础上拨付给获胜的重要学者,每人最高 1.5 亿卢布,用于其在 2010—2012 年从事科学研究,科研期限可延长 1—2 年。普京强调:"作为回报,这些大学要在世界教育和学术排名中占有名副其实的领先地位,成为国家创新系统的重要环节。"①

3. 改变大学生助学金的发放方法

高校学生入学人数是联邦政府在对高校拨款时考虑的一个重要因素,因为联邦高等教育拨款要体现对高校学生的资助。助学金(стипендия)是联邦政府对学生资助的主要方式。

苏联时期,国家也给大学生发放助学金,作为对大学生生活的基本保障。高等学校的助学金是 40 卢布/月或者是最低生活标准的 80%;在技术类大学,助学金比最低生活标准还要高;在中等职业教育机构,助学金是最低生活标准的 56%;在职业技术学校,助学金是最低生活标准的 80%。② 20 世纪 90 年代,俄罗斯基本保留了苏联时期发放助学金的做法,但在助学金的种类、助学金的发放程序上有了一些新的改变。

2001 年 6 月 27 日,俄罗斯联邦政府颁布《关于对国立和市立高等、中等职业教育机构的大学生、研究生和博士生助学金保障和其他形式物质资助的标准条例》(以下简称《标准条例》,2007 年 8 月 23 日修订),开

---

① Министерство науки и образования РФ. Государственная поддержка ведущих российских вузов[EB/OL]. http://www.mon.gov.ru, 2011—1—21/2011—4—2.

② Галина Платова. Студенту на 30 рублей не прожить[EB/OL]. http://kprf.ru/dep/50008.html, 2007—6—30/2011—8—17.

始实行新的助学金发放办法。《标准条例》将助学金分为学术性助学金和社会性助学金。这两种助学金都只发给依靠预算资金就读的学生。2010 年 4 月 2 日，俄罗斯联邦教育与科学部给各高校发出第 N539/12—16 号函《关于学术性助学金和社会性助学金的发放》，对两种助学金的发放程序和发放金额作了新的调整。

根据《标准条例》的第 18 条，国家学术性助学金主要是按照学习成绩确定，颁发给学业成绩全是“优秀”或者部分“优秀”部分“良好”、或者全是“良好”的学生。学术性助学金分为一般性学术性助学金、俄罗斯联邦总统助学金（стипендия Президента России）、俄罗斯联邦政府助学金（стипендия Правительства РФ）、记名制助学金。2002 年一般性学术性助学金的最低标准是 600 卢布/月。根据俄罗斯联邦 2008 年 7 月 15 日第 N 119—ФЗ 法律《关于对俄罗斯联邦〈关于最低劳动报酬法〉第 3 条的修改》以及《俄罗斯联邦高等和大学后职业教育法》第 16 条，从 2008 年 9 月 1 日起，国家大学生学术性助学金按 1100 卢布/月的标准发放，研究生助学金的标准是 1500 卢布/月。2010 年俄罗斯联邦教育与科学部通过了缩减研究生助学金名额、提高研究生助学金标准的方案。2011 年 9 月 1 日起，硕士研究生助学金金额增加到了 2500 卢布/月，副博士研究生达到 4000 卢布/月。经过削减，获得助学金的研究生数量由以前的 2.6 万人减少至 1.5 万人。目前俄罗斯在读研究生总数约为 7.4 万人。2011 年俄罗斯联邦拨出 20 亿卢布，用于提高学生的助学金。其中学术性助学金中单列出被提高了的学术性助学金，每月按 8000 卢布的标准发放，2011 年大约有 20 万名大学生获得此奖学金。

俄罗斯联邦总统助学金和俄罗斯联邦政府助学金颁发给不仅学业成绩优异，而且在社会和学术领域表现突出的学生。俄罗斯每年有 2000 名学生获得俄罗斯联邦总统助学金，1100 名学生获得俄罗斯联邦政府助学金。候选人名单通过严格的筛选程序，最终由学校学术委员会提出。2005 年，这两种助学金的金额分别是 800 卢布/月和 600 卢布/月。从 2006 年 1 月 1 日起，两种助学金分别提高到 1600 卢布/月和 1200 卢布/月。除了国家拨款外，学校一般对获得助学金的学生进行追加奖励。有些学校的助学金已经提高到 2700 卢布/月。

记名制助学金一般是以某个领域的著名学者、作家、社会活动家的名字命名。例如在语文系有普希金助学金、别林斯基助学金、托尔斯泰助学金和肖洛霍夫助学金，在经济系有普列汉诺夫助学金，在地理系有米克卢霍助学金和普尔热瓦利斯基助学金，在医学系有谢切诺夫助学金和皮罗戈夫助学金，在化学系有罗蒙诺索夫助学金和门捷列夫助学金，在哲学系有黑格尔助学金和马克思助学金。

还有一些社会基金和个人基金资助的助学金，以及一些大公司资助的助学金。这些助学金的金额取决于资助者的慷慨程度，一般不少于2000—3000 卢布/月。如果资助者是获利丰厚的公司，那么学生不仅可以每月获得物质资助，而且可以保障未来的就业机会。

社会性助学金主要提供给生活有困难的学生。根据《标准条例》第24 条，获得国家社会性助学金的学生必须满足下列条件之一：孤儿或者没有父母监护的孩子；确认是一类残疾人或二类残疾人；是切尔诺贝利核电站事故或者其他辐射性灾难的受害人；是伤残军人或老战士。根据《标准条例》第 25 条，由居住地（长期注册地）社会保障机构每年向大学出具有资格获得国家社会资助证明的大学生有权获得国家社会性助学金。这类大学生一般是家庭生活没有保障或者孤身一人居住的。只要具备条件，学生可以同时获得社会性助学金和学术性助学金。但是，成绩合格也是获得社会性助学金的必要条件。当获得社会性助学金的学生学习成绩不及格时，社会性助学金就暂停发放，在补考及格后，继续发放社会性助学金，并且补足暂停期间的助学金。社会性助学金从一开始就是学术性助学金的 1.5 倍，2002 年规定是 900 卢布/月。2008 年 9 月 1 日起，社会性助学金提高到 1650 卢布/月。联邦一级的大学还能得到占助学金基金25%的补充资金，用于支持全日制贫困大学生，还可以得到为全日制大学生组织大众文化、体育、保健活动的资金。

另外，为了鼓励某些社会急缺而当前人才匮乏领域的发展，联邦政府设立国家优先发展专业，并对这些专业的学生采取倾斜政策，为其发放较高的社会助学金。根据俄罗斯联邦教育与科学部的信息，从 2012 年开始，符合俄罗斯经济现代化和技术革新方向的优先专业的全日制大学生，将获得 5000 卢布/月的助学金，而研究生将获得 10000 卢布/月的助学金。获取资助的学生在申请者当中通过竞争产生。2012 年，获得这种特别资助的大学生人数为 4500 人，研究生人数为 500 人。目前，俄罗斯联邦教育与科学部正在拟定符合俄罗斯经济现代化和工艺发展的高等职业教育专业和培养方向目录，并制定这种特别助学金的颁发程序。

从以上举措可以发现，俄罗斯的助学金制度越来越突出从资助均等化向重点化转变，从单一化向多样化转变，从注重公平向注重效率、兼顾公平的方向转变。同时，我们也可以发现，精英人才培养策略也越来越受到重视。

4. 尝试使用实名制财政券拨款①

实名制财政券(Государственные Именные Финансовые Обязательсива, ГИФО)是俄罗斯教育领域现有财政政策变革的重要组成部分。② 这一新制度与世界上某些国家在高等教育领域谨慎推行的教育券有相同之处。它是国家根据中学毕业生通过国家统一考试的成绩提供给他们用于支付高等教育学费的一种国家券，目的是保障联邦预算拨款在高等职业教育机构之间分配的合理性，其实质是改变对高等学校直接预算拨款的做法，而是通过学生这一中介将联邦教育经费划拨到高等学校。实名制财政券自2002 年 1 月开始试行，至 2005 年 7 月宣告终止。虽然没有得到广泛推行，但是它在俄罗斯教育财政领域引发的理念变化却是深刻的。

2000 年，《俄罗斯联邦政府 2000—2001 年在社会政治和经济现代化领域的行动计划》确定在高等教育领域试行实名制国家财政券拨款制度。2002 年 1 月 14 日，俄联邦政府在《关于 2002—2003 年试点以实名制国家财政券形式向某些高校拨款的决议》中，设定了试点的条件和程序，并规定由俄罗斯教育与科学部和财政部在试点期间制定向参与试点高校拨款的方法。2002 年 4 月 29 日，教育与科学部和财政部制定了《以实名制国家财政券向参与试点高校拨发联邦预算的规划与方法》，详细规定了国家发放实名制国家财政券、高校获取相应经费和学生支付学费的具体办法。

实名制财政券与俄罗斯当时刚推行的全国统一考试制度相挂钩，这两项新制度常被合称“全国统一考试—实名制国家财政券”(ЕГЭ-ГИФО)制度。除法律规定的特殊情况外，获得实名制财政券的学生必须通过全国统一考试。国家将学生参加全国统考的考试成绩分为五个等

① 刘淑华. 实名制国家财政券：俄罗斯高等教育财政体制的可贵探索[J]. 比较教育研究，2005(9)：41—46.

② Лиман И. А. Проблемы финансирования высшего образования[J]. Университетское управление: практика и анализ, 2005(5): 35.

级,每个等级对应不同的拨款数额。国家根据成绩发放给学生不同面额的教育券,学生以所持的券支付部分或全部学费,国家根据学生所持的券将拨款划拨给学生就读的高校。

从 2002 年至 2004 年,马里埃尔共和国、楚瓦什共和国和萨哈共和国的 6 所高校——马里埃尔国家大学、马里埃尔技术大学、马里埃尔卡鲁普斯卡亚师范学院、楚瓦什乌里扬诺夫国家大学、楚瓦什亚卡夫列夫师范大学和雅库茨克阿莫索夫国家大学参加了试点。从 2002—2004 年的试点结果来看,各科平均成绩 80—100 分的为Ⅰ级,68—80 分的为Ⅱ级,52—68 分的为Ⅲ级,43—52 分的为Ⅳ级,35—43 分的为Ⅴ级。低于 35 分的不享受实名制国家财政券。其中,第Ⅱ、Ⅲ等级所占比重较大,两者之和超过学生总数的 3/4,第Ⅳ等级次之,第Ⅰ和第Ⅴ等级所占比重最小,都不足 10%。

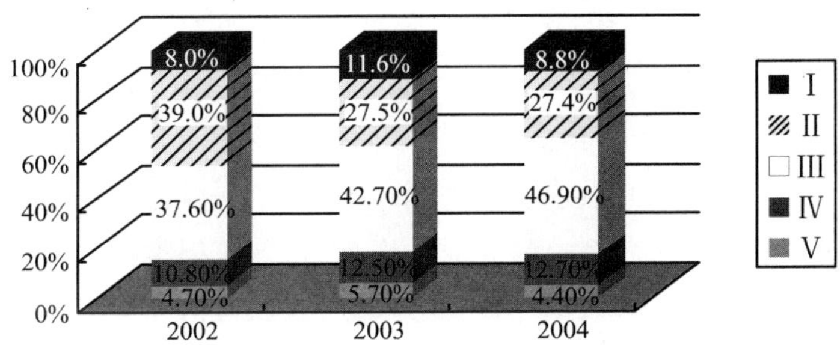

图 3—1 2002—2004 年各等级学生比例分布图

资料来源:Высшая школа зкономики. информационный бюллетень о ходе эксперимента ГИФО No. 2(6), 2004г. [EB/OL]. http://www. inf. hse. ru/gifo/sod6. html. 2005—2—3/2005—3—13.

不同等级的学生享受的年度财政拨款各不相同,各等级所对应的实名制财政券面额每年由俄罗斯教育与科学部确定,如表 3—10 所示。

表 3—10 2002—2004 年各等级的实名制财政券的面额

年份	实名制财政券的等级				
	Ⅰ	Ⅱ	Ⅲ	Ⅳ	Ⅴ
2002	14500 卢布	7500 卢布	3900 卢布	2800 卢布	1200 卢布
2003	12500 卢布	7200 卢布	3000 卢布	2000 卢布	700 卢布
2004	12500 卢布	7200 卢布	3000 卢布	2000 卢布	700 卢布

资料来源:Министерство образования и науки российской федерации, Научно-исследовательский институт высшего образования. Высшая школа в 2003 г. [R]. Москва: Научно-исследовательский институт высшего образования. 2004,88.

为了刺激那些对地区经济发展和社会稳定有重要意义但当前民众需求并不旺盛的专业的发展,2003 年起,新制度实行了特殊的鼓励政策。由地区执行机关和参与试点的大学一起制定《社会重要专业目录》,并报请联邦教育与科学部批准。选择这些专业的学生,如果考试成绩是Ⅰ、Ⅱ、Ⅲ等者,可享受比前述标准更高面额的财政券,分别为 17500 卢布、12200 卢布和 8000 卢布。在每一个联邦主体内,选择这些专业的学生人数不超过 300 人。这样有助于吸收更有才华的学生进入这些专业学习,也有助于提高大学发展这些专业的积极性。

实施实名制财政券后最显著的变化体现在学校获取联邦预算资金的方式上。20 世纪 90 年代,俄政府对公立高校的拨款形式基本延续计划经济体制时期的做法,主要实行联邦预算拨款,即由中央政府决定每所高校的招生数量,对每个学生拨发同样数额的预算拨款。实施实名制财政券以后,政府—高校的直接拨款方式转变为政府—学生—高校的间接拨款方式。在各等级实名制财政券面额确定后,国家根据实名制财政券向试点高校提供相应财政拨款,参与试点的学校获得的年度预算拨款额由进入此校的各等级人数确定。即:

$$\text{SUM} = \sum_{i=1}^{5} S_i \times N_i \qquad (5)$$

其中,SUM 是大学获得的联邦预算拨款,S_i 为第 i 级的面额,N_i 为第 i 级的大学生人数。

这样,高校获得国家拨款的多寡不仅取决于招生的人数,更主要的是取决于入学生源的质量。为了获得更多的拨款,各高校不得不在提升教学质量和学校声誉、吸引学生上下功夫。这样,政府拨款就建立在竞争的基础上。在这一新制度下,导引高校行为的最基本因素,不再是国家的行政指令,而是学生们的需求。学生的主体地位得到了体现,他们是公共资金流向学校的中间环节,决定着资金流向和流量的大小。

实名制国家财政券的试点在俄罗斯社会引起了激烈的争论,赞成者有之,反对者也有之。或许,这一新制度从一开始就是利弊兼而有之的。它增加了学生的入学机会,激励了高校满足教育服务市场的竞争意识,促进了高等教育资源的更合理配置。但是,它也给高等教育系统的重组带来了“马太效应”,使以分数为导向的应试教育现象凸现,同时也催生了高等教育中的“注水”现象。2005 年 6 月 16 日,富尔先科正式宣布,实名制国家财政券制度不是很成功,因此需要调整,试点正式终止。但是,同时,他也宣称,这一制度虽然试点失败,但是他们将在以后的改革中继续坚持与维护“钱跟着学生走”的教育财政理念。

第二节　地方政府财政分担

一、教育财政分级预算体系

确立新的分级预算财政体制是俄罗斯教育领域政府间财政关系改革的一个重要成果。苏联时期,地方预算完全从属于中央预算,联邦主体和地方缺乏对教育,尤其是对高等教育预算收入和预算支出的自主权。经过十多年讨价还价式的艰难改革,俄罗斯重塑了中央和地方之间的经济关系,形成了与苏联时期地区预算和地方预算完全隶属于中央预算明显不同的财政联邦制模式。与政府结构相适应,国家财政体制也分为三级:第一级是联邦预算,第二级是联邦主体预算,第三级是地方预算。这样,俄罗斯国家统一预算便由联邦预算、地方预算和预算外基金构成,共有 49289 个预算单位。① 随着国家分级预算体制的建立,俄罗斯教育领域的预算体制也发生了重要变化。每一级国家政权都构成一级预算主体,具体说来,高等教育财政体制也分为三级:第一级是联邦预算;第二级是联邦主体预算,即共和国、边疆区、州、犹太自治州、联邦直辖市和自治专区的预算;第三级是地方预算,即区、市、镇和乡的预算。②

① 张男星. 俄罗斯高等教育体制变革[M]. 长春:吉林教育出版社,2003,30.

② 郭连成. 俄罗斯联邦预算法典评介[J]. 东欧中亚市场研究,2002(9):19.

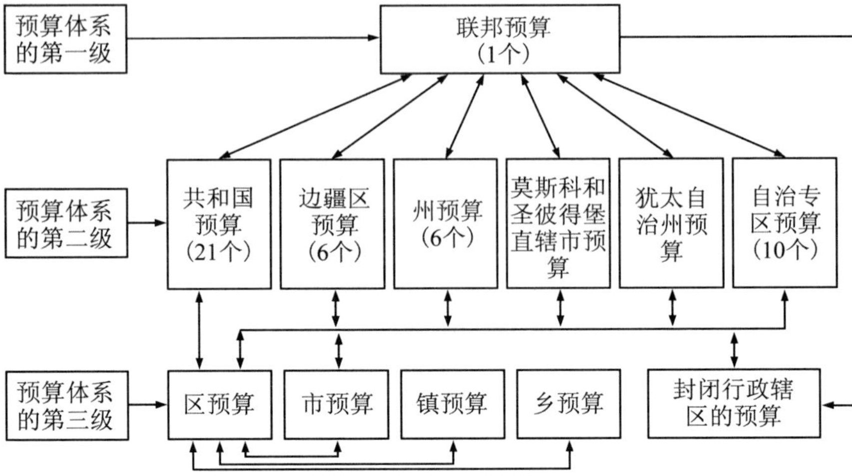

图 3—2 俄罗斯分级预算体系

1992 年的《俄罗斯联邦教育法》明确提出把单一的国家财政拨款体制转变为经费多元化投入体制，实行分级财政预算拨款制度。也就是说，国家不再统收统支，改变苏联时期中央包揽全部高等教育拨款的形式，教育拨款在中央、地区和地方共同拨款的基础上进行。① 在多渠道筹措经费（многоканальное финансирование）的框架下，不同层次教育预算拨款，即多层次教育拨款（многоуровное финансирование）模式业已形成。②

在预算收入方面，建立新型财政联邦制的过程实际上就是联邦中央向地方实行财政分权的过程。这一新型体制一定程度上增强了地方政府在教育领域的财政自主权，同时也为教育地方化其他政策的实施提供了制度保障和前提。在向市场经济转轨的过程中，俄罗斯进行了分税制改革。《俄罗斯联邦税收体制基本法》和《俄罗斯联邦税法典》将税种划分为联邦税、地区税和地方税，对各级预算收入进行了划分，在理论上使各级政府均拥有了与其事权相对应的财权。《俄罗斯联邦教育法》对俄罗斯联邦、联邦主体和地方自治机构在预算收入方面也作出了规定，即：俄

① 这里的地区指的是行政体系的第二级，即联邦主体这一级；这里的地方指的是行政体系的第三级，包括市、镇、乡等。

② 多层次拨款是指教育机构的拨款来自于不同层次的教育预算；多渠道筹集经费是指经费不仅来自于不同层次的预算，而且来自于多种预算外资金。

罗斯联邦确定教育拨款在联邦收入中的份额,编制联邦教育经费预算,筹集联邦教育发展基金;联邦主体编制联邦主体教育支出部分及相应的教育发展基金的预算,规定辖区内的教育经费拨款指标,规定地方教育捐税和教育捐款的权利;地方自治机构编制地方教育经费项目的预算和相应的教育发展基金,制定和推行地方教育系统的经费指标,补充设立可促进教育发展的捐税和优惠项目。① 这实际上规定了俄罗斯联邦主体和地方具有一定的教育预算收入自主权。1995 年和 1998 年俄罗斯相继通过《俄罗斯联邦地方自治政府基本原则法》和《俄罗斯联邦预算法典》,并于 2003 年对前者进行了修订。这两部法律巩固了地方自治机关作为政治程序参与者获得必需资金与提供地方公共服务为一体的权力机关的地位。

从预算支出来看,地区和地方政府在支付教育经费中的责任大大加强,甚至已经大大超过联邦预算。1992 年的《俄罗斯联邦教育法》虽然明确提出实行分级财政预算拨款,但对于联邦、联邦主体、地方的支付比例,该法律并没有具体的规定,这为俄罗斯联邦政府将财政责任更多地转嫁到地方政府留下了空间。苏联解体之初,在包揽各种公共事务的情况下,俄罗斯联邦中央财政连年赤字,再加上经济总体状况的恶化,联邦财政已经到了捉襟见肘的地步。在这种情况下,放权被政府看作是摆脱危机的权宜之计。也正是在此背景下,教育地方化得以大张旗鼓地推行。"当政府以一种相当有损尊严的方式从向大众提供高质量的公共教育的历史责任中隐身而退时,这是一种有意地规避、歪曲、隐瞒和故意忽视的过程。"②在多层次教育预算拨款的框架下,联邦政府几乎很快地摆脱了一些发展教育的责任,而与此相对应,地区和地方政府替代联邦政府成为教育经费来源的坚强支柱。从 2001—2009 年的俄罗斯教育预算分级情况来看,地区和地方教育预算至少是联邦预算的 3. 8 倍,最多时甚至达到 4. 7 倍(如表 3—11 所示)。而且,三级预算之间具体比例也达到了极不适宜的地步。近 10 年,联邦预算支出占教育总预算支出的 18% 左右,联

---

① Закон РФ "Об образовании" [EB/OL]. http://www.edu.ru/index.php? page-id = 122, 2007—1—9/2007—3—20.

② [英]杰夫・惠迪等著. 马忠虎译. 教育中的放权与择校:学校、政府和市场[M]. 北京:教育科学出版社,2003,58.

邦主体预算支出占22%左右，而地方预算支出占60%。俄罗斯联邦教育部的数据显示，2003年在所有层次的教育支出中，联邦预算只占17.8%，联邦主体预算占19.0%，而市级预算却占到了63.2%。①

表3—11 2001—2009年俄罗斯教育预算分级情况

项目＼年份	2001年	2002年	2003年	2004年	2005年	2008年	2009年
教育总预算(10亿卢布)	214.8	277.8	408	475.6	593.2	801.8	1033.3
联邦教育预算	38.1	54.1	81.7	99.8	121.6	162.1	201.6
地区和地方教育预算	176.7	221.3	326.3	375.8	471.6	628.6	831.7
教育总预算占国内总产值的比例(%)	2.9	3.1	3.8	3.6	3.5	3.7	3.9
联邦教育预算	0.5	0.6	0.8	0.8	0.7	0.8	0.8
地区和地方教育预算	2.4	2.5	3	2.8	2.8	2.9	3.1
教育支出占总预算支出的比例(%)	9.7	9.7	10.2	12	12.7	11.8	12.3
联邦教育预算	1.7	1.9	2	2.5	2.6	2.4	2.4
地区和地方教育预算	8.0	7.8	8.1	9.5	10.1	9.4	9.9

资料来源：Министерство образования и науки Российской Федерации, Федеральная служба государственной статистики, Государствернный университет——Высшая школа экономики. Образование в Российской Федерации: 2010: статистический сборник[R]. Москва: государственный университет——Высшая школа экономики, 2010,67.

中央政府和地方政府教育支出责任不对称的状况已经引起了联邦政府的重视，寻求各级政府教育预算支出比例的最佳关系成为最近几年俄罗斯教育财政改革的一个重要方面。2003年的联邦法律《俄罗斯联邦地方自治的共同组织原则》《对〈俄罗斯联邦主体国家政权的立法和执行机关的共同组织原则〉的修改和补充》以及2004年的《关于俄罗斯联邦法令若干修订和批准某些法令的废止》等法律，要求按教育层次重新分配教育经费的责任。按照这些法律，联邦和联邦主体在为学校提供经费方面的责任划分更加明确了。最近几年，两者比例严重失调的情况稍稍有所

① Министерство образования РФ. Распределение ассигнований на образование между бюджетами разных уровней[EB/OL]. http://mon. gov. ru/, 2002—12—28/2011—4—2.

缓和，联邦政府的教育支出比例有所上升，联邦主体和地方预算所占比例有所下降。

二、地方政府的拨款方向

与分级预算体制相适应，俄罗斯对中央和地方的事权进行了粗略和简单的划分。1993 年的《俄罗斯联邦宪法》第 71 和 72 条对联邦政府和地区政府的职权范围进行了第一次划分。中央政府主要负责国防、外交、立法、货币政策等全国范围内的事务，联邦主体和地方政府主要负责地方基础设施、经济建设、教育等方面的事务。按照 1995 年的《俄罗斯联邦地方自治政府基本原则法》，不同层次教育的责任在不同层次政府间的分配大致为：联邦政府负责大部分高等院校和研究性机构；地区和地方政府负责学前教育、初等学校和中等学校。而实际上，由于联邦政府的教育预算主要向职业教育倾斜，因此职业教育以外的教育预算便更多地成为联邦主体政府和地方政府的责任。也就是说，俄罗斯地区政府和地方政府的拨款方向主要是职业教育以外的其他教育层次，如表 3—12 所示。

表 3—12　2001—2003 年俄罗斯各级教育国家拨款结构

教育层次	拨款数额(10 亿卢布)				支出比例(%)			
	2000 年	2001 年	2002 年	2003 年	2000 年	2001 年	2002 年	2003 年
学前教育	32	42.7	60.6	72				
联邦预算	0.5	0.5	0.6	0.8	1.6	1.2	1.0	1.1
联邦主体预算	4.7	7.5	10.6	11.5	14.7	17.6	17.5	16.0
地方预算	26.8	34.7	49.4	59.7	83.8	81.3		
普通教育	107.9	144	211.4	236.6				
联邦预算	0.7	0.9	1.4	1.5	0.6	0.6	0.7	0.6
联邦主体预算	17	28.4	44.1	47.1	15.8	19.7	20.9	19.9
地方预算	90.2	114.7	165.9	188	83.6	79.7	78.5	79.5
初等职业教育	13.4	17.7	27.4	36.3				
联邦预算	8.1	11.2	19.1	21.5	60.4	63.3	69.7	71.0
联邦主体预算	4.6	5.6	7	7.7	34.3	31.6	25.5	25.4
地方预算	0.7	0.7	1.3	1.1	5.2	5.1	4.7	3.6
中等职业教育	10.2	14.2	20	24				

续表

教育层次	拨款数额(10 亿卢布)				支出比例(%)			
	2000 年	2001 年	2002 年	2003 年	2000 年	2001 年	2002 年	2003 年
联邦预算	5.4	7.5	10.4	13	52.9	53.8	52.0	54.2
联邦主体预算	4.1	5.8	8.5	9.8	40.2	40.8	42.5	40.8
地方预算	0.7	0.9	1.1	1.2	6.9	6.3	5.5	5.0
高等职业教育	24.4	34	47.9	61.2				
联邦预算	22.5	31.3	44.4	56.8	92.2	92.1	92.7	92.8
联邦主体预算	1.6	2.3	3	3.9	6.6	6.8	6.3	6.4
地方预算	0.3	0.4	0.5	0.5	1.2	1.2	1.0	0.8
职业进修提高	1.4	2	3	3.7				
联邦预算	0.6	0.8	1.1	1.4	42.9	40.0	36.7	37.8
联邦主体预算	0.7	1.1	1.7	2.1	50.0	55.0	56.7	56.8
地方预算	0.1	0.1	0.2	0.2	7.1	5.0	6.7	5.4

资料来源:A. Б. 维弗列耶夫斯基,M. Л. 列维茨基. 俄罗斯教育财政改革[A]. 朱小蔓,H. E. 鲍列夫斯卡娅,B. П. 鲍利辛柯夫. 20—21 世纪之交中俄教育改革比较[C]. 北京:教育科学出版社,2006,103.

具体来说,学前教育预算基本上是由市一级政府承担。从 2000 和 2001 年两年的情况来看,第三级预算,即地方预算分别占到学前教育总预算的 83.8% 和 81.3%。最近几年,由于联邦政府的调节,情况稍有变化,地方预算占预算总投入的比例有所下降。根据俄罗斯教育与科学部的数据,2008 年学前教育机构的总预算投入为 2457.9 亿卢布,而联邦预算、联邦主体预算和地方预算投入分别为 72.7 亿、578.2 亿和 1807.0 亿卢布,分别占总预算投入的 3.0%、23.5% 和 73.5%①。以秋明市为例,市立教育机构获得的市立预算是按下列公式计算的:

$$SUM_{\text{выд.}} = N_{\text{обр.}} \chi Q_{\text{факт.}} + V_{\text{доп.}} \qquad (6)$$

① Министерство образования и науки Российской Федерации, Федеральная служба государственной статистики, Государственный университет——Высшая школа экономики. Образование в Российской Федерации: 2010: статистический сборник [R]. Москва: государственный университет——Высшая школа экономики, 2010, 98.

其中,SUMвыд. 是发放的地方预算总额;Nобр. 是指秋明市学前教育生均预算定额,为 1600 卢布;Qфакт. 是 3—7 岁适龄儿童数量;Vдоп. 是指与提供教育服务相关的补充资金。

普通教育是各级教育投入中预算总量最大的教育层次,占俄罗斯教育预算总投入的一半左右。俄罗斯普通教育的教育预算在 2003 年以前也基本由市一级地方政府承担。1992 年的《俄罗斯联邦教育法》第 29 条规定,为保障实现国家义务教育标准,各联邦主体确定本地方和下属地区的教育拨款额度,负责从地方财政预算中给辖区内中小学拨款,拨付的款项包括中小学教职员工的工资、教材支出、设备支出、日常开支(不包括水、电、采暖等公用支出)等;编制联邦主体教育预算和教育发展基金;制定本辖区教育机构办学国家标准、卫生保健国家标准和保障教学过程的设备要求等国家标准的补充规定。该法第 31 条规定,地方自治机关负责编制地方预算中的教育支出和相应的教育发展基金,制定教育系统拨款的地方额度,负责地方教育机构的校舍及设施建设。① 从 2000—2003 年四年的情况来看,第三级预算分别占普通教育总预算的 83.6%、79.7%、78.5%和 79.5%。由于地方政府财政压力过大,属于地方政府管辖的教育机构经费严重不足,拖欠教师工资的情形时有发生。为实现国家保障公民获得高质量教育的目标以及形成有效的教育经济关系, 2002 年 12 月 17 日,普京总统向国家杜马提交了《关于普通学校财政的新规定》法律草案。根据新草案,中小学教师的工资和教学费用将从市一级转向俄联邦主体层次,要求联邦主体每年向普通教育拨款达到约 3000 亿卢布。教育与科学部于 2004 年起将普通教育机构的大部分拨款责任由市一级上移到区域一级。这样,联邦主体将取代地方政府成为普通教育机构经费的主要来源。根据俄罗斯教育与科学部的数据,2008 年联邦预算、联邦主体预算和地方预算投入分别占总预算投入的 2.9%、72.3% 和

---

① Закон РФ “Об образовании” [EB/OL]. http://www.edu.ru/index.php? page-id=122, 2007—1—9/2007—3—20.

24. 8% 。① 在俄罗斯所有地区，市级地方预算在普通教育机构总预算中所占比例平均为 79. 8% 。其中，79 个联邦主体的比例在 74%—100% 之间。在诺夫哥罗德州，地方预算占普通教育预算的 99. 9% ，在克麦罗沃州、汉特—曼西自治区、亚马尔—涅涅茨自治区、车里雅宾斯克州和萨哈林州，这一比例都在 98% 以上。②

按照不同层次教育的拨款责任划分，职业教育应当是联邦政府集中拨款的领域。而实际上，在这一领域内，除了高等职业教育的预算资金由联邦预算供给，初等职业教育和中等职业教育的财政预算基本上是由联邦和联邦主体政府共同承担的。在初等职业教育领域，2000—2003 年联邦预算所占比例分别为 60. 4% 、63. 3% 、69. 7% 、71. 0% ，而联邦主体所占比例分别为 34. 3% 、31. 6% 、25. 5% 、25. 4% 。最近几年，两者的投入比例发生了很大变化，联邦主体的投入比例进一步加大了，联邦主体成为初等职业教育领域预算资金的主要提供者。以 2008 年为例，联邦政府投入初等职业教育的资金总额为 124. 97 亿卢布，而联邦主体投入的总额为 480. 69 亿卢布，两者在初等职业教育资金总额中所占比例分别为 18. 7% 、71. 9% 。③ 在中等职业教育领域，2000—2003 年联邦预算所占比例分别为 52. 9% 、53. 8% 、52. 0% 、54. 2% ，而联邦主体所占比例分别为 40. 2% 、40. 8% 、42. 5% 、40. 8% 。而最近几年，由于非预算资金的引入，联邦主体的投入比例也不同程度地有所上升，而联邦投入比例则有所下降。以 2008 年为例，联邦政府投入中等职业教育的资金总额为 311. 1 亿卢布，而联邦主体投入总额为 399. 4 亿卢布，两者在中等职业教育资金总

---

① Министерство образования и науки Российской Федерации, Федеральная служба государственной статистики, Государствернный университет——Высшая школа экономики. Образование в Российской Федерации: 2010: статистический сборник[R]. Москва: государственный университет——Высшая школа экономики, 2010, 100.

② Черкачёв П. В. Экономико-географические аспекты финансирования общего образования в России[дипломная работа]. Москва: МГУ. 2003, 43—45.

③ Министерство образования и науки Российской Федерации, Федеральная служба государственной статистики, Государствернный университет——Высшая школа экономики. Образование в Российской Федерации: 2010: статистический сборник [R]. Москва: государственный университет——Высшая школа экономики, 2010, 101.

额中所占比例分别为 33.3%、42.8%。[①] 到 2011 年底,发展初等和中等职业教育的责任已逐步从联邦层次转移到了地区和地方层次。

总的来说,在各层次教育中,俄罗斯联邦政府的资助重点越来越向高等教育倾斜,而把资助学前教育、普通教育、初等职业教育、中等职业教育的责任更多地推给了地方和地区政府。俄罗斯联邦中央将苏联时期的大部分经费责任转嫁到地区和地方层次,加上地方经济衰退、地方企业私有化进一步侵蚀地方的收入基础,这大大加重了地区和地方政府的经费支出负担。在地区和地方支付项目过多,而联邦政府又不提供相应资金的时候,地区和地方政府经常采取资助教育的剩余原则,即强调现时的经济利益,把本该用在教育领域的费用转用到其他领域和项目。而且,地方政府容易受短期利益左右,使教学与研究只服从纯地方利益,导致教育上的急功近利与短视行为。因而,地方挪用教师工资和侵吞教育经费的事情屡见不鲜,这使得教师工资长期被拖欠,教育经费严重不足。

俄罗斯教育专家呼吁,教育的发展过分依赖于地区和地方政府的经费是极度危险的,保护公民接受教育的权利不应仅仅是地区和地方政府的责任,在这方面联邦政府责无旁贷。近年来,这种状况引起了联邦政府的高度重视,联邦政府加大对联邦主体和地方政府的财政援助力度。例如,2011 年,俄罗斯正式启动了地方普通教育系统现代化工程,国家投入了 1200 亿卢布。在这一工程的支持下,到 2011 年底,69 个联邦主体教师的工资已经达到或超过经济领域工作者的平均工资。另外,联邦主体政府将联邦政府拨发的补助金再下拨给地方政府预算,帮助地方政府实现免费的义务教育,即完全普通教育,使地方拨款符合联邦主体法律所确定的拨款定额。具体资助的范围包括:教师劳动薪酬、教科书和教学工作支出、材料和业务所需要的支出(除去大楼养护和地方预算的公共事业费用)。

---

① Министерство образования и науки Российской Федерации, Федеральная служба государственной статистики, Государствернный университет——Высшая школа экономики. Образование в Российской Федерации: 2010: статистический сборник [R]. Москва: государственный университет——Высшая школа экономики, 2010, 102.

三、地方政府的拨款程序

1994 年以前,俄罗斯实施苏联时期遗留下来的增量拨款法,根据“已达到的水平”以及中央和地区之间的协议拨款。花费越多,得到的经费就越多;在政治上表现得越忠实,得到的经费就越多。1994 年,俄罗斯第一次改革了预算间关系,但是当时确定地区的收入机会和支出需求的机制非常复杂,很多预算划拨表现为暗箱操作。1998 年,俄罗斯通过了《1999—2001 年间预算间关系改革构想》,2001 年又通过了《2005 年前发展预算联邦主义计划》。这些法律对联邦和地区、地方之间的预算关系进一步进行了调整。

定额拨款被看作是一种制止按照剩余原则划拨教育经费实践的机制。1992 年的《俄罗斯联邦教育法》第 41 条确定引入按人头定额拨款,即按照生均成本计算教育拨款的数量。标准定额分为三个部分:联邦定额、区域定额和地方定额。区域定额和地方定额的核算原则是“足够满足这个区域内的教育过程与校舍、教学大楼、设备的使用相关的日常费用”。以下几个联邦主体相继制定了地区定额标准,并且按此定额标准安排了预算:楚瓦什自治共和国(1998 年开始实施)、萨马拉州(1998 年开始实施)、雅罗斯拉夫尔州(1999 年开始实施)、罗斯托夫州(2000 年开始实施)、莫斯科州(2001 年开始实施)以及莫斯科市、马里自治共和国、秋明州、斯维尔德洛夫斯克州、普斯科夫州和诺夫哥罗德州。诺夫哥罗德州 1999 年实施了按人头定额拨款,实施一年后又恢复使用旧的拨款方式。实际上,按人头定额拨款的原则在联邦预算中的实施效果并不理想。

最初,定额拨款按每个学生的固定额度支付,包括工资支出和日常开支两部分,其中日常支出可细化为餐饮支出、交通支出、行政开支、出差支出、通讯支出等。[①] 2004 年实施的普通教育国家定额标准为:城市地区普通教育机构每个学生每年的定额标准是 5550 卢布(约合 200 美元),规模大的农村地区是 6550 卢布(约合 235 美元),其他农村地区是 9940 卢布

① 张海霞. 俄罗斯义务教育阶段的公立办学标准及其经费保障[J]. 现代教育科学,2009(1):77.

(约合 350 美元)。① 2005 年 1 月 1 日起,确定定额标准的程序有了变化,俄罗斯联邦取消了原有的按固定额度确定定额标准的程序,改为按照教学机构的类别和种类确定。

《俄罗斯联邦普通教育国家标准法》第 15 条对实施普通教育标准预算经费的联邦定额规定如下:"实施国家普通教育标准的联邦定额每年由《俄罗斯联邦预算法》确定;联邦标准是实施普通教育国家标准的一年生均经费的最低数量;当联邦主体在实施国家普通教育标准总预算资金不足时,根据联邦定额标准由联邦预算计算和划拨联邦主体预算财政资助。在计算联邦预算定额时将实施普通教育标准必需的日常开支也包括在内。计算联邦定额的标准按照俄罗斯联邦政府确定的程序进行。"第 16 条对实施普通教育标准预算经费的地区(联邦主体)定额规定如下:"实施普通教育国家标准预算经费的地区定额包括了联邦定额。俄罗斯联邦主体管理机构可以使用自己的预算资金确定数额高于联邦定额的地区定额。地区定额按照每年俄罗斯联邦主体政权机构确定的程序确定,地方自治机构的相应预算必须执行联邦主体确定的预算。当地方预算在实施国家普通教育标准资金不足时,根据地区定额标准由联邦主体预算计算和划拨地方预算财政资助。"②第 17 条对普通教育国家标准预算经费的地方定额则规定如下:"实施普通教育国家标准预算经费的地方定额包括了地区定额。俄罗斯地方管理机构可以使用自己的预算资金确定数额高于联邦主体确定的地区定额。地方定额按照每年俄罗斯自治管理机构确定的程序确定。"③

2010 年 5 月 8 日,新的教育法草案第 41 条对"教育机构的经费"作出了明确的规定:"教育机构活动的财政保障是根据法律实施的。处于国家管辖范围的教育机构,其教育活动的财政资助在联邦定额的基础上进

① Вафлеемский А. Б, Левицкий М. Л. Организационно-финансовая реформа в России [A]. Борисенков В. П. ,Чжу Сяомань. Россия-Китай: образовательные реформы на рубеже ⅩⅩ——ⅩⅪ вв. : сравнительный анализ[C]. Москва: Российская Академия образования, Центральная Академия педагогических исследований КНР, 2007, 116.

② Правительство РФ. Бюджетный кодес[R]. 2003,16.

③ Федеральный закон "О государственном стандарте общего образования" [EB/OL]. http://www.yabloko.ru/Themes/Educ/standart-law.htm. 2004—3—10/2011—9—10.

行。处于联邦主体和市级管理范围内的教育机构,财政资助在地区定额的基础上进行。这些定额根据教育机构的类型、种类以及教育大纲的层次,并按照生均经费的标准确定。在规模小的农村学校,定额应该按照实际花费确定,而不依学生数量确定。"①

在支出项目中,俄罗斯所有地区都不把基本建设作为定额支出,而且在俄罗斯各个地区之间,没有列入定额的支出项目存在着较大的差异。按照没有列入定额的支出项目不同,基本可以分为三个不同模式,如表3—13 所示。

表 3—13　在不同模式中没有列入定额的支出条目

模式 A	模式 Б	模式 В
基本建设费		
为个别类型师生提供优惠的支出、获得教学书籍方面的支出	支付教学法参考资料的支出、接送偏远居民点的学生的支出	——
大楼维修和保养支出、公共服务支出	——	——

资料来源:Черкачёв П. В. Экономико-географические аспекты финансирования общего образования в России[D]. Москва: МГУ. 2003,19.

在俄罗斯欧洲部分的中部和南部地区,居民点分布均匀,交通设施方便,可以把所有开支列入定额中,基本实行的是 В 模式。这种模式在奔萨州和彼尔姆州曾进行过试点。在那些农村居民居住区间隔遥远的地区,基本实行的是 Б 模式,即不会对个别类型师生提供优惠,不提供参考资料和书籍方面的支出,不把交通费用列入支出。这种模式在雅罗斯拉夫尔州和楚瓦什共和国采用。在那些气候条件变化多端的地区,不把公共服务、大楼维修和保养支出列入定额,实行 А 模式。现在这种模式在萨马拉州采用。

俄罗斯普通教育机构的预算拨款除定额拨款外,还包括专项拨款。在实际运行时,定额拨款基本可以得到保障。专项拨款中的教材和公共服务支出由各级教育管理机构负责提供,所需费用由直接上级教育管理

① Закон РФ об образовании[EB/OL]. http:// www. edu. ru/index. php? page - id. 2010—12—1/2012—9—2.

机构从专项拨款中列支,直接支付给提供商品和服务的单位,无须学校经手,甚至学生餐点的原料支出也如此办理。但大型修缮,配置设备等其他专项拨款则很难得到保障。对学校而言,无论定额拨款还是专项拨款均按编制好的专项列支,由上级教育主管部门负责核销。① 除了普通教育机构外,学前教育机构和初等职业教育也是地区拨款的范围。

按照直接参与学校拨款预算的数量和层次,地方普通教育机构的拨款模式可划分为单层次分权拨款、单层次集权拨款和双层次拨款,如图3—3 所示。双层次拨款模式是指普通教育机构既直接接受来自地方预算的拨款,也间接接受经由地方的地区预算拨款。萨马拉州是实行这一拨款模式的典型代表。地区行政当局和地方行政当局在州长决议的基础上签署协议,地区预算负责教学过程的经费和将学生从偏远地区运送至学校的交通费。在罗斯托夫州,2003 年教师工资及其附加额也是以津贴的形式从地区预算中划拨过来的。单层次分权拨款模式是指地区将财政经费划拨给地方层次,然后由地方政府转交地方教育管理机构,由其对学校进行拨款。这种模式在俄罗斯最为流行,被大多数地区所采用。单层次集权拨款模式是指普通教育机构的教育经费直接来自地区预算,地方预算不提供教育经费。这种拨款模式是比较少见的模式,实施这种拨款形式的代表有莫斯科、圣彼得堡和雅库特。

四、各地教育发展的地区差距

俄罗斯是世界上行政主体最复杂的联邦国家,现由 83 个联邦主体组成,包括 21 个共和国、9 个边疆区、46 个州、2 个联邦直辖市、1 个自治州、4 个民族自治区。2000 年 5 月,俄罗斯总统普京在原来 12 大经济区的基础上,将俄罗斯重新划分为 7 大联邦区②。2010 年 1 月,梅德韦杰夫总统签署命令,从南部联邦区中划分出北高加索联邦区,成为俄罗斯第 8 个联

---

① 张海霞.俄罗斯义务教育阶段的公立办学标准及其经费保障[J].现代教育科学.2009(1):77.

② 这七大联邦区分别是:以莫斯科为中心的中央联邦区,以圣彼得堡为中心的西北联邦区,以克拉斯诺达尔为中心的南部联邦区,以伏尔加格勒等为中心的伏尔加沿岸联邦区,以叶卡捷琳堡、秋明为中心的乌拉尔联邦区,以新西伯利亚为中心的西伯利亚联邦区,以哈巴罗夫斯克市为中心的远东联邦区。

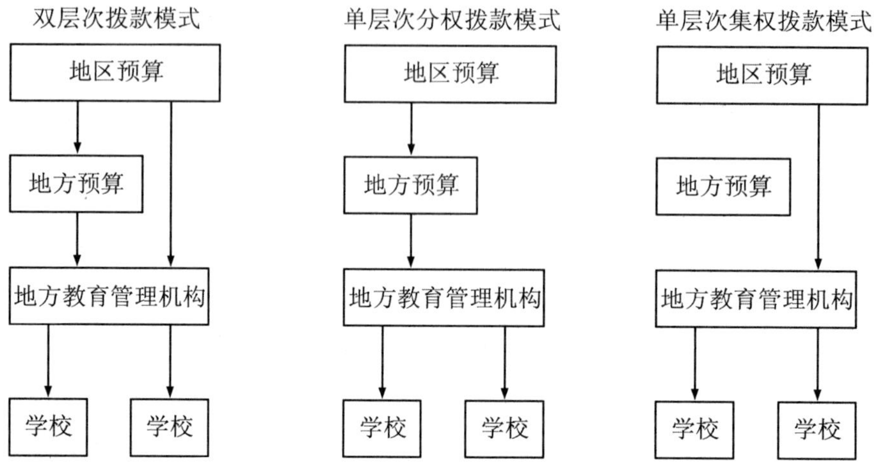

图 3—3　普通教育拨款的不同模式

资料来源:Черкачёв П. В. Экономико-географические аспекты финансирования общего образования в России[D]. Москва: МГУ. 2003,13.

邦区。由于自然禀赋、资源富集程度等客观条件的差异,加上现行经济发展方式、政治转轨、地区政策等因素的影响,各地区之间在人均国内生产总值、人均收入、贫困发生率等方面的差异非常明显。而且,近 20 年来,各地区之间的差异有进一步扩大的趋势。例如,1990 年 10 个最发达的联邦主体的经济产值占地区经济总产值的 40%,到 2000 年这一比例已达到 48%,而地区经济产值最低的 20 个地区的经济产值只占地区经济总产值的 4%。① 资料显示,按人均资本收入计算,最富的 10 个区和最穷的 10 个区 1998 年的差距为 18 倍,2001 年几乎达到了 21 倍。②

从教育领域来看,近年来各地区教育投入的差距越来越大。七大联邦区教育投入由多到少依次为:中央联邦区、伏尔加沿岸联邦区、南部联邦区、乌拉尔联邦区、西伯利亚联邦区、西北联邦区和远东联邦区。投入最多的中央联邦区和投入最少的远东联邦区的差距由 2000 年的 28 亿卢布扩大到 2008 年的 354 亿卢布,由 2000 年的 3.3 倍扩大到 2008 年的 4.7 倍。2000—2008 年七大联邦区教育投入的具体情况如表 3—14

① 孙凌齐. 俄罗斯联邦行政区划改革:问题和前景[J]. 俄罗斯研究,2005(3):18.

② Bain, Olga B. University Autonomy in the Russian Federation since Perestroika [M]. New York & London: Routledge Falmer, 2003,68.

所示。

表 3—14　2000—2008 年俄罗斯七大联邦区的教育投入

（单位:百万卢布）

联邦区＼年份	2000 年	2001 年	2002 年	2003 年	2004 年	2005 年	2006 年	2007 年	2008 年
中央联邦区	4046.0	6101.5	7172.0	9133.4	12290.8	12958.0	26332.8	42762.6	44930.1
西北联邦区	921.1	923.9	1420.0	1803.0	2056.8	3535.2	5251.4	10006.0	10648.2
南部联邦区	1267.4	2102.0	1660.5	2246.9	3282.6	5589.0	8144.1	14892.5	20171.9
伏尔加沿岸联邦区	2979.8	4918.7	4927.6	5858.7	7713.6	12269.6	14330.3	22468.6	26702.2
乌拉尔联邦区	3354.4	5020.2	6175.7	6780.8	7230.2	9885.2	15414.8	16814.1	19368.1
西伯利亚联邦区	1574.4	2052.1	2173.0	2862.8	3444.4	4894.8	8706.2	12791.1	18312.2
远东联邦区	1232.9	1292.8	2225.8	2405.8	3209.8	3645.7	4737.7	7165.5	9503.5

资料来源:Министерство образования и науки Российской Федерации, Федеральная служба государственной статистики, Государствернный университет——Высшая школа экономики. Образование в Российской Федерации: 2010: статистический сборник [R]. Москва: государственный университет——Высшая школа экономики, 2010,76.

俄罗斯联邦主体之间的教育投入差距也异常悬殊。2001 年俄罗斯普通教育机构生均经费为 7953 卢布,最多的是泰梅尔自治区的 40255 卢布,最少的是车里雅宾斯克的 4942 卢布。教育投入较多的联邦主体主要有七个:泰梅尔自治区、涅涅茨自治区、汉特—曼西自治区、埃文斯克自治区、亚马尔—涅涅茨自治区、楚科奇自治区和雅库特自治区。这些处在俄罗斯最北方的地区,社会服务方面的投入最多,普通教育机构生均教育经费在 16000—40255 卢布之间。北高加索、伏尔加河南岸和中央黑土经济区的大多数联邦主体的普通教育机构生均教育经费为 4940—6539 卢布,而生均教育经费在 6540—8349 卢布的地区则是欧洲部分南部和中部的所有联邦主体和西伯利亚南部和远东的几个地区。① 即使在同一个联邦区内部,联邦主体之间教育投入的差距也十分明显。以中央联邦区为例,

① Черкачёв П. В. Экономико-географические аспекты финансирования общего образования в России[D]. Москва: МГУ. 2003,24.

它包括 17 个州和莫斯科市。2008 年,莫斯科市的教育投入高达 270.6 亿卢布,而斯摩棱斯克州的教育投入只有 2.9 亿卢布,前者是后者的 93.3 倍。①

教育投入的地区差异在很大程度上源于地区经济结构、领土面积、人口密度、移民性质、人口状况、民族文化特点、交通发达程度和气候条件等“先天”客观条件的差异,特别是源于地区间经济发展的不平衡。地区经济发展的不平衡与地区教育投入的差异之间有很大的相关性:一般来说,有着雄厚经济基础的发达地区对教育的投入较多,而经济基础薄弱、“需要接受输血”的地区,其发展教育的财政力量就十分有限。尤其是实行分级教育预算体系后,地区和地方教育预算以及预算能否到位在根本上取决于地区和地方的经济发展水平。同时,从“后天”主观因素来讲,教育投入的多寡与地区的教育政策、对教育的重视程度以及不同层次教育管理人员的专业水平有关。

教育投入的多寡不仅影响了各地在学校数量上的差异,而且也影响了各地在教育质量上的差异。俄罗斯各地区之间每万人中大学生的数量存在很大的差异,有些地区的数量远远超出俄罗斯平均水平,而有些地区的数量则远远低于俄罗斯平均水平。从表 3—15 可以发现,就每 1 万名学生中免费入学的人数来说,2001 年莫斯科和圣彼得堡两座大城市要远远超过其他地区,其中莫斯科是北方区的 4 倍多;在教学实验楼总面积占全国的比重和职业教师人数方面,莫斯科是北方区的 8 倍多。教育支出水平决定了地区教育的发展,从而在更深层次上影响了地区社会经济的发展。教育投入多的地区,学校可以更好地为本地区经济发展服务,形成一种良性的“投入—收益”的循环。相反,教育投入少的地区则形成恶性循环,经济发展更是步履维艰。这样,地区之间的“马太效应”愈演愈烈。正如经济合作与发展组织(Organization for Economic Co-operation and Development, OECD)对俄罗斯高等教育状况的研究报告中指出的,“自相矛盾的是,一项原先旨在通过扩大教育机会和增加地区多样性来推进教

① Министерство образования и науки Российской Федерации, Федеральная служба государственной статистики, Государствернный университет——Высшая школа экономики. Образование в Российской Федерации: 2010: статистический сборник [R]. Москва: государственный университет——Высшая школа экономики, 2010,76.

育平等的政策效果却适得其反”。①

表 3—15 2001—2002 年俄罗斯联邦 11 大经济区高等教育的地区差异

经济区	每万名学生中免费入学人数	该地区在全国所占的百分比				
		居民	免费入学学生数	教学、实验楼面积	职业教师人数	有学位的职业教师人数
西北区（圣彼得堡）	306（462）	5.37（3.19）	8.49（7.63）	10.35（9.24）	9.20（8.40）	10.68（9.92）
中央区（莫斯科）	253（552）	20.02（5.93）	26.16（16.93）	28.09（19.09）	27.58（19.11）	30.51（21.92）
北高加索区	180	12.17	11.33	10.06	9.86	9.41
伏尔加沿岸区	180	11.53	10.74	10.48	10.93	10.68
东西伯利亚区	179	6.16	5.70	5.09	5.28	4.49
西西伯利亚区	178	10.38	9.56	10.06	10.16	9.17
伏尔加—维特亚卡区	168	5.67	4.94	4.03	4.62	4.56
远东区	164	4.89	4.13	4.47	4.40	3.48
中央黑土区	163	5.33	4.49	4.10	4.40	4.49
乌拉尔区	157	13.95	11.35	10.49	10.82	10.18
北方区	132	3.88	2.65	2.37	2.27	1.90

资料来源：И. Майбуров. Высшая школа в регионе: механизм финансирования [J]. Высшее Образование в России, 2004(1): 33.

为实现地区间的均衡协调发展，从 2000 年开始，俄罗斯财政部开始在社会服务领域，包括教育领域实施教育预算保障的地区间均衡化政策。由此，俄罗斯在联邦层次确定了全国普通教育拨款定额，这一定额作为从联邦预算向联邦主体预算划拨普通教育经费的标准。《俄罗斯联邦普通教育国家标准法》第 14 条规定：“为实现义务教育国家标准，建立国家和地方预算拨款额度综合系统，由联邦政府有关部委确定全国的教育预算拨款标准；各联邦主体主管部门确定本地区的教育预算拨款标准，该标准不能低于相应的全国拨款标准；各地方自治机关确定的地方教育预算拨款标准不能低于相应的各地区拨款标准；在联邦法律和各主体法律没有

① OECD. Reviews of National Policies for Education: Russian Education [M]. Paris, France: Organization for Economic Co-operation and Development (OECD), 1998, 79.

其他规定的情况下,向各教学机构预算拨款的程序由俄罗斯联邦政府制定。”第15条规定:“当联邦主体总预算不足以实施联邦拨款定额范围内的国家普通教育标准时,联邦预算将给予联邦主体以财政支持。”①这些政策的实施在一定程度上缩小了普通教育经费拨款的地区间差异。

第三节 预算外资金筹集

一、学生学费的缴纳及教育贷款制度的实施

在高等教育领域,苏联时期政府几乎承担了全部的高等教育经费,高等教育对学生来说是免费的。而苏联解体以来,俄罗斯引入教育成本分担制度,作为高等教育直接受益者的学生开始付费接受高等教育,“使用者付费”的原则在俄罗斯高等教育领域发挥作用。俄罗斯联邦政府认为,国家责任和义务退出的地方,个人为自身职业和文化发展的责任和义务就应该延伸进来。② 让学生及其家庭分担高等教育的成本,并进一步加大成本分担的力度,最大限度调动私人资源支持高等教育的发展,成为近二十年来俄罗斯高等教育经费体制改革的一个重要趋势。与此同时,伴随着高等教育收费政策的实施,教育贷款问题成为国家宏观教育政策关注的重要问题。由此,苏联时期的免费加助学金模式已被新时期俄罗斯的收费加贷款模式所代替。

1. 收费教育的实施

自1988年开始的苏联改革就对教育经济体制提出了改革构想,虽然在当时的情况下,改革的目标并没有实现,但是改革导致的一个最直接结果是教育预算拨款的大幅下降。苏联解体以后,教育经济领域第一场最根本的改革始于1992年7月10日第3266-1号《俄罗斯联邦教育法》的

---

① Федеральный закон “О государственном стандарте общего образования”[EB/OL]. http://www.yabloko.ru/Themes/Educ/standart-law.htm. 2004—3—10/2011—9—10.

② А. А. Фурсенко. Итоговая коллегия Министерства образования и науки Российской Федерации 18 февраля 2012 года[EB/OL]. http://www.edu.ru/db/mo, 2012—2—19/2012—4—6.

颁布。该法律允许教育机构从事独立性的经济活动,在全国教育标准范围内发展收费性教育服务,推动了非国立教育机构的发展。在联邦政府教育投入不足的情况下,为了扩大教育机会,满足急剧增长的高等教育需求,俄罗斯不仅在非国立教育机构实施收费教育政策,而且,自 1995 年起,在公立高等教育机构中也开始实施收费教育政策。1996 年的《俄罗斯联邦高等和大学后职业教育法》在第 4 章第 29 条对此进一步作出了明确规定:“在不影响高等学校基本活动的情况下,高等学校可以根据自己的章程在教育及其他方面收取费用。”①2001 年底,俄罗斯联邦政府通过了标志着教育现代化改革启动的《2010 年前俄罗斯教育现代化构想》,其中最关键的理念是建立教育服务的消费者市场。该构想针对实施教育现代化提出了明确的经济和组织改革举措:结合国家统一考试实施实名制财政券;改变高等学校作为经营主体的组织和法律形式,使其针对国家专门人才培养和相应资源订单分配进行竞争;经费来源多渠道化,地区和教育服务消费者的参与;通过贷款或津贴对学生进行社会性支持等。

从国立高校来看,受政府革命性政策和世界“人力资本理论”的影响,人们不得不放弃苏联时期“教育是国家福利性投入”的传统观念,并接受“教育是一种服务和纯粹经济关系”的激进观念。最近几年,在俄罗斯,“教育投资”的观念逐步深入人心。研究表明,大约 33% 的俄罗斯家庭“毫无疑问愿意”花费巨额资金供孩子接受高等教育,几乎同样比例的家庭则表示“基本愿意”这样做。2003 年俄罗斯高等教育科学院对 6 个联邦主体的调查显示,家庭支出在高等教育服务中所占的比例从 35%(沃洛格达州)到 73%(哈巴罗夫斯克边疆区)不等。经过十几年的发展,学费已经成为继国家预算拨款之后国立高校第二大稳定经费来源。以新西伯利亚大学为例,2002 年学费占高校收入的 63%,2003 年这一比例已经达到了 72%②。为了保证高校经济自主的权利,学费由各高校根据自身耗费的成本决定,并在招生前三个月公布。高校必须根据现行的俄联

---

① Федеральный Закон“О высшем и послевузовском профессиональном образовании”[EB/OL]. http://www.edu.ru/index.php? page-id = 122, 1996—7—23/2005—7—20.

② Колесников В. Н., Кучер И. В., Турченко В. И. Коммерциализация высшего образования-угроза национальной безопасности России[J]. Педагогика, 2004(6): 104.

邦预算经济分类法制定自己的收支预算，这些法规包括《职工劳动报酬法》《劳动薪酬附加法》以及其他的包括建设图书馆资源和生产实践等方面的开支法。

自2002年起至2004年，俄罗斯试行了实名制财政券制度，使得学生支付学费的方式发生了变化。国家根据学生参加全国统考的考试成绩，分五个等级向每个大学生提供年度财政资助。这种资助不以现金的形式发放给学生，而是根据统考成绩发放给学生不同面额的财政券，学生以手中所持的券支付所选择学校的部分或全部学费。在全国统考中成绩越高的学生，实名制财政券等级越高，国家提供的资助就越多。这样，其中一部分学生可以获得免费入学的机会，即完全依靠实名制财政券就学；而另一部分实名制财政券等级较低的学生，需要支付一部分学费，支付学费的数额取决于学校制定年度学费与学生所获实名制财政券面额之差。需要支付部分学费的学生在进入大学一年级时，由大学与其签订合同，合同中详细规定学校的责任、学生的责任、学费额与学生个人支付额等问题。合同充分体现了学校作为提供有偿教育服务的销售者以及学生作为接受教育服务的消费者身份。在学生就学的接下来几年，由双方在此基础上签订补充协议。若学生转学，其在原学校享受的实名制财政券等级面额保持不变。① 2004年底，由于各种原因，该制度宣布终止。在随后的时间里，学生还是像以前一样，直接向学校支付全额学费。

从非国立高校来看，学生学费收入成为非国立高校最主要也最稳定的经济来源。非国立高等学校学生交纳学费的标准是教育部制定的《俄罗斯联邦核算教育机构经济稳定指标的方法》。该方法根据学校所处地区的不同，按照每班25人的标准规定了用于培养不同专业大学生的教学成本：人文—社会和教育专业：30万—60万卢布；经济、数学—信息专业：33万—65万卢布；自然科学、医学—生物专业：52万—100万卢布；技术类专业：60万—120万卢布。② 然而，从2003年起，相比非国立高校来说，学生更愿意在国立高校支付学费。这与近20年非国立高校的迅猛扩

---

① 刘淑华. 实名制财政券：俄罗斯高等教育财政体制的可贵探索[J]. 比较教育研究，2005(9)：41—46.

② 顾鸿飞. 对俄罗斯非国立高等学校学费的研究[J]. 民办教育研究. 2009(9)：58.

张所带来的低质量有关。

总体而言,从收费标准来看,高校的学费呈现快速增长的趋势。在不到 10 年的时间里,所有高校的学费平均上涨了 50% 左右,如表 3—16 所示。1998 年,国立高校的新生平均学费为 11859. 4 卢布,到 2003 年升至 26000 卢布。

表 3—16　1998—2003 年俄罗斯高校学费变化

(单位:卢布)

	1998 年	1999 年	2000 年	2001 年	2002 年	2003 年
国立高校	11859. 4	15345. 2	16621. 3	19061. 2	22663. 4	26000. 0
非国立高校	9495. 6	12344. 6	14067. 4	17070. 3	21241. 3	25000. 0

资料来源:Заборовская А. С. , Клячко Т. Л. Высшее образование в России: правила и реальность[M]. Москва: Независимый институт социальной политики. 2004,23.

俄罗斯高校的收费,已经大大超出其培养学生所需成本。莫斯科大学每年的学费为 4600—8150 美元,俄罗斯国立古朴金石油天然气学院为 2500—3400 美元,俄罗斯普列汉诺夫经济学院为 5000 美元。而地方高校的学费相对便宜些,如乌拉尔矿业地质学院每年学费 1500 美元,萨拉托夫大学为 2000 美元。① 而且,高校的收费标准弹性相当大。一般来说,名牌大学收费高于非名牌大学,培养经济学家、公司经理和企业负责人的学校收费高于培养技术和人文科学人才的学校;投资收效快的专业高于收效慢的专业;莫斯科、圣彼得堡等中心城市的高校收费高于远东和其他边远地区的高校;对非独联体的外国人收费高于独联体内的外国人。高等教育中所保留的免费学位多集中在非热门专业和就业前景不好的专业中。② 应该说,俄罗斯高校学费的增长速度已经远远超出了本国居民人均收入增长水平。相对于苏联时期的免费教育,如今俄罗斯高等教育学费远非平民家庭所能承担。在一定程度上,收费教育加剧了教育的不平等,继而引发了严重的社会不公平现象。

从公费生和自费生的比例来看,自费生的比例逐年扩大。1992 年

① 孙春梅编译. 俄罗斯讨论建立教育贷款系统[J]. 比较教育研究,2007(6):91.

② 廖彬彬. 俄罗斯高等教育财政政策及其实施研究[D]. 厦门大学硕士学位论文,2008,27.

《俄罗斯联邦教育法》明确规定，自费生比例不能超过高校招生数的10%。1996 年《俄罗斯联邦教育法》补充规定，在每一培养方向内，自费生人数不能超过 25%。但在实际操作中，越来越多的高校打破 25% 的限额。后来，俄罗斯教育与科学部取消了原定的限额，规定"原则上俄罗斯高校可以招收 70% 的自费生"。自 1995 年国立高校收取学费以来，公费生比例一直处于下降趋势，而自费生所占比例则呈现逐年上升势头(见表 3—17)。1995—2005 年短短 10 年间，国立高校自费生比例从 8.7% 上升到 48.9%，而公费生从 91.3% 陡然下降到 51.1%。到了 2006 年，自费生比例已经超过公费生，到了 2008 年，自费生比例占在校生总数的 54.0%。在一些热门专业，自费生所占比例更高。例如，2001 年，经济和法律专业自费生比重已经超过 60%。2003—2004 年，经济和管理专业自费生占招生总额的 76%。① 自费生比例的显著上升，显示了俄罗斯高等教育对个人成本负担依赖程度的增加。

表 3—17　1985—2008 年国立高等职业教育机构中自费生和公费生的数量变化

年份	学生总数(千人)	自费生		公费生	
		人数(千人)	比例(%)	人数(千人)	比例(%)
1985	2966.1	——	0	2966.1	100
1990	2824.5	——	0	2824.5	100
1995	2642.0	228.6	8.7	2413.4	91.3
1996	2802.4	326.1	11.6	2476.3	88.4
1997	3046.5	474.4	15.6	2572.1	84.4
1998	3347.2	728.3	21.8	2618.9	78.2
1999	3728.1	1021.3	27.4	2706.8	72.6
2000	4270.8	1468.8	34.4	2802.0	65.6
2001	4797.4	1954.6	40.7	2842.8	59.3
2002	5228.7	2309.0	44.2	2919.7	55.8
2003	5596.2	2622.3	46.9	2973.9	53.1

① А. Б. 维弗列耶夫斯基，М. Л. 列维茨基. 俄罗斯教育财政改革[A]. 朱小蔓，Н. Е. 鲍列夫斯卡娅，В. П. 鲍利辛柯夫. 20—21 世纪之交中俄教育改革比较[C]. 北京：教育科学出版社，2006，114.

续表

年份	学生总数（千人）	自费生		公费生	
		人数（千人）	比例（%）	人数（千人）	比例（%）
2004	5860.1	2857.8	48.8	3002.3	51.2
2005	5985.3	2982.6	48.9	3002.7	51.1
2006	6133.1	3143.7	51.3	2989.4	48.7
2007	6208.4	3276.8	52.9	2931.7	47.1
2008	6214.8	3356.2	54.0	2858.6	46.0

资料来源：Министерство образования и науки Российской Федерации, Федеральное агенство по образованию, Московский государственный университет приборостроения и информатики, Главный информационно-вычислительный центр. Образование в России：2008[M]. M.：МГУПИ. 2009,364.

苏联解体以来的十几年间,俄罗斯高等教育进入急剧扩张期。无论是高校数量,还是学生总数,以及每年的招生量,都以苏联时期无可比拟的速度递增,而且其增长速度在世界上也是罕见的。① 纵观俄罗斯近20年来的发展状况,如果把经济发展的参数与发达国家的参数相对比,俄罗斯的经济发展已经处于不利的地位,但俄罗斯的教育系统发展指标却奇迹般地赶上了高度发达国家的教育综合指标。俄罗斯学者认为,两者之间的背反,源于收费教育的实施及扩张,也就是说,近20年来俄罗斯高等教育的迅速发展,很大程度上源于对私人资源的利用。但是,俄罗斯高等教育对个人成本分担的过度依赖已经遭到了很多学者与专家的批评。

2. 教育贷款制度的进展

伴随着高校收费政策的实施,高等教育的学费持续上涨。在俄罗斯,并不是所有家庭都能够承担高等教育的高昂学费。据俄罗斯联邦统计局统计:2008年1月份全国人均月收入为7343.30卢布,有超过三分之一的

① 从高校数量来看,20世纪90年代初以来,俄罗斯高校的数量增长了近1倍,到2003年底高校数量已经达到1046所;从大学生数量来看,到2003年底,大学生总量已经达到645.6万名,每万人中有407名大学生,这一数字高于大部分工业发达国家;俄罗斯每年的入学人数也有较快增长,1990年日授生招生数量为36.0万人,到2003年这一数字达到80.3万。

地区人均月收入低于全国平均水平,局部地区只有3000卢布左右。① 有学者作过统计,只有25%—30%的家庭能够支付孩子接受高等教育所需的费用。对于普通家庭来说,学费负担是很重的。建立国家对期望获得高等职业教育贷款的公民的资助制度,成为社会的迫切愿望和共同诉求。为缓解学生的经济压力,学生资助问题成为俄罗斯宏观教育政策关注的重点领域。

学生及其家长依靠借贷资金支付学费有以下几种方式:普通的消费贷款、财政援助和专门的教育贷款。普通的消费贷款由于还款期限短(不超过三年),利息又非常高,而且很多贷款方案要求抵押资产,所以利用这种贷款方式完成学业并不现实。国家财政资助的覆盖面非常窄,并不能保证资助会发到每一个贫困学生的手中。从最近几年的发展情况来看,与前两者相比,专门的教育贷款是较为可行的选择方案。

国家提供教育贷款的设想最早见于《俄罗斯联邦教育法》。该法律规定,由联邦负责确定向公民提供教育贷款的程序和公民还贷的程序。2000年春,《联邦教育发展计划》再次强调学生贷款的重要性,并提议实验性引入"政府(社会)教育贷款",但事实上并没有建立相关贷款机制。直到2002年,俄罗斯教育官员最后澄清了"教育贷款"这个术语,指出教育贷款的术语要归类于银行或其他商业机构提供的商业贷款,而政府关注的是资助。随即,俄罗斯最大的银行——俄罗斯联邦储蓄银行宣称启动俄罗斯首个学生贷款计划,为中低收入家庭提供贷款。然而,教育贷款制度在实践中并没有扩展开来,主要是受到以下几个因素的制约:第一,银行还贷的期限短,利率较高。例如,俄罗斯联邦储蓄银行在2004—2005年间提供了五年期的年利率为19%—21%的教育贷款。2005年共有数百名大学生申请了教育贷款。② 第二,贷款担保措施要求过高。银行需要借款人或者担保人提供可变现资产,如房产、车和其他财产等作为贷款的抵押担保。第三,缺乏来自国家方面的保障。俄罗斯只有几家银

① Денежные доходы в расчёте на душу населения в феврале 2007[DB/OL]. http://www.gks.ru/D—04.htm, 2009—9—5/2010—3—4.

② А. Б. 维弗列耶夫斯基,М. Л. 列维茨基. 俄罗斯教育财政改革[A]. 朱小蔓,Н. Е. 鲍列夫斯卡娅,В. П. 鲍利辛柯夫. 20—21世纪之交中俄教育改革比较[C]. 北京:教育科学出版社,2006,107.

行提供专门的教育贷款,很多银行不愿意提供这样的服务,因为他们担心学生不能还贷。

由于教育贷款发展得不好,所以俄罗斯不得不加强国家对教育贷款的支持和资助。2004—2008 年,俄罗斯实施了“科列多”(кредо)教育贷款计划。最初提供贷款的银行是俄罗斯联邦联合银行,担保人是克莱恩公司。从 2008 年起,这一计划成为国家支持教育贷款的试点,国家为通过国家认证的高等教育机构的大学生提供教育贷款。教育贷款计划是在双方签署协议的基础上进行的。大学应该同借款人签订关于提供有偿教育服务的协议,借款人应该同担保人签订提供担保的协议,然后借款人到参加教育贷款计划的银行,同银行签订关于教育贷款的协议。教育贷款的最高利息率不能超过 10%。借款人偿还整个学习过程的基本贷款并支付利息,延期不得超过三个月。当借款人不履行相关借款义务时,由担保人执行教育贷款担保协议,支付相应贷款。由于财政危机,2008 年 9 月,这一贷款计划暂时搁浅。根据俄罗斯教育与科学部的数据,在“科列多”教育贷款计划实施期间,共发放了 5000 多份教育贷款。

之后,《俄罗斯联邦教育贷款法》提出了两种教育贷款——学费和个人消费,大学生不需要担保人和抵押就可以获得贷款,同时,还贷期限也有所延长。年轻人可以用自己未来的工资来支付现在的学费。如果大学生去军队服役,那么他有权在服兵役期间不偿还贷款。为此,政府向银行提供相关保障,偿还部分贷款。该法案甚至还规定,在特定的情况下,所有的债务将转由国家承担。例如,如果贷款人自愿根据国家权力机构或者地方自治机构的规定到某一部门进行补偿性工作,比如说贷款人毕业后到农村去当教师,那么国家会承担偿还贷款的义务。根据 2008—2010 年相应的教育贷款试验计划,国家也将保证给予放贷额度的 10% 作为对教育贷款的支持。2007 年,联邦财政用于此项目的拨款为 6360 万卢布,2008 年为 1.298 亿卢布,2009 年和 2010 年每年约为 1.987 亿卢布。①

根据俄罗斯联邦政府 2009 年 8 月 28 日第 699 号决议,国家将继续支持教育贷款计划,并开展新的试点。在新的国家担保和政府补贴计划的推动下,俄罗斯大学生将获得助学贷款。2010 年 4 月底,俄罗斯开始

① 孙春梅编译. 俄罗斯讨论建立教育贷款系统[J]. 比较教育研究,2007(6):91.

按照教育与科学部的新计划发放教育贷款。新计划的主要特点是利息非常低，年利息只有5%多一点，而且还款期限比较长，贷款人可在大学毕业之后10年内偿还贷款。贷款的时间也比较长，为整个借款人就学期间另加3个月。除此之外，大学生也不需要提供抵押或者担保，而且提前归还贷款不征收任何罚金。另外，银行发放贷款总额的20%由国家进行资助，这样，就可以保证在贷款不能收回的情况下银行损失得以降低（以前为贷款总额的10%）。

目前，实施新教育贷款制度的银行有两家——俄罗斯联邦储蓄银行和俄罗斯联邦联合银行。但是，俄罗斯教育与科学部表示，在任何时候，也欢迎其他银行加入到这一计划中。俄罗斯教育与科学部选拔了56所高校，这些高校的大学生在2010—2011年可以获得新的教育贷款。这56所高校除了包括著名的国立高校外，还包括3所非国立大学，覆盖从加里宁格勒到远东的整个俄罗斯疆域，其中，19所高校位于俄罗斯联邦中央区，2所位于南方联邦中央区，5所位于西北联邦中央区，1所位于远东联邦中央区，5所位于西伯利亚联邦中央区，6所位于乌拉尔联邦中央区，15所位于伏尔加沿岸联邦中央区，3所位于北高加索联邦中央区。被选中的高校必须符合以下3个条件之一：①2010年获得自主组织入学考试权利的11所高校之一；②拥有自费生名额的专业较多；③专业符合联邦教育与科学部确定的289个国民经济发展紧缺专业。并非俄罗斯所有大学生都能获得教育助学贷款，这一计划只面向正在接受第一层次高等教育的大学生，而不对第二层次和补充高等教育的学生开放。而且，获得教育贷款的大学生需要具备以下条件：①学习成绩好；②就读的专业是劳动市场相应行业需求较大的专业；③在提供高质量教育的高校读书，该高校必须通过国家认证。在新计划实施的2010年，有1万名大学生获得了教育贷款。根据俄罗斯银行协会的数据，截至2011年底，教育贷款的总额已占到俄罗斯银行系统贷款总额的1%—1.5%。按照规划，这一试点计划于2013年12月31日截止。

除了银行提供教育贷款之外，俄罗斯一些著名的大学为了帮助经济困难的学生，特别提出了专门的高等教育助学贷款方案，通过这一方案，学生可以获得一些贷款优惠。俄罗斯普列汉诺夫经济学院、圣彼得堡国立大学、莫斯科罗蒙诺索夫国立大学和莫斯科基米连杰夫农业学院等4

所大学参加了高等教育助学贷款项目。这4所大学将按照贷款方案设计的条件,为学生提供数额为2.5万美元的贷款,还款期限为10年。其中,圣彼得堡国立大学的贷款人数已经达到了500人。同时,在方案中制订了学生5年期还款的优惠措施,甚至允许学生在毕业后10年内还清贷款。人们普遍认为,这样的高等教育助学贷款方案对学生来说意义重大,通过这一贷款方案,很多在经济上陷入困境的优秀学生就能够获得接受高等教育的机会。

当然,助学贷款毕竟是杯水车薪,仅仅靠几家银行和几所高校的努力还无法形成高等教育的助学体系。因此,许多俄罗斯专家呼吁建立西方式的助学制度,使学生不仅可以贷款,还能从各种基金会争取到一部分钱,各地方政府也要给予学生申请学费补助的机会。更为重要的是,如果学生学习成绩优良,还可以享受到优惠,只需交很少一部分钱,或者干脆免费接受教育。① 然而,目前在俄罗斯,即使是聪明绝顶的自费生,也不能转为公费生。

二、学校的企业性活动②

20世纪90年代,由于国家角色从教育领域退出,高等学校经费缺口非常大,俄罗斯联邦政府开始赋予高等学校一定的财政自主权,积极鼓励高等学校从事企业性活动,多渠道筹集经费。一时间,"自筹资金"(самофинансирование)成为俄罗斯高等学校范围内的一个流行概念,③企业性活动的浪潮席卷了整个教育领域。《俄罗斯联邦教育法》第47条规定了教育领域"企业性活动"的范围及其组成部分。总的来说,学校从事企业性活动进行创收的途径可以归纳为有偿教育服务、有偿学术活动和其他有偿活动三方面。

---

① 粟周熊.俄罗斯穷学生给贷款磕头.[N].环球时报,2000—10—27.

② 对于教育领域的企业性活动,俄罗斯教育经济研究专家卢卡申科将其界定为"教育机构用于形成和挖掘社会的教育潜能,在微观和宏观层次上取得社会经济效应的创新性活动"。Лукашенко М. А. Образование в Условиях Рынка: Концепция Учебного Заведения[М]. Москва: Высшая Школа, 2002,124.

③ 自筹资金——就是某一机构用其所辖范围内的资金对该机构自身活动进行供给。Гринкевич Л. С., Сагайдачная Н. К., Казаков В. В.. Государственные и муниципальные финансы России[М]. М.: КНОРУС, 2007,321.

如果说改革初期,俄罗斯大学由于先天不足,缺乏管理的自主性和面向市场办学的能力,那么经过 20 余年的磨砺,高等学校取得了广泛的与社会接触的机会,形成了一种主动的"自适应"机制,练就了依靠自身多方筹措资金的"看家本领"。企业性活动收入在高校的收入构成中所占比例呈现逐年上升趋势。1992 年高校企业性活动收入占收入总额的 7%,1993 年、1994 年、1995 年所占的比例分别增加至 13%、15%、25%。① 而 2000—2007 年高校的企业性活动收入的绝对数量更是呈陡然上升趋势,具体上升数额如图 3—4 所示。目前,一些大学有一半甚至更多的收入来自企业性活动。

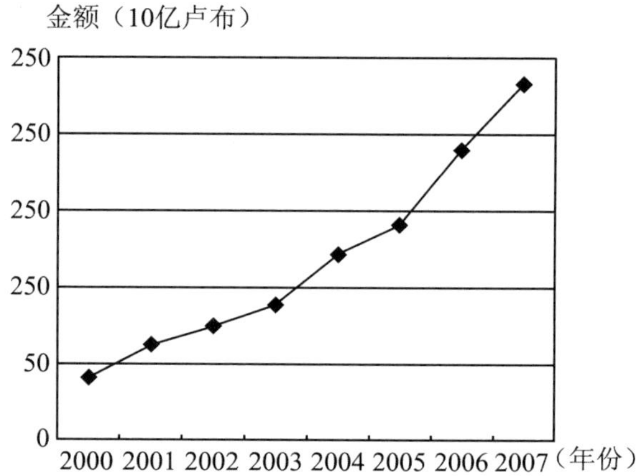

图 3—4 2000—2007 年教育系统企业性活动所得收入变化

资料来源:Росстат. Россия в цифрах[M]. Москва: Росстат,2008,408.

1. 有偿教育服务

1996 年的《俄罗斯联邦教育法》第四章第 45 条规定:"国立和市立教育机构有偿为居民、企业、机构和团体提供相关教育大纲和国家教育标准之外的有偿补充教育服务,如按补充教育大纲进行的教学、专门课程和系列科目的讲授、家庭补习、某科目强化性学习等。"②该项收入全部归高等学校的创办者所有,而且对非商业性的有偿教育服务所得收入国家一律

① Bain, Olga B. University Autonomy in the Russian Federation Since Perestroika[M]. New York & London: Routledge Falmer, 2003,90.

② Закон РФ "Об образовании" [EB/OL]. http://www.edu.ru/index.php? page-id=122, 2007—1—9/2007—3—20.

免税。

在高等教育领域，高等学校开展的有偿教育服务主要包括：为俄罗斯大学生和外国学生提供的教学活动；培养博士和硕士；第二专业和第三专业的教学活动；预备班的教学；对中学生和中学毕业生的评价活动；教学课程的答疑；辅导补习；再培训和提高技能活动；在教学大纲之外深化某些课程的研究；包括小组、俱乐部、集体授课等形式的补充性教育活动；个性化教学方案。① 开展这种有偿教育服务成了俄罗斯高校中的一种普遍现象，它成为俄罗斯高校摆脱经济困境的重要出路之一。不仅非国立高校提供有偿教育服务，而且国立高校和自治的非商业性组织在教育服务市场的作用也很大。例如，莫斯科国际经济、信息、财政和法律学院开设了包括世界经济、消除危机管理、信息系统等 16 个专业。该学院按照国际 IP 多媒体系统（IMS）标准技术，通过网络提供部分课程，并收取相应费用。但是，在很多国立高校，提供有偿教育服务遭遇到了困难。这主要有以下几方面的原因：领导者缺乏必要的经济知识和企业创新能力；高校所在的地理位置不利；地区教育管理机构对提供有偿教育服务持消极态度等。

在学前教育机构中，家长除了要为儿童的延时逗留付费外，还必须为诸如儿童的保健、语言矫正、音乐韵律教学、心理辅导、外语教学等补充服务付费。2003 年，学前教育机构的补充教育服务达到 6.2%。其中，城市的补充教育服务占 10.1%，农村补充教育服务占 1%。同时，以私人形式进行收费服务的教师、教育工作者、语言矫正专家、保姆、家庭补习教师的比例达到 13%。虽然按照官方数字，似乎提供有偿的补充服务的学前教育机构并不多（仅占学校总数的 7.2%），但事实上，每所学前教育机构都在为"学校的需要"收费。②

2002 年，俄罗斯教育体系有偿性教育服务的总收入为 729.2 亿卢布，而 2005 年已经达到 1479.3 亿卢布，仅仅 3 年的时间，就翻了一番。

---

① Васильев Ю. С., Глухов В. В., Федоров М. П. Экономика и Организация Управления Вузом[M] СПб: Издательство "Лань", 2004, 384—386.

② А. Б. 维弗列耶夫斯基，М. Л. 列维茨基. 俄罗斯教育财政改革[A]. 朱小蔓，Н. Е. 鲍列夫斯卡娅，В. П. 鲍利辛柯夫. 20—21 世纪之交中俄教育改革比较[C]. 北京：教育科学出版社，2006，113.

俄罗斯不同层次教育 2002—2005 年有偿性教育服务的收入详见表3—18。

表 3—18 2002—2005 年俄罗斯不同层次教育有偿性服务的收入

（单位：10 亿卢布）

年份 教育层次	2002 年	2003 年	2004 年	2005 年
学前教育	7.30	10.00	12.00	15.00
普通教育	7.30	10.00	12.00	15.00
初等职业教育	3.65	4.77	5.94	7.17
中等职业教育	18.23	23.85	29.68	36.92
高等职业教育	36.45	47.7	59.35	73.85
总计	72.92	96.32	118.96	147.93

资料来源：Глухов В. В., Карахотин С. Н. Многоканальная система финансирования учреждений высшего образования [М]. СПБ: Издательство Политехнического университета，2007，264.

2. 有偿学术和企业性活动

有偿学术活动主要包括：智力财产的建立和转让；学术性质服务的提供；在竞争的基础上完成科研活动等。另外，为了弥补政府资助的不足，俄罗斯院校从事多种形式的企业性活动。① 产学研合作是俄罗斯高校企业性活动的重要方面。俄罗斯联邦政府不断制定法律法规，鼓励教育机构与经济部门联合，鼓励在教育机构的基础上建立大学与企业的联合体——生产经营共同体（хозяйственные общества），高校可以从这种合作中获得一定的收入。高校以专业知识为依托，以市场急需的产品为生产对象，以与企业签署严格的经济合同为手段，所得收入用于教育再投入。根据《俄罗斯联邦高等和大学后职业教育法》第 27 条第 8 款，俄罗斯支持建立经营共同体，国家支持创新基础设施的发展，包括支持在联邦高等职业教育机构建立小型创新企业等活动。② 在此基础上，俄罗斯教育

① Адриан Ж., Бентабет Э. Белая книга российского образования [М]. серия “Проект Тасис”. Москва: Изд-во МЭСИ, 2000, 103.

② Федеральный Закон “О высшем и послевузовском профессиональном образовании” [EB/OL]. http://www.edu.ru/index.php? page-id = 122, 1996—7—23/2005—7—20.

与科学部通过了第 N310—Ф3 号联邦法律,为生产经营共同体简化纳税程序。

在实践中,一些科研实力较强的大学利用自身的专业优势独立或合作从事工商业活动,开办工厂,转让科研成果,逐步形成"教学—科研—生产联合体",或者以销售中心、生产分部、人才培养公司、科技园区的形式出现,或者以由高校参与创立的高科技含量的商贸公司的形式出现。如莫斯科大学在 1992 年成立了莫斯科大学科学园有限公司;1991 年创建的俄罗斯国立人文大学是典型的大学、企业和国家三位一体式的学校,尤科斯公司的投资比例最大;莫斯科银行学院和各大银行联合培养"专家";俄罗斯国际酒店管理和旅游学院与"宇宙酒店""乌克兰酒店""总统酒店"等莫斯科中央级大酒店联合培养酒店经理人员。从 2004 年开始,俄罗斯教育与科学部积极推动建立大学附属科技园区和技术城。截至 2006 年,以高校为基地已创办了 92 个科技园区和 133 个实验工厂、技术和信息中心,高校还创办了 2200 个小型的创新型企业。① 奥莱尔国立技术大学的教育研究与革新联合体通过把教育研究和工业融合在一起,在 7 年时间里使学校的固定资产增加了 170 多倍。西西伯利亚地区的图门国立石油天然气大学通过和企业合作,使来自非预算经费在总收入的份额从 1998 年的 75% 上升到了 2002 年的 85% 。②

2010 年,在国家支持重点大学的框架下,高等学校与企业的合作突飞猛进。因此,2010 年被当时的俄罗斯教育与科学部部长富尔先科称为"高校与企业之年"。2010 年 4 月 9 日,俄罗斯联邦政府批准了第 N218 号决议——《关于国家支持俄罗斯高等学校和实施高技术生产综合项目组织之间合作的举措》,国家为生产企业提供资助,期限为 1—3 年,每年为生产企业和高等学校联合完成的高技术生产综合项目提供最高 1 亿卢布的经费。2010—2012 年,俄罗斯联邦预算拨款数额为 190 亿卢布。在此政策的鼓励和推动下,仅 2010 年一年俄罗斯就建立了 700 多个生产经

---

① A. Б. 维弗列耶夫斯基,M. Л. 列维茨基. 俄罗斯教育财政改革[A]. 朱小蔓,H. E. 鲍列夫斯卡娅,B. П. 鲍利辛柯夫. 20—21 世纪之交中俄教育改革比较[C]. 北京:教育科学出版社,2006,113.

② Васильев Ю. С. , Глухов В. В. ,Федоров М. П. Экономика и Организация Управления Вузом[М]. СПб: Издательство "Лань", 2004,384—386.

营共同体，截至 2011 月 3 月，这样的生产经营共同体就已达到 767 个。这些生产经营共同体基本都设在高等学校内（有 750 多家）。另外，2010 年 4 月 9 日通过的第 N219 号决议——《关于国家支持在联邦高等职业教育机构发展创新基础设施的决议》规定，2010 年国家将拨款 30 亿卢布、2011 年拨款 20 亿卢布、2012 年拨款 30 亿卢布以支持高等职业教育机构发展创新的基础设施。2010 年联邦政府又通过了 N218—220 号政府令，鼓励发展高等学校和企业之间的合作，给予企业而不是高等学校技术研制资金，条件是企业提供 100% 的配套资金来预订高校的科研成果，同时保证将之应用于生产实践。截至 2011 年 3 月，有 101 项为期三年的合作计划得到了政府资助，有 76 所高等学校成为企业的合作伙伴。① 每个教育机构将获得不多于 3 年的资助，每年拨款不多于 5000 万卢布。这些举措极大地提升了高校创新的积极性，已有 100 多所高校与世界上 47 个国家规模最大的企业携手制订了创新发展计划。②

2011 年 2 月 16 日，联邦委员会认可了关于“科学和国立科研技术政策”等的相关规定，为大学创建中小企业提供便利，简化中小企业的房屋租赁制度，降低对设备和技术的限制，鼓励高校将科学研究的成果应用到实践中去。

3. 其他有偿活动

早在 1996 年，《俄罗斯联邦高等和大学后职业教育法》就给予了高等院校以下业务管理权：建筑物、装备、成套财产申报，以及满足消费、社会、文化需要的其他必须财产……高等院校有权成为财产的承租者和出租者。2005 年的《俄罗斯联邦教育法》为独立的预算外活动规定了广泛的可能性，给予教育机构出售和出租其固定资产和财务，经销购进的商品和设备，提供中介服务，入股参与其他机构（包括教育机构）和团体的活动，购买股票、债券及其他有价证券，并借以获取收入（股息、利息），从事与章程规定的自产产品、工程、劳务及销售无直接联系的其他有收益的非销

① Фурсенко А. Об итогах деятельности Министерства образования и науки Российской Федерации в 2010 году и задачах на 2011 год[EB/OL], http://www.mon.gov.ru. 2011—3—20/2011—4—2

② Министерство науки и образования РФ. Государственная поддержка ведущих российских вузов[EB/OL], http://www.mon.gov.ru, 2011—1—21/2011—4—2.

售性业务等方面的权利。①

具体说来,这些权利主要包括:出售教学服务和教学生产工厂、财产、商店、印刷厂、饮食机构等;供应和维修仪器、电脑、房间、通信设施;保障学生营养、居住、医疗和文化服务等方面的活动;保证学校工作人员生活保障的活动;提供图书馆、交通和计算技术的服务,甚至包括生产日用消费品、建立汽车停靠处和汽车库、修理日用电器、提供日常服务、提供中介服务、举行展览、参加其他组织的活动、获取有价证券、将现金存入账户、出租学校的资源、根据法庭判决获得财政罚款等。

三、国内外社会的捐赠与资助②

国内外社会捐赠与资助是俄罗斯高等教育经费的又一重要补充来源。2001 年《俄罗斯联邦高等职业院校的标准条例》规定,高等学校的收入来源包括自然人和法人,以及外国人的自愿捐赠和专项资助。

首先,获得世界银行贷款是国内外资助的重要渠道之一。1994 年,俄罗斯获得的第一笔世界银行贷款为 4000 万美金,用于金融干部与管理干部的培养。1998 年,世界银行贷款 7100 万美元给俄罗斯,资助其实施《俄罗斯联邦教育发展创新草案》,其中的 3950 万美元给予俄罗斯高等教育系统,优先资助三个领域:第一,70% 的贷款用于俄罗斯高校经济学、社会学、政治学等社会科学的发展;第二,20% 的贷款用于完善高校管理等方面;第三,资助社会科学领域学术性及其他方面活动。2001 年,世界银行贷款 5000 万美元给俄罗斯,用于资助其教育系统改革的进一步推进。对于这些贷款,俄罗斯委托国家干部培养基金会实施具体使用方案,由财政部和初等、职业教育署监督执行。

其次,争取社会捐赠成为大学应对经费紧张挑战的重要策略之一。《2006—2010 年俄罗斯联邦教育专项发展规划》明确要求,2006—2010 年每年高校的社会捐赠相对于 2005 年的增长比例分别要达到 2%、5%、6%、7%、10%,高校从商业机构和非商业机构获得资金的比例要从 2006

---

① Закон РФ "Об образовании"[EB/OL]. http://www.edu.ru/index.php? page-id = 122, 2007—1—9/2007—3—20.

② 刘淑华,徐雪英. 俄罗斯公立高等教育经费多元化改革实践. 比较教育研究[J],2011(6):42—47.

的5%提高到2010年的10%。为了鼓励向教育系统投资，俄罗斯制定专门的税收优惠方法，对那些为教育系统发展而进行资金投入或实物投入的企业、机构、组织和个人（包括外国公民）提供税收优惠。俄罗斯国家领导人，包括普京、梅德韦杰夫、前教育与科学部长菲利波夫和现任部长富尔先科，多次发表演讲，敦促企业、组织和个人向教育领域投资，加快教育领域经济体制的现代化。截至目前，已经有越来越多的企业和私人非商业性机构以各种不同的方式支持教育，其中，俄罗斯的尤科斯石油股份公司曾经每年拿出巨额资金资助各种层次的教育，2005年曾支持俄联邦教育因特网建立50个网络教育中心，有5000万俄罗斯教师在这里接受培训。同时，俄罗斯已寻求在国外的侨民和国内的跨国公司对高等教育的捐赠。

另一方面，为了加强对教育捐赠和资助的规范管理，俄罗斯成立了一系列的非商业性教育基金组织，吸纳并合理分配社会资金。例如，约翰与凯特琳基金（Фонд Джона Д. и Кэтрин Т. Макартуров）、俄罗斯国家干部培养基金（Национального фонда подготовки кадров）、俄罗斯人文学术基金（Российский гуманитарный научный фонд）、伏拉基米尔·巴塔宁慈善基金（Благотворительный фонд Владимира Потанина）和2002年成立的季娜斯季亚非商业计划基金（Фонд некоммерческих программ Династия）等。从近10年的情况来看，基金组织在吸纳国内外社会捐赠与资助方面的作用日益强化。以季娜斯季亚非商业计划基金为例，2003—2009年，该基金获得社会捐赠的数额分别为2360万、6910万、10180万、10600万、12530万、19140万、24130万卢布。①

尽管目前社会捐赠在高校收入中所占比重较低，但由于它正处于不断上升的趋势，目前已引起大多数俄罗斯高校管理者的重视。

---

① Государственный Комитет Российской Федерации По Высшему Образованию, Научно-исследовательский Институт Высшего Образования. Высшая Школа в 2009 г. [R]. Москва: НИИВО, 2010,89.

本章结语

从一元到多元,从先验地定于一尊到对多样化接纳的价值取向,体现在俄罗斯近20余年教育变革的轨迹中。跟权力结构主体的多元化一样,教育投资主体也发生了多元的变化,中央政府、地方政府、学校、社会、学生家长以及国内外社会都成为新的教育投资主体,相应地,教育经费筹集渠道也有了多元化的变迁,一种由中央政府拨款、地方政府分担、学生家长缴费、学校自筹经费和国内外社会捐赠组成的经费筹集多元格局已经形成。

俄罗斯很多学者认为,多元教育投入是政府在"垂直分裂"的过程中从中央向单位个体转嫁危机的一种方式。"新给予的自由意味着国家脱离经费负担的自由。"①换言之,是中央将原属于自身范围内的教育财政责任向地方政府、学校、家长、社会的转嫁与转移。这与苏联时期政府大包大揽的状况截然不同,同时再次印证了哈罗德·帕金关于自由与资源的二律背反理论。被授予筹集经费权利的新主体,自主生存压力骤然加大,不得不接受面向市场开拓资源的挑战。同时,这种新的经费格局,必然与权力格局的变化相辅相成——承担起财政负担的一方势必要和以前的权力配置模式讨价还价。

但是,更应该认识到的是,这种多元经费格局的建立提高了地方政府和学校的自主创新能力。如果说改革初期,地方政府和学校由于先天不足,缺乏管理的自主性和面向市场办学的能力,那么经过20余年的探索,它们基本上具备了多方面筹集高等教育经费的本领、自我优化的潜质。从过去"执行"角色到承担"统筹"重任角色的转换,势必增加这些投资主体发展教育的积极性和热情。由被动性、封闭性、统一性、僵化性和依赖性向执着性、冒险性、创新性、灵活性和自主性转变,是体现在它们身上的重要变化。从这种意义上说,地方政府和学校获得了新的生存空间和发

① Bain, Olga B. University Autonomy in the Russian Federation Since Perestroika[M]. New York & London: Routledge Falmer, 2003, 90.

展机遇。

更为重要的是，这种准市场模式的经费格局进一步改变了学校、社会和市场的关系，提高了教育系统对于外部环境的适应能力。正如伯顿·克拉克所言，“在几种主要的结构类型中，市场形式似乎具有最强的应变能力。……它是最有可能使教育体制接受变化、适应环境的新需求的一种形式”。① 它使得俄罗斯教育系统开始走出故步自封和僵化保守，从与社会的多方面交流中获得发展的动力、财力和活力，从而把自身的发展与社会发展的需求紧密联系起来，拥有了较强的变通能力和适应能力。

① ［美］伯顿·克拉克著. 王承绪，等，译. 高等教育系统——学术组织的跨国研究［M］. 杭州：杭州大学出版社，1994，227—228.

第四章

教育战略的核心内涵之三：提高教育质量

苏联时期的教育，无论是教育规模，还是教育质量，都在世界教育体系中占有领先的地位。然而，苏联解体之初，疾风暴雨式的教育改革加剧了俄罗斯的教育质量问题。而且，随着教育大众化的快速推进，非国立高校的迅猛增加，教育市场化的仓促上马，教育质量和教育规模的矛盾在俄罗斯更加凸显。跟超级大国时期教育质量稳居世界前列的辉煌相比，俄罗斯教育质量下滑成为引发全社会高度关注的核心问题。

面对严峻的形势，俄罗斯把提升教育质量纳入国家发展战略，从国家层面推动教育质量的提高，从国家安全乃至国家竞争力的角度对提升教育质量进行了诠释。教育质量成为俄罗斯历年来教育改革政策文本的核心词汇之一。例如，2004 年 12 月 9 日，俄罗斯联邦政府会议批准了《俄罗斯联邦教育系统发展的优先方向》，其中，提高教育质量是作为优先发展方向的第一项，也是最重要的一项提出的。2011 年 8 月 24 日，时任俄罗斯联邦总理的普京在会见俄罗斯大学校长协会代表时说："高质量的、现代化的教育，这是我们国家稳步发展的基础，是每个人自我实现的根本，也是国家所有公民扩大社会机会和经济机会的基础。它是俄罗斯的战略资源，我们应该强化并充分利用这一资源。"①在国家的教育现代化综合方案中，对于"教育质量"这一概念也进行了全新的诠释，即是指满足个体、国家与社会的迫切需求和远景需求，包括社会流动性，职业成就

① Министерство образования и науки РФ. Главные события в современном образовании 2004—2011[R]. Москва: медиалайн. 2012,107.

和生活成功程度,公民的身体健康、心理健康和道德健全。[①] 也就是说,教育质量体现的是与国家利益和个人需求紧密相关的最重要的价值观。

最近20余年,俄罗斯教育领域进行了一系列旨在提高教育质量的大刀阔斧的改革。其中收效最为明显的有两个方面:一是教师队伍重建,在增加教师数量和提高教师素质两方面双管齐下。二是制定教育标准体系,国家主导教育质量的发展方向。

第一节 教师队伍的重建

一、教师队伍建设曾遭遇重挫

苏联解体之初,教师队伍这支教育发展的最主要生力军,无论在物质方面还是在精神方面都遭遇了巨大的挫折,教师的生活状况遭遇窘境,教师的社会地位急剧下滑。这种状况是俄罗斯历史上自文明开化以来鲜有的。

早在沙皇俄国时期,教师就是俄国特殊的社会阶层,教师的经济状况和生活水平都处于相对优越的地位。苏联时期,政府一方面注重提高教师素养,另一方面注重改善他们的物质生活条件。教师这一职业被无产阶级革命家和教育家加里宁称赞为"人类灵魂的工程师"。在苏联人造卫星发射成功后,美国对苏联和自己的教育制度进行了对比研究。研究报告指出,苏联成功的原因之一在于其教师享有"最大的尊敬和威望",教师在数量和质量方面都比美国好得多。

然而,苏联解体之初的1991—1998年间,政治、经济形势动荡不安,政府对教育、科技、文化等领域的投入严重不足,教育一度陷入资金严重短缺的困境。而且,由于实行了否定体力劳动和脑力劳动差别的不合理的工资制度,教育部门的平均工资低于全国的平均工资,更低于工业部门的平均工资。教师的经济状况极其困难,一些教师的收入甚至到了令人

① Министерство образования и науки РФ. Модернизация системы образования [EB/OL], http://mon.gov.ru/pro/pnpo/reg/,2004—12—4/2012—3—7.

绝望的境地。迫于生存压力，教师罢工事件时有发生。20 世纪最后十年，政府迫于压力，曾多次采取措施试图改善教师的收入和经济状况，但是，由于物价飞速上涨，教师经济状况并未改善。到 2002 年 1 月，教师的平均工资只有 2753 卢布。而同期的全国月平均工资为 3760 卢布，为教育部门的 1.4 倍；工业部门的月平均工资为 4475 卢布，为教育部门的 1.6 倍。① 教师的贫困境地还导致教师社会地位急剧下滑，引起教师职业威望在普通民众眼中大幅下降。曾经荣耀的教师职业，变得不再吸引俄罗斯人。2000 年，俄罗斯在中学毕业生中组织的一次民意调查结果显示，仅有约 3 万人愿意报考师范院校，而在这之前愿意报考师范院校的人数为 17.7 万人。② 超级工作（Superjob）网站在 2000 年教师节前夕实施了一项针对教师职业威望的网上调查，受访者大多数是中年人。调查结果显示，51% 的人认为，最近 10 年教师地位下降了。只有 21% 的俄罗斯人认为"教师职业是体面的工作"，64% 的人不认为"教师职业是体面的工作"。③

教师收入微薄、社会地位急剧下降造成了俄罗斯教师队伍人心不稳，教育领域人才大量外流，或者弃教从商，或者远赴别国谋求发展。截至 2006 年，有 70%—80% 的师范毕业生毕业后不从事教育工作。④ 20 世纪最后 10 年，由于教师经济和社会状况的双重恶化，俄罗斯教师队伍建设遭受了巨大的挫折。

一方面，教师年龄和性别结构极不合理，教师老龄化和女性化现象严重。由于中青年，特别是男士不愿意从事教师职业，或者自愿放弃教师职业，使得教师队伍中年轻人和男性的比例急剧减少。从俄罗斯高校教师队伍的年龄结构看：30 岁以下的教师约占 12%，30—40 岁的教师约占 18%，40—50 岁的教师约占 25%，50—60 岁的教师约占 25%，60—65 岁

---

① Государственный Комитет Российской Федерации По Высшему Образованию, Научно-исследовательский Институт Высшего Образования. Высшая Школа в 2003 г [R]. Москва: НИИВО, 2004, 75—76.

② Надежда Гурина. Средний возраст учителей в России вырос на 42% [EB/OL]. http://www.rbcdaily.ru/2011/08/26/focus/562949981341800, 2011—8—26/2012—6—18.

③ http://sterlegrad.ru/russia/15610-zarplata-uchiteley-obrushila-prestizh-professii.html.

④ Государственный Совет. Инновационное развитие образования-основа повышения конкурентоспособности России[R]. 2006—3—24.

和65岁以上的教师约占20%。[①] 20世纪80年代苏联教师的平均年龄为35岁,而到了世纪之交,教师的平均年龄已经增加到了50岁。20年不到的时间,教师平均年龄增加了15岁。同时,由于很多男教师改行,使得女教师的比例高达85.3%。[②] 教师结构急剧老化和女性比例急剧上升的现象引起了社会各界的担忧。

另一方面,由于教师人才的大量外流,造成教育质量大幅下滑。留在教师岗位的教师,迫于生计,不得不把主要精力用于自我创收,这样势必对教学质量产生不良影响。正如俄罗斯联邦高等学校校长协会第六次代表大会上所指出的那样:"俄国的高等教育不久以前在世界上还居于领先地位,不幸在上世纪末最后十年陷入困境。由于青年专门人才需求不足,科学工作者、教师的生活水平下降,设备、科学文献和教学资料短缺,导致人才流失严重。这些现象对俄国的生产力的发展产生了负面影响。这就是为什么我们的教育迫切需要进行深思熟虑改革的原因,不仅是简单地恢复被破坏的东西,而且要切实地猛进一步。"[③]

由此,教育质量下降已成为备受社会关注的一个严峻问题。重建教师队伍成为俄罗斯教育发展中一个刻不容缓的紧迫任务。

二、提升教师职业威望

为了摆脱20世纪90年代教师队伍建设整体下滑的局面,俄罗斯政府把提高教师的社会地位、提升教师职业威望作为教育政策的首要任务之一。在最近20年的教师队伍建设上,如果说世界各国倾向于提高教师质量,而俄罗斯则是在增加教师数量和提高教师素质两个方面双管齐下。俄罗斯一方面通过立法手段,另一方面通过对教师的物质支持和精神支持,来提升教师职业威望,增加教师数量,提高教师质量。

近10年来,俄罗斯在一系列重要法律法规中,都对提升教师职业威望作出了专门规定。在2000年4月颁布的《俄罗斯联邦教育发展纲要》中就设立了"俄罗斯的教育干部"子纲要。在这一子纲要的框架内,政府

---

① 高凤兰,曲志坚.俄罗斯高等院校师资状况分析[J].外国教育研究,2004(11):45.

② Надежда Гурина. Средний возраст учителей в России вырос на 42%[EB/OL]. http://www.rbcdaily.ru/2011/08/26/focus/562949981341800, 2011—8—26/2012—6—18.

③ 高凤兰,曲志坚.俄罗斯高等院校师资状况分析[J].外国教育研究,2004(11):44.

制订了一系列措施克服教师保障缺乏的现象,重新树立教师的社会威信和地位,提高教师的职业自信心,从而最终提高教育教学的质量和水平,以适应教育现代化的需要。2000 年 10 月通过的《俄罗斯联邦 2025 年前国家教育论纲》中提出"创造条件不断提高教育领域教师和其他工作者的威望和社会地位"。① 2004 年 8 月 22 日,《俄罗斯联邦教育法》颁布了新版本,其中第 55 条对"教育系统工作者的权利和对其的社会保障"作出了详尽具体、操作性和可行性都很强的规定:"俄罗斯教育系统工作者有权参与学校管理,有权保护自己的职业荣誉和职业尊严。""缩短教育工作者的工作时间,一周不超过 36 个小时。教师教学工作量的上限在劳动合同或合同协议中规定。此上限是由相应层次和相应类别的教育系统标准条例确定。教育工作者连续工作 10 年,就至少享有一次为期 1 年的假期。""教育工作者有权至少每 5 年获得一次职业进修和提高技能的机会。为教育工作者提供保障其获得书籍和期刊的补偿经费,联邦高等职业教育机构和补充职业教育机构的教师每月可获得 150 卢布,其他联邦国立机构教师每月 100 卢布。"同时,该法律对农村和城镇地区教育工作者的社会保障也作出了专门规定:"俄罗斯联邦法律和联邦主体法律条文不应减少针对生活和工作在农村地区、城镇区域的教育工作者的社会保障举措。按照联邦法律确定的程序,俄罗斯退休教育工作者享受应享有的退休金,优先享有获得住房的权利。生活和工作在农村和城镇地区的国立学校教育工作者有权获得住房、供暖、照明等方面的补偿经费。补偿的数额、条件和程序由俄罗斯联邦法律确定,并且从联邦预算中支出;而对生活、工作在联邦主体所属和市立学校的教育工作者,其享有的社会保障由联邦主体法律确定,并从联邦主体预算中支出。"②这些重要法律法规对提高教师职业在整个社会中的威望无疑有着引导性的作用和价值。

此外,俄罗斯颁布了一系列专门针对师范教育的法规,基于俄罗斯师范教育改革中存在的问题和对师范教育基本规律的重新认识,对师范教育的相关制度作出了调整,全面规划和引导师范教育的改革与发展。21

① Министерство образования и науки РФ. Национальная доктрина образования в Российской Федерации до 2025 года[R]. 2000—10—19.

② Изменения к Закону об российском образовании. 2004—8—22/2012—6—17.

世纪初,在提出教育优先发展的战略之后,俄罗斯又提出师范教育优先发展战略和师范教育现代化战略。2001 年 4 月 24 日,俄罗斯教育与科学部颁布了《2001—2010 年俄罗斯连续师范教育体系发展纲要》,确定"师范教育发展战略是俄罗斯教育系统优先发展和系统发展的领域。在新的经济和社会文化条件下,师范学校解决国家和社会任务的作用得以加强。其作用体现在:保障教师职业个性的形成;促进社会稳定和社会发展;确定社会和国家所有领域人才培养的质量。"①2003 年 4 月 1 日,俄罗斯教育与科学部颁布了《俄罗斯师范教育现代化纲要》,对师范教育现代化的目的、任务和改革的方向作出了详尽的规定。该纲要指出:"师范教育是俄罗斯教育系统的组成部分,承担着完成学前教育、中等教育、专门教育、补充教育和初等、中等和高等职业教育教师人才保障的迫切任务。师范教育现代化的任务在《2010 年前俄罗斯教育现代化构想》中得以确定,也是由师范教育内在发展规律和个体、社会与国家发展前景所确定的。师范教育现代化的目的是在实现教育现代化目标下建立师范教育有效发展和快速发展的机制。"②2006 年 3 月 26 日,俄罗斯国务委员会颁布了旨在推动教育领域创新发展战略的重要报告《教育的创新发展——提高俄罗斯竞争力的基础》,此报告在第三章"决定国家教育政策有效性的关键条件"中,对"提高教师的社会地位、物质状况和职业水平""师范教育体系的根本现代化"等问题进行了专门阐述,剖析了当前俄罗斯师范教育在结构、内容和组织等方面存在的问题,并提出了在国家创新发展的新背景下,实现师范教育现代化的相应措施。师范教育被提升到了事关国家安全的战略地位。

除了立法保障,提高教师职业威望的另一个方面体现在加强对教师的社会支持、精神支持和财政支持,提高教师为教育事业发展做出贡献的责任感。俄罗斯传统的"年度教师"评选一直在进行。以 2003 年为例,有 521 名教师被授予"俄罗斯联邦勋章和奖章",2487 名教师被授予"俄罗斯联邦荣誉称号",2 名教师获得"俄罗斯联邦总统嘉奖通告",1 名教师

① Министерство образования РФ. Программа Развития Системы Непрерывного Педагогического Образования России на 2001—2010 годы[R]. 2001—4—24.

② Министерство образования РФ. Программа Модернизации Педагогического Образования[R]. 2003—4—1.

获得"俄罗斯联邦政府荣誉状"，8 名教师获得"乌申斯基奖"，22543 名教师获得"俄罗斯联邦普通教育荣誉工作者"称号，2344 名教师获得"俄罗斯联邦初等职业教育荣誉工作者"称号，2034 名教师获得"俄罗斯联邦中等职业教育荣誉工作者"称号，2519 名教师获得"俄罗斯联邦高等职业教育荣誉工作者"称号。①

2006 年起，在《国家教育优先发展规划》框架下，俄罗斯启动了"优秀教师"评选活动，对优秀教师进行资助。这一举措的目的是优化教师的教学活动和教育活动，提高教师的创造性职业潜力。2006—2009 年，每年在教师节前，国家都要向 1 万名优秀教师各发放 10 万卢布的奖励。2010 年 1 月 28 日，俄罗斯发布第 N117 号总统令——《对优秀教师奖励的条例》，计划从 2010 年起，向在教育活动中取得较高成就，获得社会广泛认可的初等普通教育、基础普通教育、中等（完全）普通教育机构中的优秀教师给予物质奖励。俄罗斯联邦政府每年出资 2 亿卢布，向 1000 位优秀教师发放 20 万卢布的奖励。每个联邦主体奖励的数额由俄罗斯联邦教育与科学部根据各联邦主体所在地区在校生数量加以确定。2010 年 2 月 9 日，联邦政府颁布第 N64 号决议——《关于支付对优秀教师的奖励》。根据这一决议，俄罗斯联邦 2010 年从预算中拨付经费补贴给联邦主体，用以支付对优秀教师的奖励。优秀教师是在评选的基础上竞争产生的。从事教学实践且教学时间不少于 3 年的一线教师可参与评选。获得奖励的教师在 5 年之后仍可再次参加评选活动。截至 2011 年，40000 名优秀教师在俄罗斯获得了很高的知名度。② 同时，俄罗斯还实施了"班主任计划"（классное руководство），对在班主任工作中作出过卓越贡献的教师提供物质奖励。

政府意识到，"学校的关键在于教师"，在保持和完善现有教师队伍的同时，还要大力吸引新一代教师。因此，政府通过了有关依靠国家财政的师范生定向合作培养的条例，鼓励学生报考师范院校。在这方面，俄罗

---

① Государственный Комитет Российской Федерации По Высшему Образованию, Научно-исследовательский Институт Высшего Образования. Высшая Школа в 2003 г [R]. Москва: НИИВО, 2004, 142.

② Министерство науки и образования РФ. Лучшие улителя[EB/OL], http://mon.gov.ru/pro/pnpo/uch/. 2007—7—13/2011—6—7.

斯联邦充分发挥了地区和地方的作用。地区和地方政府与一些师范专业大学生建立了实际的契约关系，地方政府为学生提供免费受教育的机会，学生向地方政府保证，毕业后在本地方工作一定年限。这一方面解决了一些贫困家庭学生的就学问题，另一方面也有利于缓解偏远地区教师奇缺的状况。2010 年，俄罗斯教育和科学部部长安德烈·富尔先科表示，在最近两年内提供 50 万卢布的补助金用于鼓励大学毕业生从教。只要大学毕业生在毕业后选择从事教师工作，就可以得到补助金。这个项目将和各个联邦主体一起为年轻人才提供住房，富尔先科还建议将这笔钱用于增加教师工资、支付技能培训或休假的费用。除此之外，大学教师和大学中的科研人员将会得到额外的奖金补助。这样的举措为吸引年轻的学生到国家急需的师范岗位起到了重要作用。截至 2010 年 2 月，大约有 136 万名教师在俄罗斯的中小学校里工作，一般是 10 名学生配备 1 名教师。另外，普京还提出建立针对青年教师的支持机制，向那些决定从事教育事业的青年教师拨发专门的补贴，为此，俄罗斯联邦教育与科学部实施了专门的“学术教育工作者”联邦计划：国家提供 1000 项资助，每项资助期限两年，每年 25 万卢布。经过几年的努力，俄罗斯年轻教师比例有了较大提高。从 2011 年 1 月 1 日到 2011 年 9 月 1 日，仅仅几个月的时间，年轻教师就增加了 25000 人，年轻教师的比例提高了 10%。① 不过，在城市工作的教师人数要多于在农村工作的教师人数，分别为 77000 人和 59000 人。② 同时，教育与科学部指出，要降低学校的封闭程度，增加其他领域，如商业机构、科研机构、社会组织、传媒机构和国家管理机构兼职教师的比例。

为了营造尊师重教的社会氛围，提高教师职业的威望，俄罗斯将 2010 年定为“教师年”。政府从财政预算中拨款 150 亿卢布，筹划了数十项相关活动：为全国优秀教师颁发奖金，政府和各部门对其进行奖励；各地区举办“俄罗斯教师年”“俄罗斯儿童艺术学校优秀教师”“俄罗斯优秀学校”“教育领域的杰出者”“把心献给孩子”等评选活动，并举办书展、展

---

① А. А. Фурсенко . Итоговая коллегия Министерства образования и науки Российской Федерации 18 февраля 2012 года[EB/OL]. http://www.edu.ru/db/mo, 2012—2—19/2012—4—6.

② 于翔编译. 俄罗斯启动“教师年”多项活动倡导尊师重教[N]. 2010—2—9.

览会和教师圆桌会议等。此外,在“俄罗斯教师年”活动期间,俄罗斯还为在互联网站建设方面作出杰出贡献的教师专门设立奖项。俄联邦教育与科学部联合各联邦主体,针对中小学教师和其他教育工作者举办一系列竞赛。在其中的很多项活动中,总统梅德韦杰夫都亲力亲为。他提出:“我们做这一切是为了使教师成为社会上被尊敬的人。”①

三、提高教师劳动报酬

极低的教师待遇引起了俄罗斯社会各界、各级教育组织的关注和重视。例如,2006 年 3 月 24 日通过的《教育的创新发展——提高俄罗斯竞争力的基础》提出要“提高教育工作者的社会地位,改善其物质状况”。在分析教师的物质状况时,该文件指出:现在因为很多经济方面的因素,教师的生活状况极度不理想,主要的原因在于教育领域工资太低。教师的工资低于全国平均工资,这不利于教育的发展,截至 2006 年,教育部门依然是全国工资水平最低的部门之一。不最终解决教育工作者的工资问题,教育质量和教育发展简直就是空想。②

首先,俄罗斯通过立法提高教师工资,不断改善教师待遇。1996 年的《俄罗斯联邦教育法》中对教师工资和薪酬作出了专门规定:“教育机构工作人员的最低工资和职务薪酬定额,按高于俄罗斯联邦平均工资水平的额度制定。教育机构教育人员的工资和职务薪酬按以下标准制定:高等职业教育机构中的教授教学人员的工资比工业部门工作人员的平均工资高一倍;中小学教师及其他教育工作者的工资不低于俄罗斯联邦工业部门工作人员的平均工资;教育机构其他工作人员的工资相当于工业部门同类工作人员的平均工资。”③实践证明,《俄罗斯联邦教育法》相关规定的实施过程和效果不尽如人意。因此,提高教师工资,缩小教育系统与工业部门工资水平的差距,成为《2010 年前俄罗斯教育现代化构想》的

---

① А. А. Фурсенко . Итоговая коллегия Министерства образования и науки Российской Федерации 18 февраля 2012 года[EB/OL]. http://www.edu.ru/db/mo, 2012—2—19/2012—4—6.

② Государственный Совет. Инновационное развитие образования-основа повышения конкурентоспособности России[R]. 2006—3—24.

③ Закон об Образовании Российской Федерации [Z]. Учительская Газета, 1996, 5—6.

主要议题之一。2000 年 10 月通过的《俄罗斯联邦 2025 年前国家教育论纲》中对"教育工作者的劳动报酬和退休金保障"进一步作出了规定,并提高了各级各类教师的工资待遇标准:"为了保障教育工作者过上应有的生活,并进行创造性的活动,在劳动薪酬方面确定以下标准:教育工作者的最低工资定额(职务工资额)不低于俄罗斯联邦的平均劳动工资;学前教育、普通教育、初等职业教育和中等职业教育机构的教育工作者的平均工资(职务工资)至少是俄罗斯联邦平均劳动工资的 1.5 倍;高等学校教授教学工作人员的平均工资是俄罗斯联邦平均工资的 3 倍;给予所有教龄在 25 年以上的教育工作者,包括继续从事教育活动的教龄在 25 年以上的教育工作者获得国家退休金(因服务期满)的权利;根据高等学校教授教学工作人员和科研工作人员的年龄为其确定退休金,应确保不少于在职人员平均工资额的 80%。"①

同时,为了切实保障教师工资的提高,从 2008 年 12 月 1 日起,俄罗斯中小学正式实施了新的教师劳动薪酬制度(новая система оплаты труда учителей)。这一制度取代了以前实行的统一的工资等级表(единая тарифная сетка)。新的薪酬制度规定中小学教师工资主要包括基础工资、激励津贴、系数和补偿工资等内容。按照规定,俄罗斯教师的一周工作量不超过 36 课时,基础工资主要是支付学时工作量。上课的课时为 18 课时,剩下的课时用来准备教案、检查作业、辅导落后和天才儿童、组织班会等。新工资制度中基本工资部分主要取决于定额,即 1 年教授 1 个学生的工作量。定额的标准由地区的教育和财政权力机关决定。除了基础部分外,教师们还能得到成就激励津贴。至于如何奖励教师,每个学校可以自行安排,通常是依据学生的学习成绩、考试分数和参加奥林匹克竞赛的成绩。确定激励津贴的期限一般为 1 年、半年或者 3 个月。除此之外,课程系数也影响工资的额度。例如:在计算工资额度时,要为那些教授俄语、数学、雅库茨克语等优先科目的教师增加 25% 的课程系数。俄罗斯教育与科学部已经确定了所有需要增加系数的课程及具体增加的系数,但学校可以根据实际情况进行改动。根据国家规定,除了基础

① Национальной доктрине образования в Российской Федерации до 2025 года [R]. 2000—10—19.

工资和激励津贴外，有些工作人员还可以得到具有补偿性质的工资，获得补偿工资的金额和条件由各地区和各学校根据具体情况决定。① 实施新的劳动薪酬制度的主要目的是提高教育工作者高质量工作的积极性；通过提高教育工作者劳动报酬的总体水平，创造条件吸引高技能专家从事教育工作。

这种新的教师薪酬制度70%是基础部分，30%是激励部分，激励工资是按照教师劳动的结果和有效性确定的。这实际上是用"按能力分配"的原则代替了原来的"一刀切"式的平均分配原则。这种制度使那些经验丰富、成绩突出的老教师更容易获得更高的工资。此外，教师的工资水平取决于教师所从事活动的形式，而不单单取决于教师的课时量。教师授课以外的其他活动第一次得到了关注。教师以下形式的活动与工资挂钩：上课的时数；针对某科目的课外活动；班主任工作；作业检查；教研室的管理；为学生开展的咨询和补充课程；开展的家长工作。截至2010年底，有48个地区实施了新的教师劳动薪酬制度。从新的教师劳动薪酬制度实施的第一个5年的结果来看，成效是很明显的。俄罗斯联邦教育与科学部的数据显示，在引入新的劳动薪酬制度的很多地区，教师的工资已经超过了经济领域工作人员的平均工资，例如阿尔泰边疆区、犹太自治州、加里宁格勒州、北奥塞梯等地区。

从2011年9月1日起，在"地方教育系统现代化"（модернизация региональных систем общего образования）框架下，俄罗斯联邦政府拨付大量补贴给联邦主体，用于提高教师工资。2010—2013年联邦政府计划分5次拨付1200亿卢布：第一次是在2011年9月1日前拨付200亿卢布，第二次是在2012年2月15日前拨付300亿卢布，第三次是在2012年6月1日前拨付300亿卢布，第四次是在2013年2月15日前拨付200亿卢布，第五次是在2013年5月1日前在拨付200亿卢布。联邦对每一个联邦主体拨付的数额，是根据每个联邦主体教育机构中的学生数量和联邦主体的预算保障水平确定的，其中农村地区得到更多的拨款。

以上种种劳动薪酬制度的改革措施使普京确定的"提高教师群体的劳动报酬"的任务得以实现，教师的工资得到了很大提高。2004—2011

① 赵伟．转型期俄罗斯中小学教师新工资制度评析［J］．比较教育研究，2011（2）：32—35．

年俄罗斯教师平均工资的增长情况如图 4—1 所示：

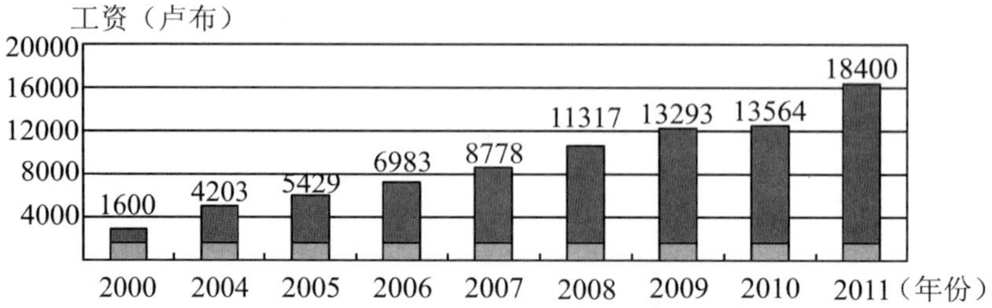

图 4—1　2000—2011 年俄罗斯教师平均工资增长趋势

资料来源：Министерство образования и науки РФ. Главные события в современном образовании 2004—2011[R]. Москва：медиалайн，2012，96.

从上图可以看出，俄罗斯教师 2000 年的平均工资只有 1600 卢布，2004 年的平均工资大约为 4000 卢布，比经济领域的平均工资低 60%，2008 年教师平均工资则增长到 11317 卢布，到了 2011 年已达到 18400 卢布，增长速度十分明显。俄罗斯联邦前教育与科学部部长富尔先科指出，俄罗斯 44 个联邦主体教师的平均工资在 2011 年 9 月份已达到了本地区经济部门的平均工资，其他的联邦主体也正在接近这个指标。从 2011 年 9 月起，有些联邦主体教师的平均工资增长了 30%。到 2011 年底，69 个联邦主体的教师工资已经达到或超过经济部门的平均工资水平。到 2013 年，所有的联邦主体教师的平均工资应该达到本地区经济部门的平均工资。① 在未来，俄罗斯联邦教育与科学部计划进一步使所有地区的大学教师和幼儿园教师的平均工资都达到经济部门的平均工资水平。

新的劳动薪酬制度的实施不仅改善了教师的物质状况，而且成为激励教师发展的有效手段，进一步促进了教育质量的提高。正如诺夫哥罗德州教育、科学和青年政策委员会主席奥西波夫所说，“标准的更新，物质技术基础的改善，教师工资的提高——所有这一切都会最终在孩子的发展上显示出来。教师不再为生计问题担忧，他们有机会提高自己的技能，最终会以焕然一新的方式与孩子们建立新的关系”②。同时，新的劳动薪

① 2011 年底，俄罗斯国内总体的月平均工资为 2.4 万卢布，莫斯科的月平均工资为 2.7 万卢布，2012 年，莫斯科的月平均工资提高到 3.3 万卢布。

② Министерство образования и науки РФ. Главные события в современном образовании 2004—2011[R]. Москва：медиалайн，2012，95.

酬制度在一定程度上扩大了学校的自主权,学校能够独立使用预算,并把获得的资金用在提高教师收入上。但是,需要看到的是,在不同地区,教师平均工资差别很大,从 5000 卢布到 30000 卢布不等,这主要缘于地方系数的差别和地方预算保障的差距。也就是说,“现在取得的成绩,还远不是终点,仅仅是未来发展的推动力。要知道,在第一个五年之后,接着会有第二个五年”①,俄罗斯提高教师待遇和劳动薪酬制度的改革仍然需要持续推进。

四、全面提高教师素质

为促进教育现代化目标的实现,为使教师成为符合现代化要求的新型教育人才,俄罗斯基于本国师范教育发展的现状,在提升教师职业威望、改善教师待遇的同时,非常注重全面提高教师的技能和素质,一方面优化教师培养和培训结构,完善教师职业培养的组织,另一方面注重教师培养模式的创新,完善教师培养的内容和形式;同时,注重建设对教师专业技能水平鉴定的制度创新,强化对教师职业发展的要求。

1. 优化师范教育结构

苏联解体以后,俄罗斯延续苏联时期的教育体制,仍将统一的连续性师范体系作为涵盖各级各类教育的完整系统,②同时将终身教育理念融汇其中,关注教师继续教育和职后培训,构筑终身师范教育体系,优化师范教育结构。

2001 年 4 月,俄罗斯教育与科学部颁布的《2001—2010 年俄罗斯连续师范教育体系发展纲要》是旨在提高师范教育质量的纲领性文件,这一文件确立了俄罗斯师范教育体系的组织结构。文件指出,俄罗斯师范教育是连续性教育体系,开放性、多层次性、多水平、多功能、灵活机动性是其主要特点。俄罗斯师范教育体系是指由中等、高等和大学后师范教育之间相互衔接的职业教育大纲的综合体系,是中等、高等和大学后师范教育机构和组织相互协作的网络,是联邦和地方的师范教育管理机构。截至 2001 年,从事连续性师范教育的教育机构有 670 多所,包括 346 所由

---

① А. А. Фурсенко . Итоговая коллегия Министерства образования и науки Российской Федерации 18 февраля 2012 года[EB/OL]. http://www.edu.ru/db/mo, 2012—2—19/2012—4—6.

② 肖甦. 比较教师教育[M]. 南京:江苏教育出版社,2010,166.

联邦主体拨款的中等师范学校、55 所职业师范和工业师范院校、160 所国立高等师范院校、94 所教育工作者技能提高和职业再培训教育机构，以及 57 所国立师范大学分校。① 师范教育是俄罗斯职业教育系统的组成部分，为学前教育、中等教育、特殊教育、补充教育、初等和中等职业教育培养教育人才。以 2003 年为例，俄罗斯连续性师范教育为所有层次和所有类别的 14 万所学校的 3727 万学生培养教育工作者。②

2003 年，俄罗斯中等师范教育系统包括 345 所师范教育机构，其中中等专科学院 254 所，占 74%。有 9 所中等专科学院是大学的分支机构。有 20.4 万名学生在中等师范教育机构学习，其中 83% 是日授生。2002—2003 年，俄罗斯批准并实施了中等师范教育 21 个专业的国家教育标准。中等师范教育机构的学习年限在原先基础上增加了一年，变为三年。在新的教育标准中，增加了新的补充培养和专业化的大纲，以保障学生的职业竞争力和工作流动性。截至 2003 年，共有 22 个新的补充培养大纲和 12 个专业化大纲开始实施。

不过，为顺应世界总体发展趋势，俄罗斯的师范教育体系也在不断向着更高水平发展：中等师范教育作为职业终结性教育的职能减弱，其在全国的覆盖率呈缩小的趋势，多级教育体制的实施使中等师范教育环节逐渐被中等完全普通教育和高等师范教育（或高专）所代替，后者所占比重日益增大，成为师范教育体系的主要组成部分。③ 高等师范学校增加很快，至 2003 年，已经超过 200 所。2000 年，俄罗斯制定和批准了高等师范教育 29 个专业 7 个方向的国家教育标准，这是第二代国家教育标准，同时还批准了可供借鉴的国家教育标准联邦部分的课程。2005 年，俄罗斯制定了第三代国家教育标准，多层次教育机构的结构进一步完善，增加了学士培养的方向，扩展了学士培养的专业，并且增加了教育学专业的硕士培养大纲。

---

① Министерство образования РФ. Программа Развития Системы Непрерывного Педагогического Образования России на 2001—2010 годы[R]. 2001—4—24.

② Государственный Комитет Российской Федерации По Высшему Образованию, Научно-исследовательский Институт Высшего Образования. Высшая Школа в 2003 г [R]. Москва: НИИВО, 2004,39.

③ 肖甦. 比较教师教育[M]. 南京：江苏教育出版社，2010，165.

从20世纪90年代起，俄罗斯师范教育领域出现了大学化（университизация）趋势。这种大学化表现为两种形式：一种是由师范学院直接升格为师范大学。这些学校往往建校时间长，学校规模较大，师资和学术力量强。升格为师范大学后，这些学校大多增加培养方向，增设非师范类专业。这些师范大学更能集中地方科学与教育的潜能，发挥地区文化教育中心和继续师范教育中心的功能，对地方教育发展与地方师资队伍建设具有整合作用。① 师范教育大学化的另一种形式是以师范学院为基础、联合本地区某个或多个其他院校成立传统性综合大学，大学的师范性淡化，综合性增强。针对师范教育大学化带来的负面效应，2006年颁布的《教育的创新发展——提高俄罗斯竞争力的基础》指出：师范教育大学化可能会导致师范教育变得薄弱、师范教育优秀传统丧失，因此，计划按照下列模式对现有的师范大学进行改革：第一，把培养大量国家和学校必需的各种专业师资的院校更名为师范学院，或将其作为教育系纳入综合大学；第二，创建一批联邦层面的师范大学，其主要任务是保障教育的健康发展，包括促进师范教育的创新，推动教育科学与教育实践的一体化，从事科研—方法的研究和教育研发，为师范教育机构培养师资；第三，让培养非师范专业学生的学院从师范大学中独立出来或并入综合性大学。②

在连续性师范教育系统的建设中还出现了统一化现象，即出现了教学—科研—师范综合体（учебно-научно-педагогический комплекс）。这些综合体将学前教育机构、普通教育机构、初等职业教育机构、中等职业教育机构、高等职业教育机构和大学后职业教育机构联合在一起。例如，以伏尔加格勒国立师范大学为中心创建的教学—科研—师范综合体，是整个俄罗斯联邦的教学—科研—师范综合体试验平台，也是俄罗斯教育科学院南部分院创建和完善连续性师范教育的试验基地。在这一综合体中，伏尔加格勒国立师范大学是核心，同时还包括该国立师范大学在伏尔加格勒州的1所分校、3所师范专科学院、1个古典中心、1所男子师范学校、多所普通学校和多所幼儿园，而且，还包括个性教育问题科学研究所、

---

① 肖甦．比较教师教育［M］．南京：江苏教育出版社，2010，174．

② 杜岩岩，朱小蔓．俄罗斯师范教育政策调整的动因、策略与措施［J］．教育研究，2009（3）：67．

教育信息研究所、教育工作者技能提高研究所 3 个研究所和 1 个教育创新中心。以前,由于教师教育机构缺乏与中小学的联系,培养出来的教师不能较快地适应中小学的教育教学工作。因此,这些综合体的建立,加强了教师教育机构与中小学的联系,使大学与中小学之间形成了合作伙伴关系,为教师建立了把理论与实践结合起来的阵地,这对于深化基础教育现状的研究,深入探讨未来基础教育发展、演变的规律,加快专业化教师的培养速度等具有重要的作用。

俄罗斯教师技能提高和再培养系统共有 104 个地方教育机构和技能提高机构,包括教师进修学院(институт усовершенствования учителей)、教育工作者技能提高学院(институт повышения квалификации работников образования)和教育发展中心(центр развития образования)以及这些机构的分支机构。这些教师技能提高和再培养机构被明确划归为补充教育机构,即大学后师范教育机构,是职业教育体系的有机组成部分。比起苏联时期,俄罗斯更加注重教师的职后培训。2010 年修订后的《俄罗斯联邦教育法》指出,教育工作者有权根据联邦对补充职业教育大纲内容的最低要求和联邦权力执行机构确定的职业再培训的最低水平要求,至少每 5 年进行一次职业再培训。普通教育机构的领导者和教师也在师范类大学的 34 个系学习,每年技能提高和再培训覆盖到 30 万普通教育和学前教育机构的领导者和专家。在地区教育技能学院,许多新的分支机构——教育领域、远程教学、鉴定技术、教师考核、教育过程现代化等战略研究中心,试验监测研究所等正在形成。这些机构不仅保障教师进行各种试点,而且还实施学术性和教学法研究,在地区层面协调不同的试验方向。目前,俄罗斯已经建立起了覆盖面宽、机构多样、形式灵活、注重实效的教师职业再培训网络。

2. 创新教师培养模式

在总结过去师范教育人才培养模式时,《教育的创新发展——提高俄罗斯竞争力的基础》中指出:"师范教育改革应当走在基础教育改革的前面,但目前没有做到。到现在为止,师范大学基本上仍继续为明天的学校复制昨天的教师。”①

俄罗斯社会转型对教师职能和教师角色提出了新的要求。那么,什么样的教师是转型期社会所需要的?2000 年 10 月通过的《俄罗斯联邦 2025 年前国家教育论纲》指出:教师在达到教育目标的过程中起着主导作用,教师和学术工作者要对青少年的教学质量负责任。最近几年,俄罗斯联邦教育与科学部的一个重要任务是确定对现代教师的要求,并为其高质量地工作和专业的发展创造条件。俄罗斯教育与科学部曾经对教师形象进行过专门的研究,在比较苏联时期的教师和现代教师的教师形象的基础上,对新时期理想中的教师形象进行了概括,为新时期教师职业的发展指明了方向(见表 4—1)。

表 4—1　教师形象研究

苏联时期的教师形象	现代教师的形象	理想中的教师形象
积极方面: ◇ 满腔热情的人 ◇ 被仿效的榜样 ◇ 有威望的职业 ◇ 无可争议的权威 ◇ 受人尊敬,让人“激动” ◇ 依照志向工作,不为金钱工作 消极方面: ◇ 严厉 ◇ 冷酷的“机器人” ◇ 热衷于树立权威 ◇ 不现代 ◇ 过度意识形态化	积极方面: ◇ 现代的、有进步的 ◇ 时髦的 ◇ 积极的 ◇ 运动的 ◇ 致力于自我发展 ◇ 心理学家 消极方面: ◇ 冷漠无情 ◇ 贪污腐败 ◇ 物质短缺 ◇ 只考虑金钱 ◇ 在其他领域不能实现自我 ◇ 突击全国统一考试 ◇ 无远见	心理学家: ◇因材施教(小班教学,不超过 20 人) ◇ 喜欢孩子,喜欢所教授科目 ◇ 教学突破陈规,有创意 ◇ 是志向方面的导师 ◇ 是学生的朋友 ◇ 专心工作 ◇ 领跑者 ◇ 有耐心,从容不迫 ◇ 具有幽默感 ◇富有团队精神,善于处理同学校行政人员和学生的关系

资料来源:Министерство образования и науки РФ. Главные события в современном образовании 2004—2011[R]. Москва:медиалайн, 2012,100.

俄罗斯联邦前教育与科学部部长富尔先科指出,教育像其他任何一项事业一样,它的成功与否取决于人,取决于教师的个性,是否具有首创精神和良好的教学技能。新学校的新教师不仅应该给予学生知识,而且

① Государственный Совет. Инновационное развитие образования - основа повышения конкурентоспособности России[R]. 2006—3—24.

首先应该教会学生学习，使得认知的过程变得生动有趣、富有吸引力。① 2003 年 4 月 1 日，俄罗斯联邦教育与科学部第 1313 号令批准了《俄罗斯联邦 2010 年前师范教育现代化纲要》。该纲要指出，连续性师范教育系统培养出的教师应该具备以下素质和技能②：

（1）不仅教给普通教育机构的学生广泛的知识和技能，帮助学生形成自己的专长，同时培养学生的公民责任感、法制意识、自我意识、高尚的道德情操、创新技能等。

（2）发展现代教学技艺，包括个体发展方向的教学技艺、活动性教学技艺、问题教学技艺和信息技术能力。

（3）提高学生学习的舒适度、减少学生的学习负担，激发并提高学生学习的积极性，增强学生参与社会的积极性，保障学生获得情感性、创造性和实践性活动的经验。

2008 年颁布的《2020 年前的俄罗斯教育——服务于知识经济的教育模式》中指出，传统的教师形象，即作为解释和传授必需知识的垄断者的教师形象必须退出历史舞台，而新的教师形象，即作为研究者、教育者、计划的咨询者和领导者的新教师形象必须逐步形成。③

为此，2011 年，在《2011—2015 年普通教育现代化实施计划》框架下，俄罗斯拟定了《联邦对补充性职业教育大纲的最基本内容和教育工作者职业再培养水平的国家要求》，提出了联邦对教育工作者技能提高的最基本要求，并拟定了《2012—2013 年教师教育现代化与对教育工作者、教育机构管理者培养、再培养和提高技能的行动计划》，目的是为“新学校”配备“新教师”。该行动计划从法律制度、人力资源、财政经济体制、教育网络优化、物质技术支持、科学方法配备和信息保障等方面对教师的培养、

---

① А. А. Фурсенко . Итоговая коллегия Министерства образования и науки Российской Федерации 18 февраля 2012 года [EB/OL], http://www. edu. ru/db/mo, 2012—2—19/2012—4—6.

② Государственный Комитет Российской Федерации По Высшему Образованию, Научно-исследовательский Институт Высшего Образования. Высшая Школа в 2003 г [R]. Москва: НИИВО, 2004,39.

③ Министерство образования и науки Российской Федерации. Российское образование——2020: модель образования для экономики, основанной на знаниях [R]. Москва: изд. дом ГУ ВШЭ, 2008,3.

再培养作了详尽的规划。

针对教师角色应作出的新改变，俄罗斯注重教师人才培养模式的创新，注重学生能力的培养，突出师范教育的人文性、专业性和实践性。《2020年前的俄罗斯教育——服务于知识经济的教育模式》规定，在教师培养中，创造性能力的培养要逐步超过教学法的传授。能力范式的人才培养改革成为师范教育现代化的方向之一，文件要求未来教师从掌握专门的职业知识转向在师范教育过程中发展未来教师的职业能力，强调培养教师完成职业任务以及评价自己的职业教育活动的能力。①

在师范教育的内容上，注重人文知识与基础专业知识并重的原则，强调培养社会的、具有个性倾向的人。教育内容人文化实质上是向学生提供自我认识的知识氛围，专业知识的基础化则重在培养学生过硬的职业基础。② 因此，俄罗斯联邦在制定第三代国家师范教育标准时，增加人文课程，切实提高教育心理学、哲学、文化学和生理卫生学等学科在课程体系中的比重，以提高其人文性；同时强调整合不同门类基础学科的最新成果，以强化学生的专业基础。

为了缓解学术性和师范性不平衡的问题，为了培养毕业后能较快地与一线教育教学接轨的教师，俄罗斯强调师范教育的实践取向，注重学生实践能力的培养。《2001—2010年俄罗斯连续师范教育体系发展纲要》对师范教育的实践指向性作出了这样的阐释：根据教育服务市场、订购者和消费者的需求及时做出相应调整。由此，师范教育与社会的联系得到了前所未有的关注。

根据2003年3月教育与科学部颁布的第1154号文件《俄罗斯联邦高等职业学校大学生实践条例》，各师范院校制定了自己的教育实践条例，增加教育科学研究方法、教育评价、班级管理、现代教育技术和教学实验等实践性很强的课程，注重教育实践基地的建设，注重培养学生的教学实践能力、教育科研能力、班级管理能力、社会交往能力，帮助学生设计和规划不同类型的课程，根据学生的个性和年龄特点进行教育心理学和教

---

① 杜岩岩，朱小蔓. 俄罗斯师范教育政策调整的动因、策略与措施[J]. 教育研究，2009(3)：68.

② 肖甦. 比较教师教育[M]. 南京：江苏教育出版社. 2010，174.

育实验学的研究，在德育工作中提高师范生与学生、家长、同事的交往能力。实践能力的培养贯穿于师范生整个学习过程，在不同年级以不同的形式组织。在第三代师范教育国家标准中，针对教育学学士的培养，作出了如下规定：掌握基本教育大纲总共需要 208 周，其中理论学习 136 周，包括教学研究、实习和实验室工作，实践（包括教学研究实践和教育实践）不少于 8 周。实践能力的培养远远超出了教育实习这一狭窄范畴。

同时，在完善师范教育内容方面，《2001—2010 年俄罗斯连续师范教育体系发展纲要》指出：加强师范教育体系与社会要求之间的相互联系；在教育大纲、教科书灵活性增强和 12 年普通教育机构分科性教学的新条件下提高教师培养质量；加强教学法创新；保障联邦和民族地方教育标准的衔接以及不同层次职业教育大纲的衔接；保证所有层次师范教育的教育内容、教育手段、教育形式、教育方法的衔接；为小规模的学校和农村学校提供相应的理论、教学法和实践基础，并创造条件实施；发展信息手段，引入信息技术，完善物质基础；完善对教师和管理人员的鉴定制度等。① 也就是说，全面性、整体性、灵活性和衔接性是俄罗斯更新师范教育内容关注的原则。

此外，俄罗斯还十分重视教师技能的培训。2000 年 10 月通过的《俄罗斯联邦 2025 年前国家教育论纲》中指出：（至少每五年一次）对所有层次的教师及时进行再培训，以提高教师技能，从预算拨款中拿出不少于 4% 的国立和市立教育机构工资基金来实现这些目的。② 为了配合新的教师鉴定制度的实施，加强教师的技能培训，在 2011—2012 年俄罗斯联邦专项教育发展规划框架下，俄罗斯要求每一个联邦区设立几十个培训基地。

3. 更新教师鉴定制度

“在提高教师职业收入和教师职业威望的同时，社会有权对教师这一

① Министерство образования РФ. Программа Развития Системы Непрерывного Педагогического Образования России на 2001—2010 годы[R]. 2001—4—24.

② Национальной доктрине образования в Российской Федерации до 2025 года[R]. 2000—10—19.

工作的高质量提出要求。"①为配合新的教师劳动薪酬制度的实施,促进教师不断提高职业技能,20 年来俄罗斯不断探索实施新的教师鉴定制度。新教师鉴定制度的实施,旨在使低能、低效的教师逐步淡出教师队伍,而使高素质、高水平的教师得到专门的培养和提高。

1993 年,俄罗斯颁布了《关于对国立、市立教学机构、组织教学人员及领导进行鉴定的示范条例》,对教师和学校领导进行授予职称等级的非常规性鉴定。不同于苏联时期传统教师鉴定中的职称鉴定,1993 年实施的教师鉴定实际上兼具职称鉴定与职称评定两种功能。它改变了过去按工龄、学历等评定职称的做法,更加注重教师的教学、科研能力等职业素质。这种教师鉴定方法全面提高了教师参加职后培训的积极性和主动性,使之成为广大教师的一种内在需要②,比过去每五年一次的形式主义鉴定有了很大进步。

2000 年 6 月 26 日,俄罗斯联邦教育与科学部通过了《关于确定国立和市立教育机构教育工作者和管理者鉴定程序的意见》。历经 10 年的论证,俄罗斯终于在 2010 年底拟定了《对国立和市立教育机构教育工作者的鉴定程序》,并于 2011 年 1 月 1 日起正式生效。新的鉴定程序把对教育工作者的鉴定分为以下两种形式:一种是职称鉴定,另一种是技能类别鉴定。职称鉴定是针对所有没有获得技能类别的教育工作者的鉴定,每五年一次,是强制性的。如果被鉴定为不符合所任职位要求,鉴定委员会若建议其进行技能培训,那么教师所在学校的领导应派遣该教师到技能提高培训班学习,或者转入其他岗位工作。根据《俄罗斯联邦劳动法》第 81 条第 1 部分第 3 项的规定,如果该教师在学校找不到其他工作岗位(包括级别低或者报酬更少的岗位),那么学校可与该教师解除劳动合同。技能类别鉴定主要是确定教育工作者的技能水平与各技能类别要求的对应程度,由教师自愿决定是否参加。技能类别有两种,一级技能和高级技能,技能类别有效期限是五年。一级技能由地区教育部门授予,高级技能由联邦教育与科学部授予,这实际上取消了以前由学校授予教师的

---

① А. А. Фурсенко. Итоговая коллегия Министерства образования и науки Российской Федерации 18 февраля 2012 года [EB/OL]. http://www.edu.ru/db/mo, 2012—2—19/2012—4—6.

② 邱兴. 俄罗斯两种鉴定制度对教师职后培训的影响. 比较教育研究,1999(1):63—64.

技能类别。

技能类别的确定，与教师掌握现代教学技术和方法的程度、对提高教育质量的贡献、所教学生的成绩紧密相关。① 一级技能类别的教师必须满足以下条件：①掌握现代教学技术、方法并在实际的职业活动中有效使用这些技术和方法。②完善教学方法和教育方法，对提高教育质量作出了自己的贡献。③所教学生对教育大纲的掌握结果合格，其成绩在联邦主体学生的平均成绩以上。

高级技能类别的教师必须满足下列条件：①已经拥有了一级技能类别。②掌握现代教育技术和现代教育方法并在实际的职业活动中有效使用这些技术和方法。③所教学生对教育大纲的掌握结果合格，其成绩在联邦主体学生的平均成绩以上，这其中参照所教学生参加全俄、国际性奥林匹克竞赛、比赛的情况。④完善教学方法和教育方法，开展创新性活动，掌握新的教育技术，并在提高教育质量的过程中推广自己的经验，对提高教育质量作出了自己的贡献。

在此基础上，俄罗斯联邦教育与科学部普通教育局和联邦人民教育与科学工作者工会拟定了实施《对国立和市立教育机构教育工作者的鉴定程序》的细则，主要包括 2010 年 12 月 29 日俄罗斯联邦教育与科学部致各联邦主体的第 03—339 号函《关于对教育工作者技能水平的评价方法》和 2011 年 2 月 8 日的第 03—83 号函《关于对在文化和艺术领域实施中等职业教育大纲和补充教育大纲的教育工作者鉴定的建议》。

新鉴定程序是联邦教育与科学部在广泛征求社会各界，包括各联邦主体、联邦人民教育工作者工会、其他的社会组织以及一线教师、校长和专家意见的基础上，花了几年的时间拟定的。它适用于所有实施学前教育、初等普通教育、基础普通教育、中等（完全）普通教育、初等职业教育、中等职业教育和补充教育大纲的教育机构的教育工作者。

新的教师鉴定程序的基本原则是集体决定、公开、公正、客观。根据《俄罗斯联邦教育法》，对教师的鉴定属于俄罗斯联邦主体的权力，因此

① Министерство образования и науки РФ. О порядке аттестации педагогических работников государственных и муниципальных образовательных учреждений [EB/OL]. http://mon.gov.ru/dok/akt/7194/. 2010—4—16/2012—4—12.

鉴定由地区鉴定委员会执行。鉴定委员会由主席、副主席、秘书和成员组成，这些人中有联邦国家权力机构的代表、联邦主体国家权力机构的代表、地方自治机构的代表、工会代表、学术组织和社会联合会的代表、学校自治机构（如教育机构委员会、督学委员会、教师委员会等）的代表和学校的教育工作者代表。鉴定委员会的人员组成必须经由负责教育管理的联邦执行权力机构、俄罗斯联邦主体的执行权力机构的批准。鉴定委员会人员的组成原则是尽量避免让可能对鉴定委员会的决定造成不良影响的人员参加。被鉴定人员不能参加鉴定委员会，鉴定在鉴定委员会成员会议上以公开投票的方式进行，多数人通过才算通过鉴定。地区鉴定委员会有三分之二成员参与大会时，可以作为全权执行机构。

实施新的鉴定制度的主要目的在于：激励教育工作者有目的地、持续地提高技能水平、教学法理论水平和使用现代教育技术的水平，促进教师个性化成长；提高教师劳动的效能和质量；帮助教师发现开发潜能的机会；使教师通晓新的联邦国家教育标准对实施教育大纲的人才条件的要求，建立教育机构的人才队伍。从新鉴定制度的实施结果来看，2011 年有 14. 24% 的教育工作者共计 149062 人参加了鉴定程序，其中 3. 51% 的教师，计 36743 人，通过高级技能类别鉴定；5. 45% 的教师，计 57051 人，通过一级技能类别鉴定；5. 27% 的教育工作者，计 55166 人，通过相应职位的鉴定；而 0. 01% 的教育工作者，计 105 人，没能通过鉴定程序。关于新的鉴定制度带来的效应，俄罗斯联邦教育与科学部国家教育政策局副局长叶琳娜·尼日茵卡指出："现在教师有机会、也有动力不断提高自己的技能，而且按照个人需求提高自己的技能，这将提高教育的质量，并改善教师的状况。"①新的鉴定制度的实施提高了教师改进教学活动和学术活动的积极性。在许多地区，用于提高教师技能的资金直接划拨到学校和教师，教师提高技能的热情得到极大的鼓舞。统计结果显示，2011 年，俄罗斯各联邦主体参加教师技能培训班并通过考核的教师占教师总人数的比例平均为 12. 72%，其中比例高一些的联邦主体有：加里宁格勒州（84. 87%）、诺夫哥罗德州（49. 56%）、莫斯科州（48. 59%）、萨马拉州

① Министерство образования и науки РФ. Утверждены новые правила аттестации учителей [EB/OL]. http://www. edu. ru/db/mo, 2010—5—14/2012—4—6.

(42.01%)、秋明州(40.9%)和阿尔泰自治区(40.18%)。[①] 也就是说,新的教师鉴定制度是把教师的职业素质与教师的物质和精神需要相联系的职称评定制度,确实起到了甄别良莠的作用,为教师工资的核定提供了参照标准。

第二节 教育质量保障体系的完善

为了建立教育质量持续改善和不断提高的长效机制,近20年来,俄罗斯非常注重完善教育质量保障体系,实施了一系列可圈可点的重要举措:创建新的国家教育标准(ФГОС),设立科学的教育质量评价体系和实施全国统一考试(Единый Государственный Экзамен ЕГЭ)等。

一、制定新的国家教育标准

实施标准化战略是苏联解体以后俄罗斯教育改革领域出现的新创举。苏联时期,各学校使用统一的教育大纲,每个学科都有统一的教科书,没有制定教育标准的必要。而苏联解体后,俄罗斯的状况发生了很大变化,在教育大纲可以进行选择的情况下,为保障俄罗斯联邦国家教育空间的统一,同时为使普通教育基本教育大纲和职业教育基本教育大纲有效衔接,制定国家层面的教育标准势在必行。1992年颁布的《俄罗斯联邦教育法》中首次提出要制定和实施国家教育标准,明确指出国家教育标准是国家对各类基本教育大纲中必修内容的最低要求、受教育者负担的最高限度以及对毕业生培养水平的规定。国家教育标准既是国家最高规范性文件,也是最基础的文件。[②] 在此后的几年里,国家高度重视,并投

---

① Министерство образования и науки РФ. О реализации национальной образовательной инициативы《Наша новая школа》в 2011 году[R]. Москва, 2012,28.

② 俄罗斯时期的教育标准与苏联时期实行的教育大纲有所不同。1992年《俄罗斯联邦教育法》对教育标准和教育大纲进行了界定:国家教育标准是国家对各类基本教育大纲中必修内容的最低要求、受教育者负担的最高限度以及对毕业生培养水平的规定,而教育大纲主要规定一定教育层次和专业方向的教育内容,分为普通教育大纲和职业教育大纲两种。

入了大量人力物力,使得这项指引俄罗斯教育方向的工作积极向前推进。

在俄罗斯,教育标准分联邦、民族地区和学校三个层次制定和实施。从近些年实施的基本情况来看,联邦制定的基本教育大纲占 80%,民族地区占 15%,另有 5% 由学校制定。①

联邦教育标准即国家层面对教育质量的要求,是国家对通过国家认证的普通教育机构和职业教育机构实施基本教育大纲必须达到的要求。俄罗斯联邦根据不同年龄阶段孩子的身心特点,设置不同的教育标准。其中,普通教育国家教育标准按教育阶段划分为初等普通教育阶段(1—4 年级)国家教育标准、基础普通教育阶段(3—9 年级)国家教育标准、完全(中等)普通教育(10—11 年级)国家教育标准;职业教育国家教育标准按教育阶段划分为初等职业教育国家教育标准、中等职业教育国家教育标准和高等教育国家教育标准。在融入"博洛尼亚进程"(Bologna Process)②后,为加强与欧洲国家的统一与衔接,俄罗斯高等教育国家标准又分学士、文凭专家和硕士三个层次进行,即学士层次高等职业教育国家教育标准、文凭专家层次高等职业教育国家教育标准和硕士层次高等职业教育国家教育标准。

国家教育标准规定了对基本教育大纲结构的要求,即必修内容的最低限度,它是为了保障宪法赋予学生的受教育权利,每一个教育机构必须提供给学生概括性的教育内容,同时也包括了民族和世界文化的基本价值和成果、主要的科学思想和事实,为学生世界观的形成和精神、社会化及普通文化素养的发展提供了条件,促进学生基本素养的形成。③

2007 年 12 月 1 日,俄罗斯第 N309—Ф3 号法律通过了《国家教育新标准》。每一具体教育领域的教育标准的结构是环环相扣的,同时,各教育标准之间既有连贯性和衔接性,又有共通性和循序渐进性,操作性和实

---

① А. И. Гретченко, А. А. Гретченко. Болонский процесс: интеграция России в европейское и мировое образовательное пространство. Москва: КНОРУС, 2009, 153.

② "博洛尼亚进程"是 29 个欧洲国家于 1999 年在意大利博洛尼亚提出的欧洲高等教育改革计划。该计划的目标是建立欧洲高等教育空间,提高公民在劳动市场上的流动性,增强欧洲高等教育的竞争力。俄罗斯于 2003 年 9 月在柏林签署《博洛尼亚宣言》(*Bologna Declaration*),由此开始了融入欧洲高等教育一体化的进程。

③ 高玉洁. 俄罗斯普通教育国家教育标准研究[D]. 南京师范大学,2007,21.

用性较强。每一个标准包括以下三个方面的要求:①对基本教育大纲结构的要求,包括对基本教育大纲各部分相互关系、各部分范围的要求,以及对基本教育大纲中的必修内容和在教育过程中生成的内容之间相互关系的要求。②对实施基本教育大纲条件的要求,包括人员配备条件、财政条件、物质技术条件和其他条件的要求。③对掌握基本教育大纲结果的要求。

如此一来,新标准把学校的主要任务定为:①教会学生学习,使学生形成保证其轻松适应日新月异的现代世界的个性。②使学生获得专长,即掌握知识的能力和技能。③使学生学会思考,学会搜索信息,独立发展自己的能力,并为此承担责任。

国家教育新标准把教学大纲划分为科目部分和课外部分,使得学生及其家长能够确定个性化发展的方向:小学阶段,80%的学科是固定科目;中学阶段,这一比例下降;到了大学,学生自我选择的科目占到40%以上。①

为了完成国家教育新标准对实施基本教育大纲条件的要求,俄罗斯在联邦教育与科学部普通教育局设立协调委员会,加强实施国家教育标准的法律保障、财政经济保障、组织保障、人才保障、信息保障、物质技术保障。国家出资对教师进行再培养,地区教育局负责对教师进行新教育标准培训。通过"我们的新学校"(Наша новая школа)等工程,不同领域的教师逐步接受联邦国家教育标准。截至2011年,34.81%的教育工作者已参加这一领域的培养、再培养和技能提高工作。② 学校主要依靠联邦预算再次配备设施,包括配备计算机,并接入网络,为新建的大楼配备全套设施,以及为旧大楼增设新设施等。

国家教育新标准基本结构中第三方面的要求是对掌握基本教育大纲结果的要求。它是国家对教育机构毕业生进行测评的基础。它能帮助学生及其家长评价各个阶段所获得的教育的结果,帮助学生更好地了解自己的能力和志趣,以及自己在公民社会中所处的位置。这一点非常重要,

---

① Министерство образования и науки РФ. Главные события в современном образовании 2004—2011[R]. Москва:медиалайн, 2012, 56.

② Министерство образования и науки РФ. О реализации национальной образовательной инициативы《Наша новая школа》в 2011 году[R]. Москва, 2012,22.

富尔先科在2010年教育与科学部总结会议上再次强调:"教育质量问题,不仅仅是备受关注的创造相应的条件(财政条件、人才条件、物质条件)的质量,也是教育结果的质量。对教育结果的要求,是新的教育标准的基本组成部分。"①

新国家教育标准的制定也是一个不断探索和循序渐进的过程。第一代普通教育标准历经近10年的准备,终于在2004年正式通过。新标准规定了降低学生学习负担、更新教学内容、高年级侧重专业教学等内容。2006年,俄罗斯开始制定第二代普通教育国家教育标准。2009年10月6日,第二代初等普通教育标准通过,并从2011年9月1日起在所有初等普通教育机构实施。2010年12月17日,第二代基础普通教育国家教育标准通过,并从2012年开始实施。截至目前,完全(中等)普通教育国家教育标准基本拟定完毕,草案将提交俄罗斯联邦教育与科学部,并从2013年起在普通教育高年级阶段试行。到2020年前,俄罗斯所有的普通教育机构都将实施新一代国家教育标准。在职业教育领域,1994年和2000年,俄罗斯分别制定了第一代、第二代国家教育标准。其中,在高等教育领域,同一个专业在两类高等学校使用不同的标准:在古典主义大学强调教育的基础性,注重理论教学,而在其他一些高校则减少理论教学,强调实用性课程。融入博洛尼亚进程后,为改变这套标准与西欧国家不相吻合的状况,2006年,俄罗斯重新制定培养方向目录和高等职业教育专业目录,2007年,根据《博洛尼亚宣言》的要求,开始制定第三代职业教育标准样本。高等教育领域开始实施分层次教育,即学士教育、传统文凭专家教育和硕士教育,并确立以学分制代替传统的学时制来衡量学生的学习量。2009年,第三代初等、中等和高等职业教育国家教育标准草案获得通过。2010年,在新一代教育标准的基础上,俄罗斯制定了学士、硕士和文凭专家的基本教育大纲。

纵观俄罗斯教育领域各层次的国家教育标准的制定,可以归纳出它的三个基本特点:

---

① Фурсенко А. Об итогах деятельности Министерства образования и науки Российской Федерации в 2010 году и задачах на 2011 год[EB/OL]. http://www.mon.gov.ru. 2011—3—20/2011—4—2.

(1) 适切性

教育标准是需求的反映,标准制定者将其作为反映家庭、社会和国家对教育要求的"契约",新的国家教育标准的制定旨在为学生、家长、整个社会提供现代化的教育。新教育标准是教育系统现代化发展的工具,也是预测性工具。针对当前人们热烈讨论的完全普通教育国家教育标准草案,富尔先科强调,"我们应该把将来的经济模式和社会模式写入国家教育标准"。① 在国家教育标准制定过程中,俄罗斯联邦政府非常重视与教育系统的利益相关者,即国家、社会、家庭进行广泛深入的对话。在教育内容的确定上,关于"教什么"和"如何教"的问题应该由专家,而不是由官员来确定,也就是说,教育内容应该由职业共同体、社会以及外部订购者(企业主)来商定。② 譬如,新标准中程序保障测试员、系统分析员、信息资源文凭专家的相关内容,就是由教学—方法论联合会(учебно-методическое обьединение, УМО)与计算机和信息技术企业协会(АПКИТ)以及俄罗斯的IT公司合作制定的。

(2) 人文主义倾向

苏联时期,"科学技术决定一切",人们崇尚知识,崇尚科学,学校里"技治论"大行其道,重视数学—自然科学类专业,轻视人文—审美类专业。而在俄罗斯新的国家教育标准中,人文学科的比重大大增加。小学开设了"周围的世界"这样的课程;八、九年级开设了人与社会、公民学、政治与法、经济学引论、人的世界等课程;十年级开设了社会学引论、社会哲学、政治学、法学等课程;十一年级开设了当代世界等课程;大学里的人文课程更多。根据俄联邦教育管理部门的有关规定,凡冠以"大学"之名的教育机构,人文学科的教学时数不得低于总学时的25%。这些人文课程的作用在于,教会学生以特有的人本主义方式处理人与周围世界的关系。特别值得一提的是,宗教文化课程已名正言顺地进入课堂。"宗教文化和世俗伦理基础"课程结构已经基本确定,并于2009—2011年在俄罗

① Министерство образования и науки РФ. Главные события в современном образовании 2004—2011[R]. Москва:медиалайн. 2012,54.

② Андрей Фурсенко: Новые образовательные стандарты должны ориентироваться на модель будущего[EB/OL]. http://mon.gov.ru/press/news/8343/. 2011—4—15/2012—7—6.

斯19个联邦主体地区进行了试验。

(3) 个性化

苏联时期,强调学生通过学习不同的科目建立知识体系,迫使学生记住信息,并学会正确使用信息,而俄罗斯新的教育标准改变了人们对教育的认识。一方面,新的教育标准强调知识的综合,即不同学科知识的统一。新教育标准从知识、技能和活动能力三个方面规定了学生应该掌握的内容,不鼓励学生单纯地学习知识,重视学生知识和能力的全面发展。正如富尔先科指出的:"在教育发展领域,我们应该把世界看作是一个统一体的概念,这一概念应该尽可能早地提出,甚至从幼儿园就开始。"①另一方面,把学生个性发展放在突出位置。事实上,选修课比重的增加,选修课科目的增设,学校特色科目的开设,专业化教学的实施,都是个性化原则的具体体现。国家教育标准不只是对于学生所要掌握的知识的最低要求,它还为学生提供了很多发展方向,给予学生更多的发展机会。莫斯科国立大学心理系教授阿斯莫罗娃指出,新的标准是为了形成自由人的个性,"教育标准是教育行为的'遗传因子',它里面有无数的可能在未来作为'胚胎'生长。具体教育大纲因'周围环境'、变化着的需要解决的任务而产生、存在和不断发生变化"。② 显然,相对于苏联时期同质化和一体化的教育大纲,新的国家教育标准是俄罗斯教育系统的革命性变革。

二、构建新的教育质量评价体系

20年来,俄罗斯高等教育大众化的步伐大大加速,同时在整个教育领域,教育服务市场迅速蔓延,这引起了人们教育质量观念的很大转变。现在,人们普遍接受的对"教育质量"的新理解为:教育系统达到的教育结果、对教育过程的保障条件与法律要求、社会和个体期望值的吻合程

① А. А. Фурсенко . Итоговая коллегия Министерства образования и науки Российской Федерации 18 февраля 2012 года [EB/OL]. http://www.edu.ru/db/mo, 2012—2—19/2012—4—6.

② Министерство образования и науки РФ. Главные события в современном образовании 2004—2011[R]. Москва:медиалайн. 2012,55.

度。① 新的教育质量观强调质量的多面性、多维性及多种模型，其要素包括消费者（家长、学生、雇主、国家）取向、职业化要求、过程观、经营活动的系统观、不断优化状况（集体的每一个成员都力图优化自己的劳动质量）、劣质工作损失的最小化。② 2003 年 9 月，俄罗斯开始了融入博洛尼亚的进程。《博洛尼亚宣言》的其中一项主要内容是加强高等教育质量监控，在欧洲建立可以比较的高等教育质量监控体系。俄罗斯以往的教育质量评价体系已经不再适用，建立适应新形势要求的教育质量评价体系势在必行。

2008 年 2 月，俄罗斯通过了重要的教育质量评价文本《全俄教育质量评价体系构想》（第二版），该构想旨在构建一个更加完善和明确的全俄教育质量评估体系，确立新时期教育质量评价体系的目的、方法、基本原则、规范、内容和机制。从教育质量评价的客体来看，可分为对学生个体成绩的评价、对教育大纲的评价和对教育机构活动的评价。

从对学生个体成绩的评价来看，无论是在普通教育阶段还是职业教育阶段，目前都在发展记录和评价学生学习外活动的"成绩包"（портфолио）制度。

普通教育阶段主要在以下方面对学生个体成绩作出评价：①对中学毕业生实施国家总结性鉴定，即全国统一考试。②对基础普通教育阶段毕业生，即 9 年级学生实行国家总结性鉴定（ГИА 9）。③对俄罗斯学生参与世界国际学生评价项目（PISA）、国际阅读素养测评项目（PIRLS）、国际教学与科学测评项目（TIMSS）的测评结果及其与其他国家结果的比较研究。④组织年级或学校层面的中间性鉴定。⑤使用能力指向测量工具，发展对初等、基础和完全普通教育机构的学生培养的质量监测体系。

在职业教育阶段，主要开展以下评价工作：①根据职业教育特点制定对学生个体成就评价的方法论和具体方法。②进一步发展网络考试（Интернет-экзамен）形式，将其作为实时、客观评价大学生培养质量的形

① Федеральная служба по надзору в сфере образования и науки. Концепция общероссийской системы оценки качества образования（2 редакция）[R]. Москва, 2008,6.

② В. П. 鲍利辛柯夫. 俄罗斯教育战略改革[A]. 朱小蔓，Н. Е. 鲍列夫斯卡娅，В. П. 鲍利辛柯夫. 20—21 世纪之交中俄教育改革比较[C]. 北京：教育科学出版社，2006,30.

式。③根据第三代国家教育标准的要求，在能力指向的基础上制定所有培养方向的检测工具。④在职业教育标准的基础上配备基础设施，保证企业主联合会在对职业教育机构的学生个体成绩进行评价时发挥主要作用。

从对教育大纲的质量评价来看，不仅包括列入国家教育标准的教育大纲，也包括那些未列入国家教育标准的教育大纲。评价的内容包括教育大纲内容的最低要求、学生学习负担的最高限量、保障教学质量和培养学生各方面能力的有效性。目前，俄罗斯国家层面上对教育大纲的鉴定和认证是相对可靠的、有效的，只是教育大纲质量评估的程序和方法体系仍不够完善。各地区、地方和教育机构正在根据新教育大纲质量评估的原则，对教育内容进行修订，以期在现有评价的基础上，建立针对不同类别、不同形式教育机构认证的教育大纲信息库。俄罗斯教育质量评价体系的主要目的之一是保证教育大纲能满足教育服务市场中主要消费者的需求。当雇主对毕业生满意，给他们提供相应的工作和高薪，就可以证明所实施的教育大纲是具有竞争力的。当下，在普通教育阶段，为保障普通教育的实践取向，俄罗斯正在吸收学者、创作协会、企业主、社会组织、民众代表参与教育大纲质量评价。在高等教育阶段，广泛吸收企业主、企业协会、职业协会和社会组织等参加教育大纲质量评价。

从对教育机构活动的质量评价来看，俄罗斯一方面重视教育机构的自我评估和自我检查，另一方面也在积极建立相对完善的许可、鉴定和认证制度。教育机构自治是俄罗斯教育领域管理体制改革的原则之一。在这一原则下，政府认为，保障教育质量的责任首先应该落在学校身上，因此，十分注重教育机构的自我评估和自我检查。为了落实《博洛尼亚宣言》的基本原则，俄罗斯教育系统正在引入以 ISO 9000:2000 国际质量标准为基础的管理制度。教育过程中教学人员质量、教学大纲质量、教学手段的质量、考生和大学生的质量、基础设施的质量、教育机构管理的质量、大学教育政策的质量、教学方法的质量、教育教学活动的质量和科研活动的质量等因素被列入质量管理体系中。从 2004 年 9 月起，俄罗斯根据国际标准化组织系列教育质量标准开展高校人才培养评价工作，并督促学校将各方面活动形成公示性报告。在教育机构自我评估的基础上，俄罗斯联邦教育与科学督察署对教育机构进行国家许可、鉴定和认证。① 这三个步骤环环相扣。一般来说,只有获得教育活动许可证的学校才能开展学校质量鉴定,而学校质量鉴定又是进行国家认证的前提。

根据《俄罗斯联邦教育法》,学校的许可证制度作为教育市场的准入制度,仅从学校教育过程实施条件的角度,对学校的建筑、卫生防疫、教育教学设施设备、师资配备等方面进行审核,审核合格后,发给学校许可证,并确定学校的等级水平。

开展学校质量鉴定的目的在于确定办学机构的教育内容、毕业生的水平和质量是否符合国家教育标准的要求。老学校每五年接受一次鉴定,而对新学校的第一次鉴定应在其第一届学生毕业后根据它的申请进行。鉴定合格的条件是在该校毕业生的总结性鉴定中,成绩良好者不得低于50%。根据《俄罗斯联邦教育法》,对于鉴定不合格的学校,国家有权中止其教学活动并提出赔偿要求。国家教育标准是学校质量鉴定参照的唯一标准,正如俄罗斯教育与科学部副部长米克鲁舍弗斯基在2010年6月10日的圆桌会议上指出的:"如果某所学校不再按照确定的国家标准实施教育服务,那么对它的许可也将立刻中止。"②通过鉴定的学校,可以在此基础上自愿申请国家认证。

认证实质上是对学校整体办学水平的评价,因此考察的内容比较全面。通过国家认证的学校,不仅可以获得确认其地位、证明其教育质量和办学水平的认证证书,而且从获取国家认证证书之时起,学校有权向本校毕业生发放代表相应教育水平的国家样式的、印有俄罗斯联邦国徽的毕

---

① 联邦教育与科学督察署是联邦教育与科学部下设的对教育与科学领域进行监督和检查的权力执行机构。它实施的主要活动有:检查和监督教育、科学法律的执行情况,科技活动、青年政策和教育工作者、教育—科学工作者的鉴定情况;独立或者同联邦主体教育管理机关一起对教育机构的教育质量进行国家层面的检查;对教育机构及其分校、学术组织(大学后和补充职业教育领域)进行许可、鉴定和国家认证;确认、承认国外教育文件与俄罗斯教育文件的等值性、国外的学位和职称与俄罗斯学位、职称的等值性;研究授予、剥夺或恢复专业教授、教研室教授、专业副教授、教研室副教授职称问题,研究授予博士、副博士学位和颁发相应学位证问题;建立博士和副博士学位论文答辩委员会,并确立委员会权限。

② Закон о бюджетных учреждениях сохранит бесплатное образование и приведёт к повышению качества образовательных услуг [EB/OL]. http://www. mon. gov. ru, 2011—1—21/2011—4—2.

业证书,同时也有资格按照被确定的学校种类、类型和等级,享受中央和地方相应的财政拨款。

随着俄罗斯教育服务市场的扩大,新的教育部门,如非国立高校异军突起,同时,国立高校也纷纷创办自己的分校。然而,很多学校的教育质量并不理想。最近几年来,国家加强了对这些学校教学质量的评价和监管。在严格的鉴定和认证制度下,大量不合格学校或机构被裁汰出教育服务市场。例如,2007 年,俄罗斯关闭了 21 所高校分校,2008 年关闭了 36 所高校分校,2009 年关闭了 200 所高校分校。除此之外,在 2007—2009 年,共有 400 多个大学代表处被关闭。

从俄罗斯教育质量评价体系的特点来看,其国家—社会性凸显,外部评价相对于内部评价的作用增强。随着市场逻辑的介入,国家的角色由教育的供应者向教育的消费者转变,从事无巨细的微观管理转向对学校的"远距离驾驭",与此对应的是,社会力量在评估中的作用大大提升。正如《全俄教育质量评价体系构想》中所指出的,教育系统成功发展的一个重要因素是企业主、社会团体、教育共同体、民众的广泛参与。社会评价的标准有:民众受教育水平,包括职业水平;国家、地区和地方每个公民能够获得不同层次的教育;教育对民众就业、国内生产总值、公民社会的影响,以及对降低社会紧张度和破坏法律情况的影响等。① 这种社会参与的一个条件是联邦、地区和市立教育管理机构的活动具有透明性,教育系统所有社会合作伙伴能完全获知信息。在强调社会参与的背景下,一个由国家、生产部门、社会和个体共同参与的外部评估体系基本构建完成。在国家层面上,除原有的联邦层次的教育质量评估体系外,强调加强地区、地方的教育质量评估体系建设,即建立国家、联邦主体和地方的分层分权的教育质量评价体系。在生产部门层面上,强调发展同企业、企业主协会和工商协会社会合作,并对以下内容进行评价:①普通教育和职业教育机构毕业生所受教育和所获技能的水平;②初等、中等和高等职业教育毕业生人数及其在部门、职业、专业等方面的分配;③降低个体再学习

---

① Федеральная служба по надзору в сфере образования и науки. Концепция общероссийской системы оценки качества образования (2 редакция) [R]. Москва. 2008, 13.

的费用。在个体层面上，强调学生、父母及其家庭对以下内容进行评价：①教育大纲水平和教学质量；②教学条件的舒适度和安全性等；③所获取的普通教育和职业教育的资本化水平，包括其在提高个人收入和个人社会地位方面的作用。

这种国家—社会性质的教育系统外部质量评估不仅增强了教育质量监督的民主性，而且从多角度对教育质量进行评估，也满足了不同消费者群体的利益。然而，从现实状况来看，俄罗斯的教育质量评估体系还不够健全，如缺少社会独立认证机构的参与、评估标准单一化等。但是，我们有理由相信，日益完善的教育质量评估体系对确保俄罗斯教育质量的提高将会发挥更加重要的作用。①

三、实施全国统一考试

实施全国统一考试制度是近年来在俄罗斯社会引起最广泛影响的一项教育改革举措，它取代了苏联时期采用的中学毕业考试和大学入学考试，是俄罗斯教育现代化进程中实施独立性教育评价的重要一步，是一项旨在提升教育质量的大刀阔斧的改革。

2001 年以前，俄罗斯每届中学毕业生必须参加两次考试。一次是中学毕业考试，各学校自己完成，由任课教师命题评分。另一次是大学入学考试，由高校自主完成，不同大学、不同系、不同专业采用不同的试题。2001 年，俄罗斯通过《关于试行国家统一考试的决定》，全国统一考试制度改革拉开序幕。全国统一考试利用控制性测量工具（контрольных измерительных материалов，КИМ），对中等（完全）普通教育大纲学生培养质量进行评价。在俄罗斯境内，由俄罗斯联邦教育与科学督察署和联邦主体权力执行机构共同组织全国统一考试。在联邦层次，由国家考试委员会（государственная экзаменационная комиссия）组织人员命题并负责考试的组织、进行和考试成绩的统计工作；由联邦测验中心（Федеральный центр тестирования）提供技术和信息保障，由俄罗斯教育科学院下设的教学方法和内容研究所（Институт содержания и методов обучения）提供方法论方面的保障。

① 王旭阳，肖甦. 俄罗斯现行教育质量评估体系述评[J]. 比较教育研究，2011(2)：80.

国家统一考试制度的要点包括:①考试统一命题,在规定的时间、地点同时进行。②考试以笔试为主,采用百分制。③试题采用标准化形式,答题用专门的表格。④考试科目包括俄语、数学、文学、物理、化学、信息学和信息通信技术、生物、历史、地理、社会科学知识、外语(英语、德语、法语、西班牙语任选其一),考生根据所报考专业,参加相应科目的考试,其中俄语和数学为必考科目。⑤考试内容以俄罗斯教育与科学部制定的普通教育科目示范大纲为基础,不能超出大纲规定的内容。⑥每年的考试时间定于5月末或6月初。⑦每年考试结果出来后,俄罗斯教育监督机构就每门课程划定相应的最低分数线。考生必考科目的成绩达到最低分数线就可以获得中学毕业证书。⑧国家统一考试的成绩有效期为两年。⑨每个中学应届毕业生能够同时提交申请材料到五所高校,每所高校限投三个专业。⑩各个大学必须根据国家统一考试的成绩进行招生,但"一类大学"可以就某些专业实行补充考试。

相对于以往的改革,国家统一考试改革摒弃了"大干快上"的激进做法,而是采用先试点后逐步全面推广的方法。从2001年至2008年,改革的范围逐步扩大,试点逐步铺开。2001年,俄罗斯只是在4个联邦主体进行试点,2002年试点扩大到16个联邦主体,2004年扩大到65个联邦主体,2006年扩大到79个联邦主体,到2008年所有联邦主体都试行了这一新制度。2001—2008年,高校按照双轨制的方式招生,既继续扩大国家统一考试的试行范围,又保留传统的各大学自主招生考试。在试点的8年中,俄联邦十分关注社会各界参与试点这一制度的讨论,并根据讨论结果对这一制度的程序不断加以完善。正如俄罗斯教育与科学部前部长、俄罗斯人民友谊大学校长菲利波夫所言,"全国统一考试,它以2001—2008年大规模(空间上和时间上的大规模)的试点,证明了自身的合理性和生命力。在我们国家的千年历史当中,如此大规模的社会试点未曾有过。"[①]2007年1月,俄罗斯国家杜马通过了《俄罗斯联邦教育法》和《俄罗斯联邦高等教育和大学后职业教育法》修正案,把实施国家统一考试正式列入教育法中,规定从2009年开始,俄罗斯全境实行国家统一

① Министерство образования и науки РФ. Главные события в современном образовании 2004—2011[R]. Москва:медиалайн, 2012,86.

考试。2009 年 1 月 30 日俄罗斯教育与科学部颁布了《关于对掌握中等普通教育基本教育大纲的学生进行国家总结性鉴定的形式和程序条例》，从法律上规定了国家统一考试是俄罗斯完全中等教育阶段国家统一教育评价的唯一形式。2009 年 5 月，时任俄罗斯教育与科学部部长的富尔先科发表讲话，对国家统一考试的试点进行了总结："我们在全国范围内，在数百万毕业生中进行了 8 年的试点。我要强调的是，8 年的试点无可辩驳地证明了国家统一考试显而易见的优点，所有的结果都公认是客观公正的。"①2009 年，俄罗斯在全国范围内正式实施全国统一考试，考生人数达到 99.5 万人。2010 年，全国统一考试在 83 个联邦主体和俄罗斯之外的 52 个国家举行，考生人数为 87.8 万人。②

在全国统一考试制度的实施过程中，俄罗斯注重归纳总结，不断完善。例如，2011 年的数学和文学考试减少了传统的测试题目，增加了实践类题目。在考试时间的安排上，关注学生在整个学习过程中所获得的学习成就，有意识地把一些考试的时间错开，如俄语考试在 9 年级结束时进行，而地理考试在 10 年级结束时进行。这样，学生在整个学习过程中会保持强烈的学习动机，而不是在最后的毕业年级进行突击学习。全国统一考试制度还为一些特殊群体实行特殊的优惠条件。2011 年以前，奥林匹克竞赛获得者在入学时享有较大的优惠，大学校长可以特批全国中学生奥林匹克竞赛中获奖的 11 年级学生免试进入本校学习。2011 年以后，俄罗斯开始讨论给予此类奥林匹克竞赛获胜者优惠的限制条件，同时，还考虑为创造力强的青年、体育特长生以及有先天缺陷的青年等增设特殊优惠政策。

为了保障全国统一考试的有效进行，国家制定了严格的规章制度，并加强了各方面监督。2011 年 10 月 11 日，俄罗斯教育与科学部通过了第 2451 号令——《关于确认进行全国统一考试的制度规章》。按照这一法令，全国统一考试的参与者要为故意更改考试结果、破坏考试秩序、考试命题泄密等行为承担责任。而且，每年由法律部门、教育部门、大众媒体、

---

① Ирина Ивойлова. На единой волне[N]. Российская Газета, 2009—5—20.

② 境外由俄罗斯联邦教育与科学督察署和位于国外的通过国家认证的实施中等(完全)普通教育大纲的俄罗斯教育机构的创办者一起组织实施全国统一考试。

学生家长、教育机构的督学以及其他社会团体组成专门的社会调查和监管体系对统一考试进行全程监督。2011 年，俄罗斯还在考试地点增设了社会督察员。俄罗斯教育与科学督察署的留波夫·戈里鲍娃指出："引入全国统一考试制度是'发展公民社会制度的结果'。我们发现，社会在解决考试监督方面的作用是如此积极。围绕全国统一考试出现的丑闻，我们称它们为实施新的考试制度的主要成就。"①同时，俄罗斯每年成立冲突调查委员会（конфликтная комиссия），负责保证考试成绩的客观公正性，解决在考试过程中出现的有争议的问题。

自 2001 年试点以来，虽然对于全国统一考试的争论不断，社会各界对其褒贬不一，然而，从 10 年来总的实施结果来看，利远远大于弊。从社会对这一制度的总体反应来看，它已经深入人心。2010 年全俄舆论研究中心（Всероссийский центр изучения общественного мнения，ВЦИОМ）在全国范围内进行了一次有关全国统一考试制度认可度的社会调查，调查的对象是 11 年级的毕业生、家长和教师。其中，70% 的 11 年级毕业生、54% 的家长和 68% 的教师认为这是完全有益的制度。②

第一，它可以更加客观地评价学生的知识水平和学校教育的质量。在全国统一考试中，100 分制比以前实行的 5 分制更为科学，大大降低了主观因素的影响。在以前，学校很少给学生打 2 分，得 2 分的学生只占学生总数的 1%—2%，而全国统一考试试点以来，得到传统 2 分对应分值的考生却占 20%—26%。③ 对连续多年采用国家统一考试成绩的高校录取的大学生一学年学业成绩的调查显示，这些大学生在第一学期的成绩和他们的国家统考成绩完全相符。俄罗斯联邦教育与科学督察署也在几十所俄罗斯大学里研究发现，通过全国统一考试考入大学的学生培养质量较之以前有所提高。

第二，有效地减少行贿受贿等腐败现象。俄罗斯以前的大学自主招

① Министерство образования и науки РФ. Главные события в современном образовании 2004—2011[R]. Москва：медиалайн, 2012, 84.

② Министерство образования и науки РФ. Главные события в современном образовании 2004—2011[R]. Москва：медиалайн. 2012, 87

③ Министерство образования и науки РФ. Главные события в современном образовании 2004—2011[R]. Москва：медиалайн, 2012,86.

生过程中,营私舞弊、贪污受贿现象异常猖獗。而新的全国统一考试制度的实施程序是透明的,阅卷由独立的评审专家通过自动化的程序进行,因此有效地规避了行贿受贿等腐败现象。经济高级学校校长雅罗斯拉夫·古兹明对此进行专项研究后指出:“21 世纪初,高等职业教育领域的行贿受贿数额超过了 10 亿美元,而在 2007 年估计只有 6 亿美元。从每个大学自主招生转到统一招收毕业生,大大降低了腐败程度。”①

第三,提高了学生的流动性,有助于促进教育公平。实行全国统一考试之前,在莫斯科和圣彼得堡高校学习的大学生中本地居民占 75%,而外地居民只占 25%。随着全国统一考的实施,学生可以不必跑到所选择大学的所在地区去考试,额外费用减少,贫困家庭的学生同样可以报考全国所有的好学校。这几年,在莫斯科和圣彼得堡学习的农村学生增长了 15%,同时,外地居民所占比重开始超过本地居民。在 2011 年 5 月的全俄教师代表大会上,时任总理的普京指出:“实施全国统一考试的积极作用非常明显,毫无争议。它的主要目的是向客观、独立地评价学生及教师教育成果质量这一方向迈进。但是,主要的是,我们大大地扩展了来自农村和偏远地区的有才华孩子到优秀的地方高校和联邦高校继续受教育的机会。”②毫无疑问,这对促进教育公平起到了积极作用。

第四,有助于促进教育领域良性竞争的形成和教育质量的提高。以前,俄罗斯中学毕业考试与大学招生考试,各个学校各行其道,没有统一的标准,看似相同的中学毕业证书,实际上含金量并不相同。而且,中学毕业考试和大学入学考试并不相关。根据国家统一考试分数来鉴定中学毕业生的成绩,为比较各所学校的教育质量提供了标准。各所中学纷纷以学生全国统一考试的考试结果作为其培养质量的评价标准。而家长更倾向于把孩子送到学生全国统一考试成绩较好的学校读书。这样,就刺激了教育领域的良性竞争,特别是在实施按人头定额拨款的条件下,更进一步促进教育质量的提高。

当然,现阶段,俄罗斯在实施全国统一考试的过程中还存在一些问

① Министерство образования и науки РФ. Главные события в современном образовании 2004—2011[R]. Москва:медиалайн, 2012, 84.

② Министерство образования и науки РФ. Главные события в современном образовании 2004—2011[R]. Москва:медиалайн, 2012, 85.

题,例如,反对者认为考试系统只能测试出考生的知识水平,而对考生的判断、推理和逻辑思维能力没有进行全面评估;俄罗斯横跨 9 个时区,在统一考试时间,以保证考试管理的机密性和安全性,保证试题不泄露等方面,还有许多技术性的操作需要完善,等等,这些都是亟待解决的问题。① 虽然全国统一考试制度已经进入正式实施阶段,但是社会对它的讨论并未结束,而现在的讨论的主题是如何完善这一考试制度,而不是废除它。富尔先科确信:"全国统一考试被证明是很好的制度,已不存在是否废除它的问题,但是在将来要使它逐步完善。"②

本章结语

提高教育质量一直是历史上俄罗斯教育改革的永恒主题。无论是苏联时期,还是转型后的俄罗斯时期,政府的改革从未偏离这一主题,一直高度重视教育质量的提高。苏联解体之初,教育规模的急剧扩大,使得提高教育质量这一主题在新的形势下显得更加迫切和严峻。教育质量骤然下降成为备受关注的问题。为此,从 21 世纪初开始,在教育领域,俄罗斯开始了一场全面提高教育质量的保卫战,教育发展由规模、数量的增长转向教育质量提升的新阶段。

在这场保卫战中,国家的作用得到了回归和体现。甚至可以说,这是一场政府主导型的教育质量保卫战。苏联解体之初,俄罗斯教育质量的骤然下降诚然与很多因素密切相关,然而国家在此方面的宏观调控却是一个不容忽视的方面。为此,在最近 10 余年中,政府采取了果断的措施,强化了自身在质量保障方面的责任与权力,对涉及教育质量的方方面面进行了严格的管理和监控:一方面,改善教师待遇,稳定教师队伍,提高教师职业威望,增强教师职业的吸引力,同时提高教师技能,加强教师职业鉴定,使得教师队伍的素质有了明显提高,教师队伍呈现"止流"状态。

---

① 张璐. 俄罗斯高考制度改革十年回顾[J]. 河南教育学院学报,2011(5):54.

② Фурсенко А. Об итогах деятельности Министерства образования и науки Российской Федерации в 2010 году и задачах на 2011 год[EB/OL]. http://www.mon.gov.ru. 2011—3—20/2011—4—2.

另一方面,制定新的普通教育和高等教育国家教育标准,完善教育质量监控体系;参与欧洲一体化的质量保障体系,以欧洲标准强化俄罗斯教育标准的国际化和适切性;更新普通教育内容,使用新的教科书;修订职业教育学科结构,更新专业目录;适当延长普通教育学制,降低学生负担;实施全国统一考试,统一中小学教育质量的评价方式和大学的招生方式。至此,体现国家作用的全方位的质量保障体系得以重建。通过实施一系列重要举措,备受社会关注的教育危机状况得以扭转,政府所期待的"公共教育领域的现代化改造"工程大大加速。

与教育规模的扩大、学校数量的增加相比,教育质量的提高、教育品质的改善这一任务更为艰巨,更为困难。俄罗斯在提高教育质量方面所作的努力,远没有使本国的教育质量达到理想的状态。在高等教育大众化、人们的受教育机会还将继续增加的背景下,妨碍教育发展的因素依然很多,甚至会继续增多,因此,进一步提高教育质量对俄罗斯来说依然任重而道远。但是,俄罗斯十余年来为提高教育质量所进行的制度创新,为进一步推进此项改革提供了典范和经验,同时也为未来的变革奠定了基础、指明了方向。

第五章

教育战略的核心内涵之四：推行创新教育

在知识经济到来和世界竞争规则发生变化的残酷现实面前，俄罗斯政府越来越深刻地认识到，传统的竞争实力——疆域、自然资源、军事力量等这些曾经引以为豪的东西如今只能称为竞争“硬实力”，而如今“硬实力”因素已经让位于“软实力”因素——经济竞争力、有效管理、积极外交、道德威望、国际形象和人力资源的质量。资源已不再是经济发展的核心要素，经济发展的动力和活力在于知识的生产和流通以及通过新的方式开展的研发、设计、生产、销售等创新活动。提高自主创新能力、加快科技进步才是俄罗斯提高国家竞争力的根本。

俄罗斯近10年的发展历程更是让政府痛定思痛，痛下决心改变国家发展模式。尽管世纪之初，俄罗斯利用自然资源丰富的天然优势，在世界油价攀升的向好形势下，实现了连续10年的经济快速追赶，但是2008—2009年的经济危机却让俄罗斯看到了自身经济模式的脆弱、资源经济的不稳定性。摆脱对地缘政治“硬实力”的过分依赖、建设创新型国家是俄罗斯未来发展的重大战略。由此，俄罗斯开始了由资源拉动型经济向科技创新型经济、由原料出口大国向人力资源强国的蜕变。自普京总统上任以来，俄罗斯出台了一系列刺激创新的政策，主要包括国家科研机构改革、知识产权保护、风险投资政策等。

由于教育是智力资本产生的最主要源泉，是新的经济增长点和社会发展的助推器，因而教育领域被俄罗斯政府解释为国家创新体系的首要前沿阵地、国家创新链条“教育——研究 —冒险计划——全民创新”中的起始和关键环节，由此教育被寄予了更多的关注与期待。俄联邦政府认为,比起火箭、领土和石油来说,高等学校有可能成为俄罗斯在国际舞台上建立美好国家形象的更有前景、更加可靠的基础。① 发展创新型教育、建立适合创新型经济发展的教育制度成为俄罗斯近十几年来最重要的教育治国方略。

这一创新教育战略的实施涉及方方面面,是一项全局性的工程,但最主要的是做好以下两点:一是挖掘、引进和培养创新型人才,建立符合国家创新发展的人才培养体系。人才作为国家和社会创新发展的生长点,在新的历史条件下有了新的诠释。二是创建、培养和再造创新型机构。机构作为技术生产的基地和人才培养的摇篮,其重要性也被提高到了新的高度。总之,建立符合时代需求的新教育体系,实现教育在创新领域的加速发展,已成为俄罗斯统一的全民族战略。

第一节 创新型人才的培养

俄罗斯意识到,实现国家的创新发展目标,根本转变国家经济增长的方式,有效提升国家竞争力的关键在于创新型人才的培养,特别是能够提出新思想、创造新成果、开拓新领域,能够对社会发展发挥重要作用的拔尖创新人才的培养。培养创新型人才,追赶世界科学前沿,重塑苏联时期的科技强国地位,愈益成为俄罗斯近几年来关注的焦点和热点。

一、对精英人才早期的发掘与支持

精英教育的研究与实践在俄罗斯源远流长。苏联时期,精英人才的发掘与培养曾经是其保持世界超级大国地位的法宝,被誉为与美国抗衡的"最大秘密武器"。苏联解体以后,俄罗斯秉承其精英人才培养的优秀传统,继续打造这一锐利的"秘密武器",以实现人才储备优势对于整个民族发展的提升和拉动作用。俄罗斯"从娃娃抓起"的精英培养之路,在国际上具有独一无二的特色。俄罗斯重视创新人才的早期培养,强调天

---

① Медведев С. Болонский процесс, Россия и глобализация[J]. Высшее образование в России, 2006(3): 34.

才儿童和才华青年的甄别与教育,在立法保护、政策支持、资金扶持、甄别与培养机制等方面,都做了许多卓有成效的工作。

在立法和政策方面,从 2002 年 10 月开始,为保障孩子的全面发展,俄罗斯实施了联邦专项计划“俄罗斯的孩子们”(Федеральная целевая программа “Дети России”)。同时,在此专项计划下设立了分支计划“天才儿童”(подпрограмма “одарённые дети”),目的是创造条件发现天才儿童,并对其实施特殊教育。另外,天才青年被看作是将来国家和社会发展的重要因素和潜在资源。自 2006 年起,为激发俄罗斯青年的创新潜能,在《国家教育优先发展规划》的框架下,实施了“支持天才青年”计划(программа“подержка талантливой молодёжи”)。2006 年 3 月俄罗斯通过的《教育的创新发展——提高俄罗斯竞争力的基础》的报告中,设立专门的章节对“国家支持天才儿童和才华青年”作出了规定:“要形成我们民族的智力潜力,需要不断关注和全方位支持那些有才华的儿童和青年。”① 2008 年的《教育与创新经济的发展:2009—2012 年推广现代教育模式国家纲要》指出:“应排除儿童居住地、健康状况及社会地位因素的干扰,建立儿童早期发展的教育服务体系;建立天才儿童和才华青年的发现和支持系统。”② 2010 年 2 月,俄罗斯开始实施教育领域的创新计划“我们的新学校”(Наша новая школа),该创新计划包含 5 个方面的内容,其中一个方面的内容是“发展国家支持天才儿童的体系”,指出“在未来几年内建立发掘、支持和培养天才儿童的多方面体系”。③ 2011 年,俄罗斯联邦教育与科学部通过了《发掘和开发天才青年的俄罗斯国家系统构想》,对才华青年的发掘和培养作出了详细的规定和设想。

在这些法律政策的支持下,教育系统已经配备了保障发掘和开发天才儿童的基础设施。俄罗斯在所有的联邦区都设立了天才儿童中心,研

---

① Государственный Совет. Инновационное развитие образования-основа повышения конкурентоспособности России[R]. 2006—3—24.

② Министерство образования и науки Российской Федерации. Образование и развитие инновационной экономики: внедрение современной модели образования в 2009—2012 годы[R]. 2008—3—17.

③ Министерство образования и науки РФ. Национальная образовательная инициатива 《Наша новая школа》[R]. Москва, 2010,56.

究发现和开发天才儿童的模式，协调不同教育机构的工作，创造条件在文化、技术和体育领域培养天才儿童，并创建天才儿童数据库；组织大量有家长、心理学家和教育工作者参加的学术会议、家庭俱乐部和展览会等。出版有关天才开发的书籍和杂志，如最著名的有百科全书《天才儿童——俄罗斯的未来》和杂志《天才儿童》等；建立“天才儿童”图书馆，通过基金会不断充实有关教学方法论和实践论的书籍、辅助工具以及杂志等。同时，俄罗斯在所有联邦主体都增加了培养天才的专门学校，有新建的学校，也有改建的学校。学校的形式主要有：

（1）天才寄宿学校

这种学校有传统的物理—数学学校、艺术学校、音乐学校、体育学校、青年科技教育和创作中心、大学附属寄宿学校。目前，俄罗斯有 4 所最为有名的天才儿童寄宿学校，分别设立在莫斯科大学、圣彼得堡大学、新西伯利亚大学和乌拉尔大学内。俄罗斯计划在每所联邦级大学和国家级研究型大学都设立一所天才儿童寄宿学校。

（2）假期面授（函授）和远程补充性普通教育机构

天才儿童可以继续在原来的学校读书，只是在夏季或者冬季到这样的机构来接受教育，或者通过远程技术接受创新性教育。这种学校的教学在深度上更深入、内容上更复杂，主要针对的是农村地区、偏远地区和气候条件恶劣地区的天才儿童，主要的代表学校有在萨哈林州设立的“新发现”（Эврика）、“绿岛”（Зелёный остров）和在卡卢加国立师范大学设立的面授—函授普通教育机构。

在天才青少年的发现和培养方面，俄罗斯强调教育过程的个性化培养路线，在每所学校创设创新环境，使学生在不同领域展现自己的天赋。发掘和培养英才的工作率先在小学展开，并逐步向中学延伸。新的联邦教育标准的出台，为天才儿童和才华青年的发现与教育提供了重要保障。它使得发展每个学生的个性，形成学生个性化学习“路线图”成为可能。无论是课堂活动，包括不同学习科目、体育性活动、劳动和社会化活动等，还是课外活动，都采用个性化教育方案，在不同领域寻找、发掘天才。

寻找和发掘天才儿童的另外重要一环是奥林匹克竞赛。奥林匹克竞赛分别在学校、联邦主体、联邦和国际层面上举行。每年俄罗斯有 700 万名 10—18 岁的中小学生会参加学校级别的比赛，约占学生总数的 32%。

在不同联邦主体，参加竞赛的学生占学生总数的8%至46%不等。近年来，联邦层次的全俄中小学生奥林匹克竞赛总决赛参与者人数逐步增多：2009—2010年只有5700人，2010—2011年则达到9000多人。主要原因是奥林匹克竞赛参赛年龄范围扩大，以前的参赛者主要是普通教育机构的毕业生，现在，非毕业班的学生，即2—10年级学生参赛人数比例增多，约占总参赛人数的50%。同时，俄罗斯积极参与世界奥林匹克竞赛，比如天文学、生物学、地理学、信息学、数学、物理学、化学和自然科学竞赛，截至2011年底，已经获得14枚金牌、18枚银牌和5枚铜牌。[①] 这些竞赛进一步促进了学校创新环境的形成，激励青少年参与到创新性活动中去。

除此之外，俄罗斯还实施了以下举措：第一，为建立儿童有效社会化的现代模式，联邦政府积极促进高等学校和普通教育机构之间的互动。在《2011—2015年联邦教育发展专项计划》的框架下，在重点大学，以分支机构或者实验室形式设立了6个天才儿童支持中心，同时在国家研究性大学里设立了12个实验场地，引入有特色的教学大纲，以面授和函授的形式促进天才青少年的发展。同时，创造条件让天才青少年在重要学者、大学教师、艺术和文化活动家等的指导下学习。第二，在全俄展览中心建设"科学、教育、创新、技术和工业之城"，促进不同社会层面之间的对话，包括中学生、大学生、大学教师、学者、企业主之间的对话，促进创新项目的建立、发展和推进。第三，将很多现代展览中心和博物馆向青少年开放，形成开放的信息空间，着力打造统一的电子教育资源平台。其中，特列季扬科夫斯基陈列馆、俄罗斯博物馆、埃尔米塔什博物馆、综合技术博物馆等组织提供的电子教育资源超过15%。通过参观学习，青少年了解了现代科技进步成就、现代工业成就和生产基地的成果，同时也被"娱乐+学习"的现代教育模式所吸引。

尤其需要指出的是，俄罗斯联邦和地方采取了多种给予才华青年、大学生和中小学生资金支持的举措。例如，现在每位副博士每年能获得15万卢布的资助，而每位博士能获得25万卢布资助。俄罗斯每年都会竞争选拔500名年轻的副博士和学术导师授予俄罗斯联邦总统奖（грант

---

① Министерство образования и науки РФ. О реализации национальной образовательной инициативы《Наша новая школа》в 2011 году[R]. Москва, 2012,14.

Президента Российской Федерации),竞争选拔100名年轻的博士授予俄罗斯联邦总统奖。在奥林匹克竞赛方面,联邦每年奖励1250名才华青少年每人6万卢布,奖励2500名才华青少年每人3万卢布。奖励的对象是在国际奥林匹克竞赛和全俄奥林匹克竞赛中获奖的中学生、职业学校的学生以及在联邦权力机构和全俄社会联合会举办的青年活动中胜出的大学生。另外一部分获奖的才华青少年根据其在以下五类活动中的表现在联邦主体中产生:对社会有意义的活动、科学技术创新和科学研究活动、职业技能活动、艺术创作活动和业余体育活动。每个区获奖者的人数根据该区14—25岁之间青少年的总数确定。另外,根据学生在地区奥林匹克竞赛和其他竞赛项目中的成绩,每年选拔1600人给予奖金,每人奖励3万卢布。这些奖金拨发到才华青年的个人账户,由其自由支配。这种物质方面的资助对才华青少年的成长起到了很大的激励作用。

二、对科技创新人才的吸引与激励

1. 科技人才曾经大量流失

苏联之所以能在相当长一段时期内保持世界第二经济强国的地位,并与美国相抗衡,一个重要原因是国民整体素质较高,而且拥有一支高素质的知识分子队伍。当时世界公认的有成就的苏联科学家即达10万人之多。苏联在科学技术领域取得的成就令西方生畏,苏联创造的科技创新成果令世界瞩目。然而,俄罗斯独立后很长一段时间,社会和经济状况急剧恶化,科技创新人才大量流失,甚至沦为世界上人才流失最为严重的国家之一。据俄罗斯官方统计,从1990年到2005年,从事科研开发的人数缩减了58%,在绝对数字上减少100多万人。① 分析俄罗斯科技创新人才流失的原因,可以归结为以下两点:

第一,政府投入的急剧减少导致科研条件的落后。苏联解体后,国家对科学研究和科学开发的投资急剧减少,对科研机构的资助大幅收缩。科研经费的严重不足导致科研机构无法购买新的技术设备,实验设备陈

① Министерство образования и науки Российской Федерации. Федеральная целевая программа “Научные и научно-педагогические кадры инновационной России” на 20092013 годы[R]. 2008—3—17.

旧,实验资料短缺。一些科研机构甚至关闭或转行。科研工作人员工资骤减,科研工作已不再是被人尊敬和崇拜的行业。在这样的工作条件下,一些科研人员要么为了发展科学项目,到国外去寻找出路;要么被迫改行,转行到俄罗斯银行、电信等薪酬丰厚的部门。1992—1998 年是俄罗斯科技人才流失的高峰期。特别是 1992—1994 年间,俄罗斯国内科技人才流失最为严重。1994 年俄罗斯国内研究人员的数量比 1991 年减少了 40%。2003 年,"列瓦达"中心(Левада-Центр)做过一次调查问卷,结果显示,只有 9% 的俄罗斯居民认为科学家和学者是令人尊敬的职业。①

第二,一些发达国家招贤纳士,为俄科研人员提供非常优厚的科研与生活条件,公开争夺俄高技术人才,俄罗斯官方称之为"侵蚀性引才政策"。俄罗斯国家信息技术创新与开发协会指出,当前有超过 9 万名俄罗斯青年学者和专家长期在美国工作,4 万人在德国,2 万人在英国,4000 人在日本。② 俄罗斯官方认为,俄罗斯是西方国家科研人员的主要供应商,如果任其自然发展,俄国内具有创新科学思想和技术的人才将荡然无存。

从科技人才流失的方向来看,可以分为"内部迁移""智力外流"和自然淘汰。自然淘汰是研究人员正常的新陈代谢,属于正常现象。"内部迁移"是指科研人才和为科研服务的人才迁移到俄罗斯的其他经济部门,从事其他方面的工作。它不仅是指迁移到国内其他部门,而且指科学研究部门职员的大量兼职,这两种渠道都不可避免地引起本国科技技能的降低,甚至流失。"智力外流"是指俄罗斯科技人才移民到其他国家。虽然"智力外流"的规模比"内部迁移"要小,但是它的影响却引起了俄罗斯政府的高度关注。根据研究,俄罗斯移居国外的学者和科技人员大多从事的是先进行业或高技术行业,20 世纪 90 年代,"智力外流"主要是数学、物理学、生物物理学、病毒学、遗传学、生物化学等专业的科技人才,21 世纪主要是从事计算机程序设计、信息通信技术和生物技术等尖端技术行业的科技人才,而这些行业恰恰是国家科技进步和经济发展所依托的

---

① Общественная палата РФ. Образование и общество: готова ли Россия инвестировать в своё будущее? [R]. Москва: изд. Дом ГУ ВШЭ,2007,9.

② Ольга Ускова. О Политике науки[N]. Независимая газета. 2009—8—26.

行业。

一个国家在短短几年里出现如此严重的人才流失,其后果必然是灾难性的。从直接的后果来看,人才流失导致俄罗斯科研队伍年龄结构失衡,年龄结构老化,科技领域的代际传承遭到破坏。据统计,截至 2008 年,俄罗斯从事科研工作的人平均年龄为 49 岁,其中具有副博士学位的研究者平均年龄为 53 岁,具有博士学位的研究者平均年龄为 61 岁。① 从间接的后果来看,它影响了俄罗斯未来研究的发展,使得国家的科学技术发展水平明显下降,科技成果利用率大大降低,一些重要学科和学派也面临解体。俄罗斯政府认为,俄现代科学发展的最尖锐问题是科学研究过于宽泛和科学传统的逐步丧失。某一科研领域一两个关键人才的流失,足可导致该学科研究方向发展的减缓或停滞。高科技人才的流失不仅对俄罗斯的整体研发能力、技术进步和产品创新产生了不利影响,而且加剧了俄罗斯人口的负增长危机,对俄罗斯的国家安全构成了直接威胁,对其国际竞争力和其他领域的发展都产生了极为不利的负面效应。

俄罗斯科技领域的危机状况,引起了政府的极度不安与担忧。政府认为,高技术人才流失问题已威胁到国家的科技和经济安全,"人才饥荒"已成为限制俄罗斯经济发展的一大掣肘因素。特别是 2002 年之后俄罗斯"智力外流"的年轻化趋势,更是令政府焦灼不安。在这新一轮流失的人才大军中,29 岁以下的青年学者比重有所增长。俄罗斯政府惊呼"创造性人才层正在萎缩",这些年富力强、具有科学思想和创新精神的人才的流失,将会使国家丧失科技创新发展的基础。正如俄罗斯国家信息技术创新与开发协会所警示的,依照当前的专业技术人才移民速度,到 2018 年,俄罗斯创造性人才层将可能完全消失,届时国家的自主创新体系建设将无从谈起,又一次成为技术依赖西方的国家。② 因此,大力推行科学干预政策,努力吸引科研创新人才并进行人才的再生产,已成为俄罗斯当下最紧迫的任务之一。

---

① Министерство образования и науки Российской Федерации. Федеральная целевая программа "Научные и научно-педагогические кадры инновационной России" на 2009—2013 годы[R]. 2008—3—17.

② Ольга Ускова. О Политике науки[N]. Независимая газета. 2009—8—26.

2. 优先扶持青年科教人才

科技创新人才被确定为俄罗斯追赶世界科学前沿，重塑苏联时期科技强国地位的生力军。面对科研创新领域遭遇的人才危机，俄罗斯政府不惜重金实施科技复兴计划，改善科技人才的科研环境，大幅提高科研人员的物质待遇，采取激励机制吸引更多人才，特别是年轻人投入科学研究的行列。青年科教人才又是俄罗斯最着力培养和最优先扶持的对象。因为青年时期是科学家的黄金阶段和多产期，因此青年人才被认为是创新能力最活跃的人群，关系着俄罗斯科技发展的前景。为保障青年科学梯队的成长与发展，俄罗斯不遗余力地构建政策、信息、基础设施和财力资源的多元化、全方位的保障体系。对青年科教人才的扶持力度，或许是俄罗斯千余年来最大的一次。

优先扶持青年科技人才的政策措施始于2002年。这年3月，俄罗斯通过《2010年前和未来俄罗斯联邦科技发展基本政策》，其中为防止青年科技人才和尖端技术人才流失提出了一系列明确的政策和措施。例如，大力支持青年科研人员的科技活动，将联邦科技预算3%的资金用于支持年轻学者的研究，扩大青年科学家住宅建设规模；尽可能提高科技人员的工资，到2008年，将科学院系统工作人员的国家预算工资提高到平均月工资不低于3万卢布（1000多美元），青年科学工作者的月工资不低于1.5万—2万卢布（500—700美元）。2002年，俄罗斯开始实施“2002—2006年‘国家技术基地’联邦专项计划”（федеральная целевая программа “Национальная технологическая база” на 2002—2006 годы），制定了为国家技术基地培养人才的举措。2002年还实施了联邦专项计划——“2002—2006年优先发展方向科技的研究与开发”（Исследования и разработки по приоритетным направлениям развития науки и техники на 2002—2006 годы），主要包括如下重要举措：①由年轻学者从事优先发展方向的科学、教育和高技术的研究与开发；②在重点科学和教育中心发展研究生和大学生的科学研究合作和教学研究工作；③发展学者和教师在大型科研中心进修的制度；④发展重点科学流派。2007年12月10日的第2197号总统令令决定采取措施保护、培养和稳定国防工业系统的高技能人才。

2008年8月，俄罗斯联邦政府批准了联邦专项计划“2009—2013年创新俄罗斯的科学人才和科教人才”(“Научные и научно-педагогические кадры инновационной России”на 2009—2013 годы)。这一专项计划是俄罗斯青年科学梯队建设的最主要计划,也是当前俄罗斯全社会最关注的政策文本之一。该计划的目的是创造条件促进科学人才和科教人才的再生产以及科学、教育和高新技术领域年轻人才的稳定,保持俄罗斯科学和教育领域代代薪火相传。该计划的任务是创造条件促进科学和科教人才人员构成的改善,创建提高其科研创造水平的有效机制,构建吸引和稳定年轻人进入科学、教育和高新技术领域的激励机制,并建立科学和科教人才更新机制。为实现此任务,2009—2013 年俄罗斯计划投资 904.54 亿卢布,其中联邦预算 803.9 亿卢布,预算外资金 100.64 亿卢布。联邦预算的分配如下:研究工作和试验设计工作为 439.2 亿卢布,基本建设投资为 270 亿卢布,其他 94.7 亿卢布。这样的资金投入力度是前所未有的,由此可见俄罗斯政府对培养青年科教人才的决心。

该计划拟达到以下重要指标①:①使 30—39 岁的研究人员在研究人员总人数中所占比例为 13.8%—14.5%。②使 30—39 岁的研究人员在高校研究人员总人数中所占比例达到 21%—22%。③国立和市立高校教师中年龄在 39 岁以下(包括 39 岁)的人员所占比例达到 40%—41%。④高技能研究人员(包括副博士和博士)中年龄在 39 岁以下(包括 39 岁)的人员所占比例达到 13.5%—14.5%。⑤在国立和市立高等学校,高技能研究人员(包括副博士和博士)中年龄在 39 岁以下(包括 39 岁)的人员所占比例达到 63%—64%。⑥参与该计划并已经把学位论文提交到学位论文委员会的副博士和博士研究生所占比例达到 80%。⑦参加过学科奥林匹克竞赛、学术成果竞赛和在该计划框架内举行的其他科技活动的大学生、研究生、博士生和其他年轻的研究人员总数达到 6 万—6.5 万人。⑧稳定在科学、教育和高技术领域(国防工业系统、能源部门、航天部门、原子能部门以及其他的俄罗斯优先发展的高新技术工业部门)

---

① Министерство образования и науки Российской Федерации. Федеральная целевая программа “Научные и научно-педагогические кадры инновационной России” на 2009—2013 годы[R]. 2008—3—17.

并参与该计划的大学生、研究生、博士生和年轻研究者人数达到9000—12000人。⑨在该计划框架下,在排名靠前的俄罗斯和国外期刊发表学术成果的理工科研究人员所占比例达到40%—45%。

吸引和稳定青年科技人才的大部分举措在2009—2013年"创新俄罗斯科学人才和科学教育人才"联邦专项计划中加以规定。这些举措可以归结为以下几方面:

(1) 对以下研究项目实施专门资助

对科学—教育中心的科学研究实施资助,每年选出约450个科研项目,每个项目每年资助500万卢布;对在博士领导下的科学小组进行的研究资助,每年选出约450个项目,每个项目每年资助200万卢布;对在副博士领导下的科学小组进行的研究资助,每年选出约500个项目,每个项目每年资助150万卢布;对拥有副博士学位的年轻学者在科学—教育中心进行的科学研究实施资助,每年选出约300个项目,每个项目每年资助100万卢布;对研究生在科学—教育中心进行的科学研究实施资助,每年选出约500个项目,每个项目每年资助50万卢布;对年轻学者、教师的短期研究实施资助,每年选出约500个项目,每个项目每年资助30万卢布。在资助项目的时候,俄罗斯改变了苏联时期重理轻文、重基础研究轻实用研究的传统,对各个类别的科研项目的资助进行了合乎比例的分配。其中,理科项目占40%左右,工科项目占40%左右,人文科学项目占10%左右,还有不少于10%的比例留给经济学科的高技术部门。

(2) 对基础设施类项目实施专项资助

组织全俄和国际青年学术会议,每年选出约100个项目,每个项目的经费为200万卢布;组织、举办全俄和国际奥林匹克竞赛及其他比赛,每个项目的经费为500万卢布;发展网络等信息基础设施,每年选1—2个项目,每个项目的经费为500万卢布;发展青年科学技术创造体系,包括青年创作之家、青年科技创作中心、青年技工俱乐部、大学生设计中心以及其他类似的非商业性组织,每个项目每年的经费为200万卢布;用现代专门科技设备武装在科学人才和科教人才培养方面领先的高校,这些设备不仅用于科学研究,而且用于教育过程,联邦拨付的预算为49.6亿卢布;该计划最重要基础设施建设项目是为大学生和年轻学者建造固定的宿舍,为保障人才流动而建造临时宿舍,联邦提供预算

270 亿卢布。

(3) 完善计划的组织实施等管理体系,包括选拔程序、资金来源、技术和信息保障、实施结果的鉴定与评审

联邦教育与科学部发挥指挥作用,总揽这一计划实施的全局;该部下设的联邦教育署(Федеральное агенство по образованию)及联邦科学和创新署(Федеральное агенство по науке и инновациям)负责该计划的具体组织实施。为了协调各项举措有条不紊地进行,俄罗斯联邦还组建了科学协调理事会(научно-координационный совет)。该理事会在国家—社会的原则基础上组建,由教育与科学部代表、其他的联邦权力机构代表、科学组织代表、高等职业机构代表和社会专家组成。为了能保障经费充足、稳定,该计划规定,除联邦预算外,可以吸纳预算外资金。预算外资金占资金总量的 11% 左右,基本上保障解决科学、教育和高技术领域的人才培养问题。经费的划拨在竞争的基础上择优选择。评审的标准是比较客观的,选出的项目是更有前景的项目,选出的执行者具有更高的技能。所选项目的执行机构要与作为定购者的联邦教育与科学部签订合同和协议。为了能保障给更有成效的科研项目以资助,联邦教育与科学部有权把 15% 的经费重新分配。国家实时监控该计划的实施情况,一年两次评估项目实施的结果,评定指标的达成情况。

俄罗斯教育与科学部在实施"创新俄罗斯科学人才和科学教育人才"联邦专项计划之前,曾对国立莫斯科大学的毕业生做过问卷调查,结果显示,青年人对科技领域的未来发展最看重的分别是以下这些方面:提高科学领域研究人员的平均工资;具有真正实现科学抱负的条件,拥有现代仪器和设备,而且能够使用世界科学信息资源;具有职业成长和职位提高的可能;为年轻的学者和教师解决住房问题。① 由此可见,"创新俄罗斯科学人才和科学教育人才"框架下的诸多举措全方位地满足了青年人才的期望,增强了科学研究工作对他们的吸引力,加上组织工作得力,总的来说,成效是显著的。在这一联邦专项计划框架内,2010 年有 5.7 万

---

① О мерах, направленных на подготовку научных и научно-педагогических кадров инновационнои России [EB/OL]. http://mon. gov. ru/ruk/ministr/dok/4741/. 2008—6—23/2012—5—10.

名高技能人员参与了科学研究，占俄罗斯科学界总人数的 15%，其中，年轻学者和大学生有 4.15 万人。俄罗斯联邦前教育与科学部部长富尔先科指出，“该计划的目的是在 2013 年前，科学和高技术领域吸收和稳定住大约 12 万高技能专家”。

3. 吸引世界科学巨星进入俄罗斯大学

俄罗斯越来越认识到，智力已成为最基本的竞争财富。智力不足的民族永远要落后。那些“人才外流”的国家永远也追赶不上“人才涌入”的国家。[①] 在科技创新人才的培养和发展方面，俄罗斯一方面注重青年科学梯队的建设，强调对青年从事科研的全面支持；另一方面则注重发挥世界著名学者对俄罗斯科学的引领作用，下大力气将世界著名学者，包括国外的著名学者引入俄罗斯高校。如果说俄罗斯的科研人才培养体系是一架巨大的航天飞机的话，那么青年科技人才则是承载基础和前景的机身，世界著名学者则是掌握方向的两翼。

俄罗斯国内有评论说，输出人才对俄罗斯来说未必是坏事，因为这有利于俄罗斯的技术向全球扩散，能够在经济全球化的浪潮中形成一股俄罗斯技术全球化的激流，但俄罗斯政府对这股激流丝毫不感兴趣。针对国内科研队伍的断层和科研成果青黄不接的现象，俄罗斯痛定思痛，发力促使人才回流，不仅鼓励侨居科学家回国，而且吸引外国的顶尖科学家赴俄进行研究，努力恢复苏联时期科技强国的形象。

首先，俄罗斯政府制定了新的政策法规，简化制度，吸引国外的高层次人才。由于俄罗斯人口连年出现负增长，俄罗斯劳动力缺乏问题变得越来越严重，因而移民问题一直是俄罗斯政府高度重视的问题。俄罗斯每年需要从国外引进劳动力 70 万到 80 万人。2010 年之前，虽然俄罗斯已成为继美国和德国之后的第三大移民国，但是，当时的移民政策过于保守。在选择移民的标准上，首先考虑从邻国，特别是独联体其他国家吸纳更多的俄罗斯族人，以确保在未来人口的民族构成中俄罗斯族的比例不至于下降得太快。其次才是吸纳“有专业技能的”“受过良好教育和守法的”其他民族人口。对于高素质人口的吸纳，由于程序过于复杂，申报时

① Государственный Совет. Инновационное развитие образования-основа повышения конкурентоспособности России[R]. 2006—3—24.

间过长,特别是由于科研环境不够理想,以致收效甚微。2010 年 3 月,在总统梅德韦杰夫的要求下,经济发展部起草了一份新的联邦法律——《俄罗斯联邦移民法》,放宽对移民俄罗斯的限制,以吸引高素质人才移民到俄罗斯。新法首先为国家社会经济发展急需的外国“智库”人士提供移民地位。这些人才包括各种专家、专业技能熟练工人、体育和文化人才等。新法促使负责接受移民的机构为这些人才优先提供在俄罗斯的居留权、住房、国籍并安置就业,取消对外国高素质人士每年的移民配额限制,同时简化那些冗长、繁杂的申请俄罗斯签证的程序和规定。在此基础上,2012 年,普京签署了俄罗斯第一个有关移民政策的远景战略——《2025 年前俄罗斯移民政策构想》,在总结过去俄罗斯移民状况的基础上,提出采取“两种资源,两项提高”的政策,即充分利用国外的俄侨资源和外国人才资源;提高普通移民门槛,提高对非法移民的打击力度。该战略对移民种类进行了法律意义的界定,将外国移民划分为 11 种,主要有学术型、短期型、常住型、配额型、劳动型等。而其中,世界各地高素质和高智商“智库”人士成为国家重点吸引的对象,国家在机制、资金和举措上全力予以支持和保障。这一战略得到了国际劳工组织、国际移民组织和世界银行的积极评价。目前,俄罗斯已经与来自不少国家的高技术专家签订了协议,以便他们在来到俄罗斯之后,家人和其他随行人员也能享受到同等优惠的移民待遇。

在吸引外国侨民回国工作的问题上,富尔先科在答记者提问时作出了这样的回答:“我们不是在谈论本国学者回俄罗斯长期工作的义务。但是,他们能够回国工作的可能性非常高。为了使他们留在祖国工作,首先需要提供一个他们感兴趣的工作,只有有趣的工作才能吸引人们加入进来;其次是提供足够的工资、明确的职业路径和一定的社会地位;最后是充分考虑到合作与协作的可能性,无论是国际和国内的教育领域合作,还是教育领域与其他行业及企业的合作。”①

其次,俄罗斯从 2010 年起实施了一项宏大的引智计划,斥巨资邀请国外侨民和外国科学家到俄罗斯大学从事科学研究。俄罗斯政府认为,

① Проект привлечение ведущих учённых[EB/OL]. http://mon. gov. ru/. 2010—6—19/2012—5—10.

由于俄罗斯科研的现状,很难期待侨居国外的俄罗斯学者和国外科学家能够很快到俄罗斯创业。于是,政府立足于现在,放眼未来,采取了短期引进的方法。富尔先科在回答《自然》杂志记者对这项引智计划的专访时表示:“当代的科学研究是全球性的,刻意地阻碍科学家在国际上的流动是错误的,也是有害的。因为一系列的原因,这种流动性在俄罗斯则呈现单向性。据估计,90 年代共有 35000 名俄罗斯科学家移居海外,这一结果造成俄罗斯国内的科学家出现青黄不接的现象。要弥补这些缺口,俄罗斯不仅要鼓励侨居科学家回家,更要吸引外国的顶尖科学家赴俄做研究。”① 2010 年 4 月 9 日,俄罗斯政府通过第 220 号决议——《关于吸引重要学者到俄罗斯高等职业教育机构的举措》。这一决议的目的是吸引世界著名科学家到俄罗斯大学创建世界水平的实验室。引智计划的所有经费都来自于俄联邦预算。为此,联邦 2010 年拨付 30 亿卢布,2011 年拨付 50 亿卢布,2012 年拨付 40 亿卢布。该计划下设众多的科研项目,重要学者们通过公开竞争获得项目。任何法律组织形式的大学的重要学者都可以提出申请。同时,申请人不受国籍和常住国家的限制。也就是说,项目的申请人包括现在居住和工作在 22 个国家,包括一些在美国、德国和英国的顶尖大学和研究中心从事科研工作的俄罗斯侨民,也包括俄罗斯本国和国外的一些顶尖科学家和著名学者。科研方向和科研题目基本限定在俄罗斯联邦政府资助委员会(Советом по грантам Правительства Российской Федерации)确定的国家支持范围内的科学领域。评审委员会成员既有俄罗斯人,也有来自国外的专家。评审根据三个标准打分:项目质量、申请者选择大学的水平和申请者的专业素养和学术技能。俄罗斯联邦政府资助委员会确定以下研究领域为这次引智计划的国家资助范围:天文学、天文物理学、原子动力学和核技术、生物学、生物技术、信息技术和计算机系统、宇宙研究和技术、数学、机械学、医学科学和技术、力学和控制工艺、纳米技术、地球科学、材料科学、心理学、认知研究、无线电电子学、工程与建筑、物理学、化学、生态学、经济学、国际研究、社会学、动力

① О мерах, направленных на подготовку научных и научно-педагогических кадров инновационной России[EB/OL]. http://mon. gov. ru/ruk/ministr/dok/4741/. 2008—6—23/2012—5—10.

学、能量效率和能源节约。总的看来,都是国防工业系统、能源部门、航天宇宙部门、原子能部门以及其他高新技术工业部门急需的专业和方向。每名获得资助资格的研究人员将获得最高 1.5 亿卢布的研究经费,经费支持的时间跨度为 2010 年到 2012 年,对于有些研究项目,经费支持的时间还可以延续一到两年。获得资助的研究人员和联邦教育与科学部以及大学签订三方协议,申请资助时的所有条件成为协议内容。研究人员根据协议要求履行领导科学研究和提交科学总结的义务,而大学则履行为其提供科研保障的义务。联邦经费划拨到大学,研究人员在此资金基础上从事科学研究,大学使用经费必须经过该研究人员同意。同时,俄罗斯联邦资助委员会对获得资助的研究人员提出以下要求:既在实验室从事研究又对实验室实施科研领导,在实验室待的时间一年不少于 4 个月。

在这次引智计划中,截至目前,俄罗斯实施了两轮竞争性选拔。第一轮是在 2010 年进行的,从 507 名申请者当中选出了 40 名著名学者。公平、严格的选拔程序,增强了学者们对此计划的信任,因此,那些第一轮没来得及递交申请的学者积极参与了第二轮选拔。第二轮选拔是在 2011 年进行的,从 517 名申请者当中,选出了 39 名著名学者。两轮选拔共选出 79 名著名学者。因为此引智计划被吸引进俄罗斯大学的世界顶尖科学家包括:美国诺贝尔医学奖获得者费里德·穆拉德、美国诺贝尔物理学奖获得者乔治·斯穆特、日本诺贝尔化学奖获得者田中耕一、获得过菲尔兹奖的俄罗斯数学家斯米尔诺夫、俄罗斯物理学家扎哈罗夫、俄罗斯生物信息学家别夫日涅尔、俄罗斯生物学家卢克扬诺夫和丘玛科夫、澳大利亚物理学家基辅沙尔、来自瑞典的生物医学家日瓦托夫斯基和来自美国的化学家库班诺夫等。

这次周密的引智计划,扩大了俄罗斯科学与世界科学的交流,促进了俄罗斯学者与世界同行的合作。尽管近十年来俄罗斯科学家跟国外同行也开展了许多的合作研究,然而俄罗斯的科学研究仍然面临着许多障碍,俄罗斯的科研一直以来都与全世界的科研相隔离,这导致俄罗斯的科研重点以及其支持体系陈旧过时。俄罗斯政府的目标就是为俄科学界提供和创造平等的参与国际合作的机会,而不仅仅限于在一些精英大学建立一些示范性项目。通过这个计划,可以建立国内跟国外学者的经常性互动,促进他们之间经验、技能和知识的交流,从而发展俄罗斯的科学技术。

时任俄罗斯联邦总统的梅德韦杰夫在第一轮选拔结束后,接见了获得资助的外国学者。他说:"现代科学跟过去一样,从根本上讲是没有界线的。但是,不同的是,现在为了交流创建了史无前例的条件。因此,我们国家关注的是,思想能够经常交流。最大意义上的科学流动确实得到了保障,这种科学流动只是在现代条件下才有可能发生。"①

同时,这次规模宏大的引智计划,对于提升俄罗斯科学研究的国际地位,具有非常重要的意义。这一计划的目的就是把俄罗斯科学提升到世界水平,使俄罗斯科学具有竞争力和富有成效。获得资助的著名学者在俄罗斯大学建立世界水平的实验室,不仅会取得具有重大意义的科研成果,而且他们组织的科学讨论会,能扩展国内学者的学术视野,使国内学者掌握新的科学方法,同时在培养俄罗斯高校的研究生和青年人才方面也将起到积极作用。正如富尔先科所指出的,"重要的不仅是建立高端实验室,而且还有一个重要的目的是,在完成项目后,科学群体能够更好地发展,更好地发挥作用,同时也能产生世界水平的科学成果。这将给大学活力,给地方和整个国家的学术气氛带来最重要的现代化影响"②。

鉴于此大学引智计划已经产生的积极作用,2012 年 5 月,普京当选为新一届总统后承诺,要把著名学者引入俄罗斯大学的计划延至2015 年。

三、各层次教育人才培养模式的革新

为了适应国际竞争日益严酷的现实和实施国家创新性发展战略的需要,纠正教育领域重知识传授、轻能力提高人才培养模式的偏颇,最近几年,俄罗斯在教育领域加快建立新的人才培养模式——创新人才培养模式。

2008 年 3 月,《2020 年前的俄罗斯教育——服务于知识经济的教育模式》这一重要的纲领性文件指出,在今天,俄罗斯仍存在实际的风险——将大量的资金用于复制昨天的教育。今天的教育不能满足社会和经济发展需求,这不仅是由于教育投入不足所造成的,更是由于业已形成

---

① Министерство образования и науки РФ. Главные события в современном образовании 2004 2011[R]. Москва.мсдиалайп, 2012,141.

② Проект привлечение ведущих учёных[EB/OL]. http://mon. gov. ru/. 2010—6—19/2012—5—10.

的教育大纲结构与实际需求不相适应所造成的。因此，必须在维护国家教育传统中有生命力的部分的同时，吸取世界教育实践中的所有有益经验，培植面向21世纪后工业经济和社会所需的全新教育制度和教育模式。苏联教育曾经是工业社会最优秀的模式之一，因而今天必须创建全球创新模式中的最优秀的教育制度。① 培养学生的创造性和终身学习能力被看作新的教育模式与旧的教育模式的根本不同。2010年，俄罗斯联邦政府批准了由俄罗斯经济发展部、教育与科学部及一批与创新事业有直接联系的专家共同制定的国家战略——《2020年前俄罗斯创新发展战略》。这一战略指出，俄罗斯创新发展的基本任务之一是要为公民今后的创新活动创造条件：培养人们不断学习、不断完善的能力，激发人们对新知识的渴求，培养人们的批判性思维的能力，让人们做好理性冒险的准备，培养人们的创造力、管理能力及独立工作的能力，并让人们能够在团队中和激烈竞争的环境中生存，培养人们运用外语的能力以及自如地进行日常性、事务性交谈的能力。②

2007—2010年，为支持创新性人才的培养，俄罗斯对实施创新教育大纲的教育机构进行了大幅度资助。例如，在2007—2009年，俄罗斯实施了“关于国家支持在国立初等和中等职业教育机构培养高科技生产劳动力和专家的举措”这一计划。该计划的战略目标是逐步克服中间环节高技能工人和专家培养的结构、规模和质量落后于新经济不同部门企业的要求，国家对引入创新教育大纲的国家初等和中等职业教育机构的发展提供资助。2007—2008年联邦政府分别拨付18亿卢布和48.8亿卢布资助该项计划。

为了满足培养人的创造性和终身学习能力这一目标的需要，俄罗斯在《2020年前的俄罗斯教育——服务于知识经济的教育模式》中，对未来各层次、各形式的教育培养模式的改革方向作出了描述。

---

① Министерство образования и науки Российской Федерации. Российское образование——2020：модель образования для экономики，основанной на знаниях［R］. Москва：изд. дом ГУ ВШЭ，2008，4.

② Минэкономразвития России. Стратегия инновационного развития Российской Федерации на период до 2020 года［R］. Москва. 2010，30.

1. 学前教育阶段

学前教育阶段被认为是最有成效的教育阶段，国家强调从这一阶段起就开始培养人的创造能力，2014 年前实现所有儿童至少获得过两年学前教育的目标。0—3 岁儿童的早期发展是现代教育模式的独立组成部分。俄罗斯将建立支持儿童早期家庭教育的社会机构，跟踪危机家庭儿童的专项计划。为扩大早期教育的覆盖面，国家将支持由不同所有制形式组织提供的多样化教育大纲，以便尽早发现儿童的天赋。3—6 岁阶段，一方面要培养儿童的创造力和探索知识的能力，为其接受普通教育打好基础；另一方面，要使每个孩子成功地适应学校，尽早实现早期的积极社会化，从而减少将来损害社会利益的可能。通过国家和社会合作，逐步实施"钱跟着学生走"的资助方式，吸引不同所有制形式的教育组织，提供不同形式的学前教育服务，实施灵活的学前教育大纲。现代教育模式要求实现学前教育技术现代化，发展儿童的想象力和其他能力，提高儿童的识字水平。同时，要求对现有的学前教育教师进行再培训，提高教师教育的技能，改变教师传统的教育理念，使他们掌握新的适应儿童创造力培养的教育方法。同时，又要积极吸引家长参与教育，创建一个和谐的儿童和成人教育共同体。

2. 普通教育阶段

在普通教育阶段，强调学生的能力导向，注重培养学生的实践能力、运用知识的能力和实施自己计划的能力；强调让学生在这一阶段真正打好基础，不再像以前一样强迫学生强记各领域的百科知识，而是让学生掌握交际以及分析、理解和解决问题的基本能力。要在 2015 年前，以能力导向为原则更新所有的教育大纲和教学方法。同时，更新普通教育阶段的教育结构，针对不同的年龄阶段，实施不同的教学方法。2020 年前，在全国实施新的分层性普通教育结构。低年级阶段，一方面是切实减轻学生的课业负担，不断扩大补充教育领域，为学生的自我学习提供自由时间，2012 年前，保障每个学生免费进行补充教育的时间每周不少于 2 小时，2020 前不少于 6 小时；另一方面是实施反映学生个性化学习过程和结果的教育评价方法，保证学生依据个人的兴趣、爱好进行学习，挖掘个体潜能，使学习过程变得丰富多彩和具有可调整性。高年级阶段，进一步实施分科性教学。分科性教学不是为学生选择明确的专业，而是为学生的个性化发展创造可能。2015 年前,利用现代教育技术和职业教育基础,完善学生的个性化发展方法和技术保障。高年级阶段的教师主要是专业化硕士。从 2008 年起,俄罗斯在全国中小学范围内根据这一模式实行“我们的新学校”这一宏大工程。时任俄罗斯联邦总统的梅德韦杰夫指出:“我们开始实施‘我们的新学校’这一创举的实质和意义在于建立一种新学校,这种学校能够根据国家现代化和创新发展的任务开发孩子个体潜力,培养孩子对学习和知识的兴趣,引导孩子在精神上发展并走向健康的生活方式,进而引导学生对职业活动的适应能力。”①建立适应时代要求的新型学校是近年来俄政府一直强调的教育发展重点。

3. 职业教育阶段

职业教育阶段是包括基础培养、技能提高和再培训的重要阶段。职业教育结构必须保证每个俄罗斯公民获得其所需水平的基础职业培训,包括短期的职业培训计划和职业教育计划、应用型学士、学术型学士,同时还应为学生提供一整套不断更新的职业技能模块大纲,使其更好地适应劳动市场的变化。俄罗斯的职业教育结构正发生着重要变化。实施职业教育的机构主要是大学、专业大学、专科学院、专业学院和技能中心。初等职业教育将成为历史名词,这是因为任何职业能力都可以在获得高水平普通教育的基础上形成。俄罗斯将在职业学校和中等专科学校的基础上建立综合性职业技能教学中心,以发挥初等职业教育机构的功能。大多数的中等职业教育机构将成为大学或与具有大学地位的学院相应的机构,同时其教育大纲将采用培养应用型学士的教育大纲。大学前职业教育的教育大纲由相应的职业协会进行鉴定,呈现多样化和简约性,目的是使学生掌握从事职业活动所需的系列能力。高等教育阶段转入两级高等教育体系,一级是学士,包括应用型学士和学术型学士,一级是硕士。2/3 以上的普通教育毕业生进入学士阶段学习。学士阶段的主要任务是培养学生各方面的能力,包括获取基础知识的能力、学会研究方法的能力,使学生掌握进入劳动市场所需的实际技能。注重大学生自主学习,引导他们自我选择学习的课程,并鼓励他们参与课题研究和教学工作。硕

① Дмитрий Медведеев утвердил инициативу《наша новая школа》[EB/OL]. http://xn.-d1abbgf6aiiy-p1ai/news/6683. 2010—1—12/2012—5—10.

士阶段的教育标准是框架性的,不具体规定教育内容。职业教育凸显创新特色和开放性,将教育大纲和实际生产相结合,相关重点企业参与提供教育服务,使教育过程既在学校又在公司完成。强化职业教育教师的流动性和职业生涯的灵活性,既允许其在从教的不同阶段转入商业领域,又增加其在学校和企业兼职的机会。为吸引掌握最新技术的人才来职业中心任教,俄联邦规定这类教师的工资根据市场情况确定,其工资水平应当是本地区平均工资的150%。不在基础性职业教育和补充职业教育之间设立明确的界限,以学分制评价教育结果,实施灵活的评价方法,允许学生在不同的大纲中选择所学内容,获取学士和硕士学位所需要的学分。同时,在职业教育管理方面,将强化国家—社会管理,保证企业主参与制定和实施包括职业教育法律在内的国家职业教育政策,拟定培养方向和目录,制定国家职业教育标准,参与国家职业教育质量评价。相应地,在教育财政方面,逐步由预算拨款转向按人头定额拨款,拨款按照竞争原则划拨,激励职业教育机构根据学生在全国统一考试的成绩录取中学优秀毕业生。

4. 补充教育阶段

由于国家重视终身学习能力的培养和终身学习体系的构建,补充教育也得到前所未有的关注,成为现代教育体系中必需的和日益重要的组成部分。要促使补充教育机构从统一配给的严格组织的职业培训机构向自由应对多样化需求、广泛提供教育服务的机构转变;既要发挥非正规教育的作用,又要发挥信息化教育的作用。在非正规教育方面,将发生以下重要变化:一是教育服务机构越来越多样化,补充教育服务的供给者范围急剧扩大。政府既要通过税收优惠等举措发挥各级教育机构的作用,又要发挥非国立营利性机构的作用,使国家和社会共同出资提供补充教育服务。二是形成技能、职业标准和技能认证体系的国家框架,组织由企业家进行鉴定的独立技能授予中心。三是建立教育咨询和教育中介体系,为公民提供关于补充教育方面的咨询服务。信息化教育的目标主要是创设促进公民自修和连续性接受教育的文化教育环境,包括建立面向全民的拥有数字教育资源的国家图书馆;使图书馆更现代化;国家支持利用互联网的远程自修;建立关于远程教育的咨询体系等。为此,俄罗斯将建立三个体系:独立的外部职业技能认证体系、终身职业教育服务消费者援助体系、为终身职业教育提供优质服务的援助体系。2008年颁布的《教育与创新经济的发展:2009—2012 年推广现代教育模式》规定,将在一年内接受过专业技能培训或继续教育的 25—55 岁的就业人口的数量占该年龄组所有就业人口数量的比例由原来的 12% 提高到 27%;将通过职业技术认证的适龄移民占所有适合工作年龄的移民的比例提高到 30%;在全国建立 60 余所专业技术认证中心。①

第二节 创新型机构的优化

20 世纪 90 年代俄罗斯科学发展的窘况使得很多人惊呼“苏联科学终结”。为了争取主动,破解所面临的政治、社会和经济上的种种难题,进入 21 世纪后,俄罗斯政府坚持走技术创新之路,促进创新活动的普遍发展以及创新活动全面而持续进行。能够走在科技进步的最前沿,能够掌握最新技术的发展方向,能够用思想、经验、文化的力量影响世界,能够有效保障国家和公民的安全,是俄罗斯政府在科研领域定下的发展目标。②教育系统,特别是高等学校,是国家创新体系的中心和枢纽;国家在科学方面的成就是衡量一个国家教育质量的非常重要的一个指标,它不仅了反映了这个国家的社会发展水平,而且在很大程度上反映了国家的经济竞争力。③ 除了创新人才的培养,俄罗斯教育领域创新的另外一个重要举措,就是优化创新型机构。首先,促进教育与科学一体化,壮大高等学校科研力量;其次,促进教育与生产一体化,加强大学与企业界的协作;再次,加快重点大学网络的构建,挑选优势力量抢占国家科技市场前沿。

一、科研力量壮大的高等学校

传统上,俄罗斯的教学与科研在制度上是分离的,科学院系统和高等

① 杜岩岩,朱小蔓. 服务创新经济,推进现代教育模式[J]. 比较教育研究,2009(2):67.

② Государственный Совет. Инновационное развитие образования-основа повышения конкурентоспособности России[R]. 2006—3—24.

③ А. А. Фурсенко. Итоговая коллегия Министерства образования и науки Российской Федерации 18 февраля 2012 года[EB/OL]. http://www. edu. ru/db/mo, 2012—2—19/2012—4—6.

教育系统分立而治,国家基础研究任务主要归属科学院系统,而高等教育系统长期以来只坚持一个中心,即以教学为中心,科研不被重视。第二次世界大战结束后,苏联曾力图加强高等教育的科研职能,但是受传统观念的影响,高校的科研潜力远未被充分开发出来。苏联解体以后,为应对科研能力下滑的趋势,同时为促进科学研究创新,俄罗斯政府寄希望于高等学校的科研力量,力图将高等学校作为国家创新体系的中心与枢纽,充分发挥高校在国家创新体系中的重要作用,鼓励高校在知识和技术创新中作出卓越贡献。2004 年 3 月 9 日,俄罗斯联邦教育部改组为俄罗斯联邦教育与科学部。这一改组不仅仅是名称的改变,而且是教育系统科研职能的扩展。为此,政府在政策保护、财政支持、体制变革、基础设施完善等方面采取了一系列措施,全力为高校科研大发展创设合适的环境。

2001 年 9 月,俄联邦政府颁布并开始实施《"2002—2006 年科研和高等教育一体化"目标纲要》,力图整合科学和人才资源,挖掘俄罗斯高校的科研潜力,提升高等教育在国家创新体系中的地位,从而增强国家整体实力。由于缺乏系统的协调组织和资金保障等原因,这一政策没有达到预期的效果,但教育、科研一体化明确成为国家创新战略的首要任务。2003 年,在教育部和俄罗斯工程教育联合会倡议和资助下,莫斯科鲍曼工程大学和托姆斯克理工大学等 6 所大学联合开展了主题为"俄罗斯创新型大学的形成与发展"专项研究和实验,在对 13 所欧美大学、6 所俄罗斯大学的职能和组织结构创新活动进行系统分析与比较研究基础上,提出了传统大学向创新型大学转变的基本原则和操作策略。此项研究认为,俄罗斯创新型大学发展过程中存在的主要问题是:缺乏国家层面的教育与科学技术密切相关的制度保障;在科研和设计工作中技术统治论占优势,不够重视创新成果商业化过程中的营销、商业策划和设计;大学的设计、实验、工艺和研发生产基础落后;大学的创新基础设施薄弱;大学与工业、经济和区域社会领域缺乏可靠的关系;大学与科学界及其部门之间缺乏系统的联系;大学商业环境不发达。这一实验研究为俄罗斯国家高等教育创新战略的出台与实施提供了坚实的理论基础。① 2004 年 5 月 26 日,俄罗斯联邦总统在致俄罗斯联邦大会的信函中指出,"科教一体化、大

---

① 杜岩岩. 俄罗斯创新型大学发展战略及其保障机制[J]. 教育科学,2011(5):93—94.

学科研发展和大型的科学教育中心的建立应该成为优先任务”①。

2004 年 6 月,俄罗斯教育与科学部制定了《2015 年前俄罗斯联邦科学与创新发展战略》。这一战略的目的是建立科研开发的平衡结构和有效创新系统,保障经济和技术现代化,在先进技术基础上提高经济竞争力,并把俄罗斯的科研潜力变成促进经济稳定增长的基本因素之一。②这是俄罗斯近 20 年来科研领域最重要的法律文本,为 2015 年前发展俄罗斯科研,特别是高校科研提供了明确的实践策略。

首先,俄罗斯大大加强对高校科研的财政投入,提高非预算投入的比重。《2015 年前俄罗斯联邦科学与创新发展战略》提出,要在 2010 年前使国内研发开支占国内生产总值的 2%,到 2015 年占到 2. 5%。也就是说,要在 10 年内使国内研发开支增长 10 倍。2006—2015 年,俄罗斯计划投入 40525 亿卢布巨额资金来促进科研发展。其中,26883 亿卢布来自联邦预算,2571 亿卢布来自联邦主体预算,11071 亿卢布来自预算外拨款。从国内研发开支的实际情况来看,2004 年以来,俄罗斯的研发开支增长明显。2004 年为 1960 亿卢布,2005 年 2308 亿卢布,2006 年为 2888 亿卢布,2007 年为 3771 亿卢布,2008 年为 4311 亿卢布,2009 年为 4858 亿卢布,2010 年为 5234 亿卢布,2011 年为 6082 亿卢布。同时,高等教育系统的研发开支占国内所有研发开支比例近些年来逐步提高,2004 年占 5. 5%,2005 年占 5. 8%,2006 年 6. 1%,2007 年占 6. 3%,2008 年占 6. 7%,2009 年占 7. 1%,2010 年为 8. 3%。③ 2005 年,高等教育领域的科研拨款总额为 23. 04 亿卢布,而 2011 年增长为 63. 08 亿卢布,是 2005 年的 2. 7 倍,如表 5—1 所示。④ 同时,政府注意发挥私人资金的作用,逐步提高预算外资金在研究开发总开支中的比重。在《2015 年前俄罗斯联邦

---

① Министерство образования и науки РФ. Модернизация профессионального образования 2004—2011[R]. Москва:медиалайн,2012,183.

② Министерство образования и науки Российской Федерации. Стратегия развития науки и инноваций в Российской Федерации на период до 2015 года[R]. 2004—6—2.

③ Министерство образования и науки Российской Федерации. Подержка ведущих российских вузов[EB/OL]. http://old. mon. gov. ru/pro/ved/, 2010—6—9/2012—6—8.

④ Министерство образования и науки РФ. Модернизация профессионального образования 2004—2011[R]. Москва:медиалайн,2012,141.

科学与创新发展战略》中规定,2010 年预算外资金占研究开发总开支的比重为 60% ,2015 年达到 70% 。

表 5—1　2005—2011 年俄罗斯高校科研拨款增长情况

(单位:百万卢布)

年份 类别	2005 年	2006 年	2007 年	2008 年	2009 年	2010 年	2011 年
基础研究	670. 9	2150. 7	2980. 9	3555. 4	4684. 4	4170. 5	4795. 4
实用研究	1633. 8	628. 7	805. 1	993. 5	1263. 1	1179. 0	1512. 1
总计	2304. 7	2779. 4	3786. 0	4548. 9	5947. 5	5349. 5	6307. 5

资料来源: Министерство образования и науки РФ. Главные события в современном образовании 2004—2011[R]. Москва:медиалайн,2012, 141.

其次,政府对国立研发系统进行结构重组,提高高等学校在研发系统中所占比重。科学院系统、产业部门和高等学校系统这三大部门在重组中,比例将发生重要变化,高等学校系统的研发比重提高,产业部门的研发比重降低,科学院系统的研发比重基本不变。根据《2015 年前俄罗斯联邦科学与创新发展战略》,2005 年,国立研发部门的组织总数为 2600 个,其中科学院系统、产业部门和高等学校系统这三大部门所占比重分别为 32. 7% 、48. 1% 、19. 2% ,到 2010 年国立研发部门的组织总数减少为 1600 个,而三者所占比重分别为 34. 4% 、31. 3% 和 34. 4% 。① 其中,高等学校实验研究在总研究中的比重减少,基础研究在总研究中的比重增加。例如,2005 年,基础研究、实验研究分别占高等学校科研总量的 29. 1% 、70. 9% ,而到了 2011 年,两者所占比重分别为 76. 0% 、24% ,两者的比重发生了颠倒。同时,加强三大系统的合作性联系,支持它们共同实施教育计划,共同研究科学和创新性课题,共同承担研究任务,一起参与世界科技市场的竞争。普京高度重视科研系统的结构性改革,他指出:“我国发生了根本转变,我们的资源产量增长了数倍。今天我们应该谈的不只是支持科学,而是国家和科学院以及整个科教界的优先合作,目的是为了加

① Министерство образования и науки Российской Федерации. Стратегия развития науки и инноваций в Российской Федерации на период до 2015 года[R]. 2004—6—2.

快国家的发展。”①

再次,确定科研发展的优先方向,在竞争的基础上分配联邦预算。完善联邦预算资金支持科研项目的竞争性选拔机制,集中资源发展具有重要现实意义的科研课题,特别是国防和工程科技领域的科研课题,加大对主要科研单位的支持。② 例如,国家拨出巨款建设“俄罗斯纳米”工程,使得俄罗斯在纳米技术领域具有很强的竞争力,从成果发表到商业化开发,在世界上都名列前茅。又如,俄罗斯对库尔恰托夫研究所(Курчатовский институт)和位于杜布纳市的核研究联合研究所(Объединённый институт ядерных исследований)等承担的6项超大课题给予了巨额资助,使得这些研究所发挥了世界领头羊的作用。同时,在大学的选题计划中,增加基础研究的比重,将基础研究作为国家创新体系发展的根本。另外,加大对重点大学、优秀年轻教师、学者的资助力度。那些展现出高水平技能和具有学术潜力的教师和学者,可在基本工资的基础上获得专用津贴,总体上保障资助的水平同国外大学和俄罗斯商业界所获得的资助持平。参与科研的高校教师的比例将从2007年的16%增加到2015年的35%、2020年的42%,而在联邦研究性大学,这一数字将相应地增长到2015年的65%和2020年的75%。③

最后,提高大学内部科研经费比例,大力发展大学创新性基础设施。2008年末颁布的《教育与创新经济的发展:2009—2012年推广现代教育模式》国家教育发展方案中拟定了2009—2012年大学内部科研经费的预期指标:提高各大学的经费结构中通过“科研活动”和“研究与开发活动”引进资金的比例,从5%提高到20%;提高各大学科研活动的经费,使科

---

① Игорь Наумов. Отечественную науку поднимум грантами[N]. Независимая газета. 2012—5—23.

② 由俄罗斯总统2006年5月21日批准通过的第Пр—843号文件《俄罗斯联邦科学、工艺和技术发展的优先方向》中指出,俄罗斯科学技术发展的八大优先领域为:安全和对抗恐怖主义,生命系统,信息—长途通信系统,前景广阔的武器、军队技术和特种技术,自然的合理利用,交通、航空和宇宙系统,动力学和动力节约。

③ Жураковский В. М., Сазонова З. С. Актуальные задачи модернизации профессионального образования[J]. Высшее образование в России, 2010(5): 7.

研的专项经费所占比例从原来的5%提高到16%。① 2010年4月9日，俄罗斯联邦政府批准了第219号决议《国家支持在联邦高校发展创新性基础设施》。该决议确定对创新性基础设施的发展给予国家支持，2010年拨款30亿卢布，2011年拨款20亿卢布，2012年拨款30亿卢布。通过竞争选拔胜出的每所学校将获得3年以内的资助，每年拨款不多于5000万卢布。实际上，高校对科研基础设施的投入远远超出了当初的计划：2010年为131亿卢布，2011年为156亿卢布②。截至2011年，俄罗斯已经建立58个高科技园区（технопарк）、63个创新工艺中心（инновационно-технологический центр）、80个商业孵化器（бизнес-инкубатор）和86个工艺传递中心（центр трансфера технологий）。③ 为了发挥资源整合的力量，2007—2010年在联邦专项计划框架内，联邦政府拨款40亿卢布用于发展集体使用中心（центр коллективного пользования）——在俄罗斯科学院基础上形成的集体使用中心有134个、在俄罗斯教育与科学部科研组织基础上形成的集体使用中心有162个、在大学里建立的集体使用中心有41个。这些基础设施的建设，为俄罗斯创设有竞争力的科研环境起到了很大促进作用。

二、与经济紧密联系的大学

知识与经济的一体化，已经成为成功国家的一个特色。因此，创新性企业的建立，高校和企业的有效协作，工艺平台的形成，成为俄罗斯教育与科学部最近几年政策的优先方向。俄罗斯教育与科学部要求，大学作为创新链条的中心环节，能够而且应该根据企业的需求研制创新产品，同时为企业提供需求。在促进创新工业部门形成的过程中，大学要变成发

---

① Министерство образования и науки Российской Федерации. Образование и развитие инновационной экономики: внедрение современной модели образования в 2009—2012 годы[R]. 2008—3—17.

② Министерство образования и науки Российской Федерации. Подержка ведущих российских вузов[EB/OL]. http://old.mon.gov.ru/pro/ved/, 2010—6—9/2012—6—8.

③ Министерство образования и науки Российской Федерации. Подержка ведущих российских вузов[EB/OL]. http://old.mon.gov.ru/pro/ved/, 2010—6—9/2012—6—8.

展的火车头①。正如俄罗斯教育与科学部前副部长波诺马廖夫所言，最近20年来，教育直接为生产服务的传统受到了不同程度的冲击和影响。俄罗斯联邦教育与科学部现在的任务是，采取积极主动的措施，恢复或重新建立产学研一体化的网络系统，建立具有新功能、新学科，未来能成为大型企业和公司可信赖、可依靠的合作伙伴体系。

一方面，为引导和支持高校成为俄罗斯创新经济的有竞争力的主体，俄罗斯教育与科学部积极支持大学与企业合作，引导高校积极开展面向经济的科学研究和科技成果转化。如何集中有限的资源，瞄准高技术及其产品市场，迅速完成研究成果的转化已成为当务之急。因此，在高等院校科研活动中存在着一个由一般研究向技术创新优先发展方向转化的问题。《2015年前俄罗斯联邦科学与创新发展战略》提出科研发展的其中两项重要指标是：①提高大学申请专利的积极性，提高科研成果资本化水平，包括提高发明活跃度系数，2011年提高到4%，2016提高到5.5%；②使得创新产品在工业产品总销售额中的份额2011年占15%，2016年占18%，在工业产品出口总额中的份额2011年占12%，2016年占15%。②这对大学科技成果的转化和企业高新技术产品的生产都提出了要求。2010年4月9日，俄罗斯联邦政府通过了第218号决议《关于国家支持俄罗斯高校和实施高技术工艺生产综合项目的组织协作的决议》。该决议确定给予生产企业1—3年的资助，资助额每年在1亿卢布以下。2010—2012年资助额为190亿卢布。资助的对象是由生产企业和高等学校共同实施的高技术工艺生产综合性项目。通过竞争获得资助的生产企业自身投入的项目资金额也不应少于资助金额，而且要保障高科技产品的最终投产。生产企业要保障高等学校的研究开发工作，同时要保障科研成果的转化。在这一决议的影响下，有715家公司参加了竞争，共有107家企业获得资助。2010—2012年的资助总额为180.6亿卢布，同时获得资

---

① А. А. Фурсенко. Итоговая коллегия Министерства образования и науки Российской Федерации 18 февраля 2012 года [EB/OL]. http://www.edu.ru/db/mo, 2012—2—19/2012—4—6.

② Министерство образования и науки Российской Федерации. Стратегия развития науки и инноваций в Российской Федерации на период до 2015 года[R]. 2004—6—2.

助的企业的配套资金为 203.2 亿卢布。[①] 一些高校还走出国门，参与世界最大企业的创新计划。2011 年，俄罗斯共有 100 多所高校参与了 47 个国家最大企业的创新发展计划，并形成稳定的技术平台。[②] 例如，莫斯科物理技术研究所和阿比（Аби）公司联合研究了新一代计算机翻译程序，现在这一程序被 130 多个国家的 3000 万人使用；喀山直升机工厂和喀山技术大学联合研制使用流体力学控制系统的现代化直升机，影响很大；乌法发动机制造集团和莫斯科钢和合金技术大学引入了铸造技术，生产出燃气涡轮发动机高精度铸件；鲁扎耶夫卡化学机器制造厂和圣彼得堡大学联合研究了铁路货物流动部件；等等。这种高等学校和企业合作研究、开发新产品的例子比比皆是。

在俄罗斯，企业和大学就产学研一体化过程中的合作已达成了广泛共识。最近，受俄罗斯联邦政府的委托，俄罗斯天然气工业公司、俄罗斯铁路公司、俄罗斯技术工艺公司和俄罗斯联合建筑公司等四大公司提出了创新纲领倡议，呼吁俄大公司、大企业积极参加与高校和科研机构的合作创新活动。俄罗斯教育与科学部要求高校积极参与和企业的合作，共建科研、教育和企业生产一体化的合作平台。前副部长波诺马廖夫说，眼下检验一所高校的质量如何，在很大程度上要看其在与企业合作中的作用发挥得如何。最近两年，大学与企业的合作伙伴关系发展很快。政府也关注将大学放入企业的发展规划中，同时也要求企业参与大学的管理。《俄罗斯联邦教育法》要求，大学必须成立由企业主参与的督察委员会和监管委员会进行管理。

实践证明，高等学校与企业的合作是卓有成效的，它不仅刺激了高校的科学活动和生产活动，而且促进生产企业挖掘高校的潜力，从而发展科学密集型生产，进而加强高技术产品在国际市场上的竞争力。其成效从 2010 年的实施结果中可见一斑：新的和改进了的高技术产品生产额为 384 亿卢布，大大超出当初拟定的 230 亿—240 亿卢布的目标；高技术产

---

① Министерство образования и науки РФ. Главные события в современном образовании 2004—2011[R]. Москва：медиалайн, 2012, 183.

② Фурсенко А. Об итогах деятельности Министерства образования и науки Российской Федерации в 2010 году и задачах на 2011 год[EB/OL]. http://www.mon.gov.ru. 2011—3—20/2011—4—2.

品出口额为78亿卢布，远远超出拟定的20亿—35亿卢布目标；开发出商品化的有竞争力的技术43项，也超出当初拟定的20—21项。而且，更为重要的是，这种伙伴关系促进了大学人才培养质量的提高。大学生、研究生和博士生积极参与创新活动，解决了许多技术转让、知识产权交易中出现的新问题，对于创造新的教学环境、发展科学经营活动、保障教学和实践相互促进、有针对性地培养技术和经营人才、提供就业机会、增加创新产品数量、提高创新产品质量等均十分有益。

另一方面，政府激励大学创建自己的小型创新企业，建构学术成果商品化的直通车。2009年8月2日，俄罗斯通过了《对俄罗斯联邦关于预算性学术机构和教育性机构为使用智力活动成果而创建公司的个别法律条文的修改》。此文件允许接受预算的高校和科学研究所可以不经资产所有者同意，独立创建小型创新企业。除此之外，还确定智力活动成果可以作为资产，在公司的章程中加以规定。所谓的小型创新企业，是指人数少于100人，从事机要、经济、行政和财政等性质的技术或产品实际销售，并从创新性产品的生产和销售中获得最大利润的商业组织。[①] 大学创建自己的小型创新企业，是为了消除长期以来横亘在教育、科学与市场之间的鸿沟，激励大学尽快把自己的科研成果应用到实践中，面向市场需求发展科研与教育。与此同时，经济领域也表现出与大学合作、发展小型创新企业的兴趣。根据政府相关决议，经济领域的企业公司可以成为小型创新企业的股东。如果是股份公司，则新加入的企业公司所占股份可在25%以上；如果是股份有限责任公司，则新加入的企业公司所占股份可在三分之一以上。但是，智力活动成果的专用权依然属于科学和教育机构。这为大学寻找投资人、企业寻找资金投放点，提供了双向渠道。对于大学创建自己的小型创新企业，俄罗斯政府非常支持。《2015年前俄罗斯联邦科学与创新发展战略》对小型创新企业的增长提出了数字指标：保证（小型创新企业的）数量每年都有增长，2011年增加85个，2016年增加120个，同时保证中小型技术类企业的工作岗位每年增长不少于10%。[②]

---

① Министерство образования и науки РФ. Главные события в современном образовании 2004—2011[R]. Москва：медиалайн，2012，178.

② Министерство образования и науки Российской Федерации. Стратегия развития науки и инноваций в Российской Федерации на период до 2015 года[R]. 2004—6—2.

为保障小型创新企业的发展,2011年俄罗斯通过竞争选拔了56所大学,并和它们签署了发展创新基础设施的协议。2010年,总统梅德韦杰夫指出:“需要积极挖掘大学企业的潜力。他们不仅仅是阐释已出现的思想,而且要提出新的思想。这就是创新经济。”①

对于大学创建企业这一新事物,社会上褒贬不一,即使在政府内部,意见也不一致。持反对意见的人,主要论点是大学过多地追求经济指标,会淹没大学培养人、追求真理这一主旨。但是,从总的实践结果来看,它带来的利益远远大于弊端。首先,它培育了高科技商业化的合法机制,使得俄罗斯的产品更有竞争力。这对于扭转俄罗斯市场科技密集型产品所占比重低的现状,无疑具有重要作用。其次,它使高校内部的学者有机会在实践中检验自己的研究成果,并在必要的时候完善这些研究成果,同时使得他们更加贴近市场,了解市场需求,并培育新的研究方向。再次,它为大学确立了一项任务——创建自己独特的研究与开发项目。为了提高经济活力,获得对高技术生产的投资,这些新建的小型企业注重在提高自身质量上下功夫,这实际上是为大学的研究提出了新的课题。因此,许多高校热衷于创建这样的小型企业。现在俄罗斯这样的小型创新企业共有1000多家。针对国内的不同反应,普京指出:“那些提出反对意见的人,我们是该倾听他们的想法。但是,我认为我们的决定是正确的。”②由此可以看出政府继续推行并完善这项举措的决心。

通过教学与科研的一体化、教育与经济一体化这两个看似分离而实则紧密联系的过程,俄罗斯许多高校迅速成长,发展成为现代的教学—科研—创新综合体。它们努力的方向是教学、科研和科技经营。它们拥有强大的科研教育机构、雄厚的物质技术基础,在整合教学与科研的基础上实施教育过程,在整合教育与经济的基础上开展科技经营活动,成为俄罗斯国家创新体系中的一支活跃的生力军。

---

① Министерство образования и науки РФ. Главные события в современном образовании 2004—2011[R]. Москва:медиалайн, 2012, 177.

② Министерство образования и науки РФ. Главные события в современном образовании 2004—2011[R]. Москва:медиалайн,2012, 178.

三、作为精英层的重点大学“金字塔”

重视高水平大学的建设，抢占世界学术制高点，也是俄罗斯在推行创新教育方面的一项重要举措。

俄罗斯有1100多所高等学校，从如此众多高等学校中分化出一小部分精英层大学，构建重点大学网络，是俄罗斯高校创新体系建设的重要一环，也是当前俄罗斯教育领域的优先政策之一。俄罗斯教育现代化计划要求根据高校的潜力、对于教育系统的意义以及国家智力潜力的形成，把高等学校分成若干级别。这项任务以极其概括的形式可表述为优先支持“重点高校”的发展①，力争打造几所进入国际500强的具有国际竞争力的大学。“这些大学应该成为，而且正在成为其他大学效仿的榜样和发展的领头军。”②对于这一战略的最终结果，普京进一步指出，“要使这些大学在世界教育排名和学术排名中占据先进的、荣誉的地位，成为国家创新体系中的重要环节。最优秀的俄罗斯大学不仅应在国家层面，而且应在世界层面拓展品牌”。③

在《2006—2010年教育发展纲要》的草案中，就提出了建设重点大学的初步想法和设想：“为了国家、社会和个人的利益，把高等职业教育系统划分为全国性高等学校和系统性高等学校，以提高利用高校智力潜力的效率，把物质技术和财政资源集中用于俄罗斯教育的关键方向。”当时提出要建立100所左右这样的大学。重点大学要在激烈的竞争中依据国家设立的评价标准和指标产生。选择的标准是大型的教育、科研和文化中心，能对教育、科学、经济和社会领域的发展施加系统的影响。

按照政府创建重点大学网络的构想，俄罗斯已经形成四个层级的金字塔形结构，如图5—1所示：最底层是在创新性教育大纲竞赛中获胜大学

---

① [俄]B. M. 茹拉科夫斯基. 俄罗斯高等教育改革[A]. 朱小蔓，H. E. 鲍列夫斯卡娅，B. П. 鲍利辛柯夫. 20—21世纪之交中俄教育改革比较[C]，北京：教育科学出版社，2006，244.

② Министерство образования и науки РФ. Главные события в современном образовании 2004—2011[R]. Москва：медиалайн，2012，178.

③ Министерство образования и науки Российской Федерации. Подержка ведущих российских вузов[EB/OL]. http://old. mon. gov. ru/pro/ved/, 2010—6—9/2012—6—8.

(Вузы, победители конкурса инновационных образовательных програ-мм),截至 2011 年底共有 57 所;再上一层是国家研究性大学(Национальные исследовательские университеты),共有 29 所;再上一层是联邦大学(Федеральный университет),共有 9 所;处在金字塔顶端的是国家古典大学(Национальный классический университет),只有 2 所,即莫斯科大学和圣彼得堡大学。这些学校享有国家优厚的扶持资源和高度的自主权,同时根据责权对等原则,对国家、区域或部门的教育、科学、文化和创新领域的发展负有对等责任。2009 年 11 月 21 日,普京宣布要从联邦预算中拿出 900 亿卢布补充财政资金专门支持重点大学的发展。2010—2012 年三年,联邦每年追加经费 300 亿卢布。这些经费用于这些大学科学基地和实验室基地的更新、学术交流、吸引包括国外侨民在内的优秀学者。

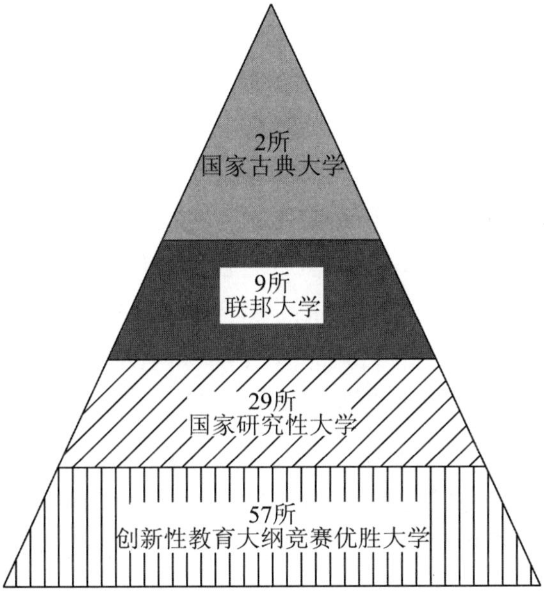

图 5—1　俄罗斯大学的金字塔层级结构

1. 创新性教育大纲竞赛优胜大学

评选创新性教育大纲优胜大学的主旨是为了建立适合时代要求的新型高校,全面提高高校学生的创新精神和创造能力。这一点在 2008 年 3 月颁布的《2020 年前的俄罗斯教育——服务于知识经济的教育模式》中已有明确的诠释。这一报告指出,当前俄罗斯高等学校缺乏创新,存在学生知识学习负担过重等问题。这种状况不仅是由于教育投资不足造成的,也是由于业已形成的教育模式与现实的人才需求不相适应造成的。新教育模式旨在服务知识经济和俄罗斯社会的创新性发展,因此,培养学生的创造性和终身学习能力将是新教育模式的根本诉求。① 为了培养学生的创新精神和创造能力,就必须以高校的创新性教育大纲为支撑,因此,俄罗斯启动了在全国范围内评选创新性教育大纲优胜大学的活动。

此类学校的创建始于 2006 年。2006 年 3 月 2 日俄罗斯联邦教育与科学部发布第 44 号令《关于确定引入创新性教育大纲的高等职业教育机构竞争性评选程序和标准的命令》,开始评选创新性教育大纲优胜高校,规定引入和实施创新教育大纲满两年的俄罗斯大学才能够参加公开评选。在竞争中获胜的高等学校将从联邦预算中获得数额为 2 亿至 10 亿卢布不等的支持。这些资金用于支持学校制订现代化的教学计划,采用现代化的教学方式,购置现代化的教学设备和实验设备,并为提高教师技能而对他们进行再培训。优胜者的选拔标准主要有两点:

第一,对创新性教育大纲本身的质量以及计划的预期成果作出评价,对大学外部合作者参与计划及资金支持的情况进行评价。创新性教育大纲需包含以下内容:将新的和完善的教育大纲引入教育实践,使用新的、信息量大的教育技术,引入累积性质的教育过程组织方式和积极的教学形式,同时使用符合现代世界要求的教学方法和教学资料,在现代质量管理系统中保障教学的高质量,将教育、科学和创新活动统一起来,培养毕业生的职业特长,保障其在劳动市场上的竞争力。此外,要对该计划将给经济、社会和科学领域带来什么样的预期影响进行评估。

第二,对大学自身的创新潜力作出评价。要根据以下标准对学校近三年来的发展变化作出评估:科学和创新性活动的效果,人才培养的现状,学校的智力资源,学校对于创新性活动的物质和信息保证。

2006 年俄罗斯全国高校提交了 200 份竞赛申请,经竞赛选拔委员会投票评选出 17 所优胜学校,优胜大学获得了 50 亿卢布的资助,其中 70%

① Министерство образования и науки Российской Федерации. Российское образование——2020: модель образования для экономики, основанной на знаниях [R]. Москва: изд. дом ГУ ВШЭ, 2008.

用于购买实验设备,25%用于创新性教学计划和教学法的实施,5%用于提高教职员工技能和进行再培训。得益于该国家规划的落实,2006年的优胜大学共建立了300多所实验室,学校添置了大型设施,近2000名教师参加了职业技能提高计划和培训。2007年初,俄罗斯举办了第二次高等学校创新性教育大纲竞赛,共有267所大学提交了参赛申请,经选拔,40所学校成为优胜者。获胜学校在2007—2008年从联邦预算中获得总额为200亿卢布的资助,同时优胜学校需要拿出不少于联邦资助额20%的配套资金。也就是说,两年内共评选出了57所创新性教育大纲优胜高校。这些高校涵盖了古典大学、理工科大学、经济类大学、医学类大学、人文类大学、农业大学等不同类别。

创新性教育大纲优胜高校的评选,是俄罗斯摆脱能源依赖、建设具有竞争力经济的重要教育战略,它对俄罗斯高等教育的转型起到了理念导引的作用。在这一战略的指引下,俄罗斯实现了优胜高校实验室的现代化,几千名教师参加了技能提高计划和进修计划,一些优胜高校购买了先进的设备,例如,托木斯克国立大学购买了超大计算机,莫斯科医学院购买了科研实习实践用的虚拟实验室,莫斯科国立电子技术学院启动了多功能毫微工艺综合设备"毫微工厂—5",圣彼得堡国立矿业学院配备了野外作业的试验场,下诺夫哥罗德国立大学建立了高生产计算领域中心,等等。①

2. 国家研究性大学

国家研究性大学是国家为发展高等学校科研而设立的一类重点大学。俄罗斯联邦教育与科学部对它的界定是:"国家研究性大学是在科教一体化基础上实施教育活动和科研活动的高等学校。它的最重要特征是既能生产知识,也能把技术有效地转移到经济当中去;能从事宽泛方向上的基础研究和实用研究;具有高效培养硕士和高技能人才以及对人才进行再培养和技能提高的制度。"国家研究性大学的战略性使命是促进国家科技综合体的快速发展,根据科学和经济的发展速度和可以预料的结构性变革,为科技综合体提供必需的人力资源,并保障人力资源在数量、培

① Министерство науки и образования РФ. инновационные школы[EB/OL], http://mon.gov.ru/pro/pnpo/shk/. 2004—4—23/2011—4—2.

养方向、技能结构和年龄结构上的平衡。①

创建国家研究性大学的工作始于2008年。2008年俄罗斯总统签署了第1448号总统令《关于创建国家研究性大学试验性方案的实施》,决定在莫斯科工程物理学院的基础上创建国家核能研究性大学,在莫斯科钢铁合金学院的基础上建立国家技术研究性大学。这是国家创建国家研究性大学的试点。2009年7月13日,俄罗斯联邦政府通过第550号决议,批准了俄罗斯联邦教育与科学部制定的《关于竞争性选拔"国家研究性大学"的发展纲要》(以下简称《纲要》)。《纲要》规定,国家研究性大学要为科学、技术、经济、社会等领域的提供人才保障,发展高技术并把高技术引入生产中。国家研究性大学是通过公开竞争选拔产生的。参与竞争的高校是俄罗斯联邦管辖范围内既能有效实施高等和大学后职业教育大纲,又能实施广泛的基础研究和应用研究的高等学校。选拔的标准是大学前三年的发展状况,包括人才潜力、教育和科研的基础设施、教育活动和科研创新活动的有效性、国际和国家认可的证明、提供的发展计划的质量和预期成果。② 也就是说,评选的最基本标准之一是研究计划对经济发展的重要程度。在此基础上,2008年《教育与创新经济的发展:2009—2012年推广现代教育模式》国家纲要提出,在2020年前将建设40—50所联邦级的新型研究型大学,其活动以长期发展规划为基础,并保证科学技术发展最优先方向的科学研究计划的落实。联邦研究性大学的责任是保证俄罗斯科学和教育在世界上的竞争力。

截至2011年,俄罗斯共实施了两轮选拔,先后有100多所高等学校

① Министерство образования и науки Российской Федерации. Национальные исследовательские университеты[EB/OL]. http://old. mon. gov. ru/pro. 2010—4—26/2012—6—8

② Правительство Российской федерарации. О конкурсном отборе программ развития университетов, в отношении которых устанавливается категория "национальный исследовательский университет"[R]. 2009—7—13.

参加选拔,最终有 29 所高等学校被评为国家研究性大学①。在这 29 所国家研究性大学中,有 18 所理工科大学,8 所古典大学,1 所人文类大学,1 个科学研究所。按照俄罗斯经济技术发展和现代化的优先方向划分,战略性信息技术方向的大学有 13 所,能源效能和能源节约方向的大学有 13 所,宇宙空间方向的大学有 5 所,医学技术方向的大学有 5 所,核能技术方向的大学有 1 所。从国家研究性大学的分布来看,11 所位于莫斯科,4 所位于圣彼得堡,2 所位于喀山,1 所位于别尔哥罗德,1 所位于萨拉托夫,1 所位于伊尔库茨克,2 所位于托木斯克,1 所位于新西伯利亚市,1 所位于诺夫哥罗德。不过,“国家研究性大学”这一地位,不是永久的,有效期为 10 年。10 年后要继续保持国家研究性大学的地位,各大学需要重新参与新一轮竞争。而且,在这 10 年中,任何一所研究性大学如果没有完成专项指标,都随时有可能失去这一特殊地位。自 2010 年起,俄罗斯开始对国家研究性大学实施资助,在 5 年内每所大学每年都将得到 18 亿卢布的拨款。大学获得的经费主要用于购置教学实验设备和科研设备,提高科学教育工作者的技能和职业再培养,制定教学大纲,发展信息资源,完善教育质量管理系统和科研管理系统。这些经费为研究性大学的发展提供了有效的保障。

国家研究性大学计划的实施已有几年,取得了初步成效。从第一轮确定的 14 所国家研究性大学的发展情况来看,无论是在人才培养方面,还是科学研究发展方面,都成效显著。从教育过程的成效来看,2009 年,这 14 所大学按照优先发展方向确定了各自的教育大纲,共计 1225 个,到 2010 年增长到 1283 个;按照优先方向培养的学士数量增长了 17%,硕士数量增长了 40%,按照优先发展方向培养的学生毕业后从事所学专业的人数增长了 9%。从科学发展的情况来看,这 14 所大学 2009 年被国外和

---

① 这 29 所大学是:别尔哥罗德国立大学,国立高等经济学校,伊尔库茨克国立工业大学,喀山国立工业大学,喀山国立技术大学,莫尔多瓦国立大学,莫斯科航空学院,莫斯科国立电子技术学院,莫斯科国立建筑大学,莫斯科国立鲍曼技术大学,莫斯科工程物理学院,莫斯科钢铁合金学院,莫斯科物理技术学院,莫斯科能源学院,下诺夫哥罗德国立大学,新西伯利亚国立大学,彼尔姆国立大学,俄罗斯国立医科大学,俄罗斯国立石油天然气大学,萨马拉航空航天大学,圣彼得堡矿业学院,圣彼得堡国立理工大学,圣彼得堡信息技术,力学和光学大学,萨拉托夫国立大学,托木斯克国立大学,托木斯克理工大学,圣彼得堡科学院,南乌拉尔国立大学。

俄罗斯引用的学术论文数量为 8449 篇,2011 年达到 11927 篇,增加了 23%;2009 年科研经费为 79.33 亿卢布,2010 年为 100.74 亿卢布,增长了 27%;确定为优先发展方向非物质资产的智力资产项目 2009 年为 137 项,2010 年增至 183 项。①

3. 联邦大学

联邦大学是面向整个联邦区的教育、经济和文化发展,为增强高等教育对本地区经济、社会、文化的影响力和辐射力而设立的大学。按照俄罗斯教育与科学部对联邦大学的界定,它是指"为了整合联邦和(或)地区水平的大规模计划与纲要的人才力量及科学力量,按照广泛的方向实施教育、科学和创新活动的自治机构"。② 联邦大学是达到世界水平的、具有产学研一体化功能的大学,旨在完成地缘政治任务和满足大型跨区域投资项目的人才需求,是区域技术创新的领军者。这类大学是政府创建的自治大学,在教育、创新、财政和经济活动方面均享有特权,有自己的董事会,校长由政府任命。

俄罗斯从 2006 年起开始在联邦区范围内创办联邦大学。截至 2012 年,俄罗斯共有联邦大学 9 所。2006 年,俄罗斯通过总统令,在克拉斯诺亚尔斯克市和罗斯托夫市分别建立第一批联邦大学——西伯利亚联邦大学和南方联邦大学。2007 年,以克拉斯那亚尔斯克国立大学为基础,将其与克拉斯那亚尔斯克国立建筑大学、克拉斯那亚尔斯克国立工业大学、克拉斯那亚尔斯克有色金属大学合并,成立西伯利亚联邦大学;由罗斯托夫国立大学、罗斯托夫国立建筑艺术大学、罗斯托夫师范大学和塔甘罗格国立无线电技术大学 4 所大学合并组成南部联邦大学。为了支持这两所大学的发展,2007—2009 年联邦政府投入了 120 亿卢布。除此之外,地方权力机构和商业组织也积极参与投资。经过 3 年的发展,这两所大学,特别是西伯利亚联邦大学的成功证明了这一举措是行之有效的。因此,政府感到有将创建联邦大学的有益经验推广到其他联邦区的必要。2009 年 10 月 21 日,梅德韦杰夫总统签署了《关于在西北联邦区、伏尔加河沿

---

① Министерство образования и науки РФ. Главные события в современном образовании 2004—2011[R]. Москва:медиалайн, 2012, 133.

② Министерство образования и науки РФ. Главные события в современном образовании 2004—2011[R]. Москва:медиалайн, 2012, 112.

岸联邦区、乌拉尔联邦区和远东联邦区创建联邦大学的法令》，在这四个联邦区创建5所新的联邦大学，即：北部联邦大学（又称北极联邦大学）、伏尔加河沿岸联邦大学（又称喀山联邦大学）、乌拉尔联邦大学、远东联邦大学和东北联邦大学。北部联邦大学是在阿尔汉格斯克国立工业大学的基础上建成的；伏尔加河沿岸联邦大学是在乌拉尔国立工业大学和叶利钦乌拉尔师范学院的基础上创建的；远东联邦大学是在远东国立大学的基础上建立的；东北联邦大学是在雅库茨克国立大学的基础上建成的。2010年，俄罗斯又创建了波罗的海联邦大学，2011年建立了北高加索联邦大学。

俄罗斯政府建立联邦大学的目的是优化地区教育结构，整合联邦区的教育和科学潜力，从而发展区域经济，同时在加强高等学校同联邦区经济和社会领域关系的基础上，发展高等职业教育系统。联邦大学的基本发展方向主要包括以下四个方面[①]：①实施科教一体化，使用所有现代高等教育方法，包括远程教学，为管理、经济、教育、科学、文化和那些国家关注的技术领域培养现代专家、学士、硕士。②为学生、大学教师和科研工作者创造学术流动的条件，争取将大学纳入世界教育空间，并争取世界对其教育大纲的认可，出口教育服务和教育技术。③就优先发展的学术方向进行基础研究和实用研究，并跟俄罗斯科学院有效互动。④积极同欧洲、亚洲、非洲的大学进行国际合作，参与世界教育计划和科学计划。

在分析各联邦区发展特点的基础上，俄罗斯政府确立了这9所联邦大学各自的优先发展方向。例如，南部联邦大学的6个优先发展方向为：纳米材料、纳米技术及其设备；生物技术、生命技术和生态安全；信息和电信技术及其设备；海洋、航空和火箭宇宙技术、无线电技术、自动化和管理；工业品艺术设计、景观设计、土地规划；人力资本人文发展模式和俄罗斯多民族社会经济共同体的融合等。西伯利亚联邦大学的6个优先发展方向为：工程物理；新材料化学和材料学；生物物理生态学和生物技术；宇宙和通信技术；地质工艺学；地方经济和人力资本管理等。

---

① Министерство образования и науки Российской Федерации. Создание новых университетов в федеральных округах [EB/OL]. http://old. mon. gov. ru/pro/ved/. 2011—7—20/2012—6—8.

对于联邦大学的创建,2010 年普京总理在俄罗斯高等职业教育现代化会议上指出,“我相信,建立联邦大学的思想是完全正确的,它整合了资源,而且有利于积累引入创新技术的有益经验,有利于教育和经济部门的一体化”。因此,按照俄罗斯联邦政府的规划,这些大学将发展成为教育、科学和商业综合体,成为创新技术发展的中心和世界水平人才培养的中心。政府拟用五六年的时间将联邦大学扩展到 10 所,并且到 2020 年让这 10 所联邦大学步入世界最优秀大学的行列。

4. 国家古典大学

高居重点大学网络顶端的是国家古典大学。国家古典大学评选的标准是:培养人才的水平高;大学生有可能获得不同科学领域的知识,文、理、工科知识优化组合;能够创造和传播精神和文化价值;在科研活动中基础研究占优势;研究生和博士生的培养规模大;再培养和技能提高的体系发达;同中小学校关系密切。这种大学能在全国范围内对教育、科学、文化等领域施加影响。

经过评选,莫斯科大学和圣彼得堡大学成为唯一的两所国家古典大学。这两所大学是俄罗斯最古老的大学,在国内享有崇高的声望。苏联时期,这两所大学曾经进入世界大学排行榜前 10 名。然而,苏联解体后,这两所大学的排名也急剧下降。为了重新打造国际品牌的高等学校,俄罗斯给予这两所高校优厚的资源扶持和高度自治的法律地位。2009 年 10 月俄罗斯国家杜马通过了第 259—Ф3 号《关于莫斯科大学和圣彼得堡大学的联邦法律》。该法律确立了这两所国家古典大学的法律地位,认为这两所大学是俄罗斯独一无二的科学教育综合体,对于俄罗斯社会的发展具有重要意义。该法律确立了这两所大学不同于其他大学的“待遇”:①两所大学的校长由俄罗斯总统直接任免;②可以设立无法人权利的分校、代表处、系和其他分支机构;③可以自我确定不低于联邦国家教育标准的高等和大学后教育标准和要求;④可以在本科生入学考试时,自行组织补充性职业取向测验;⑤可以不依靠国家机构而是自行组织对完成学业学生的总结性鉴定;⑥可以自行发放学位证书;⑦两所大学主要由联邦预算拨款,同时又可接受法律允许的其他渠道的经费。

本章结语

从倚重自然资源转向倚重人力资源,从强调“硬实力”竞争转向强调“软实力”竞争,是俄罗斯最近10年来国家发展方向的重大转变。强调利用科学技术,特别是利用高端科技保持俄罗斯经济振兴和国家崛起的“加速度”,成为近年来俄罗斯国家发展的主要战略方针。

为形成保持国家竞争力的可持续动力,适应建设创新型国家的需要,俄罗斯在教育领域推行的最重要教育方略是创新性教育战略。这一战略是教育领域从理论到实践的深层次改革。在实践层面,俄罗斯在创新性人才的培养和创新性机构的培育等方面作出了巨大努力。

从历史中寻找价值,挖掘教育“往昔的光荣”,是俄罗斯推行创新教育的主要策略之一。正如俄罗斯教育部前副部长沙德里科夫指出的,“苏联拥有世界上最发达的教育体制之一,正是这一体制使苏联在开发宇宙和航空、核电等高科技领域时取得了很大的成就。俄罗斯应当继承苏联教育体制中的优秀部分并加以发扬”①。俄罗斯重拾苏联时期与美国抗衡的秘密武器,秉承从娃娃抓起的精英培养之路,重视精英人才的早期发掘和跟踪培养,并在此方面取得了很大成效。“天才儿童”和“才华青年”就是俄罗斯当前正在实施的卓有成效的计划之一。面对科研创新领域遭遇的人才危机,一方面,俄罗斯政府不惜重金实施科技复兴计划,改善科技人才的科研环境,大幅提高科研人员的物质待遇,采取激励机制吸引更多人,特别是年轻人投入科学研究的行列,打造代表俄罗斯科技未来的青年科学梯队。另一方面,俄罗斯招兵买马,斥巨资将世界著名学者,包括国外的世界著名学者引入俄罗斯高校,以发挥科学巨星在整个科研梯队中的领航作用。

同时,为适应新形势的变化,俄罗斯实施了与苏联时期完全不同的发展举措。首先,加快向创新型人才培养模式的转变,打造适应创新经济的

① Светлана Данилова. Зачем нужны бакалавры и магистры [N]. Комсомольская правда. 2007—3—16.

全新教育体系。改变教育领域重知识传授、轻能力提高模式的偏颇，把培养人的创造性和终身学习能力作为新教育模式的基本宗旨。俄罗斯各层次的教育，从学前教育到高等教育，都将发生根本性的改变。其次，改变苏联时期高等学校教育与科研相分离的状况，促进教育与科研一体化，力图将高等学校打造成国家创新体系的中心与枢纽，充分发挥高校在国家创新体系中的重要作用，鼓励高校在知识和技术创新中作出卓越贡献。再次，改变苏联时期高等教育成果商业化水平低的状况，促进高等教育与生产一体化，引导高校积极开展面向经济的科学研究和科技成果转化，并激励大学创建自己的小型创新企业，建构学术成果商品化的直通车。最后，构建由创新性教育大纲竞赛优胜大学、国家研究性大学、联邦大学和国家古典大学四个层级构成的重点大学网络，集中力量打造具有国际竞争力的俄罗斯科技领头军，抢占世界科技制高点。

由此可见，俄罗斯推行的一系列创新教育举措，改变的是“复制昨天教育”的危机状况，打造的是“未来的教育”和“教育的未来”。创新教育战略是俄罗斯在未来国际竞争中赢得主动、创造机遇的杀手锏。可以想象，在可预见的未来，俄罗斯将更加坚定、更加有力地实施这一战略。

第六章

教育战略的核心内涵之五：扩大教育交流

苏联时期的教育是一个庞大而自成一体的系统，其教育理念、教育政策、教育制度和教育实践与国际惯例存在着很大的不同。那个时期的教育缺乏与其他民族、其他国家的交流与合作，陷入严重的“自闭”状态。

苏联解体以后，包括解体前夕的戈尔巴乔夫时期，在新的国际环境和国内发展理念的导引下，教育战略的一个重大转折是走出教育封闭，扩大教育开放，开展与其他国家之间多层次、宽领域的教育交流与合作，教育的国际化水平得以提高。现阶段乃至将来，俄罗斯教育政策的最主要任务是建立开放性的教育系统以及知识、技术和人才的全球化市场。①

俄罗斯教育走向开放，既是教育封闭遭遇挫折而后检醒的结果，也是国家的利益与使命使然。俄罗斯在《教育的创新发展——提高俄罗斯竞争力的基础》这一重要报告中就将教育的开放看作是国家竞争力的前提——“要提高在世界经济全球化条件下的国家竞争力，关键问题是人才竞争，也就是说俄罗斯教育系统与世界教育发展的对接问题”。② 换言之，就是要在经济全球化的背景下，充分利用国内和国际两个教育空间，充分吸收、利用国际先进的教育经验，优化配置本国的教育资源，培养具有国际竞争力的高素质人才，抢占世界教育的制高点，“确立俄罗斯在国际交往中作为教育、文化、艺术、科学、高新技术和经济等领域的强大国家

① Общественная палата РФ. Образование и общество: готова ли Россия инвестировать в своё будущее? [R]. Москва: изд. Дом ГУ ВШЭ,2007,51.

② Государственный Совет. Инновационное развитие образования-основа повышения конкурентоспособности России[R]. 2006—3—24.

地位”。①

纵观20余年来俄罗斯扩大教育交流的基本路向，可以归结为以下两个方面：一是重塑与原苏联加盟共和国在教育领域的国家关系，在苏联这一版图上重新进行一体化尝试，构建独联体统一教育空间，由苏联时期一国体制内的“中央到地方”的垂直领导转变为以俄罗斯为主导的主权国家之间的横向教育合作；二是积极融入欧洲教育一体化进程，即“博洛尼亚进程”，构筑与欧洲广泛对话、交流的空间，让欧洲认识与检验俄罗斯的教育，同时发展让欧洲其他国家接受和认可的教育。

第一节 发展睦邻：构建独联体统一教育空间

苏联时期，各加盟共和国的教育政策和教育实践是整齐划一的，所有学校的教学按照苏联统一的教学计划和教学大纲实施。1991年12月25日，随着苏联大厦的轰然倒塌，各加盟共和国相继独立，覆盖全苏联版图的原本统一的教育空间也瞬间被割裂。取代这一教育空间的是在教育质量、教育规模、教育价值取向上存在差异的各个独立国家的教育系统。各独立国家建立了完全属于自己的相对封闭的教育管理体系，增加了教育交流壁垒，为国家间的教育交流与合作带来障碍。苏联解体之初，分离与独立倾向严重，各独联体国家在教育方面的合作与交流很少。然而，历史总是在分分合合中曲折前进，最近10余年来，各国分离倾向渐趋缓和，而追求联合、合作、一体化的愿望逐渐加强，独联体统一教育空间正在构建。通过独联体这一地区性国际组织，俄罗斯与原苏联加盟共和国在教育领域的国家关系得以重塑，一国体制内的“中央到地方”的垂直领导转变为以俄罗斯为主导的主权国家之间的横向合作模式。构筑独联体统一教育空间，成为俄罗斯教育国际化政策中的最优先发展方向。

① Министерство образования РФ. Нацианальная Доктрина Образования Российской Федерации[R]. 2000—10—4.

一、独联体统一教育空间概述

独联体全称是“独立国家联合体”,意思是“独立国家友好联合体”。1991 年 12 月 8 日苏联正式解体之前,由原苏联加盟共和国俄罗斯、白俄罗斯和乌克兰在白俄罗斯的首都明斯克签署协议成立。独联体的成员国原为 12 个原苏联加盟共和国:俄罗斯、乌克兰、白俄罗斯、摩尔多瓦、格鲁吉亚、阿塞拜疆、亚美尼亚、哈萨克斯坦、乌兹别克斯坦、土库曼斯坦、吉尔吉斯斯坦及塔吉克斯坦。但土库曼斯坦、格鲁吉亚分别于 2005 年 8 月、2006 年 2 月宣布退出独联体。目前,独联体成员共有 10 个。独联体是一个由多个地缘政治、经济主体组成的具有国际法意义的国际区域组织。

自独联体成立以来,成员国之间形成了比较良性的互动。为了应对全球化的趋势,各成员国都有意愿进一步拓展教育领域的交流与合作,促使以民族或国家为基本单位的教育体系向跨越民族文化和国家边界的一体化方向推进,形成独联体统一教育空间,提高本国教育的发展水平,获得一些较为先进的技术和经验,增强社会进步的活力,加速本国社会的现代化进程。独联体统一教育空间是独联体统一人文空间的一部分,被各成员国看作是当前最有发展前景,并且可以独立运行的一个合作领域。许多学者认为,由于教育与科学在现代世界中作用的日渐提升,不同国家只有通过教育和文化领域的合作才能缓和政治和经济上的矛盾,并将合作推进到一个新阶段。

所谓“独联体统一教育空间”,是指独联体各国在苏联版图内,以自愿合作形式为基础实现的教育、科学和文化领域的一致行动计划。关于独联体统一教育空间内教育交流的内容,学者舒库什诺夫这样认为:“独联体统一教育空间就是独联体国家的精神地理空间,或者说是精神地理空间的一部分。在这一空间内,教育机构和国家教育机构保持一致性活动;教学计划、教学大纲、教育文件、学位和职称被互相承认;保障进入统一教育空间独联体国家的所有公民在平等条件下自由进入不同国家的教育机构;保障大学生、研究生、教师和学者的学术流动和职业流动。”①从

① Шукушнов В. Е. Международная академия наук высшей школы на пороге своего пятилетия[J]. Вестник междуна-родной академии наук. 1997(1): 5.

本质上说,独联体统一教育空间是一个通过强化和深化独联体国家教育系统的关系、为独联体国家文化交流和共同发展创造条件而设立的一个独特的空间,目标是培养适应快速变革世界和多民族文化空间的青年。[①]独联体统一教育空间建构的原则包括以下几个方面:

第一,独立性原则。统一教育空间看似是一个一体性结构,而实质上它的内部各自独立。正如有的学者指出的,“要把独联体看作是不同主体构成的集体,而不是一个集体性的主体”。[②] 它的一个重要口号是“多样性的共性”,它不是要求消除各独联体国家之间教育领域的差别,不是倡导同一性,而是要创造条件去建立和发展各自独立的结构。

第二,一致性原则。独联体国家彼此之间需要建立大量的多边或双边联系,通过对话共同解决教育发展中面临的迫切问题。各国都强调一个国家在教育方面的经验教训,可以成为其他国家可资利用的一种财富。2006 年 7 月,在莫斯科举行的独联体首脑非正式会议上,在谈到教育领域的合作时,哈萨克斯坦总统纳扎尔巴耶夫指出,独联体应找到“一个让各成员国都能接受的模式”。

第三,文化适应性原则。独联体统一教育空间必须建立在各个国家公民对本国文化的认可的基础上,尊重多元价值选择、多元利益格局,以此构建多元文化空间。在与其他国家交往的过程中,成员国应根据民族文化特色以及本国的地理条件和历史条件等构建属于自身教育和文化的“独特之处”。

二、构建独联体统一教育空间的动因

俄罗斯作为独联体统一教育空间的首创国,对这一空间的建构起着无可替代的作用。俄罗斯构建独联体统一教育空间的努力,基于两点战略需求:一是将其作为大国复兴战略的地缘政治支点,二是出于保护国外俄罗斯族裔利益的需要。从与独联体国家的关系看,渊源深厚的历史之根和趋同的教育现实趋向,是促成独联体教育一体化的两个重要动因。

---

① Гукаленко О. В. Образобательное пространстбо СНГ: проблемы и перспектибы развития[J]. Педагогика. 2007(2): 5.

② Бондырева С. К. Психолого-педагогические проблемы интегрирования образовательного пространства. Москва: Воронеж, 2003,6.

1. 俄罗斯强烈的地缘政治安全需要

从根本上说,俄罗斯致力于独联体统一空间的建构,与其说是其教育发展的需要,不如说是其强烈的地缘政治安全需要。或者说,是为减轻政治安全的压力而形成良好的教育合作环境。从战略意义上来讲,独联体地区是俄罗斯大国复兴战略的支点。①

俄罗斯独立初期,国家实力的衰退严重削弱了俄罗斯的国际影响力,但俄罗斯一直致力于恢复大国雄风。然而,冷战结束后,随着北约和欧盟的两次大规模东扩,俄罗斯经历了地缘政治的两次大退却。近年来,俄罗斯与西方对独联体其他国家的争夺日渐激烈。面对急剧恶化的地缘战略环境,俄罗斯深刻认识到,近邻地区,尤其是独联体地区是俄罗斯在欧洲方向、中亚和高加索方向上对西方文明、伊斯兰文明的地缘政治"防疫带",是俄罗斯稳定周边、抗衡北约、体现俄罗斯国家利益的关键地区,是俄罗斯实现大国复兴战略的重要地缘政治依托。因此,在外交政策上,俄罗斯变"倒向西方、融入欧洲"为"东西方兼顾、欧亚平衡"。同时,对独联体的政策也作了调整,明确将独联体视为俄罗斯外交政策的绝对优先方面,强调俄罗斯在这一地区的特殊利益,要求西方世界承认俄罗斯在这一地区的责任,向其他大国宣布俄罗斯的"门罗主义"。

在与独联体国家各方面关系的处理上,俄罗斯的国家安全意识也在非传统安全的努力中空前觉醒,由"对抗性安全观"转为"合作性安全观",强调与近邻国家的对话、交流与合作,谋求政治、经济、军事和文化的全面一体化。但是,在政治领域,各国壁垒分明,在经济领域,俄罗斯放弃"输血者"这一角色,人文领域的合作特别是教育领域的合作,被俄罗斯看作是将独联体国家联系在一起的纽带。同近 20 年来俄罗斯一直竭力推进的政治一体化、经济一体化、军事一体化相比,建构统一的教育空间、加快实现教育一体化进程对独联体各成员国来说更为现实、更有吸引力,而且,此领域的合作更容易为独联体各成员国所接受。甚至,建构统一教育空间被看作是缓解独联体国家之间其他方面紧张状况的一条路径。

2. 俄罗斯保护俄罗斯族裔利益的需要

原苏联地区是欧亚大陆东西方文明的结合部,是多民族汇集之地,因

---

① 谭德峰. 俄罗斯独联体政策研究[M]. 长春:吉林大学出版社,2009,12.

而也是民族矛盾和民族冲突多发的地带。其民族问题常常具有跨境、跨国的世界难点问题的性质。从近年的情况看,原苏联地区的民族问题主要表现为俄罗斯族的地位问题。苏联解体使2500万俄罗斯族裔的人口留在了原苏联加盟共和国。20世纪90年代初,在其他民族地区生活的俄罗斯族人相当于俄总人口的18%。在原苏联地区,乌克兰、乌兹别克斯坦、哈萨克斯坦、白俄罗斯、拉脱维亚、吉尔吉斯斯坦、摩尔多瓦等国的俄罗斯族人较多。其中,在拥有4700万人口的乌克兰,俄罗斯族是最大的少数民族,占乌克兰总人口的21%,平均每5个居民中有一个俄罗斯人,近1000万的俄罗斯族人主要集中在与俄罗斯毗邻或相近的东部和南部地区;在中亚地区国家中,哈萨克斯坦的俄罗斯族人最多,约占其总人口的38%,其次是乌兹别克斯坦、吉尔吉斯斯坦、塔吉克斯坦和土库曼斯坦,俄罗斯族人分别占这四国总人口的8%、21.5%、7.6%和10%。① 俄罗斯族裔把俄罗斯的国家利益与新独立国家的利益纠缠在一起,他们是俄罗斯与独联体国家不可回避的历史遗留问题。

苏联解体后,很多国家的俄罗斯族人的政治和社会地位迅速下降,变成了当地的少数民族,在求学、就业、职务晋升等方面困难重重。一些国家还禁止俄罗斯族人从事企业管理等工作,将他们从政府中排挤出去。保护境外俄罗斯同胞的基本权利成为俄罗斯宪法和外交活动的基本政治目标。俄罗斯的一个战略目的是通过侨胞问题在原苏联地区实现一种母体文化的回归,增强俄罗斯族和其他民族对俄罗斯的民族认同。一方面,2500万的人口规模和在近邻国家的少数民族的地位,涉及俄罗斯的国家利益,决定了俄罗斯介入近邻国家事务的程度。但是,从另一方面讲,在统一教育空间内,原苏联地区的俄罗斯族裔成为俄罗斯推动独联体教育领域合作的载体,是促进原苏联地区教育领域一体化的重要推动力量。正如俄罗斯学者所指出的,"保护少数民族的利益和移民子女的权利,成为需要所有国家共同研究的课题,必须为此制定出一致的原则和解决方案。在建立独联体国家统一教育空间进程中,解决这一问题变得有

---

① 马剑,黄晓东,江奎霖,马威.俄罗斯要召回2500万侨民回国[N].环球时报,2005—11—30.

可能”。①

3. 独联体各国难以割断的历史之根

虽然苏联解体割裂了统一教育空间，但是共同的历史传统是俄罗斯与独联体其他国家联系的天然纽带。独联体这些“近外国”和俄罗斯一起都是曾经统一大国的组成部分，俄罗斯的特殊问题与它们其中的每一个国家都有千丝万缕的联系，它们彼此之间利益交错，相互倚重。这一切都使它们不同于俄罗斯的其他“远外国”。沙俄时期200多年和苏联时期70多年的民族间融合形成了它们共同的精神气质，使俄罗斯和独联体其他国家无论在政治、经济，还是在文化和教育上都有共同的客观基础。今天的独联体是在新的历史条件、新的时代背景下对苏联这一地缘政治历史产物的继承，其中的每一个部分不可避免地传承着来自前超级大国的包括教育在内的文明遗产。

苏联解体以后，独联体各国在政治、经济和文化等领域都经受了严峻考验，刚解体时那种争取独立与主权的强烈分离倾向已日渐平息，而追求联合、合作、统一、一体化的呼声却越来越高。今天的独联体国家国情相似，社会发展水平相当，教育体系的基础比较接近。历史道路的共同性、历史渊源的深刻性，使得独联体各国的教育体系走向一体化的需求日益强烈。同时，这种相似的基础也为构建统一的教育空间提供了很大的可能性。正如俄罗斯教育专家古卡林科所指出的，独联体国家的合作不应该仅仅局限在解决政治分歧和调整能源价格上，教育领域是独联体国家合作发展的一个有前景并且独立的领域。各国教育系统的状况证明了建立统一政治文化教育空间的基础已经夯实。统一教育空间将缓解国家之间的紧张状况，因为教育与科学在现代世界中的作用日渐提升，不同国家只有通过教育和文化的合作才能缓和政治和经济方面的矛盾，并将合作推进到一个新阶段。② 因而，苏联解体之初，俄罗斯、白俄罗斯、乌克兰建立统一教育空间的构想不谋而合。而1995年以来，中亚各国也积极响应俄罗斯关于在独联体建立“共同教育空间”的倡议，致力于建立和完善共

---

① Гукаленко О. В. Образобательное пространстбо СНГ: проблемы и перспектибы развития[J]. Педагогика, 2007(2): 5.

② Гукаленко О. В. Образобательное пространстбо СНГ: проблемы и перспектибы разбития[J]. Педагогика, 2007(2): 11.

同教育体系。独联体统一教育空间是"弹性的松散的联合",是各主权国在平等和互利条件下在教育方面自主、自愿的携手合作。

4. 独联体各国当前趋同的教育发展态势

历史的渊源为独联体统一空间的建构创造了基础,而独联体近年来教育发展的趋同趋势进一步强化了各国加强合作的愿望和诉求。正如俄罗斯学者所指出的,"建立统一教育空间的其中一个基础条件是,在独联体国家教育系统中正在进行的活动的一致性"。①

随着巨大的社会转型与制度变迁,苏联各加盟共和国的教育都经历了旧体系的承继和新秩序的重建,虽然教育领域的变革不尽相同,但是在大的方向上却具有趋同的特征。苏维埃学校解体后,尽管每一个国家的变革是不同的,但是同时又具有某些一致性特征。这些共同的趋势为在新的历史条件下开展国家之间的教育合作提供了可能。

(1) 在教育管理领域,出现了分权化趋势,中央和地方出现了权力转移,同时引入了教育领域的国家—社会管理原则;教育界和社会对教育质量管理的兴趣提高;出现了新的管理主体,如督学委员会(попечительский совет)和赞助者委员会(совет спонсоров)等。

(2) 在教育财政领域,寻求教育经费的多渠道筹措方式,改变教育拨款机制,促使地方承担一部分财政责任,同时积极引入预算外资金,鼓励高等学校自筹经费。

(3) 在教育结构方面,出现了新的教育机构形式;延长中等普通教育的时间(延长到12年),缩减义务教育的时间(缩减为9年);实现中等和高等职业教育现代化,引入双层教育体制,制定新的教育大纲,实行欧洲学分制。

(4) 在师范教育领域,教师地位下降,教师经济状况恶化,大量从事教育的人才流向教育外系统,国家对师范专业的支持势在必行;师范学校在培养人才方面的竞争力降低,师范教育改革任务急迫。

(5) 在教育内容方面,引入国家教育标准和基本教育计划,保障教育内容的一致性,同时遵循多样性原则,用法律保障差异性教育。

---

① Гукаленко О. В. Образобательное пространстбо СНГ: проблемы и перспективы развития[J]. Педагогика, 2007(2): 7.

（6）在道德教育领域，遵循新的价值观取向，提高家庭和大众传媒在个体社会化过程中的作用；移民子女问题尖锐化。

（7）在国际交流方面，各国积极开展国际教育合作，一些国家正在争取融入欧洲一体化进程，并且正在抢抓世界教育服务市场。

三、构建独联体统一教育空间的实践

（一）创建法律文本

为了推进教育一体化进程，在俄罗斯的倡导下，独联体成员国在教育领域通过了一系列保障解决教育领域国家间合作关系的法律法规，为这项改革的顺利推进奠定了必要的法律和制度基础。

独联体国家教育系统的合作始于 1992 年 5 月，当时独联体 10 个国家的政府首脑签署了《教育领域合作协议》。根据这一奠基性文件，独联体国家又签署了《关于定期举办独联体成员国教育部部长代表大会的塔什干协议》。1994—1996 年，由于各个国家独立和分离的倾向严重，当初约定的教育部部长会议没有如期举行。直到 1996 年 4 月 2 日，俄罗斯总统与白俄罗斯总统签署《共同教育条约》，真正的教育合作拉开序幕。在这一条约的影响下，1996 年 4 月，白俄罗斯、哈萨克斯坦、吉尔吉斯斯坦和俄罗斯四国签署了《关于深化经济和人文领域一体化的条约》。

1997 年 1 月 17 日，独联体成员国阿塞拜疆、亚美尼亚、白俄罗斯、哈萨克斯坦、吉尔吉斯斯坦、摩尔多瓦、塔吉克斯坦、俄罗斯签署了《形成独联体统一教育空间的构想》（以下简称《构想》）。该构想是形成独联体统一教育空间最重要的法律文本，确立了构建统一教育空间的总章程、基本原则、基本方向以及实施阶段。《构想》指出，构建统一的教育空间是独联体成员国的优先方向之一。独联体成员国把保存、传播知识，丰富世界和民族文化作为教育的基本功能。在俄罗斯联邦教育部的倡导下，1997 年，这几个国家制定了另外一个基础性法律文件——《关于独联体成员国形成统一教育空间的国家间合作协议》。

根据独联体成员国教育领域合作委员会的倡议，在独联体成员国教育领域合作委员会第 17 次大会上，讨论了《关于完成〈形成独联体统一教育空间构想〉的国家间计划》。在这次大会上签署了关于以下内容的协议：教育领域信息互换，建立和实施高等学校分校的程序，教育活动许可和教育机构鉴定、认证的协调，保证普通教育机构入学率，为普通教育机构师生提供社会保障，国家间中等（普通）教育、初等和中等职业（特殊）教育证书的对等和互认等。

为推动独联体国家在以教育为主的人文领域的合作，2006 年被命名为“独联体年”。2007 年，独联体两次召开成员国元首峰会，讨论了独联体的发展前景，签署了《独联体继续发展构想》等 17 份文件。《独联体继续发展构想》指出，人文合作是国家间相互协作的最重要因素，主要任务是继续发展共同教育、科技、信息和文化空间，开展积极外交，吸引商务和非政府组织加入广泛的人文合作活动。

（二）重塑俄语文化圈

构建独联体统一教育空间的一项重要举措是，维系和扩大俄语在独联体内部的交流通道，并以此加强独联体的文化内部向心力，形成独特的“俄语文化圈”。

苏联解体给曾经辉煌一时的俄语以空前重创，不仅独联体以外的国家讲俄语的人骤然减少，而且俄语在原苏联地区的地位也急剧下滑。各加盟共和国独立伊始就纷纷出台国语法，千方百计想与俄语“决裂”。

“俄语安全问题”被俄罗斯政府视为带有政治意义的“非传统安全问题”。保护俄语在独联体国家教育空间中的地位，打响“俄语保卫战”成为俄政府的一项重要举措。1995 年 12 月 7 日，俄联邦政府批准了《关于发展俄语的联邦目标纲要》，其宗旨在于提高俄语在俄罗斯国内外教学空间的地位，增强俄语在丰富各民族文化精神方面的作用。2005 年，俄罗斯国家杜马通过一项《关于俄罗斯联邦国家语言》的法律，从法律上确定了俄语在整个俄罗斯联邦的地位。普京政府在 2002 年和 2006 年分别实施了《2002—2005 年俄语计划》《2006—2010 年俄语计划》。俄罗斯政府计划投入 14.02 亿卢布用于实施《2006—2010 年俄语计划》，其中联邦政府投入 12.10 亿卢布。这些计划的目标是使得独联体和波罗的海国家掌握俄语、研究俄语和用俄语接受教育的居民占居民总数的比例大大提高。普京签署总统令成立“俄语世界”基金会，支持境外，尤其是原苏联国家的俄语研究，支持在国外举行有关俄语和俄罗斯文学的国际会议、俄语奥林匹克大赛，为独联体培训俄语教师、提供教材，邀请独联体其他国家的少年儿童到俄罗斯度假等。梅德韦杰夫还呼吁，俄罗斯应当拥有一个斯拉夫语的互联网域名，并将之作为克里姆林宫推广俄语，使之成为全球性语言计划的一部分。为把俄语打造成国际交流语言，2006 年 12 月 29 日，普京签署第 1488 号总统令，发起了世界“俄语年”活动。为此，政府成立专门的委员会组织，拨付专门的资金。俄罗斯在“俄语年”期间举行了一系列重要的活动：在国立莫斯科大学举行了题为“俄语：历史命运和现代性”的国际会议，在俄罗斯信息中心举办了俄语周活动，在巴黎和伦敦举办了以俄语为主题的联欢节等。

（三）互认教育体系

建立互相认可的教育标准和教育体系，是独联体共同教育空间构建的重要组成部分。加强在教育原则、教育标准、教学大纲、升学考试、教育质量评价、学位和职称等的互相认可，以及本国高等教育毕业生在各国的就业权，成为近些年来独联体各国努力的方向。

1992 年，独联体成员国教育部部长第一次代表大会通过了《关于制定独联体教育标准的决议》。1993 年，在明斯克举行的独联体教育部部长第二次代表大会上通过了一项决定，独联体各国要在 1996 年 1 月 1 日前互相承认其他国家国家样式的教育证书，给予证书持有者进入各国高等和中等专门教育机构学习的权利。1997 年签署的《形成独联体统一教育空间的构想》中确定统一教育空间的一个重要特点是独联体国家教育政策原则的统一性，国家教育标准和教学大纲的一致性，培养和认定科学人才、科学教育人才及其大纲标准和要求的一致性。根据这一构想，独联体国家制定方案，协调解决一体化进程中在教育领域、培养和认定科学人才以及科教人才方面的问题；协调所有层次的国家教育标准，统一在培养和认定科学人才和科学教育人才方面的标准和要求；在法律和组织上保障教育文件以及颁发给毕业生的学位证书的对等性；扩大国家之间在教育问题、培养和认定科学人才以及科学教育人才方面的信息交换；制定在国家内部和国家之间合作进行教育监督的机制。

2001 年 5 月 31 日，在独联体外交部长委员会会议上，各国批准了关于教育活动许可、学校鉴定和认证协调一致的协议。独联体国家先后建立了独联体教学大纲总委员会、独联体国家教育统计中心、独联体教育测试机关、不同国家教育体系的比较研究国际中心等，制定了共同的教育标准。

在 1998—2005 年的独联体成员国教育部部长第 9 次大会上，各国通过了以下有关教育互认的重要决议：根据“博洛尼亚进程”文件制定高等教育系统改革的国家行动计划、独联体成员国质量控制的标准和技术建议、教育机构鉴定和认证程序的建议、按照专业/方向划分的独联体成员国高等职业教育标准的模式、将俄罗斯联邦最高学位鉴定委员会制定的学术专业规范作为独联体基本学术专业规范的决议。同时，还出版了独联体成员国《教育系统术语和概念词典》《教育层次分类表格词典》。

（四）促进师生和学术流动

消除障碍，促进学生和教职员工多种形式的流动和交流是独联体统一教育空间构建过程中的重要一环。

《形成独联体统一教育空间的构想》确定统一教育空间的特点之一是公民在独联体国家领土范围内的教育机构中获得教育机会的均等性和自由性。也就是说，各国应保障独联体国家的所有公民在平等条件下自由进入不同国家的教育机构，保障大学生、研究生、教师和学者的学术流动和职业流动。

在 2001 年独联体成员国教育领域合作委员会第 17 次大会上，各国签署了《关于保证独联体成员国公民获得进入普通教育机构平等入学条件的协议》，规定独联体成员国居民可以进入其他成员国接受普通教育。同时，这个协议规定，独联体成员国的大学生在上学期间获得社会保障权益、生活和健康保护权益以及免受一切形式的歧视。这个协议也涉及中等（普通）教育、初等和中等职业教育证书对等和互认问题。获得完全中等普通教育的职业技术教育得到各国认可，学生可以根据证书上指明的专业和技能在任何独联体成员国就业。2004 年 5 月，在独联体国家教育部长会议上，各国制定了独联体公民跨国入学的协议草案。

在 1995 年签署的《俄罗斯联邦和独联体国家合作的战略方针》中，俄罗斯更加关注为独联体其他成员国培养专家人才。1998 年摆脱经济危机后，俄罗斯加强与独联体各国的教育、科研联系，努力扩大为独联体大学生提供在俄罗斯教育机构免费学习的机会。2002 年颁布的《俄罗斯联邦学校为国外培养人才的国家政策构想》指出，俄罗斯的主要任务是恢复俄罗斯作为独联体主要教育中心的地位。2003 年 11 月 4 日，俄罗斯联邦政府发布了第 668 号决议，规定俄罗斯执行权力机关所管辖的大学应该遵循俄罗斯联邦签署的国际合同,招收独联体成员国公民和同胞。独联体成员国公民和同胞在俄罗斯享有俄罗斯公民享有的入学条件。截至目前,在俄罗斯联邦高等学校有7万多来自独联体国家和波罗的海国家的公民,其中2万多人是由俄罗斯联邦预算支持完成学业的。特别需要指出的是,最近几年,俄罗斯高校在为阿布哈兹、南奥塞梯等地区培养民族人才方面做出了重要贡献。

（五）共享教育资源

在独联体教育一体化过程中,各国非常注重教育资源的共享,并采取了以下措施:建立网络开放性大学,在其他独联体国家设立高等学校分校,加强科技创新技术的相互合作等。

在独联体国家人文合作委员会的倡议下,“独联体网络开放性大学计划”启动。目前,参与该计划的有白俄罗斯国立大学、俄罗斯人民友谊大学等16所独联体国家重点高校。该计划的主要方向是组织和实施高质量的硕士培养联合大纲、强化高等技能专家培养方面的合作、促进研究生交流、为培养副博士进行合作性学术研究。参与该计划的大学的学生有机会在以上16所大学中就读,并取得相应的高等教育学位证书。

独联体国家之间互相设立高校分校,是教育资源共享的主要途径。2001年5月31日,独联体外交部长委员会会议批准了《关于在独联体其他成员国建立和运行高等学校分校程序的协议》。例如,塔吉克斯坦在俄罗斯建立了塔吉克斯坦高等学校分校,俄罗斯国立石油天然气大学在土库曼斯坦首都阿什哈巴德建立了分校,等等。现在,俄罗斯在独联体其他国家纷纷设立高校分校。截至2003年底,俄罗斯在独联体其他国家共设有70多所高校分校。这其中既有国立高校分校,也有非国立高校分校。这些俄罗斯高校分校深受当地中产阶级的欢迎,俄政府也希望将这些分校作为培养亲俄人士的摇篮。

在科技创新合作方面,2009年5月14日,在明斯克举行的独联体教育部部长第16次大会建议独联体成员国教育领域合作委员会参与实施《独联体国家2009—2010年人文合作优先举措》,支持在俄罗斯联邦召开的主题为“科技和创新发展及进一步深化独联体国家一体化合作的前景”代表大会。2010年3月4日,独联体国家在杜布纳召开了国家间科技和创新领域合作大会第一次会议。会议的宗旨是将独联体国家经济发展模式转移到创新发展的轨道上来，在独联体国与国之间进行创新领域的长期合作。与会代表交流了各国在形成国家创新系统方面的基本政策，就在创新领域进一步发展多方互动和双方互动以及如何实现这一互动机制等问题提出了建议。同时大会拟定了《2020 年前国家间创新合作专项方案》，继续扩大独联体的科技创新空间。

（六）共同创办教育机构

独联体国家教育合作非常引人注目的一个方面是共同创建联合大学。

1996 年，俄罗斯联邦政府发布《关于支持境外同胞的措施计划》，其中提到俄罗斯与独联体其他国家通过政府间协议创办联合大学的设想。联合大学的主要任务是：满足独联体国家公民的教育需求和俄罗斯侨胞获得俄罗斯高等职业教育的需求；培养、再培养高等教育文凭专家和学术教育人才并提高他们的技能；采用现代教学方法和技术，利用俄罗斯和其他伙伴国家在教育领域积累的成就和经验；保护、发展和丰富各国的文化传统、历史传统、民族传统。

目前，俄罗斯已与吉尔吉斯斯坦、塔吉克斯坦、亚美尼亚、白俄罗斯先后共同创办了四所联合大学——1993 年在比什凯克创办的俄罗斯—吉尔吉斯斯坦斯拉夫大学、1996 年在杜尚别创立的俄罗斯—塔吉克（斯拉夫）大学、1999 年创建于埃里温的俄罗斯—亚美尼亚（斯拉夫）大学、2003 年在莫吉廖夫市创办的俄罗斯—白俄罗斯大学。

在这些联合大学里，教学和公文处理都用俄文进行，同时学生必须学习所在国家的民族语言。这些大学的物质基础必须符合双方国家的法律和高校规范。大学的资金由创建国双方教育管理机构对半拨付，同时允许高校使用创建国双方法律允许的经费来源和其他方面的自愿捐助。大学归创建双方共同管理，其活动受国家教育领域的执行权力机构依法确认的大学章程调整。大学教学活动必须在俄罗斯有关高等职业教育国家教育标准的基础上进行，国家教育标准的国家—地方构成必须得到批准确认方可执行。联合大学校长的选举须按照大学规章规定的程序进行，并经双方教育领域国家权力执行机构共同批准。大学的许可和鉴定问题、人才培养质量监控、教育证书的颁发、学位和职称的授予等问题由双方国家教育领域权力执行机构和鉴定机构共同实施。联合大学的毕业生获得两个创建国家的毕业证书。

第二节　回归欧洲：融入“博洛尼亚进程”

由于俄欧文化的同源性，在俄罗斯人的头脑中永远萦绕着挥之不去的“欧洲情结”。欧洲教育的繁荣与现代化是俄罗斯人倾心向往的，因此，在教育领域，俄罗斯近10年中有着明显的回归欧洲的趋势，其中最突出的表现是融入“博洛尼亚进程”。

“博洛尼亚进程”是在欧洲一体化背景下应运而生的教育改革，它是自20世纪60年代以来欧洲范围内最根本、最广泛的变革。2003年9月，在柏林召开的欧洲高等教育部长会议上，俄罗斯联邦教育部部长签署了《博洛尼亚宣言》，确定了俄罗斯作为欧洲教育共同体成员国的地位。这一事件在俄罗斯被认为是体现教育发展新阶段的重要里程碑。从那时起，甚至从20世纪90年代末起，融入“博洛尼亚进程”，构筑与欧洲广泛对话交流的空间，成为俄罗斯高等教育的重要战略目标之一，成为近10年来俄罗斯高等教育发展的主旋律。2005年，俄罗斯教育与科学部和欧洲委员会草拟了《行动合作计划》，参照《博洛尼亚宣言》规定的欧洲模式对本国高等教育体制、结构、学制等方面进行全方位改革。

一、“博洛尼亚进程”概述

“博洛尼亚进程”即欧洲高等教育一体化进程，是29个欧洲国家在世纪之交发起的一场以区域合作形式引导各参与国家进行高等教育改革的运动。其核心目标是整合欧洲的高等教育资源、消除欧洲国家之间交流的障碍、确定欧洲范围内的高等教育系统的共同框架。同时，通过多方面努力，强化欧洲高等教育在全球范围内的吸引力与竞争力，为欧洲政治经济一体化和欧洲可持续发展提供知识和人才保障。

“博洛尼亚进程”的标志性文件是1999年签署的《博洛尼亚宣言》，全称为《欧洲高等教育区：欧洲教育部部长在博洛尼亚会议上的联合宣言》。《博洛尼亚宣言》的基本目标是在2010年建成欧洲高等教育区（European Higher Education Area，EHEA），推动欧洲高等教育一体化。欧洲高等教育区的具体标准为：

◇ 建立以学习与就业流动为主要取向的欧洲高等教育共同体；

◇ 形成并加强欧洲的知识、文化、社会和科技的潜力；

◇ 提高欧洲高校在世界上的声誉，保证欧洲高校在争取大学生、资金等方面的竞争力；

◇ 建立欧洲各国高等教育的统一和可比框架；

◇ 提高高等教育质量；

◇ 强化作为欧洲意识承载者的大学在发展欧洲文化价值中的中心作用。

“博洛尼亚进程”的主要内容体现在《博洛尼亚宣言》、2001 年布拉格会议及其公报、2003 年柏林会议及其公报、2005 年卑尔根会议及其公报、2007 年伦敦会议及其公报和 2009 年鲁汶会议及其公报中。综合宣言及公报的内容，可把“博洛尼亚进程”的内容归纳如下①：

（1）建立容易理解以及可以比较的学位体系

通过“博洛尼亚进程”，在欧盟各个国家的公立大学之间建立一个统一的、可以相互比较的学位体系，所有开设的专业都有可比性，便于各个大学对每个专业的相互理解和认同，提高欧洲公民的就业能力和欧洲高等教育的国际竞争力。

（2）建立一个以本科和硕士（本、硕连读）为基础的高等教育体系

这是欧盟高等教育历史上第一次提出加强硕士学位课程教育，将过去的本科加博士的高等教育模式改为美国式的本、硕连读模式，其目的是突出专业人才的培养。要进入第二阶段的学习首先必须完成至少 3 年的第一阶段学习，学生完成第一阶段教育以后所获得的学位应当使其能够顺利进入欧洲劳动力市场。

（3）建立欧洲学分转换制度

统一的学分制是欧盟高等教育走向统一和互认的基石，它彻底改变了传统学分制的理念。在传统的学分制下，一个学分相当于多少学时的课，而在新的学分制中，一个学分意味着 25—30 个学时，授课、作业、自学或实验各占 1/3。欧洲学分转换制度（European Credit Transfer System，

---

① 徐辉. 欧洲“博洛尼亚进程”目标、内容及其影响[J]. 教育研究，2010(4)：94—96.

ECTS)在实践层面提供了一个可操作的系统,加上后文的“学历文凭对等附录”(diploma supplement),为学生的跨国流动提供了有效的途径。

(4) 促进师生和学术人员流动

实施“博洛尼亚进程”以后,欧盟各公立大学的学生和教师都可以到其他欧盟大学学习或任教,而且这种学习或任教都能得到学生和教师所在大学的认可,从而极大地推动了师生和学术人员在欧盟大学之间的流动与交流。为此,该进程特别设立了伊拉斯莫学生互动项目和苏格拉底教师互动项目。

(5) 保障欧洲高等教育质量

建立统一的欧盟高等教育体系,其最终目的是保障欧盟各大公立大学的教学质量以及所培养的人才具有足够的竞争素质或科研能力,从而缩短欧盟与美国在科技发展领域的差距。统一的欧盟高等教育体系建立后,学生可以广泛地对各大学的教育质量进行比较,从而选择教育质量更好的大学进行学习。这样,就能促进欧洲大学改进高等教育教学,提高教育质量。

(6) 采用“学历文凭对等附录”

为提高专家的学术流动性和毕业生在劳动力市场上的竞争力,欧盟制定了教育证书相互承认的机制,采用所有国家都统一的、为每个人所理解的本国毕业证书的附件。毕业证书附件不仅包含了教育的内容和质量方面的信息,而且也包括了对高校教育水平的要求。《博洛尼亚宣言》建议,从2005年起,每个大学毕业生都应自动地无偿获得这样的毕业证附件。

二、融入“博洛尼亚进程”的动因

苏联解体后,俄罗斯始终没有放弃重振大国雄威的理想,而高等教育被俄罗斯看作是融入欧洲一体化进程的重要手段和通道。俄罗斯希望借助欧洲一体化进程的推动进行高等教育领域的深刻变革,实现高等教育质的飞跃。应当说,俄罗斯融入“博洛尼亚进程”有三方面的动因:文化动因、经济动因和教育动因。

1. 融入欧洲文化的需要

欧洲的历史告诉我们,欧洲并不是是一个纯粹的地理概念,更重要的是一个文化概念。虽然俄罗斯领土的大部分在亚洲,但是它传统上是一个欧洲国家，因为俄罗斯的政治、文化、经济重心主要在欧洲。赶超西方，是俄罗斯历史发展的主旋律之一。建设“从大西洋到乌拉尔的欧洲大厦”，始终是俄罗斯的发展宏图。在俄罗斯的历史上，从彼得大帝时期的“欧化”（即“全盘西化”），到19世纪的“疏离西方”，再到苏联时期的“对立西方”，反映了俄罗斯与欧洲关系既竞争又合作，既冲突又妥协的曲折历程。时至今日，“迎向西方”依然是俄罗斯处理与欧洲关系的基调。加强与欧盟的关系，正如普京所说，是俄罗斯的“基本选择”。普京执政后多次强调斯拉夫文明与欧洲文明同根同源，表示融入西方是俄罗斯的历史选择。俄罗斯积极扩大同欧盟的对话，扩展各个领域的交流与合作。欧盟和俄罗斯的四种共同空间是相互关联的，发展“第四空间”（科学、教育和人文交流）对扩展其他三种空间具有积极作用。① 在教育全球化浪潮横扫世界每一个角落的背景下，俄罗斯采取了加强与欧洲教育的接轨、融入“博洛尼亚进程”的积极发展战略。

2. 提升国家竞争力的需要

《博洛尼亚宣言》的基本原则体现了方兴未艾的知识经济的基本要求。在现代世界，知识成为生产部门中保障投资收益最大化的重要因素。教育作为新的经济增长点和社会发展的助推器，在社会中发挥着不可替代的作用。同时，国际竞争力在现代社会中也有了新的诠释。传统的因素——疆域、自然资源、军事力量被称为“硬实力”，而今这些因素已经让位于“软实力”因素——经济竞争力、有效管理、积极外交、道德威望、国际形象和人力资源的质量。俄罗斯的地大物博，使其在历史上形成了对地缘政治“硬实力”的过分依赖。摆脱对“硬实力”的依赖，生产具有高附加值的产品和服务，成为俄罗斯当下的主要任务。“博洛尼亚进程”对于俄罗斯利用最珍贵的国家资源——人力资源，提高“软实力”，提升在世界范围内的吸引力和竞争力，具有重要的意义。也就是说，比起火箭、领土和石油来说，高等学校有可能成为俄罗斯建立国际舞台上美好国家形象的更有前景、更加可靠的基础。②

---

① Медведев С. Болонский процесс, Россия и глобализация[J]. Высшее образование в России, 2006(3): 34.

② Медведев С. Болонский процесс, Россия и глобализация[J]. Высшее образование в России, 2006(3):34.

为了保持本国经济的稳定性和竞争力,任何一个国家都需要根据经济的总体发展速度开放知识的、人才的和创新的市场,实现教育国际化。俄罗斯融入"博洛尼亚进程"的根本目标是,增强俄罗斯教育系统在国外的吸引力,提高俄罗斯在世界教育服务市场的地位,扩展俄罗斯地缘政治影响空间,强化俄罗斯的国家安全。① 由于财政、体制等方面的原因,俄罗斯高等教育曾一度处于封闭、保守的状态,与国际高等教育界的竞争与交流十分有限。如今,积极响应欧洲高等教育一体化空间的建设,融入"博洛尼亚进程",成为俄罗斯在新形势下不容错过的一次历史机遇。

3. 改革高等教育系统的需要

如果说融入欧洲文化、提升国家竞争力是俄罗斯进行博洛尼亚改革的外驱力,那么,改革高等教育系统则是俄罗斯进行博洛尼亚改革的内驱力。苏联解体后,俄罗斯高等教育在新形势下面临着很多亟待医治的痼疾,高等教育改革势在必行。自 20 世纪 90 年代以来,俄罗斯高等教育改革呈现出波澜壮阔的图景。

如果说 2001—2003 年的俄罗斯教育现代化是基于民族传统的独立思考,那么,2004 年至今的教育现代化则是俄罗斯参照了欧洲教育系统标准的深入省思。2001 年,俄罗斯联邦政府通过了具有重要意义的纲领性文件——《2010 年前俄罗斯教育现代化构想》,确定了俄罗斯在 2010 年前实现教育现代化的伟大宏图。《2010 年前俄罗斯教育现代化构想》中的主要改革举措和目标包括:大幅度提高教育预算拨款;在法律法规方面保障教育系统的发展;形成教育管理的国家—社会系统;扩大职业教育机构的学术自由;利用不同机制保证高等教育的入学机会;进行大规模的教育内容和教育结构的更新;引入教育发展的新的组织—经济机制。这些改革目标在很大程度上与《博洛尼亚宣言》的基本原则不谋而合。

融入"博洛尼亚进程"为俄罗斯进行高等教育现代化改革提供了新的契机。乐观主义派,例如学者卡米萨洛夫指出,俄罗斯融入欧洲教育空间具有不言而喻的明显益处,新的制度将给予大学生很大的自由选择自

① А. И. Гретченко, А. А. Гретченко. Болонский процесс: интеграция России в европейское и мировое образовательное пространство[M]. Москва: КНОРУС, 2009, 114.

己的学习内容，欧洲国家对俄罗斯学位的认可将极大地促进俄罗斯毕业生在国外就业，提高他们在国家劳动市场上的竞争力。①

俄罗斯学者在分析融入“博洛尼亚进程”的必要性时指出，对“博洛尼亚进程”的阻抗只会导致俄罗斯教育系统陷入停顿和隔绝，而融入这一进程则会促进俄罗斯教育现代化的早日实现。而在这一过程中，对俄罗斯自身文化教育传统的关照至关重要。

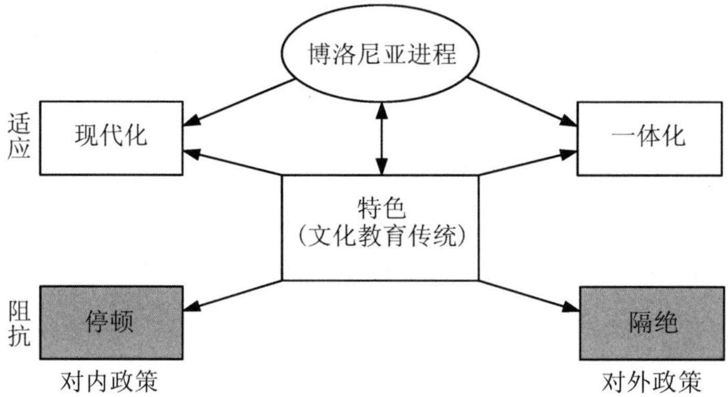

图 6—1 俄罗斯融入“博洛尼亚进程”的两难选择

资料来源：Медведев С. Болонский процесс, Россия и глобализация [J]. Высшее образование в России, 2006(3): 36.

三、融入“博洛尼亚进程”的改革举措

1. 建立两级学位体系

俄罗斯曾因其独特的学位制度在世界高等教育领域独树一帜，其传统的高等教育结构是单层次的，即只有一个培养持有技能证的“专家”的层次，学制一般是 5 年。研究生教育，主要是副博士和博士的培养，属于大学后教育，严格上来讲不属于高等教育范畴，学制一般都是 3 年。根据《博洛尼亚宣言》，俄罗斯需要对以前实施的单层次高等教育结构进行改

① Хорин И. С., Хорин С. И., Шматова Н. И. Высшее образование в России (политическо-правовой, исторический и философский аспекты) [M]. Москва: Национальный институт бизнеса, 2009, 150.

造，建立与欧洲以学士和硕士为基础的高等教育体系相兼容的结构。①

俄罗斯两级高等教育体系改革开始于 20 世纪 90 年代初。1992—1993 年，在一些高校，例如国立莫斯科大学、俄罗斯普列汉诺夫经济大学都试行培养学士和硕士。在这种体制下，不区分理学学士和文学学士，也不区分理学硕士和文学硕士。签署《博洛尼亚宣言》后，2003—2004 年，俄罗斯以鲍曼技术大学、托木斯克技术大学等几所重点技术大学为基地，围绕一些技术学科开始试行与欧洲一致的多级结构的高等教育。到 2004 年底，进行试验的技术性学科扩展到 80 多个②。2005 年，俄罗斯政府通过了联邦法律——《关于对〈俄罗斯联邦教育法〉和〈俄罗斯联邦高等和大学后职业教育法〉的修改（在确定高等职业教育层次方面）》。该法律确定了在高等职业教育领域引入两个基本层次的体系：第一层次是学士的培养，学习期限为 4 年；第二层次引入硕士的培养，学制为 6 年，同时保留体现俄罗斯传统的"专家"培养，学制一般不少于 5 年。法律规定在顺利完成第一阶段至少三年学业的基础上才能进入第二阶段学习。学士阶段的培养主要定位于应用型专长的学习，体现了劳动力市场的基本人才需求，而第二阶段的培养定位于创新能力的发展，培养的是创新型人才。在法律草案中，学士、硕士和"专家"培养被看作是高等教育的独立层次，对应着不同的教育标准，独立进行总结性鉴定，根据鉴定结果授予相应的证书，即学士学位、硕士学位和"专家"技能证。相应地，高等职业教育机构的许可、鉴定和国家认证分别按照学士大纲、硕士大纲和"专家"培养大纲实施。2005—2006 年，俄罗斯教育与科学部根据高等职业教育专业特色制定了学士和硕士培养模式，同时根据俄罗斯和世界劳动市场的需求拟定了培养方向和培养目录。2007 年 10 月 11 日，俄罗斯国家杜马批准了《关于对俄罗斯联邦个别法律条文的修改（包括确定高等职业教育层次）》，以使教育领域的立法与"博洛尼亚进程"的要求保持一致。该法律的内容后来被载入《俄罗斯联邦教育法》和《俄罗斯联邦高等

① 杜岩岩. 欧洲教育一体化进程中的俄罗斯高等教育改革[J]. 教育理论与实践，2007，27（2）：6—8.

② Министерство образования РФ. План действий Минобразования России на 2002—2004 годы по реализации Концепции модернизации российского образования до 2010 года [EB/OL], http://www.stat.edu.ru/doc/koll2—1—8/doc, 2002—10—8/2004—9—16.

和大学后职业教育法》中。

现在,俄罗斯有一半多的高校获得了学士培养许可证,从事学士培养。但是,由于历史上培养“专家”的传统,俄罗斯劳动力市场对新引入的学士学位认可度很低,获得学士学位的学生只有 2%—5% 进入劳动市场,大约 85%—88% 继续到“专家”班学习一年,以获得“专家”技能证,另外还有 10% 的本科毕业生到硕士班继续学习 2 年,以获得硕士学位。① 1995—2008 年俄罗斯学士、“专家”和硕士招生数量和毕业数量如表 6—1 所示。目前,比较尴尬的是,俄罗斯传统的“专家”被欧洲的高校和企业认定为哪个教育层次,现在还很难确定;最有可能被认定为欧洲的学士;而只有少数的专业可以被认定为硕士。

表 6—1　1995—2008 年俄罗斯学士、“专家”和硕士招生数量和毕业数量

年份	招生数量			毕业数量		
	学士	“专家”	硕士	学士	“专家”	硕士
1995	84902	533969	2550	6096	380801	773
1996	79325	585678	3795	14946	387903	1342
1997	77726	657512	5093	25508	397193	2237
1998	84179	701322	6485	38115	415649	3736
1999	60940	831313	7724	30361	453338	5448
2000	51886	1048296	9554	28053	514624	6782
2001	49218	1173492	6723	26109	584812	5753
2002	42310	1165803	5085	31097	660232	5598
2003	36704	1264597	7002	27256	760892	4089
2004	75902	1226875	13268	49318	825280	9714
2005	78859	1202205	14987	50940	862038	10250
2006	84316	1195782	17939	52434	927652	11579
2007	76400	1090400	13840	52964	954918	11797
2008	71300	901700	13090	31332	1013122	13684

资料来源:Гретченко А. И., Гретченко А. А. Болонский процесс: интеграция России в европейское и мировое образовательное пространство [М]. Москва: КНОРУС, 2009, 149.

① Гретченко А. И., Гретченко А. А. Болонский процесс: интеграция России в европейское и мировое образовательное пространство[М]. Москва: КНОРУС, 2009, 153.

2. 引入学分制

一直以来,俄罗斯将“学时”作为衡量学生学习量和教师工作量的基本单位。高等职业教育的教育大纲是按照学生一周的学习量,即 54 个学时来编制的,其中课堂教学量是 27 个学时。但随着劳动力市场对人才培养要求的变化,“学时制”因其在人才培养方面机械性、单一化的基本特征而弊端凸显。按照《博洛尼亚宣言》的规定,欧洲各国之间应实行可转换流通的“欧洲学分转换制度”,各级学位将更多地与欧洲学分而不是与学习时限挂钩。

俄罗斯在引入学分制方面做了大量的工作。1996 年,《俄罗斯联邦高等和大学后职业教育法》的实施扩大了高等学校的自主权,这为高校引入学分制提供方便。2002 年 7 月 19 日,俄罗斯教育部颁布了《关于制定高校大学生对高等职业教育国家教育标准内容掌握情况考查程序的组织工作》的法令,并制定了用学分制量化高等职业教育国家教育标准学习工作量的基本原则以及用学分制衡量高等职业教育基础教育大纲工作量的方法:

◇ 1 学分等于 36 个时间为 45 分钟的学时(27 个小时);

◇ 学生 1 周最大学习量为 54 学时, 约合 1.5 个学分;

◇ 1 周的实践合 1.5 个学分;

◇ 1 个学期的考试期(3 天的准备时间和 1 天的考试时间)合 1 个学分;

……

2002 年,俄罗斯联邦教育部建议所有高校都以 1—2 门专业开始试点这项新制度,一些大学随即试行学分制。截至 2010 年,部分或完全采用学分制的高校已经达到 30 所左右。2004 年 3 月 9 日,俄罗斯教育部推出了《高校使用学分制组织教学过程的示范章程》(以下简称《章程》),根据俄罗斯联邦教育系统的特点为高校确定了计算学分的方法。《章程》将每个培养方向(专业)的教学计划分为三类:工作教学计划、大学生的个体教学计划和组织学年内教学过程的教学计划。所有教学计划中的学习工作量都用学分表示。《章程》还规定应最大限度地使邻近培养方向

（专业）的教育大纲、教学计划统一，并赋予高校更多的自主权。① 俄罗斯联邦教育与科学部2005年7月27日第215号令、2006年4月3日第77号令、2006年6月30日第173号令以法令的形式最终确定了俄罗斯高校正式实行学分制，并且规定了在此过程中扩大高校在计划和组织教育过程中的自主权和学术自由，强化大学生自主学习的作用，优化教师工作量的改革方向。2005—2010年，根据前期试验情况，俄罗斯教育与科学部为高校准备使用学分制的信息资料；总结在俄罗斯高校使用学分制的经验；扩大高校转入学分制的创新性活动；引入建立高等职业教育大纲模块技术；引入不同阶段组织教育过程的技术。截至2008年，16%的高校引入了学分制。

在接受学分制这一新事物之初，许多高校的态度是审慎的。许多学者呼吁要防止学分的“通货膨胀”，不仅要以课程数量的多寡，也要以学生有效学习的质量来对学生的学习过程进行有效评价和计量。但是，总的来看，学分制弹性化、个性化的特征受到了俄罗斯大多数参加实验高校的认可。俄罗斯民族友谊大学在“俄罗斯高校参加‘博洛尼亚进程’的跟踪”项目的框架下组织了针对高校实行学分制问题的问卷调查，在参加实验的高校中，占76.8%的学校对“学分制代替学时制利大于弊”表示赞同。②

3. 促进学术流动

促进教师和学生的学术流动既是欧洲高等教育一体化的基本原则，也是“博洛尼亚进程”的主要目标。但是，对俄罗斯来说，这是融入“博洛尼亚进程”改革中最薄弱的方面，因为当前的俄罗斯和欧洲之间的学术流动水平很低。据统计，俄罗斯8.1%的留学生来自欧洲，俄罗斯大学生仅占欧洲外国留学生的1%。③ 与欧洲很多国家的劳动力市场相比，俄罗斯

① 李春生，时月芹.波伦亚进程框架下俄罗斯高等教育系统的改革与面临的挑战[J].复旦教育论坛，2006(2)：67.

② Гретченко А. И., Гретченко А. А. Болонский процесс: интеграция России в европейское и мировое образовательное пространство[M]. Москва: КНОРУС, 2009, 159.

③ 杜岩岩，张男星.博洛尼亚进程与中俄教育交流合作的空间[J].俄罗斯研究，2009(1)：125.

劳动力市场具有地方特色浓厚、地方之间壁垒森严、区域发展不平衡、“专家”报酬低等特点。在当前学术流动需求日益增长的前提下,融入“博洛尼亚进程”、解决劳动力市场存在的问题成为当务之急。

俄罗斯为促进学术流动采取的主要举措为:扩大学生在欧洲范围内学习和实践的机会,以及教师、研究人员和管理人员在欧洲范围内讲学、访学的机会,增强教师和学生从事学习、教育、研究工作的经历在欧洲范围内的认可度。

首先,在法律保障方面,俄罗斯为教师和学生流动提供了法律支持。1996 年的《俄罗斯联邦高等和大学后职业教育法》第 3 条的第 3 款界定了教师和学生的“学术自由”:“教授—教师群体中的教育工作者、科研工作者和大学生享有学术自由,包括教学工作者根据自己的理解讲授教学科目,选择科研主题并按自己的方式从事科学研究活动的自由以及学生根据自己的兴趣和需要获取知识的自由。”①这为俄罗斯高等学校教师和学生的学术流动提供了法律方面的前提与保障。参照《博洛尼亚宣言》,俄罗斯对学术流动作出了这样的规定:大学生们可以按照流动性方案在欧洲高校学习一学期或一学年;从一个层次转入另一层次受教育时,例如从学士阶段转入硕士阶段,或者从硕士阶段转入博士阶段时,可以根据累积的学分调整自己的专业或学校的选择。

其次,集合国家、高校和个人力量为教师和学生的流动提供资金支持和财政帮助。目前,俄罗斯教育与科学部正在实施对俄罗斯学生和教师学术流动的资助制度,号召各高校建立针对大学生和教师的资助制度,把此项内容作为国家高校排名的一部分,并鼓励家庭经济条件好的俄罗斯学生到欧洲国家获取学分。不过,现阶段,600 万大学生中,至多仅有 5%—10% 的大学生能够付得起到欧洲学习所需的学费。

另外,为促进学术流动,俄罗斯正在采取一系列配套措施:一是建立和完善教育基础设施,为来俄留学生提供良好的咨询服务及社会、医疗和文化服务;二是制定具有可比性的科学教育大纲,将欧洲国家的教育大纲作为俄罗斯教育大纲联邦部分的参照标准,制定具有可操作性的国家高

---

① Федеральный Закон “О высшем и послевузовском профессиональном образовании” [EB/OL]. http://www.edu.ru/index.php? page-id = 122, 1996—7—23/2005—7—20.

校排名评价标准。三是真正提高俄罗斯高校教师的劳动薪酬,逐步向欧洲大学教师的平均工资和生活水平看齐。

俄罗斯促进学术流动的努力,大大增加了俄罗斯掌握欧洲国家组织教育过程的有益经验的机会,从根本上扩大了高校毕业生和科学教育工作者在俄罗斯及国外劳动力市场上的工作机会和需求,同时增加了俄罗斯大学生学习欧洲教育空间通用语言——英语的机会。当然,很多学者担心,这一努力会导致俄罗斯优秀人才外流到欧洲国家,威胁到俄罗斯的学术潜力。

4. 完善教育质量监督和控制机制

欧洲教育质量保障系统包括高校内部质量保障系统、国家层面和欧洲层面上的外部质量保障系统。《博洛尼亚宣言》建议加强欧洲在教育质量保障领域的国际合作,以制定具有可比性的质量控制标准和措施。

提高本国高等教育的质量和竞争力,是俄罗斯高等教育一如既往的发展目标。而完善教育质量和控制机制,是在"博洛尼亚进程"新背景下,俄罗斯对教育质量的进一步诠释。签署《博洛尼亚宣言》后,俄罗斯一方面在国家层面上完善与欧洲具有可比性的教育质量管理与控制体系,另一方面建立与欧洲接轨的独立于教育管理机构之外的高校内部和欧洲层面上的教育质量鉴定和监督系统。

在国家层面上,俄罗斯具有完备的教育质量保障系统,主要是由国家所认可的机构对教育机构进行许可、鉴定和认证,还包括在科学—教育团体、科学协会、科学联合会的基础上进行社会认证。签署《博洛尼亚宣言》后,根据《柏林宣言》和《卑尔根公告》中的准则,俄罗斯在国家认证方面已经引入了新的指标。2005 年 9 月 30 日,俄罗斯开始实施新的认证指标体系,提高了对高校实施高等职业教育大纲、从一种形式转入另外一种形式的要求。俄罗斯联邦教育与科学部参照欧洲标准制定了第三代高等教育国家教育标准,并拟定了职业教育大纲。2004 年后,管理机关和大学校长委员会按照教育与科学部赋予它们的权责,对高等学校分校和颁发国家样式毕业证书的非国立高等学校重新鉴定,并重新办理许可证。同时,教育与科学部、教学方法协会和高校的著名学者一起,针对每个专业制定了有关物质设施、教学法保障和学生知识考核等方面的要求。

根据"博洛尼亚进程"大学自治的原则,保障教育质量的基本责任应由各所大学来承担。这是建立国家有效保障高等教育质量制度的最重要条件。在学校层面上，俄罗斯教育与科学部敦促各高校组织研讨班解读“博洛尼亚进程”条款，根据欧洲通行的质量要求建立自身的校内质量监督系统。目前，绝大多数高校使用 ISO9001:2000 国际质量标准实施内部管理。97% 接受问卷调查的大学认为，ISO9001:2000 可以作为保障教育质量的基础，84% 的大学已经在 ISO 9001:2000 国际质量标准基础上建立了质量管理系统（CMK）。90% 的高校对大学生成绩进行持续监控，50% 多的高校对大学生的剩余知识（остаточные знания）进行检测。由此可以看出，大多数高校已经根据欧洲教育质量保障委员会（ENQA）的标准和方向引入大学生知识评价系统。同时，50% 的高校已经引入欧洲教育质量保障委员会所要求的教师工作活动质量评价程序。[①] 在俄罗斯高校，还有一个新的变化是，广泛引入大学教师团体、学术界和企业界感兴趣的人士参与大学活动评价。

在欧洲层面上，为了保证本国的教育质量评价制度与欧洲接轨，俄罗斯成立了专门的联系机构，并接受了欧洲教育质量评价标准。2004 年 5 月，俄罗斯教育与科学部国家认证中心递交了加入欧洲教育质量保障委员会的申请。[②] 目前，俄罗斯正在积极争取加入该组织。该机构在实施欧洲教育质量标准方面做了大量工作：在俄罗斯建立与欧洲具有可比性的教育质量评价的方法和标准；制定国家对高等教育职业教育大纲认证的技术；建立其他“博洛尼亚进程”参与国对俄罗斯教育质量评价的数据库；吸引国外鉴定专家参与俄罗斯教育质量评价鉴定委员会的工作；在俄罗斯组织欧洲高等教育质量保障国际网络（INQA）和中东欧国家认证委员会（CEENET）例行研讨会；建立教育质量评价机构欧亚（独联体国家和波罗的海国家）网络，保障大学教师的合作活动。

5. 建立易读、可比的欧洲学位附件

俄罗斯加入欧洲高等教育空间的重要目的在于，促进欧洲对俄罗斯

---

① Гретченко А. И., Гретченко А. А. Болонский процесс: интеграция России в европейское и мировое образовательное пространство[M]. Москва: КНОРУС, 2009, 160—161.

② 1995 年 4 月 18 日，俄罗斯根据国家大学委员会第 570 号令成立教育部国家认证中心，负责认证的信息与方法支持工作。国家认证信息—技术中心系国际高等教育质量保障机构网络（INQAAHE）的成员之一，也是中东欧国家认证中心网络的成员。

高等教育的认可，提高俄罗斯高校毕业生学位在欧洲劳动力市场上的流动性。① 加入统一教育空间意味着各个参与国的高校毕业证书在欧洲具有相同的效力，但加入“博洛尼亚进程”之初，俄罗斯不得不通过额外的考试使本国的毕业证书在西欧各国获得合法地位。在整个俄罗斯范围内引入易读、可比的学位附件，成为俄罗斯教育与科学部当前的重要工作内容。

1997 年，欧洲高等教育委员会就开始了设计统一毕业证附件的工作，并起草了文件草案。欧洲 60 个机构（包括大学和部委）参加了草案的论证工作。俄罗斯的车里亚宾斯克国立大学和国立秋明大学也参与了该项工作。1999 年 4 月 6 日，俄罗斯通过第 384 号政府决议，加入欧洲 1997 年 4 月 11 日通过的《欧洲地区高等教育技能认可公约》，即《里斯本公约》。2001 年 9 月，车里亚宾斯克国立大学将第一批欧洲毕业证书附件发放给了 4 名优秀毕业生。从 2003 年起，托木斯克大学开始采用“博洛尼亚进程”框架下欧盟国家所采用的文件和程序，包括向有意向者发放此种毕业证附件，并受到了学生的欢迎。2004 年，俄罗斯人民友谊大学在科学计划框架内研究了将欧洲学位附件引入俄罗斯的问题。2005 年 4 月 25 日，俄罗斯教育与科学部通过第 126 号令，即《根据〈博洛尼亚宣言〉为实现高等职业教育制度发展基本目标俄罗斯联邦领先大学和机构的问题》，确定在一批领先大学内引入高等教育学位附件，这一附件与欧洲统一样式的作为学术流动性工具的高等教育学位附件一致。2005 年，在《2006—2010 年联邦教育发展专项方案》的框架下，俄罗斯大学开始研究使用两种学位证书（двойный диплом）。2005 年，俄联邦颁布了《关于成员国学术专业的统一证书和科学教育工作者的培养和鉴定程序细则示范法令草案》。

建立博洛尼亚俱乐部是俄罗斯进入欧洲统一教育空间的一项重要举措。2010 年 5 月，俄罗斯开办了第一个博洛尼亚俱乐部，该俱乐部位于罗斯托夫国立科技大学。此俱乐部联合了俄罗斯的重点高校，致力于建

① Хорин И. С., Хорин С. И., Шматова Н. И. Высшее образование в России (политическо-правовой, исторический и философский аспекты) [M]. Москва: Национальный институт бизнеса, 2009, 140.

设一个统一的教育空间。[①] 建立该俱乐部的目的在于促进欧洲其他国家对俄罗斯的大学毕业证书、教授和学生职业能力的认可。博洛尼亚俱乐部在俄罗斯高校和外国高校进行经验交流和学生交换过程中充当中间人的角色。加入了博洛尼亚俱乐部的高校，不再需要额外考试使本国的毕业证书在西欧各国获得合法地位。

在学位互认方面俄罗斯的工作重点在以下两方面：一是保障俄罗斯承认国外的学位证书，二是保障国外承认俄罗斯的学位证书。另外，还需要在高校层次和企业主层次划分出学术承认和职业承认的问题[②]。在保障国外承认俄罗斯的学位证书方面，存在很多困难和障碍。在高等教育体系多年的发展过程中，俄罗斯形成了独具特色的学位结构、学制、人才培养专业和方向，而如何修正并统一这些既定体系，并使其符合欧洲的标准和要求，确实是一项牵一发而动全身的庞大工程。例如，在俄罗斯学生被派往国外硕士班学习时，他们面临着被派往国领事馆审查学士学位的问题。这是因为俄罗斯的学士学位开始较晚，这一学位在国外的认可度较低。

引入跟欧洲统一学位附件相兼容的俄罗斯高等职业教育学位附件时，俄罗斯必须做好以下工作：在高等职业教育大纲统一分类制度的基础上，制定学位附件的样式；把高等职业教育国家教育标准的联邦部分的课程翻译成英语并将其出版；保障外国教育文件被俄罗斯接受以及俄罗斯文件被《博洛尼亚宣言》签署国接受。其中，最后一项工作最为迫切。

此外，俄罗斯教育与科学部和联合国教科文组织、欧洲委员会、不列颠委员会、波罗的海国家委员会等国际组织建立了紧密的合作关系，加强了与其他国家在教育领域的双边合作。2003 年，俄罗斯政府与德国、意大利签署了关于俄语学习与教学的合作协议，同时也与摩尔多瓦、法国、蒙古签署了教育证书和学历互相承认的协议。

---

① 目前该俱乐部的会员有：国立莫斯科大学、俄罗斯人民友谊大学、南联邦大学、圣彼得堡国立大学电信学院、圣彼得堡国立大学水利通信学院、西班牙马德里市的安东尼奥·德·内夫里哈大学、斯洛文尼亚的卢布尔雅那技术大学等。

② Гретченко А. И., Гретченко А. А. Болонский процесс: интеграция России в европейское и мировое образовательное пространство[М]. Москва: КНОРУС, 2009, 168.

本章结语

构筑独联体统一教育空间是俄罗斯教育国际化政策中的最优先发展方向。独联体统一教育空间是以俄罗斯为中心,在俄罗斯同独联体其他成员国毗邻的边疆地区进行教育空间重新一体化的尝试。它不是大一统的苏联教育模式的再现,而是在承认其他国家教育系统独立性的前提下,俄罗斯和其他独联体成员国基于教育共同利益发展的需要而构建的,它是"弹性的松散的结合";它也并不意味着要从根本上改变独联体各国的教育结构,而是跨越民族文化和国家边界,促进独联体各国相互借鉴、取长补短,从而为各国教育现代化注入活力。

截至目前,独联体成员国之间在教育领域对话协商、资源共享、平等合作和共谋发展的机制已经确立,在共同制定教育质量监控标准、互相利用基础设施、加强师生学术流动、共建新型教育机构、密切各层次各领域教育合作等方面都取得了显著的成效。而这种机制正是看似统一的苏联时期所真正缺乏的,它具有划时代的重要意义。"不管这一点看起来如何荒谬,但是正是苏联的解体将独联体国家引向了一体化进程。作为世界超级大国的苏联,并没有为真正的一体化创造条件。它在国家所有活动领域的整齐划一、标准刻板阻碍了一体化的真正实现。在最近十几年,新的机会出现了:产生了独立自主的民主化国家,对于自己的国家文化实行保护性政策。跟种族文化极度多样性一起存在的是一体化进程。"①教育领域的一体化进程,大大促进了独联体各国方兴未艾的教育改革。相对于政治一体化、经济一体化、军事一体化进程来说,独联体国家教育领域的一体化进程显得更加卓有成效,并且已经成为深化与扩展其他领域合作发展的助推器。

更为重要的是,独联体统一教育空间的实践模式成为世界上建立教育共同体、构建区域教育发展模式的成功范例,为世界教育发展提供了一

---

① Гукаленко О. В. Образобательное пространстбо СНГ: проблемы и перспектибы разбития[J]. Педагогика, 2007(2): 4.

条新的可能路径。在独联体范围内,不仅形成了内部相互接近与强化合作的改革长廊,而且形成了对外接轨欧洲和对话世界的拓展平台。独联体统一教育空间非常注重以共同体的形式吸纳国际先进教育思想、教育体制、教育模式、教育资源,以合作的方式增强独联体各国在世界教育空间的影响力和竞争力。

融入“博洛尼亚进程”是“俄罗斯与世界空间一体化进程中的很严肃和实质性的一步”,也是最近十年来俄罗斯“迎向西方”、融入欧洲文明的对外战略在教育领域的体现。这一过程包括两个方面:一是以开放的姿态去迎接欧洲,敢于让欧洲来认识与检验俄罗斯的教育;二是俄罗斯积极构筑能为欧洲其他国家、其他民族所承认和接受的教育。与此相适应,在博洛尼亚框架下进行的俄罗斯改革并不是边边角角的缝缝补补,而是一场牵一发而动全身的系统性改革。由此,俄罗斯的学位体系、教育结构、教育标准、教育质量监控等宏观方面都发生了或正在发生着深刻的变化。而这些变化与21世纪初就已经开始的俄罗斯教育现代化框架下的改革在很多方面不谋而合。融入“博洛尼亚进程”被誉为俄罗斯教育发展的重要里程碑。

然而,自2003年这一进程拉开序幕开始,甚至在序幕尚未拉开之前,俄罗斯国内支持与反对融入“博洛尼亚进程”的两种声音的对峙就从未停止。支持者认为,融入“博洛尼亚进程”可以为俄罗斯提供更大的发展可能,是俄罗斯教育自我提升的过程。反对者认为,俄罗斯的政治体制、经济体制、文化体制、高等教育模式与欧盟国家相去甚远,融入“博洛尼亚进程”将导致俄罗斯高等教育优秀传统的丧失,是削足适履、迷失方向的自我毁灭过程。两种声音尖锐对峙的局面使得欧洲的特殊成员——俄罗斯融入欧洲教育空间的进程艰难而又复杂。① 而问题的实质是,如何在吸纳与实践欧洲的标准规则与尊重并保留俄罗斯的教育传统内核两者之间寻找平衡点。从深层的意义上来讲,俄罗斯融入“博洛尼亚进程”应该是其与欧共体其他成员国基于平等教育利益的相互观照过程,而不仅仅是根据欧洲标准打磨和修改俄罗斯内部教育系统的过程。这也正是《博

① 刘淑华,王福友.欧洲一体化进程中的俄罗斯学位制度改革[J].学位与研究生教育,2006(8):74—77.

洛尼亚宣言》所强调的,"'博洛尼亚进程'是为了拉近欧洲国家高等教育的距离,而不是为了欧洲国家高等教育的标准化和整齐划一"①。也就是说,"博洛尼亚过程"是保持各自国家特色的一体化,而不是各国教育的同质化。俄罗斯在融入欧洲的同时,必须继承俄罗斯教育本身的传统与本国的国情。这就注定了传统及国情与欧洲其他国家迥异的俄罗斯在融入欧洲大家庭进程中的复杂性。建立与欧洲国家教育观念互通、教育地位互认、教育资源共享、教育责任共担的教育制度与教育体制对俄罗斯来说,既是一次蜕变、提升的机遇,也是一场异常艰难的跋涉。

俄罗斯政府认为,融入"博洛尼亚进程"本身是没有选择的选择,俄罗斯必须勇往直前,确定自己的利益,评估加入的风险和成本,制定可行的行动方案。② 阻抗和反对"博洛尼亚进程"将导致俄罗斯内部教育政策的停滞,同时也会导致国家教育系统的孤立、保守和封闭。无论是远离"博洛尼亚进程",还是将外部标准强加给俄罗斯高等教育系统,都没有前途。国立莫斯科大学校长萨托夫尼奇在俄罗斯第七届大学校长会议上坚定地指出:"俄罗斯教育制度融入世界教育空间的敌人并不存在,只存在实现这一目标的不同态度。"③

---

① А. И. Гретченко, А. А. Гретченко. Болонский процесс: интеграция России в европейское и мировое образовательное пространство[M]. Москва: КНОРУС, 2009, 113.

② Медведев С. Болонский процесс, Россия и глобализация[J]. Высшее образование в России, 2006(3): 33.

③ Справка По Вопросу "О Реализации Положений Болонской Декларации в Системе Высшего Профессионального Образования Российской Федерации" (к заседанию коллегии Минобрнауки России 16 декабря 2004 года) [EB/OL]. http://www. mon. gov. ru/edu-politic/priority/, 2005—1—4/2009—8—18.

第七章

总结与展望：对俄罗斯教育战略的理性审视

从苏联解体至今，俄罗斯教育变革已走过 20 多个年头。20 多年的时间，只不过是历史长河中白驹过隙的一瞬，要对俄罗斯这段时间教育战略作成败得失的判断还为时尚早。如今，站在历史的此岸，以更广阔的视野对俄罗斯 20 多年的教育战略进行理性思考和全景描述，却是非常有必要的。

没有一种教育变革的路径选择能够脱离历史。俄罗斯的教育改革尝试，向我们提出了这样的命题：它的目标选择是什么？它沿袭了怎样的发展路径？俄罗斯民族精神中的西方与东方、外来与本土，经历了怎样的较量与博弈？在传统与革新之间，它保持了怎样的平衡和折中？它的暴风骤雨般的改革特征，在教育领域得到了怎样的演绎？20 多年间，俄罗斯在教育领域取得了怎样的成就，又面临哪些问题？这些命题需要我们在历史的考察中寻找答案。

着眼于未来，无疑是每个战略决策者必须具备的眼界。相较于 20 多年前，如今的俄罗斯已站在了新的历史起点，一个在艰难曲折中奋起的俄罗斯令世界刮目相看。俄罗斯正处在从现代工业社会向知识社会过渡的阶段，俄罗斯教育正处在从被动转型到主动转型的十字路口。负载着国家赶超重任的俄罗斯教育将向何处去？俄罗斯教育战略的发展趋向和俄罗斯教育的前景，仍然是一个令人感兴趣和值得人们继续探索的问题。

第一节 二十余年教育战略总结

一、教育战略演变的三个阶段

参照转型理论专家比尔茨的瓦解、稳定和重建三阶段转型理论模型，根据俄罗斯国内政治、经济和社会变迁的特征，我们可以把1991年至今20多年的俄罗斯教育战略演变分为三个阶段：极端摧毁阶段、秩序重建阶段和纵深推进阶段。这三个阶段正好与左右俄罗斯社会态势的总统人选的更迭相吻合，即1992—1999年的“叶利钦时代”、2000—2008年的“普京时代”、2008年至今的“梅普组合时代”。在这三个阶段中呈现出一条清晰可见的发展路线：从前期的极端变迁过程，到中期的重新调整和检醒，再到后期纵深推进和逐步走向成熟。这当然不是一种从终点到起点的回归，每个阶段相较于前一个时期都是一种“跨越式发展”。而且，细细分析又会发现，三个阶段之间有着连续性，并不是完全断裂的。

1. 极端摧毁阶段

叶利钦时代，整个社会发生了全方位转型。在政治体制上，要从高度集权的政治模式向西方民主化模式转变；在经济体制上，要从高度集中的指令性计划经济体制向现代市场经济体制转变；在意识形态领域，从单一的共产主义意识形态向多元化的意识形态转变。这些重大的社会转型，深刻影响着处于坚固堡垒中的俄罗斯教育。而漫长的历史沿革中，俄罗斯教育已经形成了被动适应外在变化的机制，缺乏主动适应社会形势的内在机制。因而，在外部环境发生根本性变革的情况下，教育陷入茫然不知所措的尴尬境地。为了摆脱这种困境，一场由政府主导，由政治经济改革作为先导，特别是由政治改革作为导引核心的教育领域改革轰轰烈烈展开。

在国民教育发展战略上，叶利钦继承了苏联时期重教、兴教的传统。1991年7月，叶利钦当选俄罗斯总统后颁布的第1号总统令就是《关于俄罗斯苏维埃社会主义联邦共和国教育发展的紧急措施》，强调必须确保教育领域发展的优先地位。5个月后苏联解体，叶利钦就任俄罗斯联邦总统，签署了俄罗斯独立后的第一部教育基本法——《俄罗斯联邦教育法》，其中，“俄罗斯联邦宣布，教育领域为优先发展领域”的表述作为头款头条，明确表明了俄罗斯发展教育的国家立场。

但是，“在社会的过渡时期，即‘终点和开端的时代’，常常会伴随着对过去传统和价值的否定”①。跟政治、经济领域的改革逻辑一样，俄罗斯教育领域改革的主旨是彻底改变旧体系，重建新体系。然而，叶利钦毕竟“破旧”太急、太切，教育改革奉行的原则是对“旧教育”完全否定，而“立新”则完全仰仗舶来的西方模式。一方面，苏联时期的教育原型成为俄罗斯独立之初否定和摧毁的目标。苏联时期曾经令人引以为豪的教育行为模式和教育标准被普遍怀疑、非议和破坏。仿佛只有将过去摧毁得干净、彻底才可以进行新的制度重建。另一方面，在政府强制力量下，对西方的学习借鉴则迅速形成“一边倒”的局面。在新自由主义大行其道的情况下，西方追求“民主”“自由”和“市场”等理念迅速抢占了俄罗斯教育思想领域的真空，成为主导俄罗斯教育改革政策的主要力量。因此，这一时期的教育改革，呈现出与苏联时期截然不同的风貌。从投入、分权、质量、创新和国际化这几个核心战略来看，这一时期主要强调分权，而投入、质量、创新和国际化战略则因政府无力或疏于顾及而被忽视。这一时期教育发展的主要特点可以归结为以下几点：去意识形态化、分权化、市场化和人文主义等。

（1）去意识形态化

这一变化是俄罗斯教育领域的最重要变化。与苏联时期学校生活过分政治化的特点相反，去意识形态化暗喻了俄罗斯当时整个社会思想领域各种思潮泛滥、国家意识形态出现真空的状况。1992 年的《俄罗斯联邦教育法》明确规定：“在国家和地方教育机构和教育管理机关中，不得建立政党、社会政治和宗教团体的组织机构，不允许它们在教育机关中进行活动。”②鉴于此，俄罗斯所有教育机构的政治性组织（党、团、少先队

---

① ［俄］В. П. 鲍利辛柯夫，Н. Е. 鲍列夫斯卡娅. 俄罗斯教育战略改革［A］. 朱小蔓，Н. Е. 鲍列夫斯卡娅，В. П. 鲍利辛柯夫，20—21 世纪之交中俄教育改革比较［C］. 北京：教育科学出版社，2006，19.

② Министерство образования РФ. Закон об образовании Российской Федерации［Z］. Учительская газета. 1996，(5)—(6).

等)均被解散,苏联时期建立的学校思想道德教育体系不复存在。学校几乎退出了思想教育的舞台,客观上变成了道德真空地带。“爱国主义”“祖国”和“责任”等字眼消失,学生的国家意识淡漠。

(2) 分权化

这反映了俄罗斯独立之初政治领域的变革进程。叶利钦时代,教育地方化和大学自治化趋势明显,出现了教育权力要素由中央政府向地方政府、由政府向大学的转移,地方政府在法律、财政和事务方面的权限扩大,大学在学术、行政和财政方面也拥有了一定的自主权。“教育管理的民主性质、国家—社会性质、教育机构自治”成为《俄罗斯联邦教育法》第一章强调的国家教育政策的基本原则之一。该法对联邦、联邦主体和地方在教育领域的权限作了较为细致的划分,同时对学校的自主权限作出了规定。但是,由于改革进程并未设计出一种相对平衡的权力运行机制,曾使俄罗斯教育一度陷入地方过度分权、市场机制过分进入、大学生存压力急剧增加的矫枉过正的困境。

(3) 市场化

这是对苏联时期教育领域无所不能的“政府神话”的否定,也是对俄罗斯新时期市场经济大潮的回应。这一时期,政府的退却和市场价值的回归是教育领域的基本路向选择,高等教育系统由高度集权的行政命令性系统转化为市场导向的社会组织。政府放松了对大学的管制,竞争机制、效益观念、企业化经营方式、消费者的愿望和需求等市场因素的作用在高等教育改革中体现得越来越明显。市场逻辑的引入,使得俄罗斯高等教育在专业和课程的改造、教育资金市场的挖掘、招生与就业市场的开辟、产学研合作以及高等教育系统的再造等方面都发生了深刻的变革。但是,市场逻辑的快速侵入,使得大学由政府的“附属物”旋即沦为“市场的跑马场”,大学探求真理的本真逻辑受到挑战。

(4) 人本主义

自由教育学被教育界推崇为本原教育学,整齐划一、标准化、集体主义至上被当作是共产主义的遗产统统抛弃,而人道主义、个性化、人文化则被当作最高宗旨坚定不移地执行。俄罗斯独立之初,许多教育政策都是在一种追求“自由”、理想的、浪漫主义的背景中进行。1992 年颁布的《俄罗斯联邦教育法》赢得了联合国教科文组织的高度评价,被誉为世界上最民主的法律之一。这一法律的1992年版第2条第5款强调教育的人道主义性质，1996年修订版则把教育自由定为国家政策的一条原则，把培养人们对法律和人民自由的尊重以及促进人的个性自由发展，定为教育政策的优先方向。教育的目的、教育的价值观不再着眼于教育的社会发展意义，而是强调教育对于人的发展的意义，强调教育的"自由"。原先的教育目标、教育结构、教育内容、教育体制，都要在这一宗旨下得到修正，特别是学校的教育内容，哲学、历史、文化、伦理等人文课程贯穿于整个教育过程。

总之，叶利钦时期的教育改革寄希望于同过去完全决裂，并期望在瞬间打造一个"新世界"。毋庸置疑，这场来势凶猛的变革对于涤荡苏联时期教育的弊病，"打破旧的世界"，有着明显的作用，为教育制度的创新铺平了道路。然而，如同经济领域的"休克疗法"很快遭遇困境一样，由于教育改革是在一个完全陌生的环境下展开，改革举措与俄罗斯原有的教育传统缺乏共通性，同时囿于当时政治动荡和经济下滑等外部因素的困扰，这场改革并没有换来一个令人欣慰的新世界，而是引发了一系列的矛盾与问题，俄罗斯教育整体上是退步大于进步。

首先，教育投入大大减少。尽管政府三令五申"教育是国家优先发展的事项"，然而，由于政府财政状况的捉襟见肘，加上政府对非生产领域的国民教育采取了"剩余财政拨款"政策，导致这一时期政府对教育的投入大幅缩减。1970年，教育投资占国民生产总值的7%，而在1994年，教育投资占国民生产总值的比例仅为3.4%，减少了一半以上。① 教育投入锐减是诱发教育倒退的根本原因，很多问题由此产生。

其次，教育失序严重。这一时期的教育模式不是由表层到深层的根本重建，而是以政治改革作为先导、经济改革作为前提的"突然变异"，缺乏对新环境自发的适应与回应，导致教育混乱和教育冲突层出不穷。这一点从教育法律法规的失衡、失范可见一斑。尽管1992—1997年的5年间，联邦一级政府颁布的教育改革法令法规多达250余个，地方教育改革法令法规更是不计其数，但是，由于整个国家的精力靡费于反危机的过程，很多法律法规根本无法真正落实，加上很多法律法规"水土不服"，经

---

① 姜晓燕. 俄罗斯教育20年：变革与得失[J]. 比较教育研究，2010(10)：17.

常陷入自相矛盾和朝令夕改的境地。教育法令失衡、失范成为整个 20 世纪 90 年代俄罗斯教育发展的明显特征。①

最后,教育质量骤然下降。俄罗斯的分权化、市场化改革都旨在强化国家以外的几种力量的作用,国家的宏观调控作用被取代。在课程方面,为了迎合学生市场的需求,绝大多数高校压低传统课程的比重,而大量开设市场上需求很大的职业倾向性课程;教师队伍人心不稳,或者弃教从商,或者身兼数职,或者把主要精力用于自我创收;非国立高校和高校的分校纷纷设立,致使学校师资短缺,良莠不齐,物质基础匮乏。这一切都导致教育质量严重下降。短短几年间,教育质量问题成为备受社会关注的一个严峻问题。

2. 秩序重建阶段

2000—2008 年是俄罗斯近 20 年中的教育秩序重建阶段。在跨入 21 世纪的最后一夜,叶利钦突然宣布辞去总统职务,并提名普京接替总统职务。由此,俄罗斯正式进入普京时代。普京的当选标志着俄罗斯开始从动荡变革时期过渡到稳健的建设性阶段。从当时的社会大环境来说,普京接手的是一个由八年社会转型阵痛导致的政治混乱、经济瘫痪、社会无序、民心涣散的烂摊子。

一位哲学家说过,当我们定义一个民族"伟大"时,通常是指这个民族具有反思自己惨痛经历的勇气和智力。普京执政后的俄罗斯,就是对这一哲理的最好印证。富民强国是普京追赶型战略的重要目标。在 2000 年的国情咨文中,普京指出俄罗斯唯一的现实选择是做强国、做强大而自信的国家。在如何使俄罗斯摆脱困境的问题上,普京选择的方略是"拒绝革命"、稳定和恢复秩序。他在《千年之交的俄罗斯》中这样表达了自己的主张:"政治和社会经济动荡、剧变和激进改革已使俄罗斯精疲力竭。只有幻想家或那些对俄罗斯和人民冷酷无情的政治力量才会呼吁再进行一次革命。"②为此,在政治上,他大力强化国家政权,努力实现从叶利钦时代的"自由民主"向"可控民主"体制过渡;在经济上,加强经济追赶,努力实现从"新自由主义"的自由市场经济转型为强化国家作用的

---

① 肖甦. 评俄罗斯三位总统的教育政策与改革特征[J]. 比较教育研究,2011(10):24.

② 普京. 普京文集[M]. 北京:中国社会科学出版社,2002,5.

社会市场经济的策略;在意识形态领域,主张从俄罗斯历史文化传统和现实社会中去寻找当今的"俄罗斯新思想"。

在富民强国的总战略目标下,普京政府进一步强调教育对国家发展的重要意义。上任伊始,普京就立法先行,制定了一系列教育法律法规以保障教育的发展。2000 年 4 月普京签署的《俄罗斯联邦教育发展纲要》中指出,"要在俄联邦所宣布的教育优先的基础上,使教育系统的发展有利于造就和谐发展的、有社会积极性的、有创造性的个人,并使教育系统成为经济和社会进步的因素之一获得发展"①。也就是说,教育肩负着促进个人发展和国家发展双重任务。2000 年 10 月,俄罗斯政府批准的《俄罗斯联邦国民教育要义》指出:"教育要超前发展,负有使命把俄罗斯从危机中拯救出来,保证全民族有美好的未来,保证每个家庭和每个俄罗斯公民过上应有水平的生活。"②这一文件作为奠基性的国家文件,进一步夯实了教育在国家政策中的优先发展地位,教育被赋予了帮助俄罗斯扭转危机的使命,同时规定了教育发展的战略和基本方针,确定了教育和教学的目的及其实现途径。2001 年底,俄罗斯联邦政府又通过了纲领性文件《2010 年前俄罗斯教育现代化构想》,对教育在社会发展中的作用作出了进一步的专门描述:"在现阶段俄罗斯教育的作用是,促进俄罗斯向民主化和法制化国家、向市场经济转换,克服国家发展落后于世界经济和社会发展的危险。在俄罗斯发展的新阶段,教育与科学有着割不断的有机关系,两者应该一同成为促进经济增长、提高国民经济竞争力的推动力量。正因为如此,教育是保障国家安全、国家繁荣和公民福祉最重要因素之一。教育的潜力应该被完全激发出来,用于团结整个社会,保持统一的社会文化空间,克服民族关系紧张和社会冲突,实现个体权益和民族文化平等、不同信仰平等,帮助消除社会不平等。"③为此,这一时期的俄罗斯启动了"作为全民族任务"的教育现代化进程,以此实现教育的赶超式发展。

---

① 王义高. 俄《联邦教育发展纲要》要点分析[J]. 比较教育研究. 2002(1):31—32.

② Национальная доктрина образования в Российской федерации[R]. 2000—10—4.

③ Министерство образования РФ. Концепция модернизации российского образования на период до 2010 года[EB/OL], http://www.edu.ru/db/mo/Data/d-02/393.htm, 2002—1—2/2011—9—16.

普京时代的教育改革呈现出与叶利钦时代迥然不同的特征。如果说叶利钦时代主导俄罗斯教育的思想是彻底改变教育旧体系，那么普京时代主导俄罗斯教育的思想是对已有的持续变革进行检醒，既避免“革命性的行动”，同时又要进行稳定的制度重建和扎实的教育发展。政府认识到新旧体制并存的局面将要延续相当长的一段时间，因此这一时期教育现代化的目标是“建立保证教育系统稳定发展的机制”①，使其在“部分地恢复革命前的规范和社会生活方式”之中重新稳定下来。对于叶利钦留下来的教育政策和教育遗产，普京时代采取的策略不是摧毁性地抛弃，而是批判性地继承。上个 10 年中很多的教育制度框架得以保留，但普京政府又根据俄罗斯新的形势和特点，对其进行了大刀阔斧的修正与调整及富有成效的革新。这一时期俄罗斯强调的核心教育策略是：实施国家领导下的教育分权、增加教育投入、提高教育质量、推进爱国主义教育、促进教育公平、推进教育国际化。

（1） 实施国家领导下的教育分权

国家领导下的教育分权是对叶利钦时代的“教育分权”思想的扬弃，继承了叶利钦“教育分权”思想的核心，但又有区别，这一时期强调国家重拾教育领域的权力与责任，对前一阶段的矫枉过正进行了“修正”。普京对国家的作用作过这样的表述：“对于俄罗斯人来说，一个强大的国家不是什么异己怪物，不是要与之作斗争的东西，恰恰相反，它是秩序的源头与保障，是任何变革的倡导者与主要推动力。”②这一时期教育政策非常重要的一个方面是极力改变 20 世纪 90 年代国家大规模退出教育领域的状况。2000 年的《俄罗斯联邦国民教育要义》第三部分对“国家在教育领域的任务”作出了详细规定：国家在包括保障并发展俄罗斯统一教育空间、确保公民获得免费优质教育的宪法权利和平等机会等 43 项任务上负有使命。这 43 项任务涉及教育的规模、结构、公平、质量、效益等多个宏观教育领域。当然，国家力量的增强，并不是说要回归苏联时代高度集权的管理体制。教育管理模式的现代化被定为教育系统现代化的最重要任

---

① Министерство образования РФ. Концепция модернизации российского образования на период до 2010 года[EB/OL], http://www.edu.ru/db/mo/Data/d-02/393.htm, 2002—1—2/2011—9—16.

② 普京. 普京文集[M]. 北京：中国社会科学出版社，2002，9.

务和最优先发展方向之一。中央政府向地方政府、政府向大学、国家向社会分权的基本方向不变，地方政府、学校和社会参与教育管理的权力得到体现。这一时期强调所有教育利益相关者参与管理过程，并保持他们之间的责权对等。总之，在20世纪过度分权的废墟上，普京政府建立了国家控制下的教育分权模式，统一的教育空间得以重新构建。

（2）增加教育投入

这主要是为了扭转上个10年教育投入实际大大减少从而导致教育问题丛生的危机状态。《2010年前俄罗斯教育现代化构想》指出："在国家发展的转型时期，国家应该解决迫在眉睫的社会问题和经济问题，不能依靠节省普通教育和职业教育学校的投入，而是要靠学校的超前发展，将教育视为对国家未来的投资，所有与教育利益相关的个人、组织、企业、社会和国家都要分担教育资金的投入。"①俄罗斯联邦政府保证教育财政预算的优先性，逐年提高预算资金的份额，特别是增加高校用于购买设备、提高学校的信息化水平和教师技能水平以及基础设施建设等方面的专项拨款。在国家财政预算缺口仍然较大的情况下，促使联邦主体、地区、市等地方政府承担一部分财政经费，明确各级政府财政预算之间的关系，鼓励高等学校自筹经费，向学生收取学费，提供有偿教育服务，积极吸引企业、组织、团体和个人对教育的投资。中央政府、地方政府、学生家长、学校和社会共同筹集教育经费的格局初步形成。同时，提高资金的使用效率，"效益"成为俄罗斯教育现代化的三大关键词之一。从2002—2008年，俄罗斯教育投入的总额依次为3887.530亿、4581.7920亿、5619.905亿、7054.675亿、8859.885亿、11102.300亿、13644.471亿卢布。② 教育投入总额实现跨越式增长，这为教育的稳定发展提供了可靠的基础和前提。

---

① Министерство образования РФ. Концепция модернизации российского образования на период до 2010 года[EB/OL], http://www.edu.ru/db/mo/Data/d-02/393.htm,2002—1—2/2011—9—16.

② Министерство образования и науки Российской Федерации, Федеральная служба государственной статистики, Государствернный университет——Высшая школа экономики. Образование в Российской Федерации: 2010: статистический сборник [R]. Москва: государственный университет——Высшая школа экономики, 2010, 65.

(3) 提高教育质量

针对20世纪90年代教育质量骤然下降的现实,普京政府开始了一场全面提高教育质量的保卫战。“质量”也是俄罗斯教育现代化的三大关键词之一。“保持教育的质量,发展和完善符合个人、社会、国家当前和长远需求的高质量教育”①是俄罗斯教育现代化的主要目标之一。为此,俄罗斯在提高教育质量方面实施了一系列重要举措,如制定新的普通教育和高等教育国家教育标准,完善教育质量监控体系;更新普通教育的教育内容,使用新的教科书;修订职业教育学科结构,更新专业目录;适当延长普通教育学制,减轻学生负担;为学生铺设个性化教育轨道;实施全国统一考试,统一中小学教育质量的评价方式和大学的招生方式;加强教师队伍重建,提高教师社会地位,着手制定新的行业薪酬制度,改善教师物质待遇,完善教师技能鉴定方式等。2005年9月2日,普京宣布实施教育、卫生、住宅和农业四项国家优先发展工程。教育优先发展国家工程以加快俄罗斯教育现代化,使其完全适应不断变化的社会需求和社会经济发展状况为目标,主要从两个方面来提高教育质量:一是选拔并优先支持对提高教育质量具有导引作用的机构,二是大规模推行新的管理机制和理念。通过一系列的改革举措,俄罗斯教育质量大幅下滑的局面得以扭转。

(4) 推行爱国主义教育

叶利钦时代的去意识形态化和全面否定思想道德教育,给俄罗斯带来了意识形态领域的真空和思想领域的荒芜。针对这种危机状况,普京提出涵盖爱国主义、强国意识、国家作用和社会团结四个方面的“俄罗斯新思想”体系,其中,爱国主义是这一体系的基础。学校是贯彻这一新思想的最主要阵地,青少年是这一新思想所面向的重要群体。21世纪初,俄罗斯先后两次颁布《公民爱国主义教育纲要》,并制定了《爱国主义教育构想》,以国家教育政策的方式推行爱国主义教育,使得爱国主义教育重返学校。② 普京就任总统后,亲力亲为,参与整顿历史教科书编写中的混乱现象,重编历史教科书,把培养爱国主义精神作为历史教育的长期目

① 姜晓燕.俄罗斯教育20年:变革与得失[J].比较教育研究,2010(10):17.

② 姜晓燕.俄罗斯教育20年:变革与得失[J].比较教育研究,2010(10):18.

标。“全面发展”成为新形势下育人的主要目标,培养爱国主义精神成为新一代国家教育标准的重要内容。同时,这一时期强调发挥教育系统的思想品德教育功能,关注思想道德教育、彰显其规范道德秩序的积极功能成为政府各部门的共同职责,进而成为全社会的共识和自觉行动。为打造统一的思想道德教育空间,“品德”被概括为公民精神、热爱劳动、道德高尚、尊重人的权利与自由、爱祖国、爱家庭、爱护周围环境。苏联时期的爱国主义教育传统和德育传统,在经过十几年的“放逐”之后,再次回到教育的中心位置上来。应该说,落实这项旨在从精神层面影响一代新人的教改举措,其重要意义绝不亚于完善基础设施建设、提高知识教学质量。①

(5) 促进教育公平

“国家保证教育的普及性和真正的教育机会平等”是俄罗斯教育现代化进程中的另外一个重要任务。“普及”是俄罗斯教育现代化的第三个关键词。在这方面,国家的目标是保障国家教育标准范围内免费的完全中等教育和竞争基础上的高等教育,保障公民不论家庭收入、居住地、民族和健康状况如何,在接受高质量教育方面机会均等。首先,政府制定教育政策,调动社会各方面力量保障教育公平的实现。2004 年 5 月,俄罗斯政府制定了《俄罗斯联邦儿童培养国家纲要》。2004 年联邦制定了《2006—2010 年“俄罗斯青年”专项计划》。教育与科学部和国会工作小组签署了一系列关于国家青年政策的文件,其中包括:《俄罗斯联邦国家青年政策构想》《资助青年劳动和就业计划》《保障青年家庭住房计划》《俄罗斯的大学生计划》和《新时代俄罗斯的大学生计划》等。其次,建立各种机构和组织,保障特殊群体利益的实现。例如,建立教育中心、教育综合体、儿童之家、教学教养机构,为流浪儿、孤儿、无人照管儿童提供受教育机会;建立专门化的青少年咨询中心,帮助青少年解决心理问题和医疗问题;建立残疾青年职业教育中心,帮助残疾人就业;设立专项津贴资助贫困大学生,实施国家教育贷款制度,增加教育助学金金额;在农村地区启动“发展统一的教育信息环境”和“电子俄罗斯”联邦专项计划,保证农村地区教学设施的优先信息化等。

---

① 肖甦.评俄罗斯三位总统的教育政策与改革特征[J].比较教育研究,2011(10):25.

(6) 推进教育国际化

教育国际化主要表现在建构独联体统一教育空间和融入欧洲一体化进程两个方面。首先,普京政府结束了20世纪90年代俄罗斯倒向西方,而忽视甚至拒绝与俄罗斯安全利益有着密切联系的独联体其他国家合作的局面,开始了与独联体国家深层次、务实的积极合作。21世纪,俄罗斯与独联体其他国家加紧实施《形成独联体统一教育空间的构想》,创办联合大学,促进国家之间学校的互动及教师、学生的流动,维护俄语作为独联体民族间交流语言的地位,促进独联体内部教育信息共享,建立独联体共同教育标准、共同鉴定和认证程序,确立了独联体成员国之间对话协商、资源共享、平等合作和共谋发展的机制。其次,融入"博洛尼亚进程",构筑与欧洲广泛对话交流的平台。2003年9月,在柏林召开的欧洲高等教育部长会议上,俄罗斯联邦教育部部长签署了《博洛尼亚宣言》,确定了俄罗斯作为欧洲教育共同体成员国的地位。从此,参照《博洛尼亚宣言》规定的欧洲模式,俄罗斯对本国高等教育进行多方面改革:建立以学士和硕士为基础的、与欧洲高等教育体系相兼容的高等教育结构;用"学分"代替"学时"衡量学生的学习量和教师的工作量;促进俄罗斯与欧洲国家之间的学术流动;完善高等教育质量保障系统;建立易读可比的欧洲学位附件。

综上所述,普京时代的教育改革是全方位、综合性的。一方面,它克服了叶利钦时代教育转型过程中产生的一系列"制度陷阱",形成了相对稳定的制度均衡,扭转了上个10年教育的混乱无序状况,实现了教育系统的稳定;另一方面,它真正落实了俄罗斯在教育结构、数量、质量、效益等方面的制度创新,在俄罗斯经济发展、政治稳定向好的大背景下,实现了教育的赶超式发展和复兴。应该说,这是俄罗斯20多年来教育发展的重要转折时期。

当然,这并不是说,这一时期俄罗斯教育已经在各方面达到理想状态。由于上个10年造成的危机过深,以及历史上教育积弊深重,俄罗斯教育还有诸多问题在这个时期尚未解决。例如,师资问题依然严重,基础设施亟待改善,教育质量有待进一步提高,高校创新缺乏动力等。

3. 纵深推进阶段

2008年5月7日,梅德韦杰夫宣誓就任俄罗斯新一届总统,次日普京被任命为政府总理。至此,“梅普组合”正式形成。时隔4年,2012年5月7日,普京就任新一届总统,次日梅德韦杰夫被任命为政府总理。这种总统、总理角色对调的“二人转”式政权架构得以延续。这种政权架构被认为是普京寻求俄罗斯国家继续稳定发展而谋划的高效政治组合体。

延续普京时代的路线,充分保障当前政策和纲领的连续性是“梅普组合”时代的主要执政原则。“梅普组合”并不意味着“普京时代”的终结,而是以另一种形式在继续。因此,如果说普京时代是俄罗斯由“乱”到“治”的蜕变,那么“梅普组合”时代则是由“治”到“兴”的转变。但是,由于世界环境和俄罗斯本国形势的变化,这一时期各方面战略在保持与普京时代“大同”的前提下,也存在着“小异”。2008年,国际金融危机爆发,以能源作为主要发展动力的俄罗斯经济遭受挫折。为应对危机,政府提出“反危机计划”和《2020年前俄罗斯社会联邦社会经济长期发展构想》,力图通过科技和企业“创新计划”,实现俄经济结构和增长方式的转变。梅德韦杰夫在上述计划的基础上,于2009年9月,初步提出使“经济和社会全面现代化”的思想,并在11月的国情咨文中部署了政治、经济体制改革和科技、教育全面创新四大重要任务。

这一时期,教育战略的主要路向是加快推进在上个时期已初显功效的教育现代化进程。教育现代化战略是梅德韦杰夫政府“经济和社会全面现代化”四大任务中的一项主要任务。这一时期的主要目标是使俄罗斯教育从“追赶式发展”的位置转换到具有实际竞争力的位置上来。总结这一时期的教育战略,在总的方向上是与普京时代一脉相承的,是普京时代教育战略的延续与深化,但是,因为面临俄罗斯能源经济遭受金融危机重创这一新形势,这一时期的教育战略与普京时代又有所区别。总结这一时期的教育战略,推行创新教育是教育现代化进程的主旋律,打造适合知识经济社会的现代教育模式成为这一时期教育改革的关键。

推行创新教育是这一时期教育改革的重中之重。保证国家走创新发展道路的思路是在2008年11月25日的《2020年前俄罗斯联邦社会经济长期发展构想》中确定的。俄罗斯政府计划在2012年前先为资源经济向创新经济转型创造条件,从2012年到2020年,国家开始发展创新经济。具体到教育发展,该构想明确指出,“现代教育既是创新发展的结果之一,更是创新发展的必要条件"①。2009年初，俄罗斯又通过了《2020年前的俄罗斯教育：服务于创新经济的教育模式》，进一步明晰了"作为创新发展必要条件的创新教育"的中长期发展规划。俄罗斯创新教育战略的实施主要体现在两个方面：一是培养创新型人才。梅德韦杰夫在2009年的国情咨文中指出，俄罗斯教育体制的复兴应该在培养新一代人才中起关键作用，必须保障教育为国家现代化培养大批新型人才。特别是在高等教育领域，俄罗斯优先激励青年才俊从事科研工作，吸引科学巨星到俄罗斯大学领航，取得了很大成效。二是建立创新型机构。大学成为国家创新体系的中心与枢纽，其科研力量大大增强，以往大学教学与科研分离的历史结束，教学、科研一体化的局面逐步形成。同时，俄罗斯积极支持大学与企业合作，引导高校积极开展面向经济的科学研究和科技成果转化，并激励大学创建自己的小型创新企业，建构学术成果商品化的直通车。由此，教学—科研—生产一体化的高校创新网络逐步形成。除此之外，构建由创新性教育大纲竞赛优胜大学、国家研究性大学、联邦大学和国家古典大学四个层级构成的重点大学网络，集中力量打造进入国际500强的具有国际竞争力的俄罗斯科技领头军。提高大学的国际竞争力和创新能力，已经成为俄罗斯高等教育领域改革的主要战略任务之一。

与创新教育战略相配套，这一时期俄罗斯确定了适应创新经济发展的现代教育模式。推行现代教育模式对俄罗斯发展创新经济，从而走出金融危机具有重要战略意义。苏联解体后10余年来，俄罗斯关于教育发展模式和道路选择的争论从来就没有停止过。而且，很多学者认为，俄罗斯教育目前存在着将大量资金用于"复制昨天的教育模式"的风险。2008年末，教育与科学部向联邦政府提交了《教育与创新经济的发展：2009—2012年推广现代教育模式》的国家教育发展方案，确定采用适应创新经济的现代教育模式，计划利用2009—2012年四年的时间，打造出一个全新的教育体系，为2020年实现创新型经济提供智力和人才支撑，从而保持俄罗斯在世界上的竞争力。这一国家教育发展方案的设计者认为，苏联教育是工业时代最好的榜样之一，俄罗斯应建构全球创新时代最

① 姜晓燕. 俄罗斯教育20年：变革与得失[J]. 比较教育研究，2010(10)：19.

好的教育体系，以保障俄罗斯在世界上的领先地位。① 该报告认为，始于2006年的国家教育优先发展计划成为教育变革的催化剂，奠定了在系统内部进行综合而又持续改革的基础，构建了现代教育模式的框架，成为现代教育模式发展的前提。② 现代教育模式是以实践技能和运用知识的能力为核心的能力教育范式。在具体的教育实践中，注重对学生交际、分析、理解和解决问题能力的培养；积极采用新方法，吸引学生参与实践活动。为此，从学前教育到补充教育各个层次，俄罗斯都相应地进行了为培养创新人才而改变教育理念、更新教育内容、改善教育技术的系统工作。在普通教育领域实施"我们的新学校"国家创新教育方案，促使中小学的教育模式向以实践技能和运用知识能力为核心的能力范式转型。在职业教育领域，注重学生的职业技术培养，使学生有效适应劳动力市场的需求。并且，在教育管理领域继续建构国家—社会管理模式，等等。

同时，在兼顾一些二元价值观念的基础上有所偏重：在大众和精英之间，更加注重精英；在公平和效率之间，更加偏向效率；在数量和质量之间，更加注重质量。

首先，在大众和精英的二元价值观念上，精英这一理念得到了强调和重视。叶利钦时代和普京时代更加注重的是大众教育，而"梅普组合"时期则明显地转向了"精英教育"。或者可以这样说，这一时期是在不断推动"大众教育"的前提下，更加重视"精英教育"。主要表现为：在科教兴国战略和创新教育战略下，俄罗斯重拾苏联时期精英教育传统，加大了对精英人才的发掘与培养，强调天才儿童和才华青年的甄别与培养，并且给予"尖子人才"以立法保护、政策支持、资金扶持、专门化和个性化培养。虽然苏联解体以来，俄罗斯一直强调优先发展高等教育，但是"梅普组合"时期对高等教育的扶持和支持力度更为明显。而且，在高等教育领域分门别类，优先扶持一部分对于国家发展意义重大的"重点高校"，并在2009—2012年拨付1800亿卢布支持这些"重点高校"发展。这些"重点

① 杜岩岩，朱小蔓. 服务创新经济，推进现代教育模式[J]. 比较教育研究，2009(2)：64—68.

② Министерство образования и науки Российской Федерации. Образование и развитие инновационной экономики: внедрение современной модели образования в 2009—2012 годы[R]. 2008—3—17.

高校”在许多方面都享有比一般高校更加优越的条件。

其次,在公平和效率之间,这一时期明显地偏向了效率。虽然教育公平也是国家教育发展的一个非常重要的目标,但是在公平和效率的天平上,出现了明显偏向于效率的位移。与叶利钦时代强调教育对人的价值的“自由主义”取向和普京时代强调教育对扭转社会危机的功能均不同,这一时期更加强调教育对促进科技发展和经济振兴的直接功利价值,强调教育对提升国家竞争力提供智力和人才支持。国家教育发展的重心,放在了能够直接促进科技发展和经济振兴的高等教育上。这些都体现了国家对效率的追求。为了提高教育的效率,这一时期政府不断寻求最大限度而又合理利用市场的力量。从教育投资体制来说,进一步拓宽经费来源渠道,促成教育经费来源多元化格局,中央政府、地方政府、学生家长、学校和社会共同筹集教育经费,“所有与教育质量和教育利益有关的个人、组织、企业、社会和国家都要分担教育资金的投入”①,教育投入大大增加。同时,政府改变拨款机制,按照竞争和绩效的原则拨付经费。

再次,在数量和质量之间,这一时期更加偏重于质量。叶利钦时代,在教育民主化思潮的推动下,俄罗斯教育曾大规模急剧扩张。学校的数量、入学的人数在短时间内急剧增长,特别是高等教育迅速进入大众化时期,学校如雨后春笋般迅速增加,学生人数也是成倍增长。当然,高等教育大众化与非国立高等教育部门的迅速崛起有直接关系。但是,随着规模的扩张,特定的环境使得教育数量和质量的矛盾凸显出来,引发了教育领域的震荡。普京时代尽管在提高教育质量方面采取了一系列行之有效的措施,实现了俄罗斯教育从摆脱危机到正规运行的转折,但由于积重难返,教育质量问题依然严峻。因此,“梅普组合”时代质量问题依然是教育领域最受关注的问题之一。在理论层面,俄罗斯教育质量研究已经覆盖到质量观、教育评价、质量控制、质量改进、质量监督等各个方面。在实践层面,俄罗斯加强了对从普京时代就开始的举措的进一步落实和推进,如:从 2008 年 12 月 1 日起,俄罗斯中小学正式实施了新的教师劳动薪酬

① Министерство образования РФ. Концепция модернизации российского образования на период до 2010 года [EB/OL], http://www. edu. ru/db/mo/Data/d-02/393. htm, 2002—1—2/2006—9—16.

制度,真正改善了教师的物质生活待遇;确定教师年,提高了教师职业的社会威望;更新教师职业鉴定制度,提高教师技能;通过了第二代国家普通教育标准和第三代国家职业教育标准;在全国范围内全面推行全国统一考试制度,并完善了对这一新制度的监管;完善教育基础设施,进一步落实教育信息化;构建和完善全国教育质量评价体系等。对于每一项举措,政府都拨付大量资金保障其落实。通过对教育质量的不断关注和全面提升,政府所期待的"公共教育领域的现代化改造"工程大大加速。

"梅普组合"时代,通过推行创新教育、关注教育效率、提升教育质量和回归精英教育等教育战略,延续了普京时代止乱回稳、止滞回升的发展势头,实现了近十年来教育领域的持续快速发展,启动了俄罗斯教育在世界舞台上由追赶式发展到赶超式发展的步伐。

二、教育战略演变的主要特征

通过对以上俄罗斯教育战略三个阶段的分析,我们可以厘清俄罗斯教育战略演变的三个主要特征:从全盘西化到突出民族性、从全面革新到尊重传统、从激进改革到渐进改革。

1. 从全盘西化到突出俄罗斯民族性

从文化性格的特征来理解,俄罗斯是一个既是西方也是东方,既非西方也非东方的国家。东方和西方两种力量永远在角力,俄罗斯始终处在文化定位的困惑当中。然而,从历史上看,当俄罗斯遇到危机,需要摆脱困境时,往往求助于西方;当其强大后,它又开始强调自己的特色,并试图对世界的发展进程施加影响。① 20 余年来,俄罗斯教育战略的演变轨迹,再次印证了这一点。

苏联解体之初,俄罗斯经历了本国教育史上的第二次大规模教育西化过程②。这一过程始于苏联解体之前,即戈尔巴乔夫执政后期。1988 年 2 月,苏共中央全会通过了一项《关于教育体制改革的决定》,宣称以"民主化"和"人道化"为总的指导思想,对整个教育体制进行"根本性变

① 左凤荣. 重振俄罗斯[M]. 北京:商务印书馆,2008,13.

② 第一次西化过程始于 18 世纪初彼得一世改革时期的欧化过程,而苏联建立后,出现了"苏维埃化"过程,即反西方过程。

革”。苏联解体之后，叶利钦发誓要彻底清除苏联的教育模式，因此对苏联教育模式大加批判。但他毕竟是“破有余而立不足”，在“立”这方面，叶利钦选择的是“西化”的发展道路，希望以最快的速度、在最短的时间内使俄罗斯踏上“文明复兴”之路。正如1991年他在纽约大学的演讲中所提到的，“俄罗斯已经作出了自己最终的选择。俄罗斯不会走社会主义道路，不会走共产主义道路，它将走美利坚合众国及其他西方国家走过的那条文明之路”①。时任俄罗斯教育部部长的第聂伯洛夫也是叶利钦的教育顾问，他对自20世纪80年代末期以来，包括整个90年代的俄罗斯教育改革起过任何人也无法比拟的作用。他的主要教育思想体现在《俄罗斯第四次学校改革》(1994)《“昨天”与“明天”之间的学校改革》(1996)《俄罗斯当代学校改革》(1998)这几部专著当中。第聂伯洛夫的政治观点和叶利钦大同小异。他认为，改革的关键性任务，就是解除社会及其经济、政治、精神生活的国家化。在教育领域，就是解除教育的国家化和国家垄断，实行教育的社会化。他批判“经济自由主义”，力主“社会自由主义”，提出总的改革方案应当不仅立足于经济因素，而同样应当以人的因素、政治因素、社会因素、文化因素为出发点，相比于财产和市场，人和社会是更重要的基础。他提出，必须改变技术至上的改革构想，明确改革的人文精神原则，重新考虑改革的社会文化依据。为此，他列举了教育改革的十条原则：①教育的民主化；②教育的多元化、多结构性、多形式性；③教育的人民性和民族性；④教育系统的地方化；⑤教育的开放性；⑥教育的人道化和人文化；⑦教育的区别化；⑧教育的发展性；⑨教育的活动性；⑩教育的连续不断性。② 这些企图全盘西化的教育改革思想，引导了俄罗斯20世纪几乎整个90年代的教育改革。去意识形态化、分权化、市场化和人文主义成为这一时期教育西化的主要表现。

俄罗斯刻意追赶西方，企图用西方模式瞬间打造一个完全不同于苏联时期的教育改革模式，虽然没有引起像经济和政治领域那样激烈的动荡，但也直接导致了教育领域的无序和混乱。实际上，俄罗斯是一个有着很强的民族特性的国家，这使得它很难在非常短的时间内迅即接受来自

① Выступление Ельцина в Нью-Иорском Университете[N]. Правда. 1991—7—9.

② 肖甦，王义高. 俄罗斯教育10年变迁[M]. 北京：北京师范大学出版社，2003，143—157.

西方国家的所谓“非正式制度”,而只能出现社会抵御和抗拒。因此,叶利钦时代初期,人们对于改革的热望逐渐被后期的对秩序的期望和希冀以及对改革的失望和恐惧所淹没。叶利钦时代后期,在教育思想领域出现了西方化思想和本土化思想对峙的局面。

进入21世纪,基于叶利钦时代全盘西化的混乱局面,普京逐步理清了转型的思路,他认识到直接照搬西方制度是行不通的,新旧制度之间的剧烈冲突、东西方不同教育理念的对峙会让教育陷入无序之中,必须把西方制度与俄罗斯的现实结合起来,走第三条道路。因此,此后十几年,俄罗斯开始了寻找“俄罗斯特殊性”的改革转向。如果把俄罗斯现代化看成一个连续的过程,就可以看出,这个过程始终有一个特点,就是它始终在寻找“俄罗斯特殊性”。国内外的学者都认可,俄罗斯是一个谜一样的国家。而丘吉尔则断言,解开俄罗斯之谜的钥匙是俄罗斯的民族利益。普京政府跟叶利钦政府一致的是对西方文化的认可与欢迎,但是,普京政府的巧妙之处在于,要让西方文化去适应已经存在的本国文化,而不是刻意创造一种新的文化。普京政府放弃了叶利钦时代极端的、自由的、浪漫的改革思想,充分认识到改革的适切性问题,认识到任何一个看似完美无缺的发展模式只有结合本国实际才会具有恒久的生命力。同时,放弃了20世纪90年代理论层面无休止的争执与纠缠局面,强调从俄罗斯的实际情况出发制定务实的教育战略。因此,普京政府在继承叶利钦时代教育制度变迁合理框架的同时,强调遵循俄罗斯自身鲜明的历史变迁轨迹和独特的发展模式,努力构建一种与俄罗斯本土价值观念相吻合的制度。

纵观普京时代和“梅普组合”时代,教育战略都是以俄罗斯民族价值观和俄罗斯自身民族性为基础而制定。“实用主义”是曾经两任教育与科学部长的菲利波夫和富尔先科制定教育政策的最高指导原则。所有教育政策制定的目标不再是浪漫的、虚幻的,而是以俄罗斯教育体制的完善和教育领域的持续发展为出发点。这一时期的教育改革政策基本上都观照了俄罗斯本国的特点,避免生搬硬套的外来植入。例如,由于领土广袤,人烟稀少,居住环境恶劣,俄罗斯历来就有国家至上的传统。建立、维持和捍卫庞大的国家的需要,在俄罗斯历史上占据着十分特殊、压倒一切的地位。这两个时期,俄罗斯政府对民族性格中的“国家至上论”做了新的发挥,对叶利钦时代的过度分权进行了矫正,建立了国家强权治理下的教育分权体制,扭转了20世纪末教育过度分权,特别是地方过度分权造成的分崩离析局面。再如,俄罗斯素有鲜明的"村社文化"传统特色,这一文化轻视自由个性,强调整体和谐,把个人视为共同体的附属物。叶利钦时代,政府无视俄罗斯本土特征,突出强调对个性自由无限推崇的所谓的"人道主义教育"。普京时期,政府吸收了人本主义的合理内核,与叶利钦时代政府的策略不同,普京政府根据俄罗斯国家至上的民族特色,对"人道主义"进行了微调,强调教育对国家发展的价值高于对个体发展的意义。这一理念对于教育各个方面的影响非常深刻。再如,俄罗斯是一个有着强烈爱国主义传统的国家。叶利钦时代整个社会试图寻找比爱国主义更深刻、更具体、更有文化内涵的价值观,仿佛曾经在苏俄历史上发挥过巨大作用的爱国主义传统可以被当作垃圾统统扔掉。而普京一上台就打出素有俄罗斯民族特色的爱国主义旗号,并且在全国大中小学校大力推行爱国主义教育。正是这一爱国主义教育,将俄罗斯社会多元化的政治思想和意识形态融合在一起,扭转了思想失控和意识形态混乱的局面。普京在2012年再次胜选总统时发出振聋发聩的呼吁:"我们需要共同找到某个能团结整个多民族的俄罗斯因素。我认为,除了爱国主义之外,没有任何东西能够做到。"①

普京时代和"梅普组合"时代对于教育过于西化钟摆的回拨,使得俄罗斯的教育改革与俄罗斯的制度惯性和文化传统保持了亲和力,因而得到了大多数民众的接纳和认可,从而得以顺利展开与推行。当然,这既是普京政府的改革智慧使然,也是俄罗斯独特的历史变迁轨迹所要求的。相对于叶利钦时代全盘西化的教育改革战略而言,这两个时期教育改革的优势和效果越来越得到显现,这就为俄罗斯逐渐形成一种符合其国情特点的新教育制度安排提供了可能。在俄罗斯经济发展顺利、政局和社会秩序稳定的大背景下,俄罗斯教育发展的步伐大大加快。

2. 从全面革新到尊重传统

苏联解体后20多年来的教育改革,既存在着"西化"与"本土"的对决,也存在着"传统"与"革新"的对抗。正如世界比较教育学家马克·贝磊在总结俄罗斯教育改革时所言:"俄罗斯的各种教育推动力之间还存在

---

① 王小东.只有爱国主义才能团结俄罗斯[N].环球时报,2012-3-5.

某种张力,这种张力根植于对不同的国家政策的目的和结果中‘新’‘旧’成分的不同理解。关于俄国教育未来发展走向的争论则完全是一个涉及‘新的’和‘旧的’教育政策间的张力的开放问题。”①

纵观俄罗斯20世纪90年代教育领域的变革,“暴风骤雨”是它的真实写照。构建与苏联时期迥然不同的教育制度,成为这一时期教育改革的目标与方向。如果说“传统”与“变革”是我们常常提及需要加以平衡的天平两端,那么在两者关系的处理上,20世纪最后10年俄罗斯教育的砝码完全滑向了变革一端。俄罗斯政治、经济和社会领域狂飙式的剧烈变革,使得曾经一直处于坚固堡垒中的教育陷入茫然不知所措的困境。跟政治、经济领域的变革逻辑一样,在政府的一手导演下,教育变革滑向了“一边倒”的改革路径:拒斥传统,彻底打碎现有的一切,进行“脱胎换骨”式的“革命”。对过去摧毁性的破坏,成为那个时期教育变革的方向。仿佛只有将过去摧毁得干净彻底才可以进行新的制度重建。苏联时期的教育遗产,被不加区分地完全抛弃。

众所周知,在苏联政治、经济、文化发展到高峰的时候,俄罗斯的教育也经历了自己的辉煌时期。经过苏联时期长达70年的积累,俄罗斯已经形成了强大而且迥异于其他欧美国家的教育发展体系,这一体系不仅含有底蕴深厚的教育思想和教育理论,而且有着自成一体的教育实践模式。它不仅影响了几乎所有社会主义国家的教育模式,而且对西方资本主义国家的教育发展也有不同程度的影响。这一深厚的历史积淀不会因为政治制度和社会制度的更迭而被割断,也不会因为人为的摧毁而在短暂的时间内消失。

黑格尔曾经说过:“传统并不是一尊不动的石像,而是生命洋溢的,犹如一道洪流,离开它的源头越远,它就膨胀得愈大。”②俄罗斯教育变革的无限“膨胀”,导致它在革新的同时对传统的价值完全地否定,使得它在革新中迷失了自我,导致了教育政策的易变性、不确定性和非连续性,引起教育改革实践的混乱无序。这一无序状态导引了教育领域下一个10

---

① [英]马克·贝磊编.彭正梅,译.比较教育学:传统、挑战与优势[C].上海:华东师范大学出版社,2006,76.

② 黑格尔.哲学史讲演录[M].北京:商务印书馆,1983,8.

年的自觉:重新检点苏联时代的教育遗产,在总结并保持其有益经验和辉煌成就的基础上,克服其与时代不相适应的弊病与缺陷。鲍利辛柯夫院士在总结俄罗斯十几年的改革时曾写过这样一段意味深长的话:"过渡时期,即'终点和开端'的时代通常伴随着对过去的传统和价值的否定,而历史的教训证明这种方式具有片面性和危险性。以建设性的态度去评价过去的经验就需要具有客观性,所以,当我们拾起苏维埃学校的遗产时,就必须对其活动的积极方面进行总结,也必须注意其消极方面。"①

正如教育内在的变迁规律无法拒斥政治、经济、社会的外在影响一样,教育同样无法摆脱历史上教育传统的影响。这就是教育变革的路径依赖问题。由于传统和文化心理的历史惯性,形成了所谓体制转型的"软约束"问题。体制转型的软约束比硬约束更重要。"硬件"可以在一夜之间完全发生变更,而"软件"则需要很长的时间和很复杂的过程才能逐渐形成。任何体制的发展都逃脱不了传统对它的影响。正如美国社会学家希尔斯指出的那样,作为一个社会的文化遗产和文化力量,传统给人类生存带来了秩序和意义;一个社会不可能完全破除其传统,一切从头开始或完全代之以新的传统,而只能在旧的传统基础上对其进行创造性的改造。② 现实的俄罗斯教育记载着其历史上走过的伟大道路,自然积淀了厚重的有价值的传统。

进入 21 世纪,新的政府认识到保持国家教育政策的继承性对于国家教育发展的重要意义,在革新与传统之间建立了新的平衡,既大胆创新,突破旧制度、旧框架的约束,同时又建设性地吸收过去教育中的优点和积极因素。例证之一是,新政府对于教育分权采取了辩证的态度。世界上没有哪个国家像俄罗斯的中央集权那样,国家行政管理的集权原则如此牢固地扎根于国家的传统态度中。俄专制思想的最早代表人物奥凡·普罗科波维奇说得更加极端:"俄国人的本性就是如此:只有君主专制制度才能维持,如果采取任何其他制度,便不能保持其完整与幸福。"③如果从源

① [俄]В. П. 鲍利辛柯夫,鲍列夫斯卡娅. 俄罗斯教育战略改革[A]. 朱小蔓,Н. Е. 鲍列夫斯卡娅,В. П. 鲍利辛柯夫. 20—21 世纪之交中俄教育改革比较[C]. 北京:教育科学出版社,2006,19.

② [美]E. 希尔斯著. 付铿,吕乐,译. 论传统[M]. 上海:上海人民出版社,1991,178.

③ [俄]普列汉诺夫. 俄国社会思想史(第二卷)[M]. 北京:商务印书馆,1996,64.

头上追溯,俄罗斯集权的教育管理体制已经运行了两百多年,两百多年的历史积淀足以形成厚重的传统和惯性。新政府既认识到国家垄断、官僚主义的中央集权管理制度与现实情况的不相吻合,同时也认识到俄罗斯深厚的集权传统难以避免。因此,对于教育管理制度的改革,避免滑向叶利钦时代的极端倾向,既走教育分权的道路,同时又强调发挥国家的宏观调控作用。例证之二,新政府在最近几年极力倡导的创新教育战略,显然是受了苏联时期发达的科学技术教育对于形成国家科学技术潜力重要作用的启迪。"技术至上"在苏联后期被认为是教育发展的弊病之一,苏联的这种模式曾被广泛诟病。但是,应该承认的是,这一教育战略对于苏联时期科学技术的突飞猛进和国家的高歌猛进起到了不可替代的作用。在科教兴国、建立创新型经济的新形势下,俄罗斯政府从过去的优良传统中得到启示,将创新教育作为新时期教育发展战略的主基调,培养创新型人才,并建立创新型重点大学网络,从而提升本国的教育竞争力乃至国家竞争力。俄罗斯把优先发展教育这一政策真正落到实处,强调教育对促进科技和经济发展的直接功利价值;引入精英教育理念,着力培养一批出类拔萃的英才;偏重对效率的追求,国家把教育发展的重心放在能够直接促进经济和科技发展的高等教育上,等等,我们从中都可以看到苏联时期教育战略的影子。

甚至可以说,俄罗斯目前正在兴起一种新的"保守主义",这种保守主义越来越崇拜苏联时期的教育,甚至认为苏联时期的教育是世界上最好的模式。苏联教育不仅越来越被直接描述为"美好的过去",而且还认为有助于当前教育危机的解决。① 为过去的教育"恢复名誉",挖掘"往昔的光荣",成为相较于持续不断变革更受教育政策制定者欢迎的一个出发点。教育政策制定者认为,苏联 70 多年的历史积累,形成了世界上独树一帜的教育体系,其水平与西方国家相当,并且在某些方面优于西方,这既是苏联留给俄罗斯的宝贵遗产,也是教育在俄罗斯重新崛起中发挥作用的必要条件。俄罗斯的现代化改革以及更长远的发展,都不能脱离了这一宝贵的历史之根,教育传统之于现代依然有着无可替代的意义,有助

① [英]马克·贝磊编,彭正梅译.比较教育学:传统、挑战与优势[C].上海:华东师范大学出版社,2006,76.

于克服20世纪持续变革所导致的危机，要从苏联厚重的教育遗产中，生发出有利于现代化教育变革的动力。例如，2000年《俄罗斯联邦2025年前国家教育论纲》中就指出："祖国的教育拥有深厚的历史传统，拥有公认的成就：20世纪的俄罗斯已成为普遍消除了文盲的国家，第一个进入了宇宙太空，在基础科学的所有领域达到了领先的地位，大大丰富了世界文明……俄罗斯的教育系统有能力与各先进国家的教育系统展开竞争。"①

3. 从激进改革到渐进改革

俄罗斯教育20多年的改革逻辑跟政治、经济领域的变革逻辑一样，是以激进方式转型到未见成效后转向渐进改革模式。

在教育改革的第一阶段，以彻底否定原有制度的遗产，建立与原有制度和历史惯性截然不同的制度模式为出发点，对于苏联时期的教育不是扬弃，而是采取"彻底否定过去的摧毁性态度"，教育经历了"大爆炸"式的剧烈的制度变迁过程。间断性、突变性和颠覆性是这一时期教育改革的特征。从政治心理学的角度分析，在一个高度集权的体制崩溃后，最初的政治改革者在政治压力释放后的危机感和紧迫感，往往可能导致激进的思维。由于转型的多重叠加的复杂任务导致了对威权政权的制度需求，获得政权的自由民主势力根本没有时间进行思想和理论的准备，期望迅速将西方的教育制度"植入"俄罗斯，以打破"千疮百孔"的旧教育制度，从而建立一种全新的俄罗斯教育制度和教育体系。按照别尔嘉耶夫在《俄罗斯思想》中的说法，间断性是俄罗斯历史的特点之一。他对俄罗斯五个历史时期——基辅时期的俄罗斯、蒙古人统治下的俄罗斯、莫斯科俄罗斯、彼得改革后的俄罗斯与苏联时期的俄罗斯研究后得出结论：每一次历史转折都具有间断或突然的特征，即社会价值认同、制度安排的连续性得不到充分表现，而变革所带来的颠覆性和突变性明显。② 哈佛大学俄罗斯问题专家赫瑞拉·约什克也指出，在俄国历史上，充满着"找不到出路的'激进性改革'的经验"。③ 从苏联时期进入新的俄罗斯时期这一

① Национальной доктрине образования в Российской Федерации до 2025 года[R]. 2000—10—19.

② 孟伟等. 演变后的俄罗斯[M]. 深圳：海天出版社，2010，5.

③ Herrera Yoshik. Why Russia Can't Seem to Reform[J]. ORBIS, 2002, 46(1).

历史转折点，同样未能改变激进改革模式的轨迹。笼罩在政治、经济、意识形态领域暴风骤雨变革背景下的教育变革，也被人为地凭空拔高，采取了颠覆性的全面革命式的激进改革模式。改革力量企图在短时间内，以“完美”的西方方案对“千疮百孔”的苏联教育进行全面颠覆。

但是很快，到了20世纪90年代末，“对自由的陶醉被形势的危机感所取代”，“自由习惯的缺失导致了无政府状态的表现”。激进的改革思路，使得旧体制的破坏与新体制的建立之间缺乏必要的时间和空间保障，从而形成了旧制度解体，而新制度尚未形成的“制度真空”。教育的混乱与失序现象比比皆是。“改革”这一曾经大快人心的积极词汇，突然变成了教育界惧怕使用的消极词汇。人们更倾向于用“现代化”“稳定发展”和“动态进步”来描述教育领域的改革。2000年的《俄罗斯教育白皮书》总结了20世纪90年代教育系统再造中的主要问题和矛盾，其中一个重要方面是教育系统的改革策略过于激进，改革过程中没有注意到现实的很多实际情况和问题。①

如果从政治心理学的角度进行分析，俄罗斯20世纪90年代的激进教育变革之所以遭遇困境，从一个侧面讲，是由于改革目标与现有体制模式之间的差距与背离。一个系统的原始状态和最终状态的差别越大，或者说一个系统的原始状态和最终目标共同和重叠的部分越少，那么变革的进程就越困难；如果这两种状态是高度背离的，那么混乱就会发生。为了促进变革，就需要在新旧结构间搭建一座“桥梁”或建立一种媒介，使它们之间具有共同成分。② 在这里，或许可以借用一下物理学中有关摩擦的知识来说明问题。如果原有的框架与改革的目标相去越远，那么可以认为改革在更加凹凸不平的面上行进，这样新旧体制的摩擦就越多，改革就越是步履维艰。从另一个侧面讲，是由于当权者仓促引入的西方教育“正式制度”与俄罗斯本国的“非正式制度”不兼容。从正式制度的角度上说，西方教育正式制度可以迅速“拿来”。但是，问题在于，俄罗斯的非正式制度，包括人们的理念、传统、文化、习俗、道德等，则难以在短期内

---

① Адриан Ж.，Бентабет Э. Белая книга российского образования[R]. серия “Проект Тасис”Управление образованием. Москва：Изд-во МЭСИ，2000，89.

② Polyzoi Eleoussa，Fullan Michael，John Anchan. Change Forces in Post Communist Eastern Europe[C]. New York & London：Routledge Falmer，2003，29.

完全改变，而且将继续发挥作用。由于社会价值认同度很低，俄罗斯本土的“非正式制度”对于新引入的西方“正式制度”产生了较为强烈的排斥，从而使整个教育系统陷入混乱和困顿之中。

在经历了“改革急速时期”后，进入21世纪，俄罗斯认识到“要避免革命性的行动”，要为过去的教育“恢复名誉”，教育改革进入渐进改革阶段。普京明确指出：“俄罗斯复兴和繁荣的战略，它应当以在市场改革和民主改革中一切好的东西为依据，只能采取渐进的、逐步的和审慎的方法。”①随着政治、经济改革模式的转向，作为社会生活重要组成部分的教育领域的改革方式也发生了转变。鲍利辛柯夫院士是这样总结这一时期的俄罗斯教育的：这一时期的关键问题之一是教育改革的合理方式问题。鉴于俄罗斯教育系统固有的保守性（该词在此处是褒义的）特点，如果采取持续不断的改革显然是有害的。转型时期的社会需求和个人需求，毫无疑问推动了各种教育制度、管理结构的变化，促进了教育教学内容、形式和方法的现代化。但是，在急速改革后，教育系统需要一段稳定时期，来为它提供自我发展和自我完善的可能性，这时要避免过激的行动。②

这一时期的渐进改革模式主要表现为：①由易到难推进改革；②以局部制度创新带动全局制度创新；③改革有一个试验、总结、推广和反复的过程；④很多举措不断进行试错和调整。俄罗斯最近10多年所推行的教育改革战略，一方面沿袭本国制度演进的路径与传统，即遵循俄罗斯的民族思想和特性，提高创新制度与本土长期积淀文化和制度之间的叠合程度，将市场经济重个人、重竞争、重物质利益、重效益的核心与俄罗斯传统文化中的集体主义、村社精神、重理想等价值观中的合理成分有机整合，作为新时期教育改革所遵循的价值取向。普京有一句非常经典的名言：“俄罗斯竞争力的实现在于俄罗斯的民族思想。”③另一方面，这一时期颁布的大型改革方案基本上都是分阶段推行的，目的是缩小改革目标与现

---

① 普京. 普京文集[M]. 北京：中国社会科学出版社，2002，6.

② [俄]В. П. 鲍利辛柯夫，鲍列夫斯卡娅. 俄罗斯教育战略改革[A]. 朱小蔓，Н. Е. 鲍列夫斯卡娅，В. П. 鲍利辛柯夫. 20—21世纪之交中俄教育改革比较[C]. 北京：教育科学出版社，2006，22.

③ Е. Ясин，А. Яковлев. Конкурентоспособность и модернизация Российской экономики [J]. Вопросы экономики. 2004(7)：3.

有体制模式之间的差距,从而缩小改革目的与改革效果之间的反差,达到以较少改革成本和代价取得更多改革效益的目标。以 2001 年底颁布的重要纲领性文件——《2010 年前俄罗斯教育现代化构想》为例,按照该文件的部署,俄罗斯教育的现代化分三个阶段进行:第一阶段是 2001—2003 年,恢复国家在教育领域中的教育责任,进行各方面新举措的试验;第二阶段是 2004—2005 年,评估并大规模推广第一阶段试行的措施;第三阶段是 2006—2010 年,教育现代化成果初现。再以最近几年的一项重大改革举措——实行全国统一考试为例。这项改革摒弃了俄罗斯"大干快上"的传统激进做法,采用先小范围试点后逐步推向全国的方法。试点时间为 2001—2008 年,高校按照双轨制的方式招生,既继续扩大国家统一考试的试行范围,又保留传统的各大学自主招生考试。俄罗斯教育与科学部前部长、俄罗斯人民友谊大学校长菲利波夫指出:"全国统一考试,它以 2001—2008 年大规模(空间上和时间上的大规模)的试点,证明了自身的合理性和生命力。在我们国家的千年历史当中,如此大规模的社会试点未曾有过。"①在试点的 8 年中,俄罗斯政府广泛吸收社会各界参与试点这一制度的讨论。随后根据讨论结果,对这一制度的程序不断加以完善。其他的很多改革方案无不采取了这种分阶段、不断试错、逐步完善和逐步推进的方式。同时,需要指出的是,这一渐进改革模式的选择是由国家来主导的。建立强有力的国家政权体系,是普京与叶利钦执政的最大不同之一。国家的作用渗透在政治、经济和社会各个领域中。在这方面,普京认为,"通行的公式是国家的作用仅仅限于制定游戏规则并监督规则执行","但目前情况要求我们必须使国家对经济和社会进程发挥更大的影响力"②。政府主导教育改革的渐进模式,有利于各方面利益的平衡,使得改革符合俄罗斯本土的国情和制度文化,既保障了不断探索、锐意改革的活力,同时又保障了根据环境和形势的变化不断调整和深化的审慎性。

---

① Министерство образования и науки РФ. Главные события в современном образовании 2004—2011[R]. Москва:медиалайн, 2012, 86.

② 普京. 普京文集[M]. 北京:中国社会科学出版社,2002,13.

第二节 未来几年教育战略展望

一、俄罗斯社会经济长期发展构想

2008 年,普京在总统第二任期即将结束前,着手制定《2020 年前俄罗斯联邦社会经济长期发展构想》(以下简称《构想》),在广泛征求意见并数次修改后,2008 年 11 月 25 日,该《构想》获得批准。《构想》确定了俄罗斯经济与社会未来 12 年,即 2020 年前的发展目标、发展模式和发展路径。仔细分析这一《构想》,对于了解俄罗斯经济与社会中长期发展脉络具有重要意义。

《构想》确定的总体目标是使俄罗斯经济社会发展水平足以支撑其作为 21 世纪世界强国的地位,使俄罗斯在全球经济竞争中处于超前地位,保障俄罗斯的国家安全,维护公民的宪法权利。2015—2020 年,以经济规模(按购买力平价计算的国内生产总值)衡量,使俄罗斯进入世界前五强。到 2020 年,使俄罗斯成为欧亚空间一体化进程的主导国,与世界主要经济中心建立稳定的关系,建成世界金融中心,把卢布变成地区储备货币,在对外贸易中强化用卢布计价和结算;提升俄罗斯在全球能源安全保障中的作用,使俄罗斯成为全球能源市场运行规则的主要制定者;在解决全球问题和建立世界经济秩序中发挥积极作用;国家安全和国防能力维持较高水平。

为实现上述发展目标,《构想》认为,俄罗斯经济必须从原料出口型模式向社会创新型发展模式转变。《构想》对社会创新型发展模式的阐释包括如下要点:首先,该模式依托对俄罗斯传统经济部门(石油天然气部门、原材料部门、农业部门和交通部门)的现代化改造。其次,创新将成为所有经济部门实现经济增长的主导要素。再次,发展新经济,使其成为国民经济的主导部门。由此可见,社会创新型发展模式的主要特点是俄罗斯要同时完成赶超任务。《构想》将分为两个阶段实施,第一阶段(2008—2012)理顺创新经济所需的政治、经济和法制环境,重点挖掘传统优势产业技术革新潜能,为经济转型创造条件;第二阶段(2013—

2020)让新知识经济成为引领俄经济的主力,实现国家经济由传统产业向创新经济转变。①

俄罗斯2020年前社会经济发展战略主要包括以下6方面内容:

第一,摆脱能源型发展模式,走创新型经济发展道路。尽管近年来俄罗斯取得了一些成绩,但未能摆脱能源型的经济发展模式。俄罗斯政府认为,对进口商品和技术依赖性不断增强的趋势将导致俄罗斯沦为世界经济的原料附庸,并被挤出世界领先国家的行列,同时也无法保障俄罗斯的国家安全及正常发展,国家还会面临存亡危机。为避免出现上述情况,国家创新发展战略是唯一现实的选择。这种发展模式将充分依靠人的潜能,依靠人类知识和技能来不断完善技术、经济成果和整个社会生活,而在这方面俄罗斯具有竞争优势。虽然走这条道路十分艰难,需要国家、企业和全社会付出更多努力,但俄罗斯别无选择。

第二,大力发展国民教育,努力开发人力资源。走创新发展之路首先需要进行大规模的人力资本投资。实现人的发展,这是现代社会进步的基本目标和必要条件,是国家绝对的首要工作。俄罗斯的未来将取决于民众的教育水平和健康状况,取决于他们的自我完善和聪明才智的发挥。公民的创新行为、每个人的劳动产出都将决定俄罗斯的未来。发展国民教育体系正在成为全球竞争的关键要素,是极其重要的价值观之一。

第三,发展基础应用科学。俄罗斯的科学家数量居世界第三,国家科研经费排在世界前列,但在科研成果方面距世界领先水平却有很大距离。国家应鼓励企业向技术研发领域多投资。国家对科研事业投入的经费应得到最有效的利用,科研投入应重点面向基础科学和科研攻关领域,尤其是关系到国家安全和人民健康的领域。

第四,稳定人口数量,提高居民寿命。俄罗斯人口发展面临着严峻挑战,人口总量在不断下降,人均预期寿命远远低于西方发达国家,有一半的男性人口活不到60岁。俄罗斯要力争在三四年的时间里实现人口数量的基本稳定,同时提高居民寿命。为此,俄罗斯需要进行重大的制度性

---

① Правительство Российской Федерации. Концепция долгосрочного социально -экономического развития Российской Федерации на период до 2020 года[R]. 2008 11 25.

改革,组织医疗救助,对医疗机构进行技术设备更新,提高医疗人员的素质,鼓励民众建立健康的生活方式。

第五,解决民生问题,提高中产阶级比重。当前俄罗斯政府最重要的任务之一是住房建设,帮助公民解决住房问题,并根据国内家庭情况的变化不断改善公民的居住环境。经济的发展和居民收入的提高会使人们对教育和医疗服务的需求大大增加。必须积极启动税收机制以刺激社会对发展人力资本的投资,并最大限度地降低企业和公民的税负。力争使所有居民能够借助掌握的知识和技能,必要时借助国家的帮助,获得接受高质量教育、购房、取得应有收入等的机会,即达到中产阶级的生活水平。到 2020 年,中产阶级在总人口中的比重至少应达到 60% 以上。

第六,提高生产效率,大力发展具有国际竞争力的产业。为了使俄罗斯进入世界经济强国的行列,要充分利用俄罗斯丰富的自然资源和强大的科技潜力,在经济生活中为所有人创造均等的机会,建立创新型发展机制,依靠提高劳动生产率来促进经济的发展。实现创新型发展必须大力提高劳动生产率,主要经济部门应在未来 12 年内使劳动生产率至少提高 4 倍。大力发展具有全球竞争力的新经济部门,首先是高新技术部门(航空航天业、船舶制造业、能源产业),同时还要发展信息、医疗和其他最新技术。要发展金融基础设施,使之达到满足不断增长的经济需求的水平,将俄罗斯建设成为世界金融中心之一。

为了落实上述发展战略,《俄罗斯联邦 2020 年前社会经济发展构想》提出了一系列量化指标,主要有以下几项:

◇ 持续保持 6.5%—7% 的经济增长率,逐步缩小与西方发达国家的差距,将经济总量从目前的世界第八位提升到第五位,成为世界经济五强之一,占世界经济总量的份额由 2006 年的 2.6% 上升到 3.4%;

◇ 每过五年俄罗斯国内生产总值应该有显著增长,2012 年国内生产总值应该比 2007 年增长 35%—36%,2017 年应比 2012 年增长 37%—39%,2020 年应该比 2017 年增长 19%—22%;

◇ 严格控制通货膨胀,将通胀率控制在 3%—3.5%;

◇ 按照购买力平价计算的人均国内生产总值由目前的 13700 美元增加到 30000 美元,增长 1.2 倍;

◇ 人均工资从目前的 526 美元增加到 2700 美元;

◇ 居民收入在第一个五年内提高 48%—50%,第二个五年提高 37%—40%,2018—2020 年再提高 20%—23%;

◇ 人均预期寿命提高到 75 岁;

◇ 中产阶级人数超过居民人数的一半,三口之家的住房面积不少于 100 平方米;

◇ 用于教育和医疗卫生的财政支出占国内生产总值的比重分别由 2006 年的 4.6%、3% 增加到 5.5%—6%、6.5%—7%。

以上目标将分三个阶段实现,2008—2012 年为跨越准备阶段,2013—2017 年为跨越阶段,2018—2020 年为巩固与扩大阶段。①

此外,俄罗斯政府近年来还先后制定《俄罗斯 2020 年前能源战略》《俄罗斯 2030 年前能源战略》等中长期发展规划,将信息技术、新材料、综合性机器制造技术、能源开发技术、发动机技术、化工和催化剂技术、生物技术列为创新经济重点,力争提高关键领域的科技生产能力,大幅提高俄出口产品的科技含量和在国内外市场上的竞争力,用国产创新产品替代进口产品,保障国家工业稳定增长,加速经济结构改造。2011 年 12 月,俄罗斯政府批准了《2020 年前俄罗斯创新发展战略》,为推动俄罗斯向创新型社会发展模式转变提出了明确的发展目标、优先项目、国家创新政策和激励机制。该文件提出,2011—2013 年的主要任务是提高并激励企业的创新意识,从 2014 年起拟进行大规模的军备重装,并对工业进行现代化改造,建立国家创新体系,提供财政激励,吸引创新领域的科学家、企业家、专业人士等人才流入,并拟对公共部门进行现代化改造,建立"电子政府",应用现代技术,将大多数公共服务转换为电子形式。

2012 年 5 月 7 日,普京当选俄新一届总统,"梅普组合"政权模式继续,俄罗斯在可预见的将来将保持国家政治、经济和社会各个领域改革政策的延续性。"梅普组合"具有鲜明的俄罗斯特色,两人继续联手执政,将为俄罗斯抓住机遇、推动经济持续发展提供强有力的政治保障。舆论认为,普京再次当选总统,将继续推行富民强国战略,俄罗斯有望迎来新的发展时期。这个时代将是俄罗斯"从稳定迈向发展"的时期,也是俄罗

---

① 程亦军. 2020 年前俄罗斯社会经济发展战略[EB/OL]. http://www.cass.net.cn/file/20080603124437.html. 2008—12—20/2012—7—5.

斯走向崛起的时期，在经历了世纪之交的动荡之后，俄罗斯已经结束“后苏联时期”，实现复苏。

在政治上，“梅普组合”将继续保障俄罗斯政治的基本稳定，调节各种社会矛盾和不同政治集团的利益诉求。而“梅普组合”更着眼于经济社会的发展，从而实现经济现代化和国家崛起这一重要目标。这将是新时期俄罗斯政府面临的最主要任务。俄罗斯政府统计资料显示，2011 年俄经济社会各主要领域的发展呈现积极趋势。2012 年初，俄国内生产总值超过了危机前水平。在八国集团中，俄罗斯是经济发展最快的国家。2012 年 1 月，普京指出，由于国际经济形势复杂多变，外部市场环境欠佳，欧美经济低迷造成国际能源需求减少，俄罗斯政府必须提前规划，一方面采取有力措施保证俄罗斯经济持续增长；另一方面坚定地转变经济发展方式，推动创新发展，增强俄罗斯对外部经济环境变化的适应能力，避免经济再次出现波动。2012 年 6 月底，俄罗斯完成相关程序正式加入世界贸易组织，这为其经济社会发展带来新的机遇，将有利于规范俄罗斯的市场秩序，更好地吸引外国直接投资，促进俄罗斯经济发展。在经济领域，新政府面前存在两大决策方向：一是加快新一轮私有化，加强市场竞争，增加国家对新技术、新经济的投资；二是维持国家对经济的影响力，限制政府投资和赤字规模，确保收支平衡。在社会政策方面，俄罗斯一方面要保持人口的稳定与增长，另一方面要解决社会不平等问题。普京强调，社会不平等问题带有巨大的风险，危及俄罗斯社会、政治和经济安全。此外，要积极改善住房条件，提高工资收入，增加就业岗位，优化社会治安，防止腐败，进一步提高居民生活质量。

在 2012 年的政府工作报告中，普京列举了若干优先发展方向，涉及俄内政外交各个领域，主要包括保持人口增长、促进地区平衡发展、创造新的工作岗位、建设新经济、推动欧亚一体化建设。他认为，这些问题是对俄罗斯“具有战略和原则意义的重大历史任务”。普京确定的未来发展计划的实现将使俄罗斯人民的生活、国家经济社会状况发生质的变化。他在谈到未来的发展抱负时豪情满怀：“俄罗斯有热爱劳动和有教养的人民——人们有永远争当第一的抱负；在我们人民的民族性格中，争强好胜、渴望自由和独立已经成为一种习惯。俄罗斯拥有巨大的自然资源和深厚的科技潜力。我们将如何和依靠哪些资源来解决摆在我们面前的新的大规模宏观任务,俄罗斯已有一个明确的认识。""没有任何一个重大的原因会阻止我们达到我们所确定的目标,一个也没有!"①

当然,针对俄罗斯现有发展状况,世界上对俄罗斯的发展前景既有乐观的声音,也有悲观的声音。乐观的声音认为,俄罗斯正处于崛起的过程中,不久以后,俄罗斯将创造如同甚至超过苏联时期的辉煌。甚至有人根据俄罗斯历史上每百年左右就有一次复兴的规律,推测俄罗斯的第四次复兴是在21世纪中叶。② 悲观的声音认为,俄罗斯创新经济与经济现代化将是一个长期的发展过程,难以在短期内奏效。持这种想法的人士认为,俄罗斯经济结构落后,自苏联时期以来积弊很深,而先进科技成果的转化本身是一个缓慢的过程。而且,普京在竞选活动中提出的一系列社会开支承诺和梅德韦杰夫主导通过的巨额军备采购计划,这两部分开支可能使俄政府预算面临较大的赤字风险,将使俄罗斯更加依赖能源出口收入。所以,这部分人认为,俄罗斯很难,至少在短期内很难实现经济发展模式的转变。没有经济发展模式的真正转变,俄罗斯的崛起就是一句纸上谈兵的空话。不过,我们可以肯定的是,俄罗斯未来的发展既面临难得的机遇,同时也面临变革的挑战和发展的不确定性。

二、俄罗斯2020年前教育发展战略展望

展望2020年前的俄罗斯教育发展战略,我们可以从以下3个主要法律文本中得到启示。首先,2008年3月,俄罗斯发布了由俄罗斯教育与科学部教育政策和法规署牵头制定的《2020年前的俄罗斯教育——服务于知识经济的教育模式》报告。该报告是《2020年前俄罗斯联邦社会经济长期发展构想》组成部分,是其主导思想在教育领域的专门化延伸。报告内容涉及从学前教育到高等教育的各个层次,指出了未来教育的基本特征以及新教育模式与现有教育模式的根本区别,确定了2020年前俄罗

① 普京.普京文集[M].北京:中国社会科学出版社,2008,689.

② 俄罗斯历史上曾经有过三次复兴,时间间隔正好都在100年左右:从1613年罗蒙诺夫王朝建立到1721年彼得一世取得"北方战争"胜利,俄罗斯开始成为欧洲强国,大约经过了100年;从1721年俄国成为"俄罗斯帝国"到1825年尼古拉一世即位,俄国开始充当"欧洲宪兵",大约经过了100年;从1825年尼古拉一世残酷镇压"十二月党人"起义到1917年布尔什维克"十月革命"胜利和1922年苏联成立,大约也经过了100年。

斯教育发展的基本思路。其次,2008 年 9 月,俄罗斯教育与科学部向政府提交了《教育与创新经济的发展:2009—2012 年推广现代教育模式》的国家教育发展方案。该方案的主要内容是通过设计 2009—2012 年的现代教育模式,为 2020 年前国家教育的发展确立目标、方向和措施,它实质上是一份国家教育中长期发展纲要。① 再次,一部新的《俄罗斯联邦教育法》已经出台。这部法律将取代 1992 年、1996 年通过的《俄罗斯联邦教育法》和《俄罗斯联邦高等教育和大学后职业教育法》。由于后两者从 20 世纪 90 年代实施以来不断被修改,以至于“补丁满身”,冗长晦涩,“没有专门学习过法律知识的人根本无法读懂”。新教育法的编制始于 2006 年,后经过 2010 年至 2012 年底的俄罗斯全民大讨论,2013 年初,该法律草案已经提交俄罗斯国家杜马,并正式进入实施阶段。这部新法律涉及所有的教育层次,延续最近 10 多年来教育改革的成果,同时又根据未来新的形势作出合理调整,引导俄罗斯教育在未来较长一段时间发展。正如俄罗斯教育与科学部部长里瓦诺夫所说:“这一法律应该不仅能够记录现有教育系统的当前状态,同时应该给予正在读书和工作的人必要的社会保障,也就是说,当然不会降低保障水平。而最重要的是,它将为教育未来 15—20 年的发展创造条件。”②这部新法律的主要目的是保障俄罗斯联邦教育领域的综合现代化,表现在以下几个方面:根据教育领域出现的新的社会关系实施教育现代化;提高法律保障机制的有效性;建立俄罗斯教育体系革新和发展的法律条款。

通过对以上三部重要的教育政策和教育法律文本的解读和分析,我们大致可以窥见俄罗斯教育未来十几年教育发展战略的路向选择。

首先,“优先发展教育”的教育理念在可预见的未来将被演绎得更加淋漓尽致。为了进入世界经济前五强和 21 世纪世界强国的行列,俄罗斯将继续秉承教育为国家服务的价值理念,更加重视教育的发展,将教育作为国家优先发展的领域,使教育的发展真正成为社会发展、民族素质提高、创新经济发展和国家竞争力提升的有效途径。《2020 年前俄罗斯联

① 杜岩岩,李漫红. 俄罗斯现代教育模式的定位——解读俄罗斯教育中长期发展纲要[J]. 教育发展研究,2009(1):80.

② Министерство образования РФ. Новый закон об образовании в РФ будет принят в начале 2013 г. [EB/OL]. http://www.edu.ru/, 2012—7—16/2012—7—28.

邦社会经济长期发展构想》指出，当前俄罗斯联邦宏观经济呈现出稳定的发展趋势，必须向创新经济转型，并以此提升国家竞争力。教育体系的现代化是发展创新经济的必要条件，是经济持续增长和社会发展的基础，也是国泰民安的重要条件。

其次，由于普京继任总统，“梅普组合”得以继续，我们有理由认为，俄罗斯教育战略总的方向不会改变，最近十几年教育改革路线将保持延续性，教育战略会体现一脉相承性，教育现代化进程将在新的起点上继续推向深入。实施教育分权、增加教育投入、提高教育质量、推行创新教育和加强国际交流等都将是未来较长时间内教育发展的主要战略。虽然教育战略的重点或许会因为情况的变化发生一定的改变，但由于发展创新经济和建设创新国家的需要，教育创新仍将是压倒一切的教育战略重点。提高教育质量是位于创新教育之后的教育战略重点，俄罗斯将继续深入实施，但是考虑到社会平等的问题，未来有可能突出强调教育公平问题。同时，兼顾教育公平与教育质量，充分体现教育政策的双重价值需求，将是未来时期的新变化。由于教育对于国家和社会发展的重要性，增加教育投入也将是俄罗斯继续推行的教育战略，同时，教育经费多元化政策也将延续，教育经济体制将有所改变。教育分权战略将继续推进，国家在教育中的作用将进一步被认识，学校自治管理、社会管理模式将继续受到关注。另外，俄罗斯的教育结构将在“终身教育”理念的影响下发生重要变化。为了体现俄罗斯教育在世界上的竞争力，国际化战略也必然受到重视。当然，也不排除随着国际环境的变化和政治经济发展状况的改变，俄罗斯总体教育战略会发生局部的或者暂时的调整。

在推行创新教育战略方面，“满足创新经济发展需要”是教育发展的关键，因为俄罗斯的目标是要冲刺进入后工业化的信息社会，并卓有成效地在世界范围内参与创新社会中重要国际地位的竞争。①《2020 年前的俄罗斯教育——服务于知识经济的教育模式》在谈到新的教育模式与旧的教育模式的差别时这样论述：“如果说今天的教育体系是在创新过程之

---

① Н. Е. 鲍列夫斯卡娅. 俄中两国教育改革比较[A]. 朱小蔓，Н. Е. 鲍列夫斯卡娅，В. П. 鲍利辛柯夫. 20—21 世纪之交中俄教育改革比较[C]. 北京：教育科学出版社，2006，475—476.

外发挥作用，最多也只是通过培养人才为创新经济服务，那么在新的模式下，所有层次的职业教育机构都将成为创新体系的一部分，这些职业教育机构形成网络，进入知识管理网，为新的知识、技术生产和转换提供支持，激发创新的行为方式。”①为此，在最近几年实施的创新机构创建和创新人才培养方面被证明行之有效的举措将继续推行。

在创新性教育机构的创建方面，俄罗斯确定了以下发展目标：在2020年以前，力争打造几所进入国际500强的具有国际竞争力的大学；选拔40至50所联邦级研究型大学，保证这些大学在资源获得方面有长期规划，使其承担起提高俄罗斯科学和教育的世界竞争力的任务；俄罗斯将选拔100至150所地区和跨地区大学，落实多专业培养计划，以解决本国的人才培养问题；②创建5个以上世界水平的科教中心，实现教育与科研的一体化，为国家创新方案承担人才培养及科研攻关的任务；在产学研一体化的基础上，制定和发展教育创新大纲，以解决创新经济的人才培养和科研攻关任务；在创新教育大纲和教育机构发展纲要基础上，更新教育大纲和教育机构的类型，并完善相应的配套法律制度，如保障“社会—文化教育综合体”“技能中心”“研究性大学”和“资源中心”功能发挥的法律基础；提高大学收入结构中通过“科研活动”和“研究与开发活动”引进资金的比例，从现在的5%提高到20%；2015年前使联邦高校科研预算占相应教育经费总额的25%，2020年前达到35%；提高大学科研活动经费在国家总的科研活动经费中所占比例，从现在的5%提高到22%。③

在创新人才的培养方面，将2020年前的第一项优先发展任务定为保证基础教育符合知识经济要求的创新特征：根据创新发展的任务，更新教育系统的结构；更新教育内容和技术，确保能力范式的实施以及理论知识

① Министерство образования и науки Российской Федерации. Российское образование——2020：модель образования для экономики，основанной на знаниях［R］. Москва：изд. дом ГУ ВШЭ，2008，15—16.

② 姜晓燕. 2020年：俄罗斯教育面向知识经济［N］. 中国教育报，2008—10—7.

③ Министерство образования и науки Российской Федерации. Российское образование——2020：модель образования для экономики，основанной на знаниях［R］. Москва：изд. дом ГУ ВШЭ，2008，28；Министерство образования и науки Российской Федерации. Образование и развитие инновационной экономики：внедрение современной модели образования в 2009—2012 годы［R］. 2008—3—17.

与实践技能的有效结合;发展多样性教育大纲;更新教育机构的拨款机制,以适应创新发展的任务。高中阶段实施的侧重专业化教学将继续实施。职业教育领域同样体现创新的特征,确保每一个俄罗斯公民有机会获得自己需要的各个层次的基础职业培训。到2020年,参与科学研究的教师占所有高校教师的比重将从目前的16%增加到42%,联邦研究型大学将达到75%。俄罗斯计划为年轻教师提供研究启动资助和行业性资助。获得联邦长期资助的研究人员可以自主选择工作地点。此外,俄罗斯将扶植教授和研究人员的职业协会,为跨校合作创造条件。为了资助最有天赋的大学生,2010年俄罗斯制定了目标性硕士生和副博士研究生培养制度。到2020年,这一体系将涵盖联邦研究型大学25%的硕士生和50%的副博士研究生。继续实施精英教育的发展路线,扩大精英培养的范围,建立天才儿童和才华青年发掘和支持系统,使接受补充教育服务的14—25岁天才儿童和才华青年占所有学生的比重由原来的12%提高到22%。①

提高教育质量将成为俄罗斯未来一段时间内教育政策的主要目标。《教育与创新经济的发展:2009—2012年推广现代教育模式》提出,2020年前国家教育政策的战略性目标是:满足创新经济发展的需要及社会和每个公民的现代需求,提高高质量教育的普及性。接受高质量教育,仍然是公民最重要的需求之一,同时也是社会公平和政治稳定的决定因素。②而2013年1月出炉的《俄罗斯联邦教育法》也是站在公民、学生和家长获取高质量教育机会的充分性的角度来分析和评价问题的。旧的教育法调整的基本上是学校和管理机构的关系,而新的法律草案主要用于调整公民和教育制度的关系。③《教育与创新经济的发展:2009—2012年推广现代教育模式》中提高教育质量的预期目标主要有:将毕业一年之后对其接受的基础教育感到满意的公民比例从原来的40%提高到60%;提高俄罗

① Министерство образования и науки Российской Федерации. Образование и развитие инновационной экономики: внедрение современной модели образования в 2009—2012 годы[R]. 2008—3—17.

② 同①。

③ Министерство образования и науки РФ. Главные события в современном образовании 2004—2011[R]. Москва: медиалайн, 2012, 194.

斯联邦在国际教育质量排名中的位次。为此,俄罗斯将把在教育质量评价体系的建设、教师队伍建设和硬件设施的完善方面的举措继续深入推行。首先,在教育质量评价体系的建设方面,强调"满足教育服务需求"的教育质量评价体系的构建。2020 年前教育领域的第二项优先发展任务是构建有消费者参与的教育质量评价机制:建立公民获取教育服务的透明的、公开的信息服务体系,保障信息的完整性、可靠性;建立客观公正的学生学业个性化评价系统,并以此作为其进入下一阶段学习的基础;建立有消费者和社会机构参与的教育质量监督和评价机制。① 新的联邦教育法将根据教育层次确定联邦国家标准,包括学前教育阶段的国家教育标准、普通教育阶段的初等普通教育国家教育标准、基础普通教育国家教育标准、中等普通教育国家教育标准、中等职业教育阶段的技能工人培养的国家标准、中间环节人才培养的国家标准、高等教育阶段的学士培养国家教育标准、硕士或文凭专家培养的国家教育标准、科学教育人才培养的国家教育标准以及补充教育培养标准。俄罗斯计划于 2020 年前在全联邦内建立 60 多个专业技术认证中心;吸引企业主和雇主参与制定联邦国家教育标准和教育大纲认证体系;创建独立的对培训大纲进行社会职业认证的体系,推广毕业生社会职业认证的实践活动;建立教育机构和连续性职业教育大纲的社会排名体系;提高所有层次毕业生通过独立外部鉴定中心实施总结性鉴定的比例,由现在的 20% 提高到 50% 。

在教师队伍建设方面,俄罗斯一方面提高教师工资待遇,增强教师职业的吸引力,同时注重对教师的培养和再培养,全面提高教师素质。例如,《教育与创新经济的发展:2009—2012 年推广现代教育模式》提出,2010—2020 年教师队伍将发生根本性变化,高技能教师、生产教学指导教师和大学教师职业竞争力的提高,会吸引高技能人才和职业工作者进入教育领域。同时,依靠激励机制提高教师工资水平,不断提高消费者和职业共同体对技能不足教师的压力,由此促进教师队伍的更新。教师队伍的更新,要与退休制度的现代化、教师再培养和技能提高制度有效结合

① Министерство образования и науки Российской Федерации. Образование и развитие инновационной экономики: внедрение современной модели образования в 2009—2012 годы[R]. 2008—3—17.

起来。同时,在现代技能要求的基础上,提高教育组织管理者的"现代教育管理"技能,并对所有的教育管理者实行认证。

在硬件设施完善方面,《教育与创新经济的发展:2009—2012 年推广现代教育模式》提出,提高教学机构中按照现代教学过程要求学习的学生的比例,使之至少达到 70%;把使用互联网技术的教育机构的比例从原来的 5% 提高到 100%,以保证教育机构以固定的形式每年向本地区提供教育活动和经营活动总结报告,并保证信息的客观、完整和透明;保证所有教育机构 2015 年前配备电脑、网络和多媒体设备以及各类配套的软件,保障所有教育机构能够接入适应现代需求的高质量网络;要从引入信息通讯技术转换到不断更新信息通信技术。为此,需要发挥教师在组织和提高学生有效自主学习中的作用。

同时,教育公平成为下一阶段俄罗斯政府重点关注的目标之一。所有的改革具有一个共同的目标——实现教育公平,进而通过教育公平促进社会公平的实现。这一目标,首先要通过保障公民获得高质量教育的社会平等来实现。① 2020 年前教育发展的第三项优先任务是实现教育机构的现代化,并将其作为社会发展的工具:排除儿童居住地、健康状况和社会地位因素的干扰,建立儿童早期发展的教育服务体系;营造高质量教育普及和残障儿童成功社会化的教育环境;完善支持学生社会流动的基础设施,拓展保障学生社会流动的经费筹集渠道。新的《俄罗斯联邦教育法》(草案)确定了对残疾人实施普通教育的特征;规定残疾人普通教育主要在配有特殊技术设备的普通学校,包括矫正学校或者矫正班级以及普通学校一体化教育班级中开展;规定残疾人根据残疾人恢复健康和劳动能力个性化大纲接受普通教育;确定了孤儿和缺乏父母监护儿童的普通教育特征;确定了在特殊的教养组织针对行为偏执学生的普通教育特征;确定了被剥夺自由的人的普通教育特征。《教育与创新经济的发展:2009—2012 年推广现代教育模式》提出了教育公平领域的一系列指标:提高适龄儿童接受学前教育的比例,从原来的 61% 提高到 65%;提高 8—18 岁接受普通教育的学生的比例,从原来的 95% 提高到 96%;将 5—18

---

① Стражев В. И. Образование в СНГ: Расстановка приоритетов[J]. Аккредитация в образовании. 2007(12): 12—13.

岁免费接受补充教育学生的比例，从原来的 27% 提高到 40%；将 8—18 岁接受普通教育的残疾学生的比例，从原来的 89% 提高到 92%，其中，在非专业教育机构的学生比例由原来的 40% 提高到 50%。①

在增加教育投入方面，俄罗斯一方面通过增加教育投入将教育优先发展战略落到实处，另一方面将深化教育财政体制改革。根据新的《俄罗斯联邦教育法》（草案），免费教育将由现在的普通教育阶段延伸到中等职业教育。据俄罗斯联邦教育与科学部职业教育发展司司长根纳季·舍佩廖夫介绍，当前俄罗斯有 27% 接受中等职业教育的学生是国家预算外的，新的联邦教育法提出全面实现免费中等职业教育，是为了加强对中等阶层人民的保障。免费教育阶段的延伸意味着国家将大大增加拨款。除此之外，俄罗斯将继续实施教育经费多元化改革，拓宽经费来源渠道，使教育机构可以集中私人和国家的资金用于教育体系的结构改革和跨越式发展。提高职业教育预算外资金的比例，2020 年前使预算外资金，占职业教育资金总额的比例不低于 20%。2020 年前教育系统将实行新的财政体制，保障拨款制度的公开透明，使所有的普通教育机构和职业教育机构转向按人头定额拨款，包括根据培养方向确定拨款的定额。当然，不是所有的实施教育大纲的费用都包含在按人头定额拨款中。人才基础、科研基础以及物质技术基础的发展，相应地获取国家专项支持，支持的数额，由国家根据不同培养方向的价值和生产技术的情况确定，其中部分经费通过竞争获得。鼓励不同形式和所有制的教育机构在竞争基础上获得预算资金和预算外资金。国家确定将大部分教育机构变为可以自主保障经费的自治机构，自行筹集经费的数额不少于完成同样任务的预算机构的预算额。新的《俄罗斯联邦教育法》（草案）将促进国立教育机构和非国立教育机构的权利平等，其中包括享受国家财政拨款的权利平等。该草案规定，对于在相应的联邦国家教育标准范围内实施基本普通教育大纲的非国立组织，其教育活动可得到预算资金保障；对于在相应的联邦国家教育标准范围内实施基本职业教育大纲的非国立组织，其教育活动可

① Министерство образования и науки Российской Федерации. Образование и развитие инновационной экономики: внедрение современной модели образования в 2009—2012 годы[R]. 2008—3—17.

在竞争基础上得到预算资金保障。同时,以"以酬金代替义务"的理念进行教师工资制度的改革,以促进教师工作质量的提高。而且,新的教育法允许教育领域的商业性租让和特许经营:教育领域商业性租让的客体是法人和自然人所有的教育大纲、教学法和教育技术、道德教育、教育质量控制等方面的权利。根据教育领域商业性租让的协议,权利所有者可以将其转让给从事教育活动的组织,即权利的使用者。权利使用者使用属于所有者的特殊权利、商业信誉和经验,或在一定期限内支付给所有者报酬,或无期限支付给所有者报酬。新的教育法草案也对教育投资进一步进行了界定:教育投资是指为达到有益的效果和(或)获取收入,将预算投资和私人投资,即将现金、有价证券、其他财产,包括财产权利和其他具有金钱价值的权利投入到教育活动客体。教育投资的客体可以是基本资产、教育大纲、教育方法和教育技术等,也可以是保障教育活动的其他客体。

从教育管理的角度来看,俄罗斯将继续走教育分权的路线。构建开放的教育体系、满足消费者的需求、发展国家—社会管理模式等,是俄罗斯教育分权战略未来的发展方向。新的教育模式与旧的教育模式的差别在于教育体系的真正开放,教育体系能够与个体、社会机构和部门进行网络式互动。教育体系将向其他体系,如大众传媒,商业公司,个性化补习、科研机构和社会组织开放。这些体系针对教育大纲和教育服务提出建议,参与划分教育领域的社会资金。落实这种开放性的教育管理模式需要实施新的管理机制。首先,国家在教育领域将扮演新的角色,从显性的居高临下的控制者转变为为教育供需不同主体提供畅通无阻、有效互动的调节者。减少国家对所有层次教育过程整齐划一、事无巨细的行政管理,同时强化国家作为教育活动参与者之间相互关系的调节者以及资金提供者的功能。其次,强化教育领域"满足消费者需求"的理念。再次,扩大学校的自治权,同时增强学校的责任感。俄罗斯计划在2020年前将大部分教育机构打造成自治性的机构。特别是要扩大教育机构的财政自主权,允许其更加灵活地使用资源,同时强化学校作为自治机构为教育结果承担责任的意识和政策。最后,加强社会管理是实施教育分权非常重要的一个走向,让社会团体积极参与教育管理成为教育管理体制改革的重要任务。监督委员会、督学委员会、学校委员会和管理委员会等社会管理机构不仅在学校层次,而且在市一级,甚至地区一级参与教育管理工作,并进行教育质量监控。俄罗斯计划在 2020 年前实现教育领域的国家—社会共管,接受教育质量及教育服务需求评价。俄罗斯非常重视企业与教育机构的合作,特别是在职业教育领域,强调由企业主参与制定教育法律法规,制定专业培养目录,拟定国家教育标准,参与教育质量监控等重要教育过程。俄罗斯面向知识经济和创新经济的转型,决定了教育的社会化运作方式。

另外,俄罗斯的教育结构在未来一段时间内将发生巨大变化。俄罗斯教育与科学部国家教育政策法规协调司司长伊戈尔·列莫林卡认为,新的教育机构设计是为了让"所有教育路径都保持通畅","教育体系的构建应体现终身教育的理念,满足人们随时更新知识、获取各种模块课程、提高技能或接受继续教育的需要"。同时,他认为,俄罗斯积累的教育潜力允许所有公民设计适合自己的教育路径。① 这里的教育路径通畅,既是指纵向的教育层次结构的通畅,也指教育横向渠道的通畅。从纵向的教育层次结构的通畅来讲,根据新的《俄罗斯联邦教育法》(草案),俄罗斯的教育结构将发生重要变化,以前由普通教育(初等普通教育、基础普通教育、中等或完全普通教育)和职业教育(初等职业教育、中等职业教育、高等职业教育学士阶段、高等职业教育文凭专家或硕士培养阶段、大学后职业教育)组成的教育体系,将转变为由学前教育、普通教育(包括初等普通教育、基础普通教育、中等普通教育)、中等职业教育(包括技能工人培养、中间环节人才培养两个阶段)、高等教育(包括学士培养阶段、硕士或文凭专家培养阶段、科学教育人才培养阶段三个阶段)组成的教育体系。学前教育将成为教育的首要层次,由此可以看到俄罗斯政府对教育的起始阶段——学前教育的重视。"传统上解决教养问题的学前教育的重要性日益增长。学前教育不仅要为儿童提供平等的学习起点,为孩子日后掌握普通教育大纲做好准备,还应该成为一所关注家庭利益

① 杜岩岩,李漫红. 俄罗斯现代教育模式的定位——解读俄罗斯教育中长期发展纲要[J]. 教育发展研究,2009(1):80.

的社会大学。"①《教育与创新经济的发展:2009—2012 年推广现代教育模式》指出,2020 年以前,俄罗斯将建立针对 0—3 岁儿童的早期家庭教育支持中心,并为家庭处境不利的儿童提供跟踪性教育支持。为了扩大学前教育的覆盖面,国家将会支持多样化的早期教育计划,鼓励不同所有制形式的机构提供早期教育服务。在 3—6 岁阶段,要培养儿童现代社会所需要的创造力和探索知识的能力。为了缓解入托难的问题,俄罗斯近期计划建设 1.5 万所小型幼儿园。教育结构变化的另外一个重要方面是职业教育。由于俄罗斯劳动市场的变化,职业技术学校已经失去了往昔的吸引力。因此,新的《俄罗斯联邦教育法》(草案)将初等职业教育列为中等职业教育的第一个阶段,即技能工人培养阶段,将原来的高等职业教育从职业教育体系中划分出来,单列为高等教育阶段。高等教育划分为学士培养阶段、硕士或文凭专家培养阶段、科学教育人才培养阶段三个阶段。这是俄罗斯融入欧洲一体化进程的需要,也是俄罗斯面向创新经济培养人才的需要。还有一个重要的变化是,新的教育模式将更加重视现代终身教育体系的构建,尤其是在补充职业教育领域。俄罗斯每年有 22% 具有劳动能力的公民接受继续教育,而其他发达国家这一比例已经超过 50%。《教育与创新经济的发展:2009—2012 年推广现代教育模式》提出 2020 年前俄罗斯终身教育体系将呈现以下特征:提供教育服务的机构越来越多样化;劳动力市场和专业的教育服务市场越来越公正;依照某种机制对通过考试和验证获得的非正规教育的成绩进行认证;通过正式或非正式机构为公民提供咨询服务,帮助他们确定复杂的教育方向。②新的《俄罗斯联邦教育法》(草案)扩大了有权实施补充职业教育大纲的组织范围。补充职业教育大纲可以在补充职业教育组织内实施,也可以在职业教育组织内实施,也可以在高等教育组织、科学组织和其他的从事教学的组织内实施。补充职业教育大纲的内容由教育组织根据预订者的需求和联邦国家要求自主确定。补充职业教育组织的类别得以完善,根据

① Министерство образования и науки Российской Федерации. Образование и развитие инновационной экономики: внедрение современной модели образования в 2009—2012 годы[R]. 2008—3—17.

② 杜岩岩,李漫红. 俄罗斯现代教育模式的定位——解读俄罗斯教育中长期发展纲要[J]. 教育发展研究,2009(1):81.

它们所实施的补充职业教育大纲，可分为以下类别：研究院（академия）、职业技能学院（институт профессиональных квалификаций）和中心（центр）。从教育横向渠道的通畅来讲，俄罗斯将不断扩大受教育的形式，同时增强大学生的流动性。俄罗斯新教育法将以法律的形式扩大个体获取教育的形式：在所有学校发展远程教育技术、电子教学、网络学习等。同时，在职业教育体系中，将不再出现“道路封锁”现象。大学阶段实行学分制，学生根据个性化大纲选择模块课程。在学分制的支持下，大学生的流动性将有所加强。

本章结语

大约两个世纪以前，俄国伟大的思想家赫尔岑写下了这样一段话：“充分地理解过去——我们可以弄清楚现状；深刻认识过去的意义——我们可以揭示未来的意义；向后看——就是向前进。”在历史的长河中，历史、现实与未来的长影，总是这样深切地实践着对接与超越。

纵观1991年至今20余年的俄罗斯教育战略，从极端摧毁阶段到秩序重建阶段再到纵深推进阶段，我们可以发现俄罗斯教育发展“危机——追赶——赶超”的明显轨迹。同时，俄罗斯教育战略呈现出从全盘西化到突出民族特色、从全面革新到尊重传统、从激进改革到渐进改革的演变特征。实施教育分权、实现教育投入多元化、提升教育质量、推行创新教育、加强国际交流是贯穿整个教育发展过程的五大战略主题，这五大主题构成了俄罗斯的教育战略体系。其中，实现教育投入多元化是经济层面的教育战略，是俄罗斯教育发展的前提；实施教育分权是管理层面的教育战略，是俄罗斯教育发展的保障；提升教育质量是数量—质量层面的教育战略，是俄罗斯教育发展的根本；推行创新教育是内容与功能层面的教育战略，是俄罗斯教育发展的方向；加强国际交流是空间层面的教育战略，是俄罗斯教育发展的途径。三个阶段在五大战略上各有侧重，同时不同战略之间互相倚重，互相包容，最终实现了教育传统的创造性转变和教育制度的根本性创新，为俄罗斯重新崛起提供了重要的保障与支撑。

承载着厚重历史传统、肩负着重要使命的俄罗斯教育将走向何处？

每一个关心俄罗斯教育的人都不可避免地进行着这样的追问。无疑，对俄罗斯政府的重要文本进行分析和梳理，有助于我们对其未来发展前景进行预测。根据俄罗斯经济社会发展的重要政策和法律文本，我们可以确定的是，赶超进而崛起为21世纪世界强国依然是俄罗斯未来发展的主要目标。为了实现这一目标，俄罗斯制定了有利于经济模式创新、政治制度稳定、社会秩序井然的中长期经济社会发展构想。围绕这些构想，教育的价值必将进一步被强调，优先发展教育将成为社会发展、民族素质提高、创新经济繁荣和国家竞争力提升的有效途径。教育仍将是国家优先发展的领域。根据现有的国家层面的有关教育的政策和法律文本，我们有理由认为，实施教育分权、提高教育质量、推行创新教育和加强国际交流仍将是未来较长时间内俄罗斯教育发展的主要战略。其中，推行创新教育将成为压倒一切的教育战略重点。实施教育分权、实现教育投入多元化、提高教育质量和加强国际交流等战略在新的形势下会有新的阐释和调整。同时，兼顾教育公平和改造教育结构，也将成为2020年前俄罗斯新的教育战略主题。

然而，我们要说的是，未来的因素既蕴含在历史里，又存在于现实中；它既取决于内部环境，又受制于外部环境。正如俄罗斯科学院院士利哈乔夫所言，俄罗斯民族是一个不可预测的民族。鉴于此，我们的预测与展望也只是粗线条的。但是，不管俄罗斯未来的发展道路如何，教育的发展依然是俄罗斯国家发展最重要的财富之一。我们依然需要聚焦俄罗斯，及时跟踪并认真研究它新时期教育战略的走向。

参考文献

一、俄文文献

1. Акулинин Ф. В., Пономарев М. А. Высшее образование как инструмент инновационного развития экономики России [J]. Экономика образования, 2010(6): 5—21.

2. Алимива Н. К., Пугач В. Н. Экономика образования: развития взглядов[J]. Экономика образования, 2010(1): 4—30.

3. Афанасьев Ю. А., Зиневич О. В, Наливайко Н. В., Пустовой Н. В. Модернизация российского образования [M]. Новосибирск: издательство НГТУ, 2005.

4. Багдасарьян Н. Г. Ценность образования в модернизирующемся обществе. Педагогика, 2008(5): 3—9.

5. Байденко В. И. Некоторые тенденции развития систем высшего образования в странах СНГ[J]. Высшее образование в России. 2010(2): 46—58.

6. Байденко В. И. Болонские преобразования: проблемы и проти воречия (статья четвертая)[J]. Высшее образование в России, 2009(11): 26—40.

7. Балыхин Г., Романов П., Слепухин А., Чеботаревский Ю. Отношение населения к реформе финансирования высшего образования [J]. 2003(5):5—10.

8. Бейзеров В. А. Коммерциализация высшего образования: глобальные тенденции[J]. Экономика образования. 2010(5): 88—99.

9. Борисенков В. П. ,Чжу Сяомань. Россия-Китай: образовательные реформы на рубеже XX—XXI вв.: сравнительный анализ[C]. Москва: Российская Академия образования, Центральная Академия педагогических исследований КНР, 2007.

10. Борисов А. С. Финансирование системы образования РФ на основе нормативно-подушевого метода[J]. Экономика образования, 2010,6.

11. Валеква Е. Х. , Власова Ю. Ю. , Монахов С. В. Образование в контексте приоритетов долгосрочного социально-экономического развития Российской Федерации. Педагогика, 2009(7): 3—10.

12. Вахолкова С. А. Приватизация высшего образования: теоретический подход и российские реалии[J]. Экономика образования, 2010(3): 5—22.

13. Вифлеемский А. Б. К вопросу об эффективности использования бюджетных средств в образования[J]. Экономика образования, 2010(1): 43—62.

14. Водолажская Е. Л. , Останина С. Ш. Основные направления совершенствования государственного регулирования инвестиций в сфере образования [J]. Вестник Казанского технологического университета, 2009(5): 211—218.

15. Гарифуллина И. Ю. Гуртов В. А. Финансовое обеспечение деятельности бюджетных образовательных учреждений по оказанию образовательной услуги [J]. Экономика образования. 2011 (1): 1—17.

16. Гнеавашева В. А. Доступность блага《образовательные услуги высшего профессионального образования》в современной России[J]. Экономика образования. 2010(3): 23—38.

17. Глазычев В. Л. Высшее образование в России: состояние и направления развития[M]. Москва: Наследие Евразии, 2004.

18. Глухов В. В., Карахотин С. Н. Многоканальная система финансирования учреждений высшего образования [M]. СПБ: Издательство Политехнического университета, 2007.

19. Государственный Комитет Российской Федерации По Высшему Образованию, Научно-исследовательский Институт Высшего Образования. Высшая Школа в 1992 г. [R]. Москва: НИИВО, 1993.

20. Государственный Комитет Российской Федерации По Высшему Образованию, Научно-исследовательский Институт Высшего Образования. Высшая Школа в 1993 г. [R]. Москва: НИИВО, 1994.

21. Государственный Комитет Российской Федерации По Высшему Образованию, Научно-исследовательский Институт Высшего Образования. Высшая Школа в 1994 г. [R]. Москва: НИИВО, 1995.

22. Государственный Комитет Российской Федерации По Высшему Образованию, Научно-исследовательский Институт Высшего Образования. Высшая Школа в 1995 г. [R]. Москва: НИИВО, 1996.

23. Государственный Комитет Российской Федерации По Высшему Образованию, Научно-исследовательский Институт Высшего Образования. Высшая Школа в 1996 г. [R]. Москва: НИИВО, 1997.

24. Государственный Комитет Российской Федерации По Высшему Образованию, Научно-исследовательский Институт Высшего Образования. Высшая Школа в 1997 г. [R]. Москва: НИИВО, 1998.

25. Государственный Комитет Российской Федерации По Высшему Образованию, Научно-исследовательский Институт Высшего Образования. Высшая Школа в 1998 г. [M]. Москва: НИИВО, 1999.

26. Государственный Комитет Российской Федерации По Высшему Образованию, Научно-исследовательский Институт Высшего Образования. Высшая Школа в 1999 г. [R]. Москва: НИИВО, 2000.

27. Государственный Комитет Российской Федерации По Высшему Образованию, Научно-исследовательский Институт Высшего Образования. Высшая Школа в 2000 г. [R]. Москва: НИИВО, 2001.

28. Государственный Комитет Российской Федерации По Высшему

Образованию, Научно-исследовательский Институт Высшего Образования. Высшая Школа в 2001 г. [R]. Москва: НИИВО, 2002.

29. Государственный Комитет Российской Федерации По Высшему Образованию, Научно-исследовательский Институт Высшего Образования. Высшая Школа в 2002 г. [R]. Москва: НИИВО, 2003.

30. Государственный Комитет Российской Федерации По Высшему Образованию, Научно-исследовательский Институт Высшего Образования. Высшая Школа в 2003 г. [R]. Москва: НИИВО, 2004.

31. Государственный Совет. Инновационное развитие образовани я - основа повышения конкурентоспособности России [R]. 2006—3—24.

32. Готлиб Р. А. Роль языкового образования как фактора упра вления глобальными экономическими процессами [J]. Экономика образования, 2010(5): 118—127.

33. Гретченко А. И., Гретченко А. А. Болонский процесс: интеграция России в европейское и мировое образовательное пространство[M]. М.: КНОРУС, 2009.

34. Грин М. Ф., Кох К. Ф. Рост международной конкуренции в сфере высшего образования [J]. Экономика образования, 2010(6): 98—102.

35. Гринберг Р. С., Рубинштейн А. Я. Высшее образование: в поисках компромисса между общественной ценностью и требованиями рынка[M]. Москва: институт экономики РАН, 2007.

36. Гринкевич Л. С., Сагайдачная Н. К., Казаков В. В. Государ ственные и муниципальные финансы России [M]. М.: КНОРУС, 2007.

37. Гукаленко О. В. Образобательное пространстбо СНГ: пробл емы и перспектибы развития[J]. Педагогика, 2007(2): 3—11.

38. Днепров Э. Д. Четвертая Школьная Реформа в России[M]. Москва: Интерпракс, 1994.

39. Днепров Э. Д. Школьная Реформа Между “Вчера” и

“Завтра”[М]. Москва: МАРИОС, 1996.

40. Дюбин В. В. Бюжетная система Российской Федерации: учебное пособие для вузов[М]. Петрзаводск: Великие луки, 2004.

41. Ефимов В. С., Лаптева А. В. Высшее образование в России: вызовы XXI.

42. Жураковский В. М., Сазонова З. С. Актуальные задачи модернизации профессионального образования [J]. Высшее образование в России, 2010(5): 4—12.

43. Загвязинский В. И. Стратегия развития образования и её реализация(анализ тюменского опыта)[J]. Педагогика, 2008(3): 7—11.

44. Заседание совета по науке, технологиям и образованию стенографический отчёт [J]. Экономика образования, 2009 (2): 42—71.

45. Затепякин О. А. Особенность экономических отношений в сфере образования и реформы образования в России[J]. Экономика образования, 2010(4): 24—36.

46. Игнатьев В. П., Варламова Л. Ф. Болонский процесс: опасения и надежды[J]. Высшее образование в России, 2009(4): 138—140.

47. Ильин Г. Л. Изменения в отечественном образовании в свете Болонского процесса (субъективные заметки) [J]. Высшее образование в России, 2009(8): 40—46.

48. Исмаилов Э. Э. Финансирование высшего образования : американский опыт привлечения частных инвестиций[J]. Высшее образование сегодня, 2007(3): 14—17.

49. Карпенко О. М., Бершадская М. Д. Высшее образование в странах мира: анализ данных образовательной статистики и глобальных рейтингов в сфере образования[М]. М.: Издательство СГУ, 2009.

50. Колесов В. П. Концептуальные вопросы финансирования выс

шего образования России[J]. Экономика образования. 2007(3): 15—21.

51. Концепция долгосрочного социально-экономического развития Российской Федерации на период до 2020 года (утверждена распоряжением Правительства РФ от 17 ноября 2008 г. No. 1662р.) [EB/OL], http://www.mon.gov.ru, 2008—11—20/2011—4—2.

52. Кузьминов Я. И., Рудник Б. Л. Интегрированная модель финансирования высшего профессионального образования Российской Федерации[J]. Экономика образования. 2007(2): 18—33.

53. Куприянова Л. М. О развитии сотрудничества и международного образования в высшей школы[J]. Экономика образования, 2010(5): 110—117.

54. Курина Л. И. Проблемы рынка образовательных услуг в региональном образовательном пространстве [J]. Экономика образования, 2010(3): 56—68.

55. Левицкий М. Л., Шеаченко Т. Н. Образовательное учреждения: Источники финансирования, налоги, учёт [M]. М.: МЦФР, 2004.

56. Лиман И. А. Проблемы финансирования высшего образования[J]. Университетское управление: практика и анализ, 2005(5): 31—39.

57. Лифкров А. П., Воронова О. Е. Русский язык в парадигме современного образования: социокультурный и геополитический аспекты[J]. Педагогика, 2009(2): 3—11.

58. Лукашенко М. А. Высшее Учебное Заведение на Рынке Образовательных Услуг: Актуальные Проблемы Управления [M]. Москва: Маркет ДС, 2003.

59. Лукашенко М. А. Образование в Условиях Рынка: Концепция Учебного Заведения[M]. Москва: Высшая Школа, 2002.

60. Майбуров И. Финансирование высшего образования《национальные особенности》. Высшего образования сегодня, 2004 (10):

31—37.

61. Макаров А. Н. Институциональные основы формирования рынка образования[J]. Педагогика, 2007(4): 9—14.

62. Министерство образования и науки Российской Федерации. Стратегия развития науки и инноваций в Российской Федерации на период до 2015 года[R]. 2004—6—2.

63. Министерство образования и науки Российской Федерации. Образование и развитие инновационной экономики: внедрение современной модели образования в 2009—2012 годы [R]. 2008—3—17.

64. Министерство образования и науки Российской Федерации. Федеральная целевая программа "Научные и научно-педагогические кадры инновационной России" на 2009—2013 годы[R]. 2008—3—17.

65. Министерство образования и науки Российской Федерации. Российское образование—2020: модель образования для экономики, основанной на знаниях[R]. Москва: изд. дом ГУ ВШЭ, 2008.

66. Министерство образования и науки Российской Федерации, Федеральное агенство по образованию, Московский государственный университет приборостроения и информатики, Главный информационно-вычислительный центр. Образование в России: 2008 [R]. М.: МГУПИ, 2009.

67. Министерство образования и науки Российской Федерации, Федеральная служба государственной статистики, Государствернный университет——Высшая школа экономики. Образование в Российской Федерации: 2010: статистический сборник [R]. Москва: государственный университет——Высшая школа экономики, 2010.

68. Министерство образования и науки РФ. Национальная образовательная инициатива《Наша новая школа》[R]. Москва, 2010.

69. Министерство образования и науки РФ. Модернизация профессионального образования 2004—2011[R]. Москва: медиалайн. 2012.

70. Министерство образования и науки РФ. О реализации нацио-

нальной образовательной инициативы 《Наша новая школа》 в 2011 году[R]. Москва, 2012.

71. Министерство образования и науки РФ. Главные события в современном образовании 2004—2011[R]. Москва: медиалайн, 2012.

72. Минэкономразвития России. Стратегия инновационного развития Российской Федерации на период до 2020 года [R]. Москва, 2010.

73. Медведев С. Болонский процесс, Россия и глобализация[J]. Высшее образование в России, 2006(3): 31—36.

74. "О приоритетных направлениях развития образовательной системы Российской Федерации". Приоритетные направления развития образования на 2006—2010 годы(одобрены Правительством РФ на заседания 9 декабря 2004 г.)[EB/OL], http://www.edu.ru/db/mo/Data/d-04/mpk5.html, 2005—1—2/2011—4—2.

75. Министерство образования и науки РФ. Модернизация профессионального образования 2004—2011 [R]. Москва: Экстра М, 2011.

76. Общественная палата РФ. Образование и общество: готова ли Россия инвестировать в своё будущее[R]. Москва: изд. Дом ГУ ВШЭ, 2007.

77. Организация объединённых нации по вопросам образования, науки и культуры. Императив качества[R]. Париж: издательство ЮНЕСКО, 2004.

78. Основные направления бюджетной политики на 2011 год и плановый период 2012 и 2013 годов [EB/OL]. http://www.minfin.ru/ru/, 2010—8—5/2011—1—16.

79. Правительство Российской Федерации утвердило постановление. О мерах государственной поддержки развития кооперации российских высших учебных заведений и организаций, реализующих комплексные проекты по созданию высокотехнологичного производства[EB/OL]. http://old.mon.gov.ru/pro/ved/koop/, 2011—

4—11/2012—6—16.

80. Реализация положений федерального закона о совершенствовании правового положения государственных (муниципальных) учреждений[EB/OL], http://www.mon.gov.ru, 2011—1—21/2011—4—2.

81. Рогова И. С. Внедрение инноваций в реальный сектор экономики России[J]. Экономика образования, 2010(3): 69—76.

82. Роденкова Т. Н. Актуальные проблемы управления финансовыми потоками в Российском образовании. Экономика образования, 2003(3): 16.

83. Рубина Ю. Б. Предпринимательские университеты в инновационной экономике[M]. Москва: ООО《Маркет ДС Корпорейшн》, 2005.

84. Семеко Г. В. Роль образования в экономике: эволюция теоретических подходов[J]. Экономика образования, 2011(1): 32—44.

85. Сигова С. В., Гуртов В. А. Бюджетное финансирование науки и образования в субъектах Российской федерации[M]. Москва: ЗАО《Издательство"Экономика"》, 2008.

86. Скринник В. М. Укрепление позиций русского языка в странах Балтии и СНГ как инструмент создания единого образовательного пространства[J]. Педагогика. 2009(3): 52—57.

87. Соловей О. В. Взаимодействие рынка образовательных услуг и рынка труда в индустриальную и постиндустриальную эпоху[J]. Экономика образования, 2010(3): 39—55.

88. Стражев В. И. Образование в СНГ: Расстановка приоритетов [J]. Аккредитация в образовании, 2007(12): 12—13.

89. Субетто А. И., Чекмарев В. В. Битва за высшее образование России: 1992—2003 гг. [M]. Санкт—петербург: Кострома, 2003.

90. Тестов В. А. Ценность российской цивилизации как стратегические цели образования. Педагогика, 2009(1):15—20.

91. Чеботаревский Ю. В. Финансирование системы высшего обр-

азования: опыт, состояние, направление совершенствования [М]. Саратов: Саратовский гос. Тех. Университет, 2006.

92. Черкачёв П. В. Экономико-географические аспекты финансирования общего образования в России[D]. Москва: МГУ, 2003.

93. Шакеева Ч. А. Высшее образование как феномен диалога культур[J]. Аккредитация в образовании. 2007(12): 14—15.

94. Петренко В. И. Территория взаимных интересов[J]. Аккредитация в образовании. 2007(12): 8—11.

95. Пурсиайнен К., Медведев С. А. Болонский процесс и его значение для России: интеграция высшего образования в Европе[C]. М.: РЕЦЭП, 2005.

96. Федукова А. М. Проблемы развития единого образовательнього пространства стран СНГ[J]. Вологдинские чтения, 2007(1): 24—28.

97. Федеральная служба по надзору в сфере образования и науки. Концепция общероссийской системы оценки качества образования (2 редакция)[R]. Москва, 2008.

98. Фурсенко А. Об итогах деятельности Министерства образования и науки Российской Федерации в 2010 году и задачах на 2011 год [EB/OL]. http://www.mon.gov.ru. 2011—3—20/2011—4—2.

99. Хорин И. С., Хорин С. И., Шматова Н. И. Высшее образование в России (политическо- правовой, исторический и философский аспекты)[М]. Москва: Национальный институт бизнеса, 2009.

100. Хромушкина Е. В. Механизм финансирования высшего профессионального образования в Российской Федерации [М]. М.: Компания Спутник, 2006.

101. Под ред. Джудит Л. Твигг и Кэйт Шектер. Социальный капитал и социальное расслоение в современной России [М]. М.: Альпина Паблишер. 2003, 39.

102. Министерство образования РФ. Концепция модернизации российского образования на период до 2010 года [EB/OL]. http://

www. edu. ru/db/mo/Data/d-02/393. htm, 2002—1—2/2011—9—16.

103. Адриан Ж. , Бентабет Э. Белая книга российского образования[M]. серия "Проект Тасис" Управление образованием. Москва: Изд-во МЭСИ, 2000,217.

104. Костин А. К. Регионализация Образования—Стратегическое Направление Образовательной Политики[J]. Педагогика, 2005(8): 26—28.

105. Ж. Адриан, Э. Бентабет, А. Винокур. Белая книга российского образования[M]. Москва: Изд-во МЭСИ, 2000.

106. Лукашенко М. А. Образование в Условиях Рынка: Концепция Учебного Заведения[M]. Москва: Высшая Школа, 2002.

107. Организация Экономического Сотрудничества и Развития, Центр Сотрудничества со Странами-Нечленами. Высшее Образование и Исследования в Российской Федерации[M]. Москва: Издательство "Весь Мир", 2000.

108. Акулинин Ф. В. , Пономарев М. А. Высшее образование как инструмент инновационного развития экономики России [J]. Экономика образования. 2010(6): 5—21.

109. Болотин И. С. , Джамалудинов Г. М. Социалогия высшей школы[M]. Москва:академический проект, 2003.

110. Министерство образования и науки Российской Федерации, Федеральная служба государственной статистики, Государствернный университет—Высшая школа экономики. Образование в Российской Федерации: 2010: статистический сборник [R]. Москва: государственный университет—Высшая школа экономики, 2010.

111. Министерство образования и науки РФ. Главные события в современном образовании 2004—2011[R]. Москва:медиалайн, 2012.

112. Государственный Комитет Российской Федерации По Высшему Образованию, Научно-исследовательский Институт Высшего Образования. Высшая Школа в 2009 г. [R]. Москва: НИИВО, 2010.

113. Министерство образования и науки РФ. Главные события в

современном образовании 2004—2011[R]. Москва: медиалайн, 2012.

114. Министерство образования и науки РФ. О реализации национальной образовательной инициативы《Наша новая школа》в 2011 году[R]. Москва, 2012.

二、英文文献

1. Andrei Sakharov. The Threat to Intellectual Freedom [A]. J. L. Nogee. Man, State and Society in the Soviet Union [C]. London: Pall Mall Press, 1972.

2. Bain, Olga B. University Autonomy in the Russian Federation Since Perestroika[M]. New York & London: Routledge Falmer, 2003.

3. Clark Burton R. & Neave Guy. The International Encyclopedia of Higher Education[M]. Oxford & New York: Pergamon Press, 1992.

4. Eicher J. C. & Chevaillier T. Rethinking the Financing of Post-Compulsory Education [J]. Higher Education in Europe, 1992, 17(1): 6—32.

5. Carl Dahlman. Different Innovation Strategies, Different Results Brazil, Russia, India, China and Korea (the BRICKs) [M]. Paris: OECD, 2009.

6. Hood C. Which Contract State? From Perspectives on Over-Outsourcing for Public Services [J]. Australian Journal of Public Administration, 1997(56): 120—131.

7. Jonathan Potter. Entrepreneurship and Higher Education [M]. Paris: OECD, 2008.

8. Kerr Clark. The American Mixture of Higher Education in Perspective: Four Dimensions[J]. Higher Education, 1990(19): 1—19.

9. Kingsley G., Thomas. Perspectives on Devolution [J]. Journal of the American Planning Association, 1995(4): 62.

10. Mark Bray & Nina Borevskaya. Financing Education in Transitional Societies: Lessons from Russia and China[J]. Comparative Education, 2001(3): 345—365.

11. OECD. Reviews of National Policies for Education: Russian Education [R]. Paris, France: Organization for Economic Cooperation and Development (OECD), 1998.

12. OECD. OECD Economic Surveys 1999—2000: the Russian Federation [R]. Paris: OECD, 2000.

13. OECD. Quality Education for All: Much More than a Financial Challenge[R] Paris:OECD, 2008.

14. OECD. Classifying Educational Programmes, Manual for ISCED—97 Implementation in OECD Countries[R]. Paris: OECD, 1999.

15. OECD. World Education Indicators 2005—Education Trends in Perspective[R]. Paris: OECD, 2005.

16. OECD. Education Policy Analysis Focus on Higher Education—2005—2006 Edition[R]. Paris: OECD, 2006.

17. OECD. OECD Programme for International Student Assessment [R]. Paris: OECD,2003.

18. Polyzoi Eleoussa, Fullan Michael, John Anchan. Change Forces in Post-Communist Eastern Europe [M]. New York & London: Routledge Falmer, 2003.

19. Putnam, R. D. Making Democracy Work: Civic Traditions in Modern Italy[M]. Princeton, NJ: Princeton University Press, 1993.

20. Shils, E. Center and Periphery: Essays in Macrosociology[M]. Chicago: the University of Chicago Press, 1975.

21. Thomas Welsh, Mcgenn, Neal. F. Decentralization of Education: Why, When, What and How? [M]. Paris: UNESCO, 1999.

三、中文文献

1. 薄贵利. 集权分权与国家兴衰[M]. 北京:经济科学出版社,2001.

2. 蔡克勇,范文曜,马陆亭. 转轨时期高等教育投入制度研究[M]. 北京:高等教育出版社,2006.

3. 蔡克勇. 我国高等教育体制改革及其综合效益分析[M]. 北京:人

民教育出版社,1996

4. 陈列. 市场经济与高等教育——一个世界性的课题[M]. 北京:人民教育出版社,1998.

5. 陈兼. 未经“改造”的“转型”——西方学术界关于后苏联时期俄罗斯经济转型的研究[J]. 俄罗斯研究,2004(2):13.

6. 陈晓宇. 中国高等教育成本分担的理论与实践[A],2004 年中国教育经济学学术年会论文——北京大学论文集[C],2004.

7. 陈振明. 公共管理学——一种不同于传统行政学的研究途径[M]. 北京:中国人民大学出版社,2003.

8. 戴晓霞. 全球化及国家(市场)关系的转变:高等教育市场化脉络分析[A]. 戴晓霞,莫家豪,谢安邦主编. 高等教育市场化[C]. 北京:北京大学出版社,2004.

9. 东北财经大学经济与社会发展研究院课题组. 高等教育财政拨款体制的国际比较[J]. 经济研究参考,2004(60):32.

10. 杜岩岩,张男星. 博洛尼亚进程与中俄教育交流合作的空间[J]. 俄罗斯研究,2009(1):117—134.

11. 杜岩岩. 教师教育国家标准的制定与实施:俄罗斯的经验及启示[J]. 大学・研究与评价,2007(2):88—92.

12. 杜岩岩,朱小蔓. 俄罗斯师范教育政策调整的动因、策略与措施[J]. 教育研究,2009(3):65—69.

13. 杜岩岩. 俄罗斯创新型大学发展战略及其保障机制[J]. 教育科学,2011(5):93—96.

14. 杜岩岩,李漫红. 俄罗斯现代教育模式的定位——解读俄罗斯教育中长期发展纲要[J]. 教育发展研究,2009(1):80—83.

15. 杜岩岩,朱小蔓. 服务创新经济,推进现代教育模式[J]. 比较教育研究,2009(2):64—68.

16. 杜岩岩. 欧洲教育一体化进程中的俄罗斯高等教育改革[J]. 教育理论与实践,2007,27(2):6—8.

17. 俄罗斯战略评估课题组. 俄罗斯在危机中调整战略[J]. 现代国际关系,2010(3):38—44.

18. [俄]普京著. 普京文集[M]. 北京:中国社会科学出版社,2002.

19. [俄]普列汉诺夫. 俄国社会思想史(第二卷)[M]. 北京:商务印书馆,1996.

20. [俄]日里诺夫斯基著. 李惠生,等,译. 俄罗斯的命运[M]. 北京:新华出版社,1995.

21. [俄]亚辛等. 俄罗斯经济的竞争力与现代化[J]. 经济问题,2004,7.

22. 方晓利,周业安. 财政分权理论述评[J]. 教学与研究,2001(3):54.

23. 范文耀,马陆亭. 国际视角下的高等教育质量评估与财政拨款[M]. 北京:教育科学出版社,2004.

24. 冯少雷,相蓝欣. 转型理论与俄罗斯政治改革[C]. 上海:上海人民出版社,2005.

25. 高凤兰,曲志坚. 建立现代化的教育体系——谈现阶段俄罗斯的教育改革[J]. 外国教育研究,2003,10.

26. 高凤兰,曲志坚. 俄罗斯高等院校师资状况分析[J]. 外国教育研究,2004(11):44—45.

27. 高金岭. 社会转型期的教育变革[J]. 清华大学教育研究,2003(4):63—68.

28. 高玉洁. 俄罗斯普通教育国家教育标准研究[D]. 南京师范大学,2007.

29. 郭连成. 俄罗斯联邦预算法典评介[J]. 东欧中亚市场研究,2002(9):19.

30. 顾鸿飞. 对俄罗斯非国立高等学校学费的研究[J]. 民办教育研究. 2009(9):58.

31. [荷]弗兰斯·范富格特主编. 王承绪,等,译. 国际高等教育政策比较研究[M]. 杭州:浙江教育出版社,2001.

32. 海运主编. 叶利钦时代的俄罗斯·政治卷[M]. 北京:人民出版社,2001.

33. 黑格尔. 哲学史讲演录[M]. 北京:商务印书馆,1983,8.

34. 胡森. 简明国际教育百科全书·教育管理[M]. 北京:教育科学出版社,1992.

35. 黄永鹏,程家明. 俄罗斯经济转轨调整及对转型国家的启迪[J]. 汕头大学学报(人文科学版),2005(6):66.

36. [加]许美德著,许洁英译. 中国大学 1895—1995:一个文化冲突的世纪[M]. 北京:教育科学出版社,1999.

37. 贾长平. 困扰俄罗斯的人口危机[J]. 世界知识,2011(11):56.

38. 姜晓燕. 俄罗斯建设创新型高校的背景与措施[J]. 大学·研究与评价. 2008(2):90—92.

39. 姜晓燕. 俄罗斯教育 20 年:变革与得失[J]. 比较教育研究,2010(10):16—21.

40. 金雁. 龙熊同窗:俄罗斯为什么不高兴?[N]. 南方都市报,2009—12—15.

41. 劳凯声. 社会转型与教育的重新定位[J]. 教育研究,2002(2):3—7.

42. 雷丽平. 令人堪忧的俄罗斯人口问题[J]. 俄罗斯研究,2001(3):62—64.

43. 李春生,时月芹. 波伦亚进程框架下俄罗斯高等教育系统的改革与面临的挑战[J]. 复旦教育论坛,2006(2):66—71.

44. 李江源. 我国高等教育管理制度的特征及缺失[J]. 高等教育研究,2001(2):34.

45. 李兴. 文化民族主义——论俄罗斯与欧洲的关系[J]. 北京大学学报,2000(2):136.

46. 李中海主编. 普京八年:俄罗斯复兴之路(2000—2008)·经济卷[M]. 北京:经济管理出版社,2008.

47. 梁守德. 国家政治新论[M]. 北京:中国社会科学出版社,1996.

48. 廖彬彬. 俄罗斯高等教育财政政策及其实施研究[D]. 厦门大学硕士学位论文,2008.

49. 刘淑华. 俄罗斯高等教育分权改革研究[M]. 北京:光明日报出版社,2010.

50. 刘淑华. 教育分权内涵再探[J]. 高等教育研究,2008,29(11):14—18.

51. 刘淑华,王向华. 高等教育分权的原因、内涵及其张力[J]. 江苏高教,2011,1:33—35.

52. 刘淑华. 权责对称:高等教育分权的底线[J]. 浙江大学学报(人文社会科学版),2009,39(2):144—152.

53. 刘淑华,徐雪英. 俄罗斯公立高等教育经费多元化改革实践[J]. 比较教育研究,2011(6):42—47

54. 刘淑华. 世纪初俄罗斯高等教育现代化的新进展[J]. 比较教育研究,2005(6):7—11.

55. 刘淑华. 俄罗斯院校市场发展述评[J]. 外国教育研究,2009(2):62—65.

56. 刘淑华. 实名制国家财政券:俄罗斯高等教育财政体制的可贵探索[J]. 比较教育研究,2005(9):41—46.

57. 刘淑华,王福友. 欧洲一体化进程中的俄罗斯学位制度改革[J]. 学位与研究生教育,2006(8):74—77.

58. 刘淑华. 走向大学自治——俄罗斯扩大高等学校自主权的改革述评[J]. 比较教育研究,2009(6):36—41.

59. 刘淑华. 论大学自治的限度及其张力[J]. 石油大学学报(社会科学版),2005,21(3):92—96.

60. 吕炜等. 高等教育财政:国际经验与中国道路选择[M]. 大连:东北财经大学出版社,2004.

61. 陆南泉. 普京的治国理念与俄罗斯的未来[J]. 当代世界与社会主义,2005(2):97.

62. 马陆亭. 高等教育财政拨款模式改革研究[J]. 北京教育,2006(5):14—18.

63. 马宝成. 试论有限政府的合法性基础[J]. 北京行政学院学报,2001(3):28

64. 毛建青. 高等教育成本分担与补偿的理论依据综述[A]. 2004 年中国教育经济学学术年会论文(二)[C]. 2004.

65. [美]D. B. 约翰斯通著. 沈红,李红桃,译. 高等教育财政:问题与出路[M]. 北京:人民教育出版社,2004.

66. [美]E. 希尔斯著. 付铿,吕乐,译. 论传统[M]. 上海:上海人民出版社,1991.

67. [美]艾林·卡马克著.何增科,译.全球化和公共行政改革[J].经济社会体制比较,2002(3):85—91.

68. [美]安德鲁·库钦斯主编.沈建,译.俄罗斯在崛起吗?[M].北京:新华出版社,2004.

69. [美]伯顿·克拉克著.王承绪,等,译.高等教育系统——学术组织的跨国研究[M].杭州:杭州大学出版社,1994.

70. [美]伯顿·克拉克主编.王承绪,等,译.高等教育新论——多学科的研究[C].杭州:浙江教育出版社,2001.

71. [美]查尔斯·沃尔夫著.谢旭,译.市场或政府——权衡两种不完善的选择[M].北京:中国发展出版社,1994.

72. [美]亨廷顿著.刘军宁,译.第三波——20世纪后期的民主化思潮[M].上海:上海三联书店,1998.

73. [美]理查德·尼克松著.范建民,译.超越和平[M].北京:世界知识出版社,1995.

74. [美]约翰·布鲁贝克著.王承绪,等,译.高等教育哲学[M].杭州:浙江教育出版社,2001.

75. [美]约翰·丘伯等著.蒋衡,等,译.政治、市场和学校[M].北京:教育科学出版社,2003

76. 孟伟等编著.演变后的俄罗斯[M].深圳:海天出版社,2010.

77. 闵维方.论高等教育成本补偿政策的理论基础[J],北京大学学报(哲学社会科学版),1998(2):179—183.

78. [挪]波·达林著.范国睿,译.理论与战略:国际视野中的学校发展[M].北京:教育科学出版社,2002.

79. 潘德礼.俄罗斯十年(下卷)[M].北京:世界知识出版社,2003.

80. 普列汉诺夫.俄国社会思想史·第1卷[M].北京:商务印书馆,1988.

81. 邱兴.俄罗斯两种鉴定制度对教师职后培训的影响[J].比较教育研究,1999(1):63—64.

82. 单春燕.俄罗斯教育发展对其国家竞争力影响之研究[D].北京师范大学,2009.

83. 孙春梅编译.俄罗斯讨论建立教育贷款系统[J].比较教育研究,

2007(6):91.

84. 孙凌齐.俄罗斯联邦行政区划改革:问题和前景[J].俄罗斯研究,2005(3):17—20.

85. 谭德峰.俄罗斯独联体政策研究[D].吉林大学,2009.

86. 王保华,张婕.高等教育地方化:地级城市发展高等教育研究[M].北京:人民教育出版社,2005

87. 王旭阳,肖甦.俄罗斯现行教育质量评估体系述评[J].比较教育研究,2011(2):76—80.

88. 王义高.苏俄教育[M].长春:吉林教育出版社,2000.

89. 王义高.俄《联邦教育发展纲要》要点分析[J].比较教育研究,2002(1):31—32.

90. 希尔瓦娜·马勒.转轨十年后的俄罗斯经济:经济失败和目前的政策选择[J].东欧中亚研究,2002(1):90—93.

91. 肖甦.比较教师教育[M].南京:江苏教育出版社,2010.

92. 肖甦,王义高.俄罗斯教育10年变迁[M].北京:北京师范大学出版社,2003.

93. 肖甦,王义高编译.俄罗斯转型时期重要教育法规文献汇编[M].北京:人民教育出版社,2009.

94. 肖甦.评俄罗斯三位总统的教育政策与改革特征[J].比较教育研究.2011(10):22—27.

95. 谭德峰.俄罗斯独联体政策研究[M].长春:吉林大学出版社,2009.

96. 熊文钊.大国地方——中国中央与地方关系宪政研究[M].北京:北京大学出版社,2005.

97. 许纪霖.智者尊严——知识分子与近代文化[M].上海:学林出版社,1991.

98. 徐辉.欧洲"博洛尼亚进程"目标、内容及其影响[J].教育研究,2010(4):94—98.

99. 徐向梅.苏联解体后的二十年:俄罗斯的经济、社会与民生[J].探索与争鸣,2011(12):27—28.

100. 杨东平.新中国"十七年教育"的基本特征[J].清华大学教育

研究,2003(1):13—14.

101. 杨威."第二次转型"与俄罗斯的重新崛起[D].华东师范大学,2008.

102. 叶玉华.21世纪俄罗斯高等教育发展战略[J].外国教育研究,2001(5):1—5.

103. 袁利平.关于教育国际化的真实内涵及其现实检视[J].西华师范大学学报(哲学社会科学版),2009(1):82—87.

104. [英]马克·贝磊编.彭正梅,译.比较教育学:传统、挑战与优势[C].上海:华东师范大学出版社,2006.

105. [英]杰夫·惠迪等著.马忠虎,译.教育中的放权与择校:学校、政府和市场[M].北京:教育科学出版社,2003.

106. 张海霞.俄罗斯义务教育阶段的公立办学标准及其经费保障[J].现代教育科学,2009(1):75—77.

107. 张男星.权力·理念·文化——俄罗斯现行课程政策研究[M].北京:教育科学出版社,2006.

108. 张男星.俄罗斯高等教育体制变革[M].长春:吉林教育出版社,2003.

109. 张俊宗.学术与大学的逻辑构成[J].高等教育研究,2004(1):6—11.

110. 张璐.俄罗斯高考制度改革十年回顾[J].河南教育学院学报,2011(5):52—54.

111. 赵蒙成.扩大高校自主权:俄罗斯高等教育管理体制述评[J].机械工业高教研究,2001(4):82—85.

112. 赵伟.转型期俄罗斯中小学教师新工资制度评析[J].比较教育研究,2011(2):32—35.

113. 周尚文.俄罗斯思想与俄罗斯社会转型[J].当代世界与社会主义,2002(4):78—83.

114. 周光礼.学术自由与社会干预[M].武汉:华中科技大学出版社,2003.

115. 赵婷婷.大学市场化趋势与大学精神的传承[A].戴晓霞,莫家豪,谢安邦主编.高等教育市场化[C].北京:北京大学出版社,2004,199.

116. 朱小蔓,H. E. 鲍列夫斯卡娅,B. П. 鲍利辛柯夫. 20—21 世纪之交中俄教育改革比较[C]. 北京:教育科学出版社,2006.

117. 左凤荣. 重振俄罗斯[M]. 北京:商务印书馆,2008.